¡Adelante!
Nivel intermedio

Spanisch als neu einsetzende Fremdsprache an berufsbildenden Schulen und in der gymnasialen Oberstufe

von
Antonio Barquero
Liliana Bizama
Jaime Corpas
Pedro Crovetto-Bizama
Eva Díaz Gutiérrez
Claire-Marie Jeske
Alicia Jiménez Romera
Javier Navarro
Rosamna Pardellas Velay

Ernst Klett Verlag
Stuttgart · Leipzig

Zusatzmaterialien für Schüler und Schülerinnen zu diesem Band:

Arbeitsheft mit CD und CD-ROM, Klett-Nr. 538004
(Auf der CD befinden sich ausgewählte Texte aus den Lektionen sowie die Hörtexte aus dem Arbeitsheft im mp3-Format. Auf der CD-ROM befindet sich die Lernsoftware zum Üben und Wiederholen zu Hause.)

Verben- und Vokabellernheft, Klett-Nr. 538008

1. Auflage   1 ^{8} ^{7} ^{6} | 2017 16 15

Alle Drucke dieser Auflage sind unverändert und können im Unterricht nebeneinander verwendet werden.
Die letzte Zahl bezeichnet das Jahr dieses Druckes.

Das Werk und seine Teile sind urheberrechtlich geschützt. Jede Nutzung in anderen als den gesetzlich zugelassenen Fällen bedarf der vorherigen schriftlichen Einwilligung des Verlages. Hinweis § 52a UrhG: Weder das Werk noch seine Teile dürfen ohne eine solche Einwilligung eingescannt und in ein Netzwerk eingestellt werden. Dies gilt auch für Intranets von Schulen und sonstigen Bildungseinrichtungen. Fotomechanische oder andere Wiedergabeverfahren nur mit Genehmigung des Verlages.

Die Mediencodes enthalten ausschließlich optionale Unterrichtsmaterialien; sie unterliegen nicht dem staatlichen Zulassungsverfahren.

© Ernst Klett Verlag GmbH, Stuttgart 2011. Alle Rechte vorbehalten. www.klett.de

Autorinnen und Autoren: Antonio Barquero, Berlin; Liliana Bizama, Speyer; Jaime Corpas, Barcelona; Pedro Crovetto-Bizama, Valparaíso; Eva Díaz Gutiérrez, Berlin; Dr. Claire-Marie Jeske, Bochum; Alicia Jiménez Romera, Bielefeld; Javier Navarro, Erlangen; Dr. Rosamna Pardellas Velay, Essen.
Beratung: Eva Frech, Pforzheim; Prof. Dr. Andreas Grünewald, Bremen; Erika Kuhlmann, Leopoldshöhe; Ina Muñoz, Hannover

Redaktion: Lucía Borrero Gutiérrez, Julia Martín Vigo
Unter Mitwirkung von: Virginia Aldana Rueda, Bernd Binkle
Gestaltung: Miriam Brusniak

Umschlaggestaltung: Know Idea GmbH, Freiburg
Illustrationen: Sven Palmowski, Barcelona
Druck: PHOENIX PRINT GmbH

Printed in Germany
ISBN 978-3-12-538001-1

Inhaltsverzeichnis

	Themen / Ziele	Kommunikative Kompetenz		Interkulturelle / Methodische Kompetenz (M)
		Kommunikative Fertigkeiten	Sprachliche Mittel	

Spiel

	Para empezar	Wiederholung der Redemittel aus ¡Adelante! – Nivel elemental			10

Unidad 1: Perú y sus maravillas

PP[1]	Peru: das Erbe der Inka, die Eroberung durch Pizarro, Sehenswürdigkeiten	• einen Ort lokalisieren • Assoziationen ausdrücken		• Musik der Anden	12
A		• Gegensätze / Gemeinsamkeiten ausdrücken	• die Formen des *imperfecto* (Wdh.)	• Lebensweise der Inka • Aussprache in LA und Spanien	14
B		• etwas in der Vergangenheit erzählen • eine Geschichte strukturieren	• das *imperfecto*: Kontrastierung mit dem *indefinido*	• das Ende der Inka • der Inka Trail • Fehlervermeidung (M)	17
C		• Vorlieben ausdrücken • etwas beschreiben	• das Relativpronomen *lo que* • die Relativpronomen mit Präposition *(con) el que, (a) la que, (por) los*	• touristische Highlights in Peru • Sprachmittlung (M)	20
‹Leer›	• Sachtext	• *La papa conquista el mundo*			22
TF[2]	• eine Ausstellung über Peru erarbeiten			• Eine Präsentation vorbereiten (M)	23

[1] **PP** Primer paso   [2] **TF** Tarea final   ‹ › opcional

Inhaltsverzeichnis

	Themen / Ziele	Kommunikative Kompetenz		Interkulturelle / Methodische Kompetenz (M)	
		Kommunikative Fertigkeiten	Sprachliche Mittel		

Unidad 2: Cosas de la vida

PP	Aspekte des modernen Lebens (Ernährung / Arbeit / Freizeit …)	• über den Alltag sprechen		• Essenszeiten • Alltagsleben	24
A		• vergangene Ereignisse mit Bezug zur Gegenwart ausdrücken	• das *pretérito perfecto* • *antes de, después de…*	• Gebrauch der Vergangenheitszeiten	26
B		• über Probleme im Berufsleben sprechen	• die doppelte Verneinung: *nunca, ninguno, ni… ni…*	• Selektives Hören (M)	29
C		• ausdrücken, dass man eine Aktivität schon länger macht	• *llevar + gerundio*	• Vergangenheitszeiten in Spanien und LA	32
\<Leer\>	• Reportage	• *¡Vaya país!*		• Wortschatz erschließen (M)	34
TF	• sich um einen Ferienjob bewerben und seine Eignung darlegen				35

\<Repaso 1\>

	Plateauphase mit kompetenzorientierter Wiederholung (Unidades 1–2) / Vorbereitung auf DELE	36

Unidad 3: Cataluña

PP	Die Region Cataluña	• eine Region beschreiben			40
A		• die Vorzüge einer Stadt schildern • über Personen sprechen	• *ser / estar* (+ Adjektive)	• Leben in Katalonien • das Katalanische • Bildbeschreibung (M)	42
B		• sagen, wem etwas gehört	• die Possessivpronomen (*mío, tuyo…*) • der absolute Superlativ (*-ísimo*)	• Sant Jordi • katalanische Feste	45
C		• beschreiben, wie etwas vor einem Zeitpunkt in der Vergangenheit war	• das *pluscuamperfecto*	• berühmte Katalanen	48
\<Leer\>	• Popsong der Gruppe Estopa	• *Era*			50
TF	• eine Reisemesse organisieren			• die Reisemesse FITUR • Eine Präsentation durchführen (M)	51

Inhaltsverzeichnis

	Themen / Ziele	Kommunikative Kompetenz		Interkulturelle / Methodische Kompetenz (M)	
		Kommunikative Fertigkeiten	Sprachliche Mittel		

Unidad 4: Un mundo más justo

PP	**Ungerechtigkeiten in der Arbeitswelt**	• Arbeitssituationen beschreiben • eine Meinung ausdrücken			52
A		• über Ereignisse in der Zukunft sprechen • Vermutungen anstellen • Bedingungen aufstellen	• das Futur • reale Bedingungssätze	• prekäre Arbeitsverhältnisse • Sprachmittlung (M)	54
B		• jemandem Ratschläge geben • über Statistiken und Grafiken sprechen • jemanden überzeugen	• Bruchzahlen und Prozente	• die spanische Wirtschaft • Eine Zusammenfassung schreiben (M) • die spanische Mode	58
C		• an jemanden appellieren	• der Imperativ der Höflichkeitsform • der Imperativ mit zwei Pronomen	• Fairtrade	60
<Leer>	• Sachtext	• *El tren de las moscas*		• illegale Einwanderung in die USA	62
TF	• einen Basar für ein Solidaritätsprojekt organisieren				63

Unidad 5: ¡Buen viaje!

PP		• über Formen des Tourismus sprechen			64
A	**Aspekte des Massentourismus**	• eine Information bewerten • Angaben einer Statistik beurteilen	• der *subjuntivo* (Werturteile, Empfinden, unpersönliche Ausdrücke)	• Tourismus in Spanien	66
B		• eine Meinung zum Ausdruck bringen • Zweifel äußern	• der *subjuntivo* (Verben des Zweifelns) • *para* und *por*	• Tourismus und Ökologie	69
C		• Anweisungen geben • Ratschläge erteilen	• der verneinte Imperativ	• Gesten im Spanischen	72
<Leer>	• Sachtext	• *El cine y el turismo*		• Kino und Tourismus	74
TF	• über das Thema Tourismus in Entwicklungsländern diskutieren			• In einer Diskussion argumentieren (M)	75

<Repaso 2>

Plateauphase mit kompetenzorientierter Wiederholung (Unidades 3–5) / Vorbereitung auf DELE	76

cinco | 5

Inhaltsverzeichnis

	Themen / Ziele	Kommunikative Kompetenz		Interkulturelle / Methodische Kompetenz (M)	
		Kommunikative Fertigkeiten	Sprachliche Mittel		

Unidad 6: Mi futuro profesional

PP	Modernes Berufsleben	• etwas abwägen • die Meinung einer Gruppe wiedergeben			80
A		• sagen, was man im Berufsleben machen möchte • etwas wünschen • etwas hoffen • Anweisungen geben	• der *subjuntivo* (Wunschsätze, Temporalsätze)	• Berufsorientierung in Spanien • Praktika	82
B		• sich beim Arzt verständigen • Glückwünsche ausdrücken	• der *subjuntivo* (Konzessivsätze) • Steigerung der Adverbien	• Radiosendung über Berufe • Rolle des Fahrrads	85
C		• einen Zweck angeben	• *para* und *para que* • der *subjuntivo* (Relativsätze)	• Berufe mit Zukunft • Wortbildung (M)	88
\<Leer\>	• Sachtext	*Profesiones para la próxima década*		• neue Berufe	90
TF	• ein Gespräch im Rahmen einer Berufsberatung führen			• Berufsberatung • Dialogisches Sprechen (M)	91

Unidad 7: Colombia te enamora

PP	Eine Reise nach Kolumbien	• über Reisen sprechen		• Kenntnisse über Kolumbien	92
A		• Vermutungen ausdrücken • etwas wünschen • höflich um etwas bitten	• Bildung und Gebrauch des *condicional*	• Verbreitung des *voseo* • politische Unruhen in Kolumbien • Inhalte einer Präsentation (M)	94
B		• über Möglichkeiten und Wünsche sprechen • Geschichten erzählen	• das *imperfecto de subjuntivo* • irreale Bedingungssätze	• der Wangenkuss als Begrüßung • Flora und Fauna	97
C		• vergangene Eindrücke schildern	• das *imperfecto del subjuntivo* bei einleitendem Verb in der Vergangenheit	• Eigennamen • Unterschiede zwischen dem Spanischen in LA und in Spanien • Interkulturelle Aspekte des Sprachenlernens (M)	100
\<Leer\>	• Sachtext über eine kolumbianische Ikone	*El colombiano más famoso: Juan Valdez*		• Rolle des Kaffees in Kolumbien	102
TF	• einen Sprachkurs in Lateinamerika auswählen und vorstellen				103

Inhaltsverzeichnis

	Themen / Ziele	Kommunikative Kompetenz		Interkulturelle / Methodische Kompetenz (M)	
		Kommunikative Fertigkeiten	Sprachliche Mittel		

Unidad 8: Con mucho arte

PP		• Bezug zur Kunst darstellen			104
A	Kultur in der spanischsprachigen Welt	• erzählen, was jemand gesagt hat	• die indirekte Rede mit Zeitverschiebung	• Rhythmen Lateinamerikas • Mit einem Wörterbuch arbeiten (M)	106
B		• sich selbst einschätzen • Veränderungen versprachlichen	• *ponerse, hacerse, volverse* (dt.: werden)		109
C		• über Comics reden	• Wiedergabe des Imperativs in der indirekten Rede	• Comics in Spanien • Wiedergabe von Geräuschen in Worten • Tonfall des Sprechers (M)	111
<Leer>	• Sachtext über den spanischen Kinopreis	• *Los premios Goya*			114
TF	• Ein *libro del curso* mit eigenen Beiträgen füllen				115

<Repaso 3>

	Plateauphase mit kompetenzorientierter Wiederholung (Unidades 6 – 8) / Vorbereitung auf DELE	116

<Preparación para los exámenes>*

	Textangebote zur Vorbereitung der schriftlichen und mündlichen Abiturprüfung	120
	• Artículo sobre el escritor peruano y Premio Nobel de Literatura 2010 Mario Vargas Llosa: «*La literatura es imprescindible*»	120
	• *España es el segundo país más feliz de Europa*	122
	• *Vida saludable: la dieta mediterránea*	124
	• Carmen Martín Gaite: *Caperucita en Manhattan*	126
	• *De Friburgo a Valparaíso*	128
	• *España: «Juventud sin Futuro»*	130
	• *Colombia: boceto para un retrato*	132
	• *Cine español: ¿Para qué sirve un oso?*	134

siete | 7

Inhaltsverzeichnis

	Cara a cara	137
	Estrategias	138
	Gramática	148
	Vocabulario	183
	Diccionario	197
	Soluciones	223
	Expresiones útiles	226
	Países / Lenguas / Gente	228
	Mapas	231

Kästchenerklärungen

 So kann ich …

mich vorstellen und nach Namen und ~~Herkunft fragen~~

Im So-kann-ich-Kasten finden Sie hilfreiche und nützliche Redemittel.

 Detailliertes Hören ▶ S. 184

Es gibt Strategien, die Ihnen ~~helfen~~

Der Estrategia-Kasten gibt Ihnen an, wo eine Lernstrategie zum Einsatz kommt. Diese finden Sie auf der angegebenen Seite im Anhang zusammengefasst.

 El catalán

El catalán, junto al español, se habla ~~…~~

Der Landeskunde-Kasten enthält weitere Informationen zu einem landeskundlichen Aspekt der Lektion.

 Dieses Symbol steht für interkulturelles Lernen.

 ¡Ojo!

Nach *cuando, en cuanto, mientras* ~~…~~

Der ¡Ojo!-Kasten weist auf strukturelle Besonderheiten und Fehlerquellen hin.

---

* Das Angebot <Preparación para los exámenes> kann zur gezielten Vorbereitung auf die Anforderungen des schriftlichen und mündlichen Abiturs genutzt werden. Es sollte frühestens nach Durchnahme der Unidad 4 eingesetzt werden.

Vorwort / Zeichenerklärung

¡Hola!

Willkommen im zweiten Lernjahr Spanisch, in dem Sie den Sprachlehrgang Spanisch beenden werden. Sie können sich dann in allen wichtigen Situationen verständigen. Stand in Adelante – nivel elemental meistens Spanien im Vordergrund, weitet sich in Adelante – nivel intermedio das Themenfeld:
So lernen Sie zwei Länder aus Lateinamerika kennen: Peru mit den faszinierenden Spuren der Inka. Und Kolumbien, bekannt wegen seiner tropischen Rhythmen und seines aromatischen Kaffees, aber auch wegen einer Gegenwart, die häufig zu negativen Schlagzeilen führt. Um das alltägliche Leben in Spanien geht es in Unidad 2, um das Arbeitsleben in der Unidad 6.
Wer hat noch nicht von dem Charme Barcelonas gehört – in der Unidad 3 erfahren Sie mehr über die Region Cataluña. In jedem Supermarkt finden Sie Obst aus Spanien, oft zu Spottpreisen. Einige Hintergründe thematisiert Unidad 4. Spanien – das verbinden viele mit Strand und Meer. Dass Tourismus Schattenseiten birgt, erfahren Sie in Unidad 5. Nivel intermedio endet mit einem Blick auf Musik, Literatur und Kino. Nicht ganz – wer sich gezielt auf das Abitur vorbereiten möchte, der findet weiteres Übungsmaterial in dem Teil Preparación para los exámenes.

Neugierig geworden? ¡Vamos! La unidad 1 os espera…

Zeichenerklärungen

HABLAR, ESCUCHAR, LEER, ESCRIBIR, MEDIACIÓN
Zur jeweiligen Aufgabe finden Sie die Fertigkeit(en) ausgewiesen.

Diese Symbole kennzeichnen Übungen für Partner- und Gruppenarbeit.

L 1/7 Der Text ist auf der Lehrer-CD zu hören. Die erste Ziffer verweist auf CD 1 oder CD 2, die zweite auf die Tracknummer.

S 1/4 Der Text steht ebenfalls auf der CD des Arbeitshefts (Klett-Nr. 538004) im mp3-Format zur Verfügung.

Folgende Symbole kennzeichnen Differenzierungsangebote:

Sie finden alternative bzw. ergänzende Aufgabenangebote unter der angebenen Nummer unter www.klett.de/online.

▶ **Online-Link** 538001-0000
Unter diesen Online-Links finden Sie weitere und ergänzende Materialien zur jeweiligen Aufgabenstellung. Einfach die Nummer unter www.klett.de angeben.

▶ §4
Der Paragraph verweist auf das entsprechende Grammatikkapitel im grammatischen Anhang.

▶ CDA 2
Dieses Symbol verweist Sie auf weitere Übungen der Unidad im *Cuaderno de actividades*. Die Ziffer gibt Ihnen jeweils die Übungsnummer an.

•⊣⊦• Dieses Symbol kennzeichnet fakultative Aufgaben und Übungen.

< > Dieses Symbol kennzeichnet fakultative Seiten.

Um die Lesbarkeit zu erleichtern, sprechen wir in Übungen und Aufgaben von Schülern, Partnern und Freunden. Selbstverständlich sind damit ebenso alle Schülerinnen, Partnerinnen und Freundinnen gemeint.

Para empezar

Presentaciones

50 €

100 €

200 €

Ropa

50 €

100 €

200 €

Barrios y pisos

50 €

100 €

200 €

La clase

50 €

100 €

200 €

Dies ist die Vorlage zum Spiel. Weitere Informationen zum Vorkurs finden Sie im *Cuaderno de actividades* und im Lehrerbuch.

Para empezar

Fiesta

50 €

100 €

200 €

Viajes

50 €

100 €

200 €

Comida y bebida

50 €

100 €

200 €

Trabajo

50 €

100 €

200 €

Tiempo libre

50 €

100 €

200 €

once | 11

Unidad 1   Perú y sus maravillas

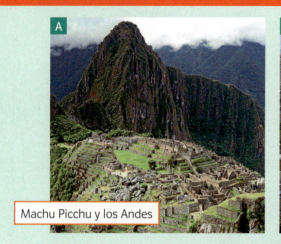
Machu Picchu y los Andes

Lima

Callao

Líneas de Nazca

L 1/1   **1 Descubre Perú**   ESCUCHAR / HABLAR

    a) Escuchad el cedé y decid de qué fotos (no) se habla.

    b) Escuchad otra vez, tomad notas y explicad qué información se da.

2 ¿Dónde está…?   HABLAR   ▶ CDA 1

    a) Buscad en el mapa de la página 231 los lugares que veis en las fotos. Explicad a vuestro compañero dónde están.

    b) ¿Con qué países limita Perú?

Así podéis…

localizar un lugar.

- Está al norte / sur / este / oeste de…
- Está cerca de… / entre… y…
- Está en el… de…
- Perú limita con…

12 | doce

Tarea final
Sie werden eine Ausstellung über Peru erarbeiten und vorstellen.

Kommunikative Fertigkeiten
- Orte lokalisieren
- Assoziationen ausdrücken
- Gegensätze und Gemeinsamkeiten ausdrücken
- Vergangenes beschreiben und strukturieren
- präzise Informationen geben
- Vorlieben betonen

Grupo de músicos

Cusco

Amazonas

Mario Vargas Llosa

3 Música andina ESCUCHAR / ESCRIBIR

a) Escuchad y decidid cuál de estos tres tipos de música es típico de Perú.

b) Escuchad otra vez la música andina y haced una red de vocabulario con algunas palabras que relacionáis con este tipo de música.

c) Haced frases con vuestra red de vocabulario.
→ Yo relaciono la música andina con la naturaleza, con algo tranquilo.

Así podéis…

hacer asociaciones.
- Cuando escucho… yo pienso en…
- Yo relaciono la música andina con…

4 Visitando Perú HABLAR

Comentad qué lugares de los que veis en las fotos (no) os gustaría visitar y por qué.
→ Me gustaría visitar Cusco porque su catedral es muy interesante.

trece 13

1 Unidad — Aprender y practicar A | ‹Leer› | Tarea final

1 ¿Quiénes eran los incas?   LEER / ESCUCHAR / ESCRIBIR

a) Leed / Escuchad el texto.

A

El Imperio inca era el más grande de América en el siglo XVI y ocupaba Ecuador, Perú y parte de Colombia, Bolivia, Chile y Argentina. Allí vivían doce millones de habitantes y su capital era Cusco, que está en el Perú actual.
El idioma de los incas era el quechua. Su mitología era muy rica y en su religión había muchos dioses: el más importante era el Sol, que ellos llamaban Inti.
Para los incas su emperador también era un dios: el «hijo del Sol».

¿Sabías que...

1 ... en América del Sur unos diez millones de personas todavía hablan el quechua, la lengua que hablaban los incas?

2 ... los incas construían monumentos que soportaban muy bien los terremotos? Ellos ponían las piedras de una forma especial y muy estable.

3 ... los puentes colgantes de los incas eran nuevos para los europeos? ¡No había entonces nada así en España!

4 ... los incas comían conejo de Indias, que ellos llamaban cuy? En Perú hoy, igual que antes, todavía es normal comer cuy. Además, ¡los incas cultivaban la papa ya hace 8.000 años! En ese tiempo no se conocía en Europa.

5 ... la música era muy importante para ellos? Hacían sus flautas con huesos humanos.

6 ... los incas no escribían como nosotros? Pero utilizaban un interesante sistema de nudos para comunicarse. Cada nudo quería decir algo diferente.

7 ... los incas no conocían los caballos y tampoco la rueda? ¡Pero corrían muy rápido! Un grupo de jóvenes iba de un lugar a otro con los mensajes: ¡de Quito a Cusco (unos 2.000 kilómetros) normalmente solo necesitaban seis días!

8 ... el puma era muy importante en su mitología? ¡La capital del Imperio tenía la forma de un puma!

b) Copiad esta ficha en vuestro cuaderno y completadla con la información sobre los incas.

c) Escribid un pequeño texto con la información de la ficha anterior.

2 ¿Os acordáis del imperfecto?   ▸ §1   ▸ CDA 3, 4   ▸ Online-Link 538001-0001

Buscad los verbos en imperfecto en el texto «¿Quiénes eran los incas?» y escribid en vuestro cuaderno cada forma con su infinitivo.

imperfecto	infinitivo
era	ser
ocupaba	ocupar
...	...

3 Los jóvenes eran así   LEER / HABLAR   ▸ §1, 2   ▸ CDA 6, 7

a) Leed el texto y haced una lista de los adverbios y de los marcadores temporales que se utilizan.
→ normalmente…

> Los jóvenes incas, normalmente, vivían en casa de sus padres hasta los veinticinco años. En ese tiempo solo los nobles iban al colegio. Allí tenían clases de Religión, Historia, Música, Astronomía… Sus profesores también les hablaban de la guerra. Los jóvenes que no eran nobles, en cambio, no iban al colegio, pero recibían educación de sus padres y abuelos; todos los días hablaban con sus abuelos porque antes, en culturas como la de los incas, los abuelos eran muy importantes: tenían experiencia y tiempo para ayudar a sus familias. Las chicas incas no estudiaban: aprendían a hacer la comida y a cuidar los animales.

b) Explicad cuándo se utilizan los marcadores temporales.

c) Comparad vuestra vida y las costumbres de hoy con las de los incas.
→ Antes solo los niños nobles iban al colegio. En cambio hoy todos tienen que ir al colegio.

   Así podéis…

expresar un contraste.
- Los incas…, en cambio nosotros…
- Antes…, pero hoy…

expresar que algo es parecido.
- Nosotros, como los incas…
- Igual que…, nosotros también…

1 Unidad | Aprender y practicar A | ‹Leer› | Tarea final

4 ¿Qué no había en el tiempo de los incas? HABLAR ▶ §1, 2

El dibujo tiene algunos errores históricos. Decid en cadena qué no había y qué no hacían los incas. Aquí tenéis algunos verbos. Intentad siempre usar un verbo nuevo.

| estudiar | escribir | tener | haber | hacer | conocer | utilizar | construir | … |

§ ¡Ojo!
Dem unpersönlichen *hay* entspricht *había* im *imperfecto*.

5 Practicamos la pronunciación ▶ CDA 5

a) Leed / Escuchad estas frases. Poned atención a la pronunciación de las letras *c, z* y *s*.

★ Hola, me llamo Celia. Nací en Cusco, pero ahora vivo en Madrid, cerca de la plaza de Cibeles. Tengo una muy buena amiga en Zaragoza.
★ Hola, me llamo Cecilia. Vivo en Zaragoza, pero a veces voy a Madrid. Allí tengo una amiga que vive cerca de la plaza de Cibeles.

b) ¿Qué diferencias notáis en la pronunciación de Celia y Cecilia?

6 Tarea: La lengua de los incas ESCUCHAR / MEDIACIÓN

a) Mirad estas frases en quechua. ¿Qué tiene de particular este idioma?

★ Yamayllaku. (¿Hola, qué tal?)
★ Yamayllam. Qmoa. (Bien, ¿y tú?)
★ Maymantaq Aywanki. (¿Adónde vas?)
★ Perumanmi Aywaa. (Voy a Perú.)

b) Escuchad ahora estas palabras en quechua: llamakuna, kondorkuna, pumakuna. ¿Podéis imaginar su significado?

c) La VHS (Universidad Popular) ofrece un curso de quechua. Un amigo español que no habla alemán os pregunta por el curso. Leed la información y explicadle en pocas palabras qué dice el programa.

El quechua – Einführung in die Sprache und Kultur der Inkas   Kursnummer: 7215

Quechua, die Sprache der Inkas, wird heute noch im Süden Kolumbiens, in Ecuador, Peru und Bolivien sowie im Norden von Chile und Argentinien gesprochen. Den größten Anteil an Sprechern hat Peru, gefolgt von Bolivien und Ecuador, wo es in einigen Regionen neben Spanisch und Aymara auch eine offizielle Amtssprache ist. Mit wahrscheinlich mehr als sieben Millionen Sprechern ist Quechua die meistgesprochene indigene Sprache Südamerikas.

Die deutsche Sprache hat – über das Spanische – eine Reihe von Wörtern aus dem Quechua übernommen: Inka, Kondor, Lama und Puma.
In diesem Kurs wollen wir die Sprache der Inkas kennenlernen und uns so ihrer Kultur nähern. Kenntnisse der spanischen Sprache sind von Vorteil, aber nicht Voraussetzung für die Teilnahme am Kurs.
Kursleiter: Pedro Achachau.

Aprender y practicar B | ‹Leer› | Tarea final | Unidad 1

1 La llegada de Pizarro a Perú LEER / ESCUCHAR

a) Leed / Escuchad el texto.

Después del descubrimiento de América en 1492, muchos europeos ricos, pobres y muy pobres fueron a esta nueva parte del mundo. Unos murieron en el viaje, otros volvieron a casa muy ricos y algunos se quedaron en América.

Uno de ellos, el español Francisco Pizarro, soñaba como muchos otros con ser rico. En el país que hoy es Panamá, donde Pizarro vivía entonces, la gente contaba que más al sur había un lugar lleno de oro.

En 1524 el conquistador fue hacia el sur, pero no tuvo éxito. Después hizo un segundo viaje, también sin éxito. Finalmente en 1532 llegó a Perú.

Mientras el emperador inca Atahualpa estaba en la ciudad de Huamachuco con algunos de sus guerreros, recibió un mensaje. En su imperio había unos hombres con barba que querían encontrarse con él en la ciudad de Cajamarca. Eran Pizarro y sus hombres.

b) Contestad las siguientes preguntas.

1. ¿En qué año llegaron los europeos por primera vez a América?
2. ¿De dónde era Pizarro?
3. ¿Qué esperaban encontrar muchos allí?
4. ¿Cuántas veces intentó llegar Pizarro a Perú?
5. ¿De quién hablaba el mensaje que recibió Atahualpa?

1 Unidad | Aprender y practicar B | <Leer> | Tarea final

2 El final del Imperio inca ▶ §2 ▶ CDA 8, 9

a) Completad con los verbos en indefinido para conocer el final de la historia del imperio inca.

| llegar | morir (2x) | atacar | querer | llevarse | pagar | encontrarse |

El 16 de noviembre de 1532 los españoles **1** a la ciudad inca de Cajamarca. Atahualpa y sus hombres **2** con Pizarro para conocerlo. Entonces, los conquistadores los **3**. Miles de incas **4** ese día. Los españoles **5** a Atahualpa con ellos. Atahualpa **6** una habitación llena de oro para poder seguir con vida. Finalmente, Pizarro no **7** dejar libre a Atahualpa. El rey de los incas **8** el 26 de julio de 1533 en la plaza de Cajamarca.

b) Explicad con vuestras palabras el final del Imperio inca o dibujadlo en cuatro viñetas.

3 Una perspectiva diferente LEER ▶ §2 ▶ CDA 10, 11

a) Aquí tenéis otra perspectiva del final del imperio inca. ¿Desde qué perspectiva se cuenta la historia ahora?

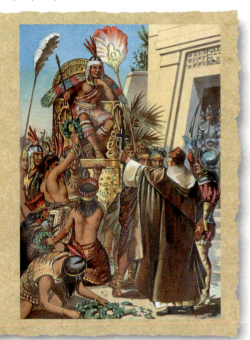

Nuestro emperador Atahualpa quería conocer a Pizarro y a sus hombres y fue a Cajamarca para encontrarse con ellos. Los españoles eran muy diferentes a nosotros y llevaban con ellos unos animales muy grandes que nosotros no conocíamos.
5 Atahualpa entró en la ciudad con miles de personas: jóvenes que bailaban y tocaban música, guerreros, gente del pueblo y también muchas personas de su familia. Entonces, otros hombres de Pizarro, que estaban esperando detrás de la plaza, donde nadie podía verlos, nos atacaron. Nadie sabía qué hacer
10 o adónde ir. Ese día muchos de los nuestros murieron y Pizarro se llevó con él a Atahualpa. Nuestro emperador tuvo que pagar una habitación llena de oro para poder seguir con vida, pero Pizarro no lo dejó libre. Atahualpa murió en Cajamarca.

b) Observad los tiempos del pasado en el texto «Una perspectiva diferente» y haced una tabla en vuestro cuaderno. ¿Cuáles se refieren a las circunstancias? ¿Cuáles describen los acontecimientos?

circunstancias	acontecimientos
■	■

c) Deducid con vuestra tabla del ejercicio anterior qué tiempo del pasado va con las circunstancias y qué tiempo va con los acontecimientos.

| Aprender y practicar B | <Leer> | Tarea final | Unidad 1

4 De viaje   HABLAR   ▶ §2   ▶ CDA 12, 13

a) Cinco estudiantes cuentan anécdotas de un viaje. Combinad las circunstancias y los acontecimientos de las ilustraciones y formad frases.
→ Cuando / Mientras hacía una foto a un grupo de amigos, llamaron de mi hotel.

A hacer una foto / llamar de mi hotel ✓

B visitar la ciudad / empezar a llover

C ir de excursión / tener un accidente

D estar en el aeropuerto / pedir el billete

E salir del autobús / acordarse del móvil

b) Elegid una de las situaciones anteriores y continuad las anécdotas.
→ Mientras hacía una foto a un grupo de amigos, llamaron de mi hotel. Había un problema con la habitación. Así que volví al hotel.

Así podéis...

estructurar un relato.

- cuando...
- mientras...
- entonces...
- por eso...
- así que...
- de repente...
- finalmente...

5 El Camino Inca   ESCUCHAR

a) Mirad el mapa del Camino Inca. ¿Dónde empieza y dónde termina?

b) Ordenad estos lugares del Camino Inca: Wiñay Huayna, Miskay, Wayllabamba, Pacaymayo. ¿Cuáles están más cerca de Machu Picchu?

c) Leed las siguientes frases y elegid las formas verbales correctas.
1. En ese momento Juan **estuvo / estaba** con el guía y su grupo de viaje en Aguas Calientes.
2. Las otras personas del grupo solo **hablaron / hablaban** inglés.
3. Todos **probaron / probaban** la carne de cuy.
4. **Hicieron / hacían** más de 200 kilómetros a pie.

d) Escuchad ahora el cedé y decid si la información de las frases en c) es verdadera o falsa.

6 Tarea: Anécdotas de mi viaje   ESCRIBIR

Escribid una carta a un amigo sobre un viaje que hicisteis el año pasado. Contadle: ¿A dónde fuisteis? ¿Cómo era el lugar? ¿Qué hacíais por las noches? ¿Qué os gustó más?

Fehlervermeidung   ▶ S. 140

Machen Sie sich bewusst, welche Fehler Sie immer wieder machen. Schreiben Sie diese z. B. auf ein Lesezeichen, auf Karteikarten etc.

diecinueve | 19

1 Unidad | Aprender y practicar C | <Leer> | Tarea final

1 Lo que tienes que ver en Perú ESCUCHAR / LEER / MEDIACIÓN

a) Leed / Escuchad el texto.

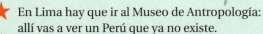

5 consejos

★ En Lima hay que ir al Museo de Antropología: allí vas a ver un Perú que ya no existe.
★ En Cusco, visita el mercado donde los campesinos venden lo que producen. En junio puedes ver una fiesta con la que los peruanos se acuerdan de su pasado inca: Inti Raymi.
★ En el lago Titicaca puedes ver unas islas que los habitantes del lugar hacen con plantas.
★ En Nazca hay que ver las antiguas líneas sobre las que hay muchas teorías. Cerca de Nazca puedes ver momias peruanas.
★ En los Andes tienes que hacer el Camino Inca. El Camino Inca y Machu Picchu son la razón por la que muchos turistas van a Perú. ¿Te interesa hacer el camino a pie? ¡Entonces tienes que reservar con una agencia! Sin reserva no puedes hacerlo.

b) Recomendad a estas personas un lugar para visitar según sus intereses.
→ Ana, puedes visitar el mercado de Cusco, es muy interesante.

Ana: Me interesan las cosas típicas de los países.

Jorge y Matilde: Nos interesa saber cómo vivía el pueblo inca.

Felipe: Me gusta mucho ir de excursión.

Claudia y Raquel: Nos gustan las fiestas de los pueblos.

c) Vuestros vecinos quieren hacer un viaje a Perú. ¿Qué sitios deben visitar según la guía del apartado a)? Elegid tres y explicad en alemán por qué deben ir allí.

2 Lo que... HABLAR ▶ §3 ▶ CDA 14

a) Completad las frases con vuestras ideas.

1. Lo que más / menos me interesa del Perú antiguo es / son...
2. Lo que hay que hacer antes de viajar allí es / son...
3. Lo que más / menos me gusta cuando voy de excursión es / son...

b) ¿Cuáles son los aspectos que más os interesan de un país? ¿Por qué?

| política | economía | cultura |
| historia | educación | gente |

→ Lo que me interesa de un país es la política porque me permite...

§ ¡Ojo!

Das Relativpronomen *lo que* (dt.: „was" oder „das, was") bezieht sich auf einen ganzen Sachverhalt. Zusammen mit *más* oder *menos* kann es verwendet werden, um etwas hervorzuheben.

👄 Así podéis...

expresar preferencias.

- Lo que prefiero...
- Lo que me interesa...
- Lo que me gusta...
- Lo que me parece importante...

| Aprender y practicar C | ‹Leer› | Tarea final | Unidad 1

3 Recuerdos de viaje ▸ §4 ▸ CDA 15, 16

Marta pasó seis meses haciendo unas prácticas en un hospital de Miraflores, Lima. Ahora está mirando unas fotos con su familia. Completad las frases con el artículo.

1. Mira, este es el piso en **1** que vivía en Lima y por **2** que solo tenía que pagar unos cien euros al mes.
2. Estos son Jorge y Juan, los doctores a **3** que ayudaba en el hospital y de **4** que aprendí mucho.
3. Estos son los amigos con **5** que hice el Camino Inca.
4. Estas son las ruinas sobre **6** que hablan todos los que van a Machu Picchu.
5. Esta es Ana, la amiga peruana para **7** que busqué unas prácticas aquí en Barcelona.

> **§ ¡Ojo!**
> Steht vor dem Relativpronomen *que* eine Präposition, wird *que* um den bestimmten Artikel erweitert, z. B. *el hombre con el que*, *la mesa sobre la que*, *los niños por los que*, *las casas en las que*.

4 Problemas en el viaje   HABLAR / MEDIACIÓN

a) Relacionad las definiciones y las fotos.

1. Medio de transporte muy ecológico en el que vas normalmente en verano.
2. Animal del que hablan casi todos los libros de viajes a Perú.
3. Persona con la que vas en coche y a la que pagas por ese servicio.
4. Cosa en la que escribes un saludo cuando estás de viaje.
5. Lugar al que vas para pedir información de la ciudad.

→ El medio de transporte muy ecológico en el que vas normalmente en verano es la foto A.

   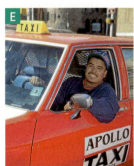

b) Describid cinco cosas que necesitáis para un viaje por América Latina. Como no sabéis el nombre de esas cosas, las definís. Vuestros compañeros dicen en alemán cómo se llaman.
  → ★ Buscamos una cosa con la que se puede cortar la comida.
   ★ *Ein Messer?*
   ★ ¡Sí!

> **⚙ Sprachmittlung** ▸ S.143
> Wenn Ihnen eine Vokabel fehlt oder Sie Ihnen nicht einfällt, können Sie sie umschreiben. Benutzen Sie dazu z. B. einen Oberbegriff: *un medio de transporte, una cosa, un lugar, una persona, un animal que …*

5 Tarea: ¡Ahora vosotros!   ESCRIBIR

Un amigo va a viajar a vuestra ciudad. Escribidle y dadle cinco consejos sobre lo que hay que ver allí. Seguid el estilo de la guía de viajes del texto «Lo que tienes que ver en Perú».

La papa conquista el mundo LEER

a) Leed el texto.

La papa, que en casi toda España se llama patata, está presente en todo el mundo. Comemos papas en forma de tortilla, como papas fritas, como sopa… incluso hay recetas de helado de papa. Hoy en día no es posible pensar en la comida moderna sin la papa.

5 Sin embargo la papa, que es originaria de Perú, se consideró un «alimento del demonio» durante muchos siglos porque crece[1] bajo[2] la tierra[3], tiene feos «ojos» negros (sus raíces) y no se habla de ella en la Biblia. En Rusia la gente la llamaba «manzana del demonio» y en muchos países europeos decían que causaba lepra, sífilis y otras
10 enfermedades. Y, claro, la gente del pueblo no quería comerla.

Por esta razón a muchos monarcas no les gustaba esta situación e intentaron hacer de la papa un alimento popular. Por ejemplo, un edicto de Federico Guillermo de Prusia decía algo así: «Si alguna persona no quiere comer papa, le vamos a cortar la nariz[4] y las
15 orejas[5]».

Realmente fue un francés de finales del siglo XVIII, Augusto Parmentier, la persona que consiguió cambiar todo esto. Convenció a su rey, Luis XVI, de la importancia de la papa. El inteligente rey francés plantó entonces muchas papas en los jardines de su palacio.
20 La gente del pueblo, que pensaba que había un alimento precioso allí, entraba de noche en el jardín del palacio para robar las papas. Y así la papa empezó a ser el alimento tan popular que es hoy en día. Se dice que cada persona en el mundo come unos 34 kilos de papa al año.

Importancia económica de la papa

Perú es un país con una renta per cápita[6] cuatro veces más baja que la de Alemania. Más de la mitad de sus exportaciones son minerales (sobre todo oro y cobre). La agricultura es la actividad económica más tradicional en Perú, y en este sector, el lugar de la papa es muy importante. Aproximadamente una tercera parte de los agricultores peruanos cultiva papa. Actualmente en Perú hay más de 3.000 variedades de papa y muchas solo se cultivan allí. El 90% de estas papas se cultivan en los Andes a más de 2.500 metros de altura.

§ ¡Ojo!

Die Fußnoten erklären nur die Vokabeln, die zur Beantwortung der Textverständnisaufgaben unbedingt notwendig sind. Weitere Vokabeln können Sie in Ihrem Wörterbuch nachschlagen.

b) Contestad las siguientes preguntas.
 1. ¿De dónde es la papa?
 2. ¿Por qué la gente no quería comer papa?
 3. ¿Cuándo empezó la papa a ser aceptada en Europa?

c) Explicad en pocas palabras el truco de Luis XVI.

d) Resumid la relación entre Perú y la papa.

---

[1] **crecer** *(-zco)* wachsen
[2] **bajo** unter
[3] **la tierra** die Erde
[4] **la nariz** die Nase
[5] **la oreja** das Ohr
[6] **la renta per cápita** das Pro-Kopf-Einkommen

| Aprender y practicar | <Leer> | **Tarea final** | Unidad | 1

 Una exposición sobre Perú HABLAR / ESCRIBIR ▶ Online-Link 538001-0002

La embajada de Perú organiza un concurso para promocionar el país entre los estudiantes alemanes de español y regala un viaje a la clase que haga la mejor exposición de Perú.

a) Elegid el tema de vuestra exposición. Cada grupo debe elegir un tema diferente. Por ejemplo:
- Los incas y su cultura
- Los españoles y la conquista
- Personajes históricos importantes en Perú
- Un acontecimiento / momento importante de la historia peruana

b) Preparad vuestra exposición:
- Buscad la información y el material necesario (fotos, mapas…).
- Elegid el mejor medio para presentar el tema (cartel, álbum, proyección…).
- Repartid el trabajo entre vuestro grupo. Cada estudiante elige una parte.
- Escribid un pequeño texto para cada foto o elemento gráfico que utilicéis.
- Si utilizáis palabras nuevas, no olvidéis presentarlas a vuestros compañeros.

c) Presentad vuestra exposición a la clase.

d) Evaluad las exposiciones de los demás grupos y decidid cuál os gusta más. Usad la ficha de evaluación que encontráis en el Online-Link.

Así podéis…

empezar la exposición.
- Vamos a hablar de…
- El tema de nuestra exposición es…

hacer comentarios.
- ¿Queréis preguntar algo?
- Eso significa que…
- Lo más importante es…
- Como podéis ver en la foto…

explicar la estructura.
- En la primera / segunda parte quiero explicar…
- Después voy a hablar de…

concluir vuestra exposición.
- Estos son los puntos más importantes…
- Finalmente…

Eine Präsentation vorbereiten ▶ S. 142

Überlegen Sie sich, welche Medien Sie während der Präsentation einsetzen können.

veintitrés | 23

Unidad 2   Cosas de la vida

1   La vida de estas personas

Leed las siguientes frases y relacionadlas con las fotos. Dos de las frases no tienen foto. ¿Cuáles?

1. Los profesores y alumnos almuerzan en el comedor.
2. Mario y sus amigos salen por la noche.
3. La dependienta abre la tienda de ropa.
4. María espera el autobús para ir al trabajo.
5. Alfonso prepara la cena con sus hijos.
6. Lucía desayuna en casa.
7. La presentadora da las noticias.
8. Almudena prepara unas tapas con unos amigos.
9. Los empleados del departamento de marketing desayunan en una cafetería.
10. Carlos sale del trabajo y vuelve a casa en bicicleta. Le gusta llevar una vida sana.

Almorzar

Para referirse a la comida del mediodía (entre las 12:00 y las 15:00) se puede utilizar tanto la palabra *comer* como *almorzar*.

Tarea final
Sie werden sich um einen Ferienjob bewerben und darlegen, warum Sie dafür geeignet sind.

Kommunikative Fertigkeiten
- über den Alltag sprechen
- vergangene Ereignisse mit Bezug zur Gegenwart ausdrücken
- über den Berufsalltag sprechen
- über Probleme im Berufsleben sprechen

2 ¿A qué hora?   ESCUCHAR / HABLAR

a) Mirad las fotos y decid a qué hora creéis que estas personas hacen las actividades del ejercicio 1.

b) Escuchad el cedé y comprobad vuestras suposiciones.

c) ¿A qué hora se hacen estas actividades en vuestro país? Explicad las diferencias.

3 Su día   HABLAR

Elegid a una de las personas de las fotos e imaginad cinco actividades que hace durante el día.
→ Yo creo que la dependienta abre la tienda por la mañana, después…

4 ¿Y yo?   ESCRIBIR   ▶ CDA 1

Escribid qué hacéis cada uno de vosotros normalmente a las 8:00, a las 15:00, a las 18:00 y a las 20:00. Comentad los resultados con vuestros compañeros.

veinticinco | 25

2 Unidad | Aprender y practicar A | ‹Leer› | Tarea final

1 ¡Qué vida! HABLAR ▶ CDA 2

a) Mirad las fotos. ¿Qué tipo de vida representan estas fotos?

b) ¿Lleváis una vida así? ¿Qué (no) hacéis? ¿Qué hacéis diferente?

2 Mi nueva vida LEER / ESCUCHAR / ESCRIBIR

Virginia no ha tenido un día fácil y escribe en su blog por qué.

a) Leed / Escuchad el texto.

Mi nueva vida

25 de octubre

Hola, seguidores de mi blog. Ayer leí en una revista que es muy importante llevar una vida sana, así que he decidido cambiar mis hábitos. Y he empezado hoy. Os cuento cómo.

Para empezar, esta noche he dormido ocho horas y esta mañana me he duchado y me he arreglado con mucha tranquilidad. Además he desayunado algo muy saludable: pan con aceite de oliva, ajo y tomate. Antes de ir al trabajo, he hecho deporte: he corrido unos dos kilómetros por el parque. Después he ido a la oficina en bicicleta, y allí he escrito muchos correos electrónicos, pero sin estrés. Durante la mañana he bebido un litro de agua y al mediodía he almorzado una ensalada en la cafetería con unos compañeros.

La verdad es que la mañana no ha sido fácil, pero la he superado. He soportado muchas cosas: los problemas con mi jefe porque he llegado tarde al trabajo, el ruido de mi barriga por el hambre y las caras de mis compañeros porque he trabajado con demasiada tranquilidad. Además no me ha gustado ir en bicicleta con tanto tráfico.

Por la tarde… he tenido mucha hambre a la hora de la merienda cuando he visto a todos disfrutar de la tarta de cumpleaños de Lola… ¡Ha sido horrible!

Al final, mi día ha acabado así: he cogido el resto de la tarta de Lola y me lo he comido. Después, he vendido la bici y me he ido a casa en taxi. Antes de escribiros, me he preparado una pizza, luego he puesto la tele y me he sentado en el sofá. Y aquí estoy ahora haciendo el vago y comiendo patatas fritas mientras escribo.

La verdad es que no sé qué va a pasar mañana… Solo sé que llevar una vida sana no es para mí.

b) Leed las frases. ¿Son verdaderas o falsas? Corregid las falsas.

1. Ayer Virginia leyó en un periódico que es importante llevar una vida sana.
2. Antes de ir al trabajo Virginia ha tenido mucho estrés.
3. Virginia ha corrido más o menos dos kilómetros.
4. Por la mañana no ha tenido hambre.
5. Virginia se ha comido la tarta de Lola y ha ido a casa en bicicleta.
6. Esta noche Virginia ha comido una pizza mientras escribía.

c) Escribid cómo es un día normal de Virginia.

26 | veintiséis

3 ¿Qué ha hecho Virginia? ▶ §5, 6

a) En el texto aparece un tiempo nuevo: el pretérito perfecto. Este se forma con el verbo *haber* y un participio. Haced una tabla en vuestro cuaderno y completadla con los participios del texto.

b) Ahora escribid el infinitivo de los participios. Formulad una regla para la formación del participio.

c) Buscad en el texto los participios para los verbos *hacer*, *escribir*, *ver* y *poner*. ¿Veis alguna diferencia con los del apartado a)?

4 El cumpleaños de Lola ▶ §5, 6 ▶ CDA 3–6, 8

En la oficina de Virginia han celebrado hoy el cumpleaños de Lola, una compañera.

a) Escribid quién ha hecho estas acciones.

nosotros   él ✓   tú   ella   ellos   yo   nosotros

1. Ha hecho la tarta de cumpleaños.
2. Han bailado con Lola.
3. Has comprado los platos y vasos.
4. Hemos puesto la música.
5. No ha tenido tiempo. ✓
6. Al final habéis limpiado la oficina.
7. He comprado las bebidas.

→ Él no ha tenido tiempo.

§ **¡Ojo!**
Sie kennen bereits die Endungen des Präsens. Sie helfen Ihnen, die Formen des Verbs *haber* zu erschließen.

b) Comprobad las formas del verbo *haber* en la página 177.

5 La mañana de Virginia   HABLAR   ▶ §7   ▶ CDA 9

a) Virginia se está preparando para ir al trabajo. Mirad los dibujos y decid qué ha hecho ya y qué no ha hecho todavía.

→ Virginia **ya** se ha arreglado, pero **todavía no**…

b) ¿Qué (no) habéis hecho vosotros esta mañana? Escribid tres actividades que habéis hecho esta mañana. Dos tienen que ser correctas y una falsa. Los demás tienen que descubrir cuál es la falsa.

2 Unidad | Aprender y practicar A | ‹Leer› | Tarea final

L 1/15-17 **6 ¿Quién lleva una vida más sana?** ESCUCHAR / HABLAR

Laura, Andrés y Ana cuentan qué hacen para llevar una vida sana.

a) Escuchad el cedé y completad una tabla en vuestro cuaderno con lo que ha hecho cada uno de ellos.

Laura	Andrés	Ana
■	■	■

b) Decidid quién lleva una vida más sana y dad tres razones.

c) ¿Cuáles de las actividades de la tabla habéis hecho esta semana? ¿Cuándo?

7 Antes de desayunar HABLAR ▶ §11 ▶ CDA 10

Preguntaos en parejas qué habéis hecho esta mañana antes o después de estas actividades. Mirad el ejemplo.

| salir de casa | ir al instituto | entrar en el instituto | ir al recreo | entrar en esta clase |

→ ★ ¿Qué has hecho antes de salir de casa?
  ★ Pues antes de salir de casa me he arreglado. ¿Y tú?
  ★ Yo me he arreglado y he escuchado la radio.
  ★ ¿Qué…?

8 Hablamos del pasado ▶ §2, 7

a) Traducid las frases al alemán o a vuestra lengua materna.

1. Esta mañana he estado en la escuela.
2. Ayer fui al trabajo en bicicleta.
3. ¡Hoy ha sido un día fantástico!
4. Antes siempre hacía deporte.

b) ¿Qué tiempos utilizáis en cada frase? ¿A qué conclusión llegáis?

c) ¿Cómo es en otras lenguas que conocéis? ¿Se pueden utilizar uno o varios tiempos del pasado?

9 Tarea: ¡Lo he hecho! ESCRIBIR

Después de leer el blog de Virginia la semana pasada, decidisteis llevar una vida sana también. Escribid en el blog de Virginia y contadle todo lo que habéis hecho.

 Así podéis…

hablar de acciones pasadas, pero relacionadas con el momento actual.
• hoy • este mes, esta semana, este año… • nunca • ya • todavía no

28 | veintiocho

Aprender y practicar B | ‹Leer› | Tarea final | Unidad 2

1 ¡Qué injusto es el jefe! LEER / ESCUCHAR / HABLAR

Virginia habla con su compañero Antonio en la cafetería del trabajo. Lena, la chica que hace prácticas en el departamento de Virginia, ha tenido algunos problemas.

a) Leed / Escuchad el diálogo.

Antonio: ¿Qué pasa, Virginia, por qué vienes con esa cara?
Virginia: Grrr… Nunca he visto nada igual. ¡De verdad te digo que no veo ninguna solución!
Antonio: Virginia, tranquila. Anda, vamos a comer y me cuentas.
Virginia: Es que la chica que hace prácticas en nuestro departamento ha tenido problemas con el jefe. Lena, la chica alemana, ¿sabes?…
Antonio: Sí, sí, la conozco bien.
Virginia: Pues se ha equivocado y ha escrito un informe sobre un tema diferente al tema que necesita el jefe. La pobre ha buscado mucha información. ¡Incluso ha traducido textos del inglés para ese informe!
Antonio: ¿Y?
Virginia: El problema es que no hay tiempo para escribir otro informe. ¡El jefe necesita el informe hoy! ¡Esta tarde tiene una reunión con otros jefes! Y él es muy organizado…
Antonio: ¿No puede esperar unos días?
Virginia: Eso quería yo, Antonio… Ya te he dicho que lo necesita ya. No quiere hablar ni conmigo ni con mis compañeros. Dice que no. Y tampoco quiere hablar con Lena. ¡Y yo creo que es injusto!
Antonio: ¡Pues qué pena! Es muy competente y nadie trabaja en equipo mejor que ella. Seguro que alguien le ha dado a Lena una información falsa y por eso ha escrito el informe sobre otro tema.
Virginia: Sí, seguro. Pero la pobre piensa que el jefe la va a echar porque se ha equivocado. Yo no sé qué va a pasar… Es que ella no tiene ninguna experiencia en el ámbito textil. Solo ha estado en la sede de Teruel, en el departamento de marketing, y ahora con nosotros en León. ¡Ay, este jefe…!
Antonio: ¡Qué pena! Pues es muy simpática Lena.
Virginia: Ninguno de nosotros está de acuerdo con el jefe, pero… Huy, ya son las tres. ¿Un café y seguimos con el trabajo?

b) Según el texto, ¿qué características definen al jefe? ¿Y a Lena? Escribid en vuestro cuaderno cuál de las siguientes características corresponde a cada uno de ellos. Justificad vuestra respuesta buscando en el texto las frases donde se encuentra la información.

1. es organizado
2. sabe tres idiomas
3. es competente
4. no es comunicativo
5. es amable
6. es joven

c) ¿Creéis que el jefe es injusto con Lena? ¿Por qué (no)?

veintinueve | 29

2 No he trabajado nunca ▶ §10

a) Estas frases no están en el orden correcto. Escribidlas correctamente.

1 | tampoco | Virginia | una vida sana | lleva | no

2 | con Lena | nadie | ha trabajado | en la sede de Teruel

3 | no | Lena | ha tenido | problemas | nunca

4 | han hablado | ni | Lena | el jefe | ni

b) Escribid las tres primeras frases en otro orden.
→ El jefe **no** encuentra **nunca** soluciones a mis problemas.
El jefe **nunca** encuentra soluciones a mis problemas.

§ **¡Ojo!**
Bei der doppelten Verneinung steht das *no* **vor** dem Verb und die Verneinungspartikel **nach** dem Verb. Steht die Verneinungspartikel **vor** dem Verb, entfällt das *no*.

3 No tengo ninguno   HABLAR ▶ §9 ▶ CDA 15

a) Mirad el cuadro ¡Ojo! y formulad una regla para el uso de *ningún, ninguno, -a*.

§ **¡Ojo!**

¿Has recibido algún correo electrónico?	¿Has hecho una tarta?
No, no he recibido ning**ún** corre**o**.	No, no he hecho ningun**a** tart**a**.
No, no he recibido ningun**o**.	No, no he hecho ningun**a**.

b) Buscad en los dibujos seis diferencias.
→ En el dibujo A hay dos bolígrafos en la mesa. En el dibujo B no hay ningún bolígrafo / no hay ninguno.

4 ¡Es solo un error!   ESCUCHAR / HABLAR

a) Escuchad los siguientes diálogos en el cedé y decid quién se ha equivocado en estas situaciones: el chico o la chica. Tres de las seis situaciones no están en los audios. ¿Cuáles?

1. Se ha equivocado en los deberes.
2. Ha mandado una foto personal a muchas personas.
3. Se ha equivocado de persona.
4. No ha hecho los deberes.
5. Ha mandado un correo electrónico y se ha equivocado de persona.
6. No sabía la hora en español.

b) Contad una situación similar que os haya pasado alguna vez.

Aprender y practicar B | ‹Leer› | Tarea final | Unidad

5 Ni tú ni yo HABLAR ▸ §10 ▸ CDA 16 ▸ Online-Link 538001-0003

a) Escribid una pregunta con dos opciones que creéis imposibles o improbables.
   → ¿Has estado en Teruel o León?/¿Tienes…?/¿Conoces…?

b) Ahora vais a hacer las preguntas en cadena. Tú preguntas a tu compañero de la derecha y respondes a la pregunta de tu compañero de la izquierda.
   → No he estado ni en Teruel ni en León.

6 No lo comprendo ESCUCHAR ▸ Online-Link 538001-0004

Virginia y Antonio vuelven al trabajo y continúan hablando.

a) Escuchad el cedé y explicad de quién hablan.

b) Escuchad de nuevo el audio del cedé y anotad las posiciones y funciones que ha tenido esta persona hasta hoy.

c) Ordenad cronológicamente las posiciones y funciones que ha tenido hasta hoy y comprobad de nuevo con el cedé.

> **Selektives Hören** ▸ S. 138
> Beim selektiven Verstehen kommt es darauf an, bestimmte Schlüsselwörter zu verstehen.

7 Tarea: El problema de Lena MEDIACIÓN / ESCRIBIR

El señor Freire, el jefe de Lena, no quiere hablar con ella sobre el informe. Ella escribe a Frau Lottmann, que trabaja en la agencia en Alemania encargada de las prácticas, para explicarle todo lo que ha pasado y para pedir que escriban al jefe.

a) Leed el final del correo electrónico que escribe Lena a la agencia.

… Eigentlich hatte meine Kollegin Lola den Auftrag von Herrn Freire bekommen. Sie ist aber krank geworden und da die Sache dringend war, musste ich die Aufgabe übernehmen. Ich habe mir wirklich große Mühe gegeben: Ich habe alles sauber recherchiert, geprüft und daraus den von Herrn Freire gewünschten Bericht erstellt. Klar, dass mein Spanisch nicht ganz perfekt ist. Gestern wurde mir nun mitgeteilt, dass alles umsonst war. Herr Freire hatte etwas ganz anderes erwartet. Er hat sich sehr geärgert, will mir aber keine Gelegenheit geben, mit ihm zu sprechen und ihm alles zu erklären. Ich vermute, dass Frau Díaz, seine Sekretärin, etwas falsch verstanden hat, es aber nicht zugeben möchte. Sie verhindert deswegen auch, dass ich einen Termin bei ihm bekomme. Ich weiß nicht mehr, was ich machen soll. Deswegen möchte ich Sie bitten, sich mit Herrn Freire in Verbindung zu setzen, um die Angelegenheit aufzuklären.

Mit freundlichen Grüßen
Lena Bauer

b) Vosotros hacéis unas prácticas en esa agencia y tenéis que redactar en nombre de Frau Lottmann un correo electrónico al jefe para explicarle qué ha pasado en realidad.

Estimado señor Freire:
Mi nombre es…

treinta y uno | 31

2 | Unidad | Aprender y practicar C | <Leer> | Tarea final

L 1/23 **1 Destino León** LEER / ESCUCHAR / ESCRIBIR

S 9 Lena participa en un programa de una radio local que se llama «Destino León». En este programa los extranjeros que viven en León explican cómo viven en esta ciudad y qué piensan de España.

a) Leed / Escuchad el texto.

Locutor: Queridos oyentes, buenas tardes y bienvenidos a nuestro programa «Destino León». Soy Alberto Vigo y hoy tenemos un tema muy especial, «Alemania en el corazón».
En primer lugar os presento a Lena Bauer.
Lena: Hola, buenos días.
Locutor: Os cuento: Lena tiene diecinueve años y lleva viviendo en León cinco meses. Ha aprendido español en el instituto de su ciudad, Essen, en el oeste de Alemania. ¡Sabe hablar muy bien! Lena hace unas prácticas en una importante empresa española y hasta ahora ha trabajado en varios departamentos. Lena ya ha hecho prácticas en otros países: en Francia, por ejemplo, ¿verdad? Aunque es muy joven, vemos que es muy independiente y abierta a otras culturas. Le gusta mucho León, donde se ha apuntado a un club de atletismo, porque ella siempre ha practicado este deporte. Desde siempre ha sido muy ecologista, por eso hasta este año ha participado siempre en campamentos de verano como monitora de tiempo libre en Alemania. Además, como ha aprendido inglés en sus viajes por Irlanda, lleva dos meses dando clases particulares gratis a algunos niños en el colegio Antonio Machado. ¡Qué activa!
Lena: Ay, Alberto, ¡cómo eres!
Locutor: Lena, ¿qué es lo que más te gusta de León?
Lena: Pues…

b) Buscad en las dos presentaciones los errores y corregidlos con ayuda del texto.

1. Lena es una chica alemana. Sabe muy poco español, pero habla muy bien italiano e inglés. Ella está haciendo unas prácticas en León. Le gusta mucho viajar y hacer prácticas en otros países. Además, hace mucho deporte y es ecologista. También da clases particulares a niños en el colegio Antonio Machado.

2. Lena tiene diecinueve años, es alemana y está haciendo unas prácticas en León. Ella habla muy bien español, francés e inglés. Ha hecho prácticas en Italia y ahora hace unas prácticas en Toledo, donde ha tenido problemas con su jefe. En Alemania ha sido monitora de tiempo libre y en España da clases particulares de inglés a niños.

c) Escribid una presentación con la información correcta.

d) ¿Cómo sigue la entrevista? Escribid las tres primeras preguntas del locutor de radio y las respuestas de Lena.

| Aprender y practicar C | ‹Leer› | Tarea final | Unidad | 2 |

2 Llevo un año aprendiendo español ▶ §8 ▶ CDA 17

a) Estas personas hacen muchas cosas. Decid cuánto tiempo llevan haciendo estas cosas.

1. Lena empezó a trabajar en su empresa el lunes pasado.
2. El señor Freire y su mujer viven en León desde junio de 2009.
3. El jefe empezó a buscar a una chica para unas prácticas en junio pasado.
4. Antonio estudia italiano desde 2010.
5. Alberto tiene treinta y tres años. Él hace deporte desde los doce años.

b) Haced una lista de las actividades que hacéis normalmente. Cambiad la lista con vuestro compañero y después preguntadle cuánto tiempo lleva haciendo esas cosas.
→ ★ ¿Cuánto tiempo llevas estudiando español?
  ★ Llevo estudiando español dos años.

3 Tabú de adjetivos   HABLAR   ▶ CDA 13

Escribid en grupo tres tarjetas con adjetivos que conocéis. En cada tarjeta escribid el adjetivo y dos palabras relacionadas con ese adjetivo. Dad las tarjetas a otro grupo. Cada persona toma una tarjeta y explica el adjetivo con ayuda de las dos palabras, pero no se puede decir el adjetivo.
→ Es una persona que… / Cuando una persona… decimos que es…

> **abierto,-a**
> hablar
> amigos

4 ⊢ Mi amiga Lucía   ESCUCHAR

a) María y Lucía, una amiga colombiana, han quedado por la noche. Escuchad el cedé y explicad de qué hablan.

b) Escuchad de nuevo el cedé y explicad qué tiempos verbales utiliza cada una. ¿A qué conclusión llegáis? ⊢•

5 Practicamos la pronunciación ▶ CDA 18

a) Escuchad las palabras y repetidlas.

1. euro
2. europeo
3. freír
4. Teide
5. reuma
6. aceite
7. Eugenio
8. veinte

b) Leed el trabalenguas. ¿Quién puede leerlo más rápido?
En Europa el terapeuta de Ceuta se adeuda con euros europeos.

6 Tarea: ¡Me encanta León!   HABLAR

Vosotros también vivís en León y siempre escucháis «Destino León». Llamad al contestador del programa y dejad un mensaje de no más de un minuto de duración con los datos más importantes. (Nombre, tiempo que lleváis en León / España, formación académica y/o profesional, actividades de tiempo libre, estancias en otros países…). Escribir algunas palabras clave puede ayudaros.

treinta y tres | 33

2 Unidad | Aprender y practicar | <Leer> | Tarea final

1 ¡Vaya país! LEER

Vaya país[1] es el título de un libro coordinado por Werner Herzog, un periodista que lleva viviendo en España unos treinta años. En este libro dieciocho periodistas extranjeros que viven en España cuentan su visión del país.

a) Leed este fragmento del libro.

«El horario imposible» por Carlta Vitzhum (EE.UU.)

Es la hora del almuerzo. Por lo menos, los españoles muestran un poco de orden en sus vidas —esto dice Luis, mi marido—. Pasamos por un bar lleno de gente y de niños chillando. El aire rezuma olor de chuletas a la parrilla. Esto ocurre, al menos, los domingos. No hace mucho tiempo era así todos los
5 días, toda la semana. De hecho, las horas de trabajar y comer en España eran como un reloj: a una intensa mañana le seguía un almuerzo largo y, después, por la noche, una cena bien tardía. La mayoría de la gente se iba a la cama después de la medianoche. Las tiendas se cerraban durante dos o tres horas a mediodía y abrían cuando las tiendas en el resto de Europa estaban cerrando.
10 Las principales carreteras estaban embotelladas[2] los sábados por la mañana y los domingos por la tarde. [...] La vida de la gente parecía previsible. Pero durante los años noventa, tras la implantación[3] del euro, el ritmo de la vida empezó a sincronizarse con los horarios europeos. El problema es que algunos los adoptaron, otros continuaron con el horario español, mientras que la mayoría se quedó perdida en algún punto intermedio.
15 De repente, Madrid estaba atrapado[4] entre dos mundos y sus horarios de trabajo resultaban caóticos. [...] Los turistas a menudo perciben que los horarios laborales en España son un enigma indescifrable. Familiares y amigos que llegan de otros países, o bien están muertos de hambre o están hasta arriba de comida. A veces están exhaustos y a veces hartos de dormir. La hora punta de la TV se extiende hasta después de medianoche. En la radio, los programas deportivos de máxima audiencia comienzan a
20 las doce de la noche. Pero levántate temprano y te sorprenderá el número de madrileños atrapados en atascos de tráfico a las siete de la mañana. Eduard Estivill, un especialista catalán del sueño, afirma que los españoles duermen una media de 40 minutos menos que otros europeos, lo que en una semana representa unas cuatro horas y media menos de sueño. Los invitados extranjeros preguntan: «¿Cómo lo consiguen los madrileños, cómo viven durmiendo tan poco?».

© Autora: Carlta Vitzhum, coordinador Werner Herzog. Texto cedido por Santillana Ediciones Generales S. L., obra: Vaya país Ed. 2006.

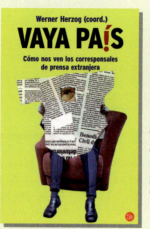

© Diseño de cubierta: Rudesindo de la Fuente

b) Buscad en el texto al menos cinco palabras nuevas, pero que habéis entendido, y traducidlas al alemán.

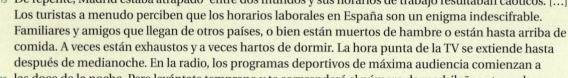

Wortschatz ▶ S.144

Der Satzzusammenhang bzw. Ihr Vorwissen aus anderen Sprachen helfen Ihnen, Wörter zu erschließen.

c) ¿Qué influencia tuvo la implantación del euro en el horario?
d) Escribid cómo describe Carlta Vitzhum el horario en España antes y después del euro.
e) ¿Qué diferencias hay entre el horario en España y en vuestro país?
f) ¿Qué horario os gusta más, el de España o el de vuestro país?

2 Un libro interesante ESCRIBIR / MEDIACIÓN

Habéis leído el texto de Carlta Vitzhum en clase, pero un compañero no ha venido hoy a clase. Escribid a este compañero un correo y explicadle de qué trata el texto.

[1] ¡Vaya país! Was für ein Land!
[2] embotellado, -a verstopft
[3] la implantación die Einführung
[4] atrapado, -a gefangen

34 treinta y cuatro

Busco un trabajo para el verano   ESCRIBIR / HABLAR

Vuestro profesor os enseña estos anuncios de trabajo en España en los que se buscan candidatos. Vosotros queréis hacer uno de estos trabajos y para ello vais a escribir una carta en la que vais a explicar por qué sois los más indicados para hacer este trabajo. Al final se elegirá a los mejores tres candidatos.

a) Leed los anuncios.

1 Prácticas en la redacción de la revista Hey

¿Has hecho ya unas prácticas?
¿Dónde las has hecho?
¿Has trabajado ya en equipo?
¿Hablas español? ¿Dónde lo has aprendido?
¿Has estado ya en un país hispanohablante?

Debido a la incorporación de nuestra revista en Alemania, buscamos cuatro personas para trabajar en la redacción y ayudarnos con nuestras tareas (traducción y redacción de artículos, búsqueda de material…).

Las prácticas son en nuestra sede en Barcelona y duran cuatro semanas.
¿Has trabajado ya en un proyecto similiar?
¿Crees que eres la persona ideal?
¡Pues mándanos tus razones y convéncenos!

revistahey@info.com

2 Campamento de verano busca monitores de tiempo libre

Para nuestro campamento de verano en Girona buscamos jóvenes monitores de tiempo libre.

Si has trabajado ya en un campamento, tienes experiencia con niños y tienes ganas de pasarlo bien, este es tu trabajo.

Contactar con Luis: luisito@yahoo.es

3 Se buscan jóvenes para promociones en Alicante

¿Buscáis trabajo para las vacaciones de verano? ¡Nosotros te lo ofrecemos! Buscamos jóvenes para promocionar productos de diferentes marcas en Alicante y otras ciudades cercanas.

Interesados contactar con María Díaz
m.diaz@promodiaz.com

b) Escribid vuestra carta como respuesta al anuncio. En ella explicáis por qué estáis cualificados para el trabajo que habéis elegido. Para ello decís, por ejemplo, si habéis hecho ya otros trabajos, si habéis viajado ya a España, cómo sois…

c) Formad tres grupos, un grupo para cada uno de los anuncios. Cada grupo recibe las cartas para su anuncio de trabajo. Discutid en vuestro grupo cuál de los informes es el mejor y por qué.

d) Presentad a vuestros compañeros la persona que habéis elegido y explicad por qué.

Auf der DVD im Lehrerbuch finden Sie zur Wiederholung und Vertiefung eine Filmszene zum Thema der letzten zwei Lektionen.

1 <Repaso>

DELE **1 Comprensión de lectura**

Tarea: Leed el texto sobre cuatro ciudades mexicanas. A continuación responded las preguntas (1-6). Elegid la respuesta correcta (a, b o c) según el texto.

México D.F.

La Ciudad de México es la capital del país. Está en el centro de México y en su zona metropolitana viven casi veinte millones de personas. Cuando llegaron los españoles en 1519, la ciudad se llamaba
5   Tenochtitlán y también era la capital de los aztecas. Actualmente es una ciudad moderna, pero también antigua. Tiene un importante centro histórico con construcciones que van del siglo XVI al siglo XIX. Para saber cómo es México y cómo era antes de la
10 llegada de los españoles, se aconseja visitar uno de los lugares más interesantes de la ciudad, el Museo Nacional de Antropología e Historia.

Teotihuacán

A 45 kilómetros al norte de la capital del país se encuentran los monumentos arqueológicos de una de las mayores ciudades durante la época   15
prehispánica: Teotihuacán. Una ciudad que se construyó hace casi dos mil años y que es el lugar que recibe más turistas de todo México, incluso más que Chichén Itzá, en la península de Yucatán. Entre sus monumentos más importantes se   20
pueden visitar las pirámides del Sol y de la Luna y la Ciudadela con el templo de Quetzalcóatl.

Cancún

Al sur de México, en la península de Yucatán, se encuentra Cancún, una ciudad turística que
25 actualmente tiene casi 700.000 habitantes. En esta región vivían los mayas entre los siglos IX y XIV. En los años setenta del siglo XX, donde había un pequeño pueblo con bonitas playas se construyó el centro turístico mexicano más conocido del
30 mundo. A unos 188 kilómetros de Cancún se encuentra Chichén Itzá, donde se pueden visitar el templo de Kukulcán y el templo de los Guerreros.

Guadalajara

La capital del estado de Jalisco se encuentra en el Valle de Atemajac y tiene 1.500.000 habitantes. La actual ciudad la construyeron los españoles   35
en 1542. Para descubrir la ciudad es importante visitar su centro histórico, ver la conocida Catedral Metropolitana o el Palacio de Justicia, y pasear por sus bonitas calles y plazas de estilo colonial.

<Repaso> 1

1. La capital del imperio azteca estaba en…

    a) Chichén Itzá.
    b) Tenochtitlán.
    c) Yucatán.

2. El lugar que recibe más turistas de todo México es…

    a) Yucatán.
    b) la Ciudad de México.
    c) Teotihuacán.

3. Al sur del país se pueden visitar monumentos arqueológicos que se construyeron antes de la llegada de los españoles, como…

    a) el Museo Nacional de Antropología e Historia.
    b) Jalisco.
    c) el templo de Kukulcán.

4. La ciudad de Cancún…

    a) se construyó el siglo pasado.
    b) es el lugar que recibe más turistas del país.
    c) es conocida por su centro histórico.

5. Los españoles ocuparon México en…

    a) el siglo XV.
    b) el siglo XIV.
    c) el siglo XVI.

6. La ciudad donde viven menos personas es…

    a) México D.F.
    b) Cancún.
    c) Guadalajara.

2 Expresión e interacción escritas

Tarea: Escribid en vuestro blog todo lo que habéis hecho este año en la clase de español. En él debéis:

- describir a la gente nueva que habéis conocido
- comentar las actividades del curso (las cosas que ya habéis hecho y las que todavía no)
- decir si habéis tenido algún examen y cómo ha ido
- explicar el tiempo que lleváis estudiando español y si lo habéis usado alguna vez

treinta y siete 37

1 <Repaso>

3 Comprensión auditiva

L 1/31–37 **Tarea 1:** Vais a escuchar siete diálogos breves entre dos personas. Vais a escuchar cada diálogo dos veces. Seleccionad el enunciado (A–J) que corresponde a cada diálogo. ¡Atención! Hay siete diálogos y diez enunciados.

Diálogos	Enunciados
Diálogo 1	
Diálogo 2	
Diálogo 3	
Diálogo 4	
Diálogo 5	
Diálogo 6	
Diálogo 7	

Enunciados:
- **A** Llovió todos los días.
- **B** Probó la carne de cuy y le gustó mucho.
- **C** Llovía, pero de repente salió el sol.
- **D** Tenía pocos días de vacaciones y por eso no fue a Nazca.
- **E** En Lima se encontró unas gafas que eran de una mujer.
- **F** Tuvo que comprar otro billete.
- **G** Mientras comían en un restaurante un equipo de televisión les hizo una entrevista.
- **H** Mientras paseaba por la plaza se encontró a un chico de su ciudad.
- **I** Fueron a comer a la calle Larios y entonces la televisión les hizo una entrevista.
- **J** Cuando salía del museo conoció a una chica que vive cerca de su casa.

L 1/38 **Tarea 2:** A continuación vais a escuchar una conversación entre dos personas. Vais a escucharla dos veces. Seleccionad la opción correcta (a, b o c).

1. Rocío ha desayunado…
   a) un zumo y un café.
   b) antes de ducharse.
   c) con sus amigos.

2. La madre de Rocío…
   a) antes no quería comprarle un conejo.
   b) quería comprarle muchos regalos.
   c) siempre quería comprarle un conejo.

3. El conejo que le han comprado es…
   a) de color blanco y negro y se llama Pipo.
   b) de color negro y se llama Mimo.
   c) de color blanco y se llama Miro.

4. Cuando han llegado a casa…
   a) el jardín estaba lleno de gente.
   b) en el salón había mucha gente.
   c) en la cama había muchos regalos.

5. Rocío…
   a) ya ha abierto todos los regalos.
   b) ha comprado muchos regalos.
   c) todavía no ha abierto todos los regalos.

6. Para Rocío hoy es un día muy especial porque…
   a) es el primer día de vacaciones.
   b) es su cumpleaños.
   c) se ha levantado tarde.

4 Expresión e interacción orales

Tarea 1: Descripción de una fotografía

- Describid la fotografía: cómo es la persona, dónde está, qué hace.
- Debéis hablar sobre qué es tener una vida sana.
- Describid si habéis llevado una vida sana este mes y por qué.
- Duración: 2 o 3 minutos.

Tarea 2: Monólogo

Tenéis que hablar sobre Perú. Elegid uno de los aspectos siguientes para hablar durante 2 o 3 minutos:

Perú
Los incas
¿Qué lengua hablaban? ¿Cómo eran sus construcciones? ¿Cómo era su música? ¿Cómo era su escritura? ¿Cómo vivían? ¿Dónde vivían? ¿Quién fue su último emperador? ¿Qué le ocurrió?

Estas preguntas os pueden ayudar a preparar la exposición.

Unidad 3   Cataluña

Cataluña es...
A las pistas de esquí en Baqueira Beret
B la playa en Tarragona
C la moda de Custo-Barcelona
D el estadio Camp Nou

1 ¿Cómo es Cataluña?   HABLAR   ▶ CDA 1, 2

a) Mirad las fotos y completad el eslogan «Cataluña es…» con ayuda de los adjetivos de la casilla.

fría • bonita • atractiva • antigua • moderna • deportista • limpia • tradicional • elegante • clásica • internacional • turística • organizada • creativa • luminosa • pequeña • típica • histórica

§ ¡Ojo!
Städte und Regionen sind fast immer feminin.

b) ¿Dónde está Cataluña? Mirad en el mapa de España y explicad dónde está.

c) ¿Qué más conocéis de Cataluña?

L 1/39 2 Las postales   ESCUCHAR

Una persona ha estado de vacaciones en Cataluña y ha mandado algunas postales a amigos. Tres amigos reciben las postales y las leen.

a) Escuchad el cedé y decid de qué tres postales de las de arriba se habla.

b) Escuchad de nuevo el cedé y escribid tres palabras clave para cada postal.

Tarea final
Sie werden als Vorbereitung für eine Reisemesse einen Prospekt erarbeiten, in dem Werbung für die Region, aus der man kommt, gemacht wird.

Kommunikative Fertigkeiten
- eine Stadt darstellen
- Fotos und Bilder beschreiben
- Fragen zur Landeskunde stellen
- eine bekannte Persönlichkeit vorstellen

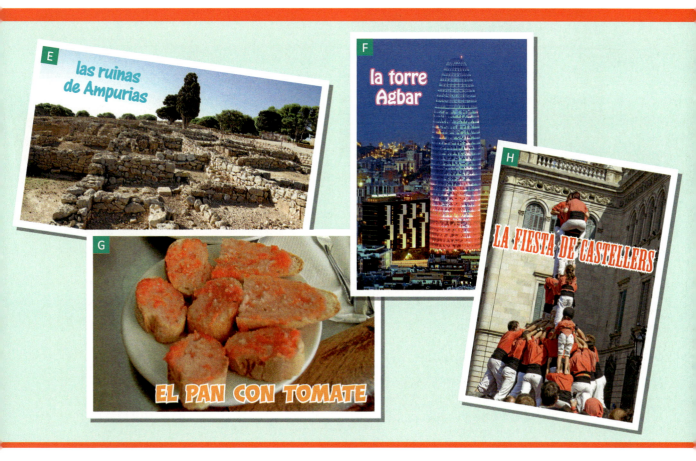

E las ruinas de Ampurias
F la torre Agbar
G EL PAN CON TOMATE
H LA FIESTA DE CASTELLERS

3 ¿Sí o no?   HABLAR   ▶ CDA 3

Pensad cada uno en una ciudad o un pueblo de vuestra región. Los compañeros intentan adivinar qué ciudad es. Para eso tienen que hacer preguntas. La persona que ha pensado en la ciudad solo puede responder con *sí* o *no*. El que adivina la ciudad empieza de nuevo el juego.

→ ★ ¿Es una ciudad pequeña?
  ★ Sí.
  ★ ¿Hay un parque muy grande?
  ★ No.

4 Mi idea de Cataluña   HABLAR

¿Habéis estado alguna vez en Cataluña? ¿Cuándo? Explicad qué habéis hecho y visto.
Si no habéis estado, explicad con ayuda de las fotos por qué (no) os gustaría visitar esta región.

→ Sí, yo estuve el año pasado en…
  Nunca he estado, pero (no) me gustaría ir porque…

3 | Unidad | Aprender y practicar A | <Leer> | Tarea final

1 Estoy encantado de vivir en Barcelona LEER / ESCUCHAR / ESCRIBIR

Queréis ir un fin de semana a Barcelona y encontráis en una red social una página sobre esta ciudad.

a) Leed / Escuchad el texto.

A

«Estoy encantado de vivir en Barcelona»

Amigos, os invitamos a escribir qué es lo que más os gusta de vivir en nuestra ciudad. ¡Viva Barcelona!

Adriana Fernández García Yo estoy muy contenta de vivir en Barcelona. ¡Es fantástica! Aquí tenemos de todo: playa y montaña. Cuando estás aburrido, no es difícil encontrar algo que hacer.

Rosa Díaz Alonso Mi barrio es muy bonito. Me gusta pasear por el parque Güell, ver la Sagrada Familia. Pero estoy algo cansada de encontrar a tantos turistas por toda la ciudad. ¡No se puede pasear tranquilamente!

José Domínguez López Estoy enamorado de esta ciudad. Mi barrio, el del Born, no es nada aburrido. Hay muchos lugares para salir por la noche y los fines de semana hay mucha gente joven… ¡BCN tq!

Sara Alvarado Soto La terraza de la Pedrera, el mirador del Tibidabo… La ciudad está llena de lugares románticos.

Tatiana Vidal Soy de Argentina, tengo veintidós años y pronto voy a vivir en BCN. Estoy ilusionada con la idea, pero tengo miedo del catalán.

Robert Obiols i Pérez Hola, sóc de Barcelona, però ara visc a Lleida, i m'encanta Barcelona, i el Barça! @Tatiana: No parles català? No te preocupes. Aquí lo vas a aprender muy rápido.

Pedro Otero Puga Estoy muy triste por la situación de mi ciudad. Muchos barrios no están limpios y el ayuntamiento no hace nada.

Sandra Portillo Carbajo Ahora no vivo en BCN, pero nací y viví allí veintisiete años. Lo que más echo de menos es el tiempo, la gente y ver el mar desde mi ventana. ¡Ah, y también la comida! Mmm, el pan con tomate…

Andrea Navarro Carmelo Ay, ¡quiero volver! Es verdad que la ciudad es fantástica. Y la música también. ¡Qué buenos los hermanos Estopa! Un beso a todos mis amigos. VISCA CATALUNYA!

b) Haced una lista de los aspectos positivos y negativos de la ciudad de Barcelona que aparecen en el texto.

c) Escribid el adjetivo correspondiente para cada emoticono y decid cuál de los emoticonos representa el estado de ánimo de cada una de las personas del texto.

  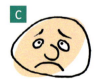

d) Vais a Barcelona un fin de semana. ¿Cuáles de las cosas que se nombran en el texto vais a hacer?

e) En el texto Robert y Andrea escriben algo en catalán. Traducid las frases al español.

🌐 El catalán

El catalán, junto al español, se habla en Cataluña y en las Islas Baleares. Pero no solo en España, también en Italia (Alguer) y en Francia (Cataluña Norte) y es el idioma oficial de un país: Andorra. En total lo hablan unos 10 millones de personas.

| Aprender y practicar A | <Leer> | Tarea final | Unidad 3

2 Ser o estar… Esa es la cuestión ▸ §12

a) Leed las frases y elegid entre las dos opciones la opción correcta que explica el significado de las frases.

1. La nieve es fría.
   a) No hay nieve caliente.
   b) La nieve no es siempre fría.
2. Camarero, este café está frío.
   a) Antes estuvo caliente.
   b) Siempre ha estado frío.

§ ¡Ojo!
Die Adverbien *bien* und *mal* werden immer mit *estar* benutzt.

b) ¿Cuándo se usan normalmente *ser* y *estar* con adjetivos? Formulad una regla.

c) ¿Se puede decir *ser ilusionado* o *ser contento*? ¿Por qué (no)?

d) ¿Se puede decir *la mesa está grande* o *el coche está rápido*? ¿Por qué (no)?

3 Me encanta vivir en Lleida HABLAR ▸ §12 ▸ CDA 4–10

Albert, un chico catalán, presenta así su ciudad en la página de una red social.

a) Elegid la forma correcta de *ser* o *estar*.

¡Hola a tod@s! Vivo en Lleida, en Cataluña. Aunque Barcelona **es / está** más grande y **es / está** bastante más moderna, la vida aquí **es / está** fantástica. Tenemos también monumentos que **son / están** muy antiguos, como la iglesia de San Martí o la de San Llorenç. **Soy / Estoy** muy contento con el Eix Comercial: esta calle **es / está** muy grande, la más grande de Europa. La Fiesta de la Primavera **es / está** muy típica y vienen muchos turistas, aunque a mí la fiesta no me gusta mucho, la verdad. Nuestra comida típica son los *calçots*, el pan con tomate… Como veis, **soy / estoy** encantado de vivir en Lleida.

b) Comparad vuestra ciudad con Lleida. → Mi ciudad también tiene… / es más / menos… que…

4 ¿Quién de la clase? HABLAR ▸ §12 ▸ CDA 9

a) Completad las frases con el verbo *ser* o *estar*.

¿Quién de la clase…
1 triste?   3 enfadado?   5 cansado?   7 vegetariano?
2 organizado?   4 contento?   6 ecologista?   8 enamorado?

b) Preguntad a vuestros compañeros por qué son o están así.

5 Un paseo por las Ramblas ESCUCHAR / MEDIACIÓN

Peter y Rabea están en la Oficina de Información Turística de las Ramblas de Barcelona.

a) Escuchad el cedé y decid si las frases son verdaderas o falsas. Corregid las falsas.

1. La Rambla es una calle que está en el centro de Barcelona.
2. La calle es muy larga y tiene cuatro partes.
3. La calle va desde la plaza de Cataluña hasta el puerto.
4. En la fuente de Canaletes celebra el FC Barcelona sus victorias.
5. En la Rambla dels Estudis hay algunos quioscos donde se venden animales.
6. Las tiendas de ropa están en La Rambla de Sant Josep.
7. La Rambla dels Caputxins es conocida por el mercado de la Boquería.
8. Al final de la Rambla está el puerto de la ciudad.

b) ¿Qué os llama la atención de lo que habéis escuchado?

c) Explicad a vuestro amigo lo que habéis escuchado sobre las Ramblas.

cuarenta y tres 43

6 Salvador Dalí ▸ §12 ▸ Online-Link 538001-0005

Salvador Dalí es el artista surrealista más conocido de Cataluña. Formad frases para conocerlo un poco más. Cuidado con el tiempo de los verbos.

| Salvador Dalí
Su hermana
Su museo principal
La obra de Dalí | ser
estar | un pintor catalán que nació en Figueras en 1904.
cuatro años más joven que él.
creativo.
un Teatro-Museo.
en Figueras.
el creador del logo de Chupa Chups.
llena de formas muy originales.
muy triste cuando murió su mujer, Gala. |

7 Muchacha en la ventana HABLAR

Estáis en el Teatro-Museo de Dalí y veis este cuadro.

a) Describid lo que veis en el cuadro *Muchacha en la ventana*.

👄 Así podéis…

describir una imagen.
- En la imagen vemos / hay / se puede ver…
- En el centro / A la derecha / A la izquierda / Al fondo se ve…
- A lo mejor / Posiblemente…

comentar y evaluarla.
- Esta cosa / persona / lugar puede ser…
- La imagen (no) me gusta porque…
- La imagen me parece interesante / bonita / … porque…

b) Contestad las preguntas.
1. ¿Qué relación creéis que tiene la chica con el pintor?
2. ¿Dónde creéis que vive la chica?
3. ¿Cómo creéis que se siente la chica?
4. ¿Qué creéis que piensa la chica en ese momento?

c) Buscad en Internet información sobre el cuadro y comprobad vuestras suposiciones.

⚙️ **Bildbeschreibung** ▸ S. 147
Wenn Sie ein Bild beschreiben, fangen Sie immer mit dem Wichtigsten an.

8 Tarea: Estoy enamorado de Alemania ESCRIBIR

Un grupo español de ex estudiantes Erasmus ha abierto una página en una red social que se llama «Estoy enamorado de Alemania». Escribid un pequeño texto sobre una ciudad de vuestra región.

| Aprender y practicar B | ‹Leer› | Tarea final | Unidad | 3 |

1 Las flores   HABLAR

a) ¿Habéis regalado flores a alguien alguna vez? ¿A quién?

b) ¿En cuáles de las siguientes situaciones se regalan flores en vuestro país? Añadid algunas opciones más.

A
en una boda

B
para el Día de San Valentín

C
para pedir perdón

D

2 Sant Jordi   LEER / ESCUCHAR / HABLAR   ▶ Online-Link 538001-0006

Katrin es una chica alemana que está haciendo unas prácticas en Barcelona. Llama por teléfono a su amiga Angels para contarle que un compañero de trabajo le ha regalado una rosa.

a) Leed / Escuchad el texto.

Angels: ¡Diga!
Katrin: Angels, ¡tengo novedades!
Angels: ¿Qué pasa? Te noto emocionada…
Katrin: No estoy emocionada, estoy
5   emocionadísima… Un compañero mío de la oficina, Mario, me ha traído esta mañana una rosa…
Angels: Huy, ¿sí? Me encantan esas historias tuyas… ¿Qué te ha pasado?
10 Katrin: Pues sí, me hace muchísima ilusión. Hemos quedado para tomar un café, y mira, apareció con una rosa. Además, es guapísimo, amabilísimo…
Angels: Jajaja, ¡qué ingenua eres! Pero, ¿tú sabes
15   qué día es hoy? Hoy es 23 de abril. Esa cabeza tuya… ¡que no te enteras!
Katrin: ¿23 de abril? ¿Ingenua?
Angels: El 23 de abril es el Día de Sant Jordi, el patrón de Cataluña. Es una fiesta famosísima aquí, ¿no la conocías? Pero no es solo una fiesta nuestra, este día también se celebra el Día del libro en todo el mundo. Los chicos les regalan una rosa a las chicas y las chicas un libro a los chicos. ¿No has visto
20   los puestos de libros y de flores en la calle?
Katrin: Pues ahora que lo dices… sí, los he visto, pero…
Angels: Mario no está enamorado de ti, solo es un chico atento. Bueno, atentísimo, y muy detallista, pero de amor, nada. ¿Decepcionada?
Katrin: ¡Qué desilusión! A ver, ¿qué cosas hay que saber sobre ese patrón vuestro?
25 Angels: Sant Jordi era un caballero que mató a un dragón, y…
Katrin: Vale, vale, un momento. ¿Has dicho que este día se regala un libro a los chicos? Pues me voy rápido a comprarlo… Te dejo.

b) Escribid con vuestro compañero tres frases verdaderas o falsas sobre el texto. Después, el resto de la clase tiene que descubrir qué frases son falsas.

3 Unidad | Aprender y practicar B | <Leer> | Tarea final

3 Unos amigos míos   ESCRIBIR   ▶ §13

a) Buscad en el texto todas las palabras que indican posesión y completad con ellas la siguiente tabla.

	adjetivos posesivos		adjetivos posesivos
yo	■	nosotros, -as	■
tú	■	vosotros, -as	■
él, ella / usted	suyo / -a / -os / -as	ellos, -as / ustedes	suyo / -a / -os / -as

b) Completad las frases con los adjetivos posesivos adecuados.

Hola, Stefan:

¿Cómo estás? He visto en una red social algunas fotos **1** (**tú**) y la verdad es que la vida en Barcelona te sienta muy bien. ¿Qué tal está Ute? ¿Está contenta con su trabajo y la vida en España? Hace mucho tiempo que no tenía noticias **2** (**vosotros**). Por aquí todo bien. Y, por cierto, tengo novedades. ¿Te acuerdas de Javier, ese compañero **3** (**yo**) de trabajo? Bueno, ahora somos más que amigos… Este verano, a principios de agosto, queremos ir dos semanas a Barcelona. Unos amigos **4** (**nosotros**) tienen un piso en el centro y nos lo dejan mientras ellos están de vacaciones en Alemania para visitar a unos familiares **5** (**ellos**). ¿Estaréis vosotros allí? Tengo muchas ganas de veros.
Un abrazo, Marta

c) Escribid una respuesta al correo electrónico.

4 ¿De quién es?   ▶ §14   ▶ CDA 13–15

a) Leed estas frases y elegid la respuesta correcta.

1. Mi hotel está cerca de la casa Batlló.
   a) El nuestro está en Montjuïc.
   b) La nuestra está en Montjuïc.

2. Nuestra guía tiene mucha información y fotos interesantes.
   a) El mío también tiene planos de la ciudad.
   b) La mía también tiene planos de la ciudad.

b) ¿Por qué habeis elegido esas respuestas?

c) ¿Cuándo se usan los pronombres posesivos? Formulad una regla.

5 Tu amiga en Barcelona   HABLAR / MEDIACIÓN

Estudiáis en Barcelona y vivís en un piso compartido con Carlos y Alejandro. Sara, una amiga alemana, os visita en Barcelona, pero no habla español. Carlos, un compañero de piso, quiere hablar con ella. Ayudad a vuestra amiga.

Carlos: ¿Qué tal tu día en la ciudad?
★ Sie: …
Sara: Ich bin in der Stadt spazieren gegangen und da habe ich viele Bücherstände gesehen. Sag Carlos, dass ich eins für dich und eins für mich gekauft habe. Deins natürlich auf Spanisch und meins auf Deutsch.
★ Sie: …
Carlos: Ah, sí. Hoy es el día del libro. ¿Y te ha gustado Barcelona?
★ Sie: …
Sara: Sag ihm, dass ich die Stadt liebe. Vor allem das Essen. Es ist besser als unseres.

★ Sie: …
Carlos: Mmm, la comida española… ¿Y qué vas a hacer mañana?
★ Sie: …
Sara: Ich möchte ein bisschen mehr von der Stadt sehen. Da wollte ich fragen, ob ich das Fahrrad im Flur benutzen kann. Frag Carlos, ob es seins ist.
★ Sie: …
Carlos: No, no es mía, es de Alejandro. La mía se la dejé a mi hermana. Pero puedes utilizar la de Alejandro para visitar mañana el resto de la ciudad.
★ Sie: …
Sara: Super!

6 Unas fiestas divertidísimas   HABLAR   ▸ §15   ▸ CDA 11, 12

a) Cuando Angels dice *atentísimo* en el texto «Sant Jordi» (l. 22), ¿quiere decir que es muy atento o poco atento?

b) Estas son algunas tradiciones típicas de la región de Cataluña. Leed las explicaciones sobre estas fiestas y sustituid los adjetivos por el superlativo absoluto.

A Los Castells son castillos muy altos que forman personas de todas las edades: niños, jóvenes y mayores. Es una tradición muy antigua y muy interesante. El primer Castell es de 1770.

B La sardana es un baile muy conocido que se baila en casi todas las fiestas de Cataluña. Muchos piensan que es muy fácil, pero en realidad es muy complicado. Se necesita mucha concentración y practicar mucho.

> § **¡Ojo!**
> Bei manchen Adjektiven ändert sich die Schreibweise:
>
> simpático → simpati**qu**ísimo
>
> largo → larg**u**ísimo
>
> Manche sind unregelmäßig:
>
> antiguo → anti**qu**ísimo

c) ¿Cuál de las dos tradiciones os gusta más y por qué?

7 Practicamos la pronunciación

a) Escuchad estas dos preguntas y prestad atención a su entonación. Decid si la entonación es ascendente ⤴ o descendente ⤵.

1. ¿Qué te ha pasado?
2. ¿Cómo es eso?

b) Comparad ahora la entonación de las preguntas anteriores con estas, que tienen como respuesta *sí* o *no*. ¿Es igual o diferente?

1. ¿No la conocías?
2. ¿Tú sabes qué día es hoy?

c) Leed estas preguntas y decid si su curva es ascendente o descendente. Comprobad después con el cedé.

1. ¿Has estado alguna vez en Barcelona?
2. ¿Por qué vienen tantos turistas?
3. ¿Qué es lo que más te gusta de la ciudad?
4. ¿Hay museos interesantes?

8 Tarea: Trivial alemán   ESCRIBIR

Haced un cuestionario para comprobar qué saben los estudiantes de vuestra clase de intercambio sobre las fiestas que se celebran en Alemania. En grupos de tres, preparad preguntas como la del ejemplo. Acordaos de las soluciones.

> ¿Cuál es la fiesta más importante de la ciudad de Colonia?
> a) El carnaval
> b) El 1 de noviembre

3 | Unidad | Aprender y practicar C | <Leer> | Tarea final

1 Los monumentos de Gaudí HABLAR

Antonio Gaudí es un conocido arquitecto catalán. Estos son algunos de los edificios que construyó. ¿Qué adjetivos creéis que definen mejor su estilo?

el Capricho en Comillas (Cantabria)

la Sagrada Familia en Barcelona

el parque Güell en Barcelona

2 Un libro sobre Gaudí LEER / ESCUCHAR / ESCRIBIR

Un escritor catalán está escribiendo su primera novela, donde el personaje principal, Antoni Gaudí, cuenta detalles de su proyecto más conocido, la Sagrada Familia. Así comienza el libro.

a) Leed / Escuchad el texto.

Cuando empecé a trabajar en la Sagrada Familia, en 1883, tenía treinta y un años. Aunque era joven, ya había trabajado con otros arquitectos después de mis estudios y tenía un gran futuro por delante. Es fácil entender por qué acepté este proyecto: hasta
5 entonces solo había hecho pequeños trabajos y la Sagrada Familia era la oportunidad que siempre había esperado para crear algo diferente. Al principio tuve que combinar este proyecto con otros que me habían pedido algunos de mis mecenas: Güell, Batlló y Milá, entre otros. Pero en 1915 dejé todo para concentrarme
10 en la catedral, que, reconozco, se había convertido en toda una obsesión para mí. Junto con mis colaboradores habíamos diseñado muchísimos esbozos, pero yo quería conseguir algo perfecto y nunca estaba contento con lo que hacíamos. Quería crear una nueva forma de entender el arte, quería una arquitectura «viva»,
15 un estilo diferente a lo que se había hecho hasta ese momento. Muchos pensaban que todo era demasiado fantasioso y que yo estaba loco. Aunque algunos años antes había construido algunos de los edificios más conocidos de Barcelona y me había ganado el respeto de mucha gente y compañeros de profesión, no todos
20 entendieron mi proyecto. Y ahí sigue, esa gran obra, sin acabar. A lo mejor no se acaba nunca. […]

b) Completad las frases con la información del texto.

1. Desde 1915 Gaudí…
2. Gaudí aceptó el proyecto de la Sagrada Familia…
3. Personas como Güell, Batlló y Milá…
4. Para diseñar la Sagrada Familia, Gaudí hizo…
5. La catedral nunca…

c) Comparad vuestras frases con las de vuestro compañero y comentadlas.

d) ⊢ Buscad en Internet más información de la Sagrada Familia. ¿Está acabada o no? ⊢

3 Había trabajado ▶ §16, 17

a) En el texto hay un nuevo tiempo del pasado: el pluscuamperfecto.
   ¿A qué otra forma verbal que conocéis se parece?

b) Conjugad el verbo *trabajar* en pluscuamperfecto. Comprobad vuestros resultados en la página 154.

c) ¿Cuándo se usa? Observad los dibujos y formulad una regla.

A — ayer (20:00)

B — ayer (21:00)

C — hoy

"Ayer, cuando llegué a casa, mi novio ya había cocinado."

4 Embajadores de Cataluña ESCUCHAR ▶ §16, 17 ▶ CDA 16

Para promocionar Cataluña fuera de España, la Consellería eligió el año pasado a estas dos personas como «embajadores».

a) Escuchad el cedé y decidid si las frases hacen referencia a Ferran Adrià o a Pau Gasol.

1. Empezó los estudios de Medicina, pero los dejó.
2. Ha escrito muchos libros.
3. Ha ganado una medalla en los Juegos Olímpicos.
4. La revista *Time* lo eligió como una de las cien personas más importantes del mundo.
5. Ha sido profesor en la Universidad Camilo José Cela de Madrid.
6. En el año 2001 se fue a vivir a EE.UU.

Ferran Adrià

Pau Gasol

b) Contad qué había hecho cada uno de estos personajes antes de haber sido elegidos embajadores.

5 Yo también HABLAR ▶ §17

Formad frases y explicad qué habíais hecho antes de estos momentos.

| Antes de | estudiar español, empezar el colegio, tener a mis amigos, utilizar Internet, tener quince años, … | todavía no nunca ya | … |

→ Antes de estudiar español, ya había estado en España de vacaciones.

6 Tarea: El embajador de nuestra región HABLAR

Pensad en el embajador perfecto (una persona importante del mundo del deporte, de la cultura…) de vuestra ciudad o región. Buscad información de esta persona y presentadla al resto de los compañeros.

3 Unidad | Aprender y practicar | <Leer> | Tarea final

Estopa LEER

David y José Manuel Muñoz son dos hermanos barceloneses, hijos de inmigrantes extremeños, que en 1999 fundaron el dúo catalán más conocido en España, Estopa. Su primer éxito fue la canción *Por la raja de tu falda* en el álbum titulado Estopa. Desde entonces han publicado seis discos con los que han ganado numerosos premios.
Su música puede llamarse «mestiza» porque mezcla el rock con la tradicional rumba catalana (que tiene sus raíces en la música gitana[1] y flamenca del sur). Los discos de Estopa han logrado gran popularidad en España y Latinoamérica.

1 Era LEER / ESCUCHAR / ESCRIBIR

a) Leed / Escuchad la canción *Era* incluida en su álbum Allenrok.

Era como el sol a la mañana
luna blanca en soledad,
prohibida entre las manzanas.
Sabe que está dentro de mis sueños
mi pecado[2] original
que me condena y me salva.
Era la lluvia de madrugada
cálida como un fogón[3],
era fiera[4] como una pantera
y suave[5] como el algodón[6],
era siempre primavera.

Estribillo
Se marchó
se fue por donde había venido y no volvió
y me ha dejado con dos tazas de café,
y un papel que dice adiós y una foto de carnet,
y el alma llena de pena.

Siempre me despierto por las noches
no puedo dormir,
se me queda el alma[7] en vela[8]
y sueño despierto con recuerdos que quieren salir,
tengo la memoria llena.
Fue una noche negra y prisionera
de una cárcel de cristal,
y yo sigo preguntando
pero nadie sabe dónde está,
nadie tiene la respuesta.

Era la lluvia de madrugada cálida como un fogón,
era fiera como una pantera y suave como el algodón,
era siempre primavera.

Estribillo (x2)

T: Muñoz Calvo, David / Muñoz Calvo, Jose Manuel
© Universal Music Publishing SL / Universal Music Publ. GmbH, Berlin

b) ¿Cómo pensáis que se siente la persona de la canción?

c) ¿Por qué pensáis que se fue la mujer de repente? Imaginad el diálogo.

d) La persona de la canción describe a la mujer así: fiera como una pantera y suave como el algodón. Pensad por lo menos en cinco ejemplos más siguiendo el modelo de la canción.
→ blanco como la nieve, negra / oscura como la noche…

[1] **gitano, -a** Zigeuner-
[2] **el pecado** die Sünde
[3] **el fogón** die Kochplatte
[4] **fiero, -a** wild
[5] **suave** weich / zart
[6] **el algodón** die Baumwolle
[7] **el alma** die Seele
[8] **en vela** schlaflos

| Aprender y practicar | ‹Leer› | **Tarea final** | **Unidad 3** |

Un folleto de nuestra región   ESCRIBIR / HABLAR

Vosotros vais a promocionar vuestra región en la Feria Internacional de Turismo de Madrid (FITUR), que se celebrará dentro de tres semanas. Para ello vais a hacer un pequeño folleto sobre un aspecto de vuestra región. Con este folleto tenéis que convencer a los jóvenes de España de que vuestra región tiene mucha variedad y hay que visitarla.

a) Formad grupos de tres o cuatro y elegid en cada grupo uno de los siguientes aspectos:
- Geografía, clima y naturaleza
- Personajes importantes
- Arte y arquitectura
- Gastronomía
- Fiestas
- Otros atractivos

b) Elaborad un folleto de tres páginas para repartirlo en la Feria. Para ello pensad en un logo, en el eslogan, el diseño y el contenido del folleto.

c) Presentad vuestro folleto a la clase. Repartid los folletos en la clase y explicad de qué trata el folleto y por qué habéis elegido ese tema.

d) Evaluad a vuestros compañeros. ¿Cuál de las presentaciones creéis que (no) puede convencer a los jóvenes españoles? ¿Por qué (no)?

 FITUR

FITUR es la Feria Internacional de Turismo que se celebra cada año en Madrid. Es la feria de turismo más grande del mundo y el punto de encuentro de todo el sector turístico español y extranjero (turoperadores, transporte, hotelería, agencias de viajes, asociaciones profesionales, medios de comunicación, etc.). La feria se celebra a principios de año y reúne cada año unas 11.000 empresas expositoras de 166 países y regiones, 125.000 profesionales participantes y 7.000 periodistas.

 Eine Präsentation durchführen ▶ S.143

Denken Sie daran, Vokabeln, die Ihren Zuhörern nicht bekannt sind, vor oder während der Präsentation zu erklären.

cincuenta y uno | **51**

Unidad 4 Un mundo más justo

1 Los productos de tu vida diaria   HABLAR

a) Mirad las fotos A y B. ¿En qué se diferencian estos productos?

b) ¿De qué países creéis que son los productos de las fotos A y B?
En las páginas 228–230 encontraréis una lista de países.

c) Describid lo que veis en las fotos C. ¿Qué relación hay entre estas fotos y las fotos A y B?

d) ¿Qué otros medios de transporte conocéis?

2 ¿Dónde trabajan?   ESCUCHAR

a) Mirad las fotos D, E y F. Explicad qué es un invernadero, una granja ecológica y una maquila.
→ Una maquila es el lugar donde se produce…

b) Escuchad el cedé y decid dónde trabajan estas personas.

	primera persona	segunda persona	tercera persona
trabaja en…			

Tarea final
Sie werden einen Basar organisieren, um Geld für ein Solidaritätsprojekt zu sammeln.

Kommunikative Fertigkeiten
- Über Ereignisse in der Zukunft sprechen
- Vermutungen anstellen
- Bedingungen aufstellen
- Jemandem Ratschläge geben
- Über Statistiken und Grafiken sprechen
- Jemanden überzeugen

Las condiciones de trabajo

D — el invernadero · los trabajadores · los pesticidas · el plástico
E — la granja ecológica · el cultivo orgánico
F — la maquila · el turno de trabajo

3 ¿Justo o injusto? HABLAR

Decid si las siguientes situaciones que estas personas describen os parecen justas o injustas y por qué.

1. «En cinco años no voy a poder trabajar más en esta fábrica. Allí quieren empleadas muy jóvenes y yo ya tengo treinta años».
2. «A mis hijos no les gusta trabajar en la granja. Pero tienen que ayudarnos porque en nuestra familia todos somos campesinos y la granja es de la familia».
3. «No podemos hablar durante el trabajo. Dicen que trabajamos menos si hablamos».

> **Así podéis…**
>
> expresar vuestra opinión.
> - Me parece… porque…
> - Creo que es… porque…
> - Pienso que es… porque…

4 ¿De dónde vienen los productos? HABLAR ▶ CDA 1, 2 ▶ Online-Link 538001-0007

a) Buscad una etiqueta en la ropa que lleváis hoy. Copiad la tabla en vuestro cuaderno y escribid de dónde viene vuestra ropa. Preguntad a dos compañeros por su ropa y escribid también esa información en la tabla.
   → ★ ¿De dónde es tu jersey?
      ★ Mi jersey es de…

producto	yo	compañero 1	compañero 2
■	■	■	■

b) Hablad sobre vuestras listas. ¿De dónde son la mayoría de los productos que lleváis?

4 Unidad — Aprender y practicar A | <Leer> | Tarea final

1 ¿Trabajos de verdad? LEER / ESCUCHAR / HABLAR

Cuando hablamos del mundo del trabajo, por lo general no pensamos en que el trabajo no siempre es como lo conocemos.

a) Describid lo que veis en la foto.

b) Leed / Escuchad estos dos artículos sobre trabajos en España y en Latinoamérica.

A

http://www.revistamadrid.com/espana

Revistamadrid.com

Inicio | Internacional | **España** | Deportes | Economía | Tecnología | Cultura | Gente y TV | Sociedad | Opinión | Blogs | In English

Revistamadrid: ¿Por qué viniste a España, Djibril?

Djibril: Me fui de Guinea porque en África, si no tienes dinero, buscas una vida mejor. Fueron 12 días en una patera con otras 115 personas. Llegamos a Tenerife todos menos uno, que se cayó al agua. Desde allí una ONG (organización no gubernamental) me llevó a Madrid.

Revistamadrid: ¿Y de qué has vivido desde entonces?

Djibril: Después de Madrid trabajé en un invernadero en El Ejido, donde cogía tomates y pimientos. Era un trabajo muy duro y no teníamos fines de semana. Y además, utilizábamos pesticidas. Después trabajé en Huelva y cogí fresas. Luego repartí revistas.

Revistamadrid: ¿Y cómo vives ahora? ¿No tienes miedo de la policía?

Djibril: Ahora estoy otra vez en Madrid, en Lavapiés, el barrio de los inmigrantes. Vivo con otros once africanos en un piso y vendo películas en la calle. Aquí todos tenemos miedo. Si viene la policía, te quitan todas las pelis. En especial los martes y jueves hay muchos policías en el barrio.

Revistamadrid: ¿Y cómo será tu futuro? ¿Te irás algún día a tu país?

Djibril: Algún día me cogerán y tendré que irme a mi país, claro. Pero si tengo que irme de España, quiero volver.

---

http://www.revistamadrid.com/internacional

Revistamadrid.com

Inicio | **Internacional** | España | Deportes | Economía | Tecnología | Cultura | Gente y TV | Sociedad | Opinión | Blogs | In English

Las maquilas son empresas que producen sobre todo para la exportación. Las maquilas de Centroamérica exportan sobre todo a Estados Unidos. Actualmente dos millones de personas en Centroamérica, la mayoría mujeres jóvenes, trabajan en estas empresas.

El *boom* de las maquilas ha permitido un gran crecimiento en Centroamérica. Un gran éxito para la economía, sí, pero… ¿a qué precio? Yolanda Estela, de El Salvador, cuenta que ganaba unos 140 dólares al mes y tenía que revisar diez docenas de pantalones por hora. Muchas empleadas tenían problemas en los pulmones o en los ojos por el polvo de la tela. «De las maquilas sale una muy enferma, pero no podemos hacer nada», dice. Es verdad eso que se dice: «Si no trabajas, te mueres y si trabajas, te matan».

Carla Manzanares, de Nicaragua, también habla sobre su experiencia en una maquila de partes para coches. «El calor es horrible. Puedes levantarte solo una vez al día para tomar agua. Una no puede ir al baño, y hay mucha presión de los supervisores: trabajar, trabajar rápido». Carla ya no trabajará más en las maquilas, dice, pero tampoco será fácil para ella encontrar otro trabajo.

c) Copiad esta tabla y completadla con la información del texto «¿Trabajos de verdad?».

Persona	¿De dónde es?	¿Dónde trabaja?	¿Qué trabajo hace?	¿Qué problemas tiene en su trabajo?
■	Guinea	■	■	■
Yolanda	■	El Salvador, maquila	■	■
Carla	■	■	■	■

d) Resumid en pocas palabras ambos artículos.

2 Volveré ▶ §18, 19 ▶ CDA 3

a) En el texto «¿Trabajos de verdad?» hay una nueva forma verbal: el futuro. Buscad los verbos en futuro y completad la tabla.

yo	trabajaré	nosotros, -as	trabajaremos
tú	■	vosotros, -as	trabajaréis
él, ella / usted	■	ellos, -as / ustedes	■

§ ¡Ojo!

Bei den unregelmäßigen Verben ändert sich im Futur der Stamm.

habr-
podr-
querr-
pondr-   +
tendr-
vendr-
dir-
har-

é
ás
á
emos
éis
án

b) Comprobad vuestros resultados a partir de la página 172.

c) ¿Cómo se forma el futuro? Formulad la regla y comentad dónde va el énfasis de la voz.

3 La vida de Djibril y sus compañeros   HABLAR ▶ §20 ▶ CDA 4

¿Cómo será la vida de Djibril y sus compañeros en España?
Contadla con la ayuda de estos dibujos y dad tres ejemplos más.
→ Ellos encontrarán un mejor trabajo. / Ellos buscarán anuncios de trabajo.

encontrar ✓ buscar

ayudar enviar

conocer visitar

estudiar aprender

4 El chico de la foto   ESCRIBIR ▶ §20 ▶ CDA 7

Haced suposiciones sobre Djibril con la ayuda de estos verbos. Escribid cinco suposiciones.
→ Edad: Djibril tendrá unos veinticuatro años…

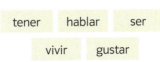
tener   hablar   ser
vivir   gustar

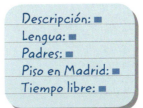
Descripción: ■
Lengua: ■
Padres: ■
Piso en Madrid: ■
Tiempo libre: ■

§ ¡Ojo!

Das Futur benutzt man auch, um Vermutungen, Wahrscheinlichkeit oder Zweifel in der Gegenwart auszudrücken.

4 | Unidad — Aprender y practicar A — | <Leer> | Tarea final

5 «Si no trabajas…» ▶ §21 ▶ CDA 8

a) Buscad en el texto «¿Trabajos de verdad?» la siguiente frase de Yolanda:
«Si no trabajas, te mueres y si trabajas, te matan». ¿Qué quiere decir con esa frase?

b) Leed las siguientes frases con *si*, mirad con qué tiempos verbales se utiliza y formulad una regla para el uso del *si*.

1. Si tienes tiempo, **ven** a mi casa.
2. Si vienes a mi casa, **prepararé** algo de comer.
3. Y si quieres, **vamos** a la ciudad.

6 Si cambio de trabajo, podré… ▶ §21 ▶ CDA 9

a) Yolanda piensa dejar la maquila y busca ayuda en una ONG.
Escribid frases con los comentarios que le hacen allí.
→ dejar la maquila → ayudarte (nosotros) Si dejas la maquila, nosotros te ayudaremos.

1. nos das tu currículum → buscar (nosotros) un trabajo contigo
2. estudiar algo → encontrar un trabajo mejor después
3. cambiar de ciudad → no tener la ayuda de tu familia
4. hablar sobre tus experiencias → ayudar a tus compañeras en la maquila

b) Observad la foto de Yolanda, meses después. ¿Cómo imagináis que puede haber cambiado su vida?

7 ¡Ya no puedo más!   ESCUCHAR / HABLAR

Carmenza, una compañera de Yolanda, la llama por teléfono después del trabajo.

a) Escuchad la conversación. Atención a las frases con *si*.

b) Escuchad el cedé otra vez y en vuestro cuaderno completad estas frases.

1. Si quieres hablar con tus compañeras…
2. Si el trabajo es tan duro…
3. Si sigues así…
4. Si crees que no hay una solución a tu problema…
5. Si no trabajo…
6. Si no gano dinero…

c) Haced otros tres comentarios a Carmenza. Empezad cada frase con «Si mañana no estás mejor…».

| Aprender y practicar A | <Leer> | Tarea final | Unidad 4

8 Una cadena de condiciones HABLAR

En parejas, formad frases en cadena. Si ya no tenéis más ideas, cambiad de tema.
→ Si viajas, respeta la cultura del país. Si respetas la cultura del país, conocerás mucha gente. Si conoces mucha gente,…

9 El Ejido y los supermercados alemanes MEDIACIÓN / ESCRIBIR

Habéis encontrado este artículo sobre el *mar de plástico* de El Ejido y os habéis acordado de un amigo vuestro que vive en esa región. Como el artículo os ha parecido muy interesante, queréis comentarlo con él. Escribidle un correo y contadle lo que habéis leído.

El Ejido früher und heute

El Ejido ist eine Stadt in der Provinz Almería, im Süden Spaniens. Um sie herum breitet sich ein weißes Meer aus Plastik aus, eine surreale Landschaft, nicht weit von den Touristenstränden. Insgesamt sind hier rund 36.000 Hektar, eine Fläche größer als die Stadt München,
5 mit Plastik überzogen, was der Region den Beinamen „mar de plástico" eingebracht hat. Was sich darunter befindet? Paprika, Tomaten, Auberginen, Bohnen, Gurken, Zucchini und Melonen, alles, was man in westeuropäischen Supermärkten zu geringen Preisen kaufen kann. El Ejido, bis vor 25 Jahren ein armes Dorf mit
10 etwa 500 Einwohnern, ist heute mit seinen über 50.000 Einwohnern eine der reichsten Städte Spaniens.
Das Wirtschaftswunder hat aber nicht allein die spanische Sonne bewirkt. Es ist vor allem die billige Arbeitskraft, der wir die preiswerten Agrarprodukte in unseren Supermärkten verdanken.
15 Etwa 80.000 Menschen arbeiten in Almería in der Landwirtschaft, davon über 40 Prozent Ausländer. Sie kommen aus Marokko, Tunesien, dem Senegal und in letzter Zeit auch als Saisonarbeiter aus Osteuropa. Viele von ihnen sind illegal in Spanien. Ihre Arbeits- und Lebensbedingungen sind äußerst hart: Sie werden von einem
20 Tag auf den anderen angeheuert und stundenweise bezahlt. Wenn sie krank sind oder keine Arbeit da ist, gehen sie leer aus. Das ist die Realität, die hinter unseren Supermarktregalen steht.

Sprachmittlung ▶ S.143

Denken Sie daran, dass es bei der Sprachmittlung nur um das sinngemäße Übertragen der wesentlichen Informationen geht. Wenn Sie ein Wort nicht kennen, überlegen Sie sich ein Synonym, umschreiben Sie das Wort oder formulieren Sie den Satz anders.

10 Tarea: Nuestros productos ESCRIBIR

Este verano estáis ayudando a una ONG en España que vende productos de Latinoamérica. Explicad a la gente por qué es una buena idea comprar vuestros productos.
→ Si compras uno de nuestros productos, ayudarás a…

cincuenta y siete 57

4 | Unidad | Aprender y practicar B | |‹Leer› | |Tarea final

1 Luces y sombras de la economía española LEER / ESCUCHAR / HABLAR ▶ CDA 11

a) Leed / Escuchad el texto.

B

España es actualmente la octava economía del mundo. En el sector primario, su moderna agricultura ha conquistado los supermercados más importantes de Europa y es uno de los
5 productores más importantes; cuando vamos a un supermercado de París o Fráncfort, encontramos pepinos o tomates de España. Desde los años sesenta del siglo XX el sector secundario es muy importante en España; las industrias
10 automovilística y química son las más importantes para la exportación. En el sector terciario, España es el quinto país del mundo en servicios, con grandes bancos, empresas de comunicación y grupos de moda que son auténticos *global players*,
15 sobre todo muy activos en Latinoamérica. España es, además, el segundo país del mundo en número de turistas: cada año recibe más turistas que el número de habitantes del país.

En sus relaciones comerciales, España es ahora una parte muy importante de la Unión Europea. 20
Casi tres cuartas partes de sus exportaciones son hacia la Unión Europea y más del 65% de sus importaciones vienen de allí.
Pero la economía española también tiene sombras. Las diferencias entre el norte rico y el 25
sur más pobre son muy grandes. Por ejemplo, el País Vasco es casi dos veces más rico que Extremadura. España es el país con más paro de la Unión Europea. Y la economía española vive todavía de su turismo de masas. Millones de 30
extranjeros, muchos ilegales, hacen los trabajos que los españoles no quieren. Si la economía española quiere crecer en los próximos años tanto como ahora, tendrá que encontrar solución a estos problemas. 35

b) Haced un resumen del texto anterior.
→ El texto habla de… / Al principio se dice que… / Al final se explica que…

c) Buscad quince palabras clave con las que podáis resumir el texto.

d) ⊢• En vuestro país, ¿qué sectores económicos son los más importantes? ¿Cuáles son las regiones más ricas? ⊢•

> ⚙ **Eine Zusammenfassung schreiben** ▶ S. 141
> Geben Sie die wichtigsten Informationen mit eigenen Worten wieder.

2 La agricultura en España HABLAR

En parejas. Un alumno mira el mapa A.
El otro mira el mapa B en la página 137.

a) Preguntad a vuestro compañero de dónde vienen las fresas, las aceitunas, las naranjas y las mandarinas.
→ ★ ¿De dónde son las fresas?
    ★ Las fresas son de…, en…

b) Contestad las preguntas de vuestro compañero con la ayuda del mapa A.

58 | cincuenta y ocho

| Aprender y practicar B | ‹Leer› | Tarea final | Unidad | 4

3 Algunas estadísticas   ESCRIBIR   ▶ §22–24   ▶ CDA 12

a) Leed de nuevo el texto «Luces y sombras de la economía española» y buscad las palabras relacionadas con números y cantidades. Completad en vuestro cuaderno esta lista.
   → millones de…, el segundo…

b) Observad las gráficas. Resumid la información más importante con las expresiones de vuestra lista y otras que ya conocéis.

A Exportaciones de España

Principales países de la exportación española:

Francia: 18,5%
Alemania: 10,5%
Portugal: 9,0%
Italia: 8,6%
Reino Unido: 6,3%
Estados Unidos: 3,5%

© Instituto Español de Comercio Exterior (ICEX)

B Sectores de exportación más importantes en España

productos agrícolas 2,3%
moda de mujer 2,5%
coches y partes de coches 20,7%
productos industriales y otros 74,5%

© Ministerio de Industria, Turismo y Comercio (MITYC)

👁 **Así podéis…**

hablar de estadísticas.

- La gráfica muestra…
- Un… % (por ciento) / El… %
- Casi un… / solo un…
- Exporta a… tanto como a…
- Más **de** + (cantidad)
- Más + sustantivo + **que** + sustantivo
- La mayoría…
- La mitad de… (1/2), un tercio de… (1/3), dos tercios (2/3), un cuarto (1/4)

c) ¿Qué os llama la atención en las exportaciones de la gráfica B?

4 La moda española   HABLAR / ESCUCHAR

a) ¿Qué tiendas españolas conocéis en vuestro país?

b) Escuchad el cedé y contestad las siguientes preguntas.
   1. ¿Qué es el grupo Inditex?
   2. ¿Quién es Amancio Ortega?
   3. ¿Cuántas tiendas tiene Zara en Alemania?
   4. ¿Cuál es el principal mercado del grupo Inditex actualmente?
   5. ¿De dónde son Mango y Desigual?

c) ⊣¿Qué pensáis de la moda joven actual? ¿Qué (no) os gusta?⊢

5 Tarea: La economía alemana   HABLAR

Formad grupos de 3-4 personas. Elegid un aspecto de la economía alemana que os interese y buscad información en Internet. Luego haced una breve presentación. Utilizad al menos una gráfica.

4 | Unidad | Aprender y practicar C | <Leer> | Tarea final

L 1/59 **1 Decálogo para un mundo más justo** LEER / HABLAR / ESCUCHAR

S 26 ¿Para qué hablar de los problemas del mundo si no hacemos entre todos nada para cambiar la situación?

a) Leed / Escuchad este decálogo con algunas ideas para tener un mundo más justo.

Decálogo para un mundo más justo

1. Compre productos de empresas que respetan los derechos de los trabajadores.
2. Colabore solo con empresas donde no trabajan niños.
3. Pague un precio justo por los productos que compra.
4. Consuma alimentos de agricultura orgánica.
5. Compre alimentos de la región donde vive.
6. Ayude a las ONG y sus planes sociales.
7. Apoye las tiendas pequeñas.
8. Haga turismo responsable.
9. Tenga un comportamiento ecológico.
10. Recuerde que construir un mundo más justo es tarea de todos.

b) Completad estas frases con tres ejemplos para cada tema: En el tema ecológico el decálogo recomienda, por ejemplo… / En el tema social recomienda… / En el tema económico…

c) ¿Hacéis vosotros algo para construir un mundo más justo? ¿Qué? Dad tres ejemplos.

2 Ayude a hacer un mundo más justo ▶ §25 ▶ CDA 13

a) Escribid en vuestro cuaderno los verbos del decálogo en infinitivo.

b) ¿Cómo se forma el imperativo con usted? Formulad la regla.

c) ¿Cuáles son los verbos irregulares en el decálogo?

3 Practicamos la pronunciación

a) Separad las siguientes palabras en sílabas.

1. África   3. gráfica   5. ecológico
2. química 4. América 6. decálogo

§ ¡Ojo!
Wird das Wort auf der drittletzten Silbe betont, erhält es immer einen Akzent.

L 1/60 b) Escuchad estas palabras y escribidlas. ¿Qué palabras llevan un acento?
S 27

4 El comercio justo LEER ▶ CDA 6

a) El mundo será mejor si todos apoyamos el comercio justo. Leed esta definición de comercio justo y tienda solidaria.

> El comercio justo es una forma de comercio que apoyan muchas ONG y grupos sociales y políticos para conseguir una relación más justa entre los productores y los consumidores de todo el mundo. Los países más ricos abren sus mercados a los productos de los países más pobres. Los pequeños productores venden sus productos en las tiendas solidarias a las personas que apoyan el comercio justo. En Europa hay más de 3.000 tiendas solidarias.

FAIRTRADE
COMERCIO JUSTO

Los productos que llevan este logo se producen y se venden en condiciones de trabajo justas.

b) ¿En qué frase del texto anterior se dice esto?

1. Los productos del comercio justo se venden en tiendas especiales.
2. El comercio justo es una relación económica de respeto.
3. Los países ricos y pobres trabajan juntos en el comercio justo.

60 | sesenta

| Aprender y practicar C | <Leer> | Tarea final | Unidad 4

5 Señoras y señores... ESCRIBIR ▶ §25 ▶ CDA 14, 15

La campaña «Señoras y señores…» es un proyecto latinoamericano que apoya el respeto entre las personas y con la naturaleza. Escribid frases para la campaña con ayuda de estos dibujos. Recordad que en Latinoamérica es más habitual usar *usted* que *tú*.
→ Señoras y señores, por favor, vayan en bicicleta y no en coche. / Cuiden la naturaleza.

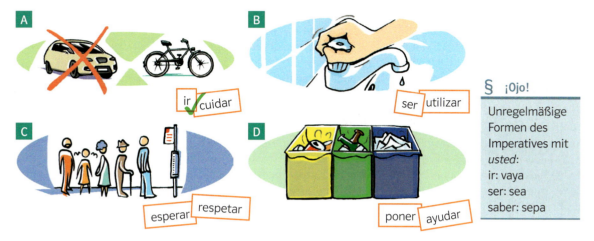

§ ¡Ojo!
Unregelmäßige Formen des Imperatives mit *usted*:
ir: vaya
ser: sea
saber: sepa

6 ¡Más rápido! ▶ §26 ▶ CDA 16 ▶ Online-Link 538001-0008

Escribid frases más cortas con esta información que habéis leído en una tienda solidaria.
→ Pague precios justos a los productores.
→ ¡Págueselos!

1. Haga regalos solidarios a sus amigos.
2. Dé este número de teléfono a todos sus clientes.
3. Recuerde a sus amigos el origen de nuestros productos.
4. Explique a su familia qué hacen estas tiendas.

§ ¡Ojo!
Objektpronomen werden an die bejahten Imperativformen angehängt. → ¡Explíquemelo!
Wenn im Satz zwei Pronomen vorkommen, dann gilt:
le / les + lo / la / los / las → **se** lo / la / los / las
→ Dígaselas.
Das indirekte Objektpronomen steht immer vor dem direkten Objektpronomen. → ¿Me los das?

7 Tarea: El gazpacho, una receta española ESCRIBIR / MEDIACIÓN

Una amiga vuestra ha encontrado esta receta en un sitio web de una tienda solidaria y quiere saber qué dice. Como no habla español os pide ayuda. Escribidle un correo y explicádselo.

1. Bata 6 tomates rojos, 1 pepino, 2 pimientos verdes, 1 pimiento rojo, 1/2 cebolla, 2 rodajas de pan (sin corteza), 2 dientes de ajo, 1/2 litro de agua.
2. Ponga un poco de vinagre, sal y aceite. Bata otra vez.
3. Deje 3 horas en el frigorífico.
4. Lleve el gazpacho a la mesa con un poco de pan tostado sobre el gazpacho.

¡Que aproveche!

4 Unidad | Aprender y practicar | <Leer> | Tarea final

🌐 1 El tren de las moscas LEER

a) Leed el texto.

Cada año unos 400.000 centroamericanos intentan[1] llegar a Estados Unidos cruzando México. Estados Unidos es para ellos el país de las oportunidades, el lugar donde van a conseguir dinero. De este número de ilegales, unos 140.000 vienen de El Salvador, Honduras y Nicaragua.
5 Para llegar a Estados Unidos, los ilegales tienen que cruzar todo México en un viaje de unos 8.000 kilómetros. La mayoría de las veces viajan en trenes de carga[2]. Diariamente, cientos de jóvenes suben a los trenes en movimiento. A pesar del[3] peligro[4], intentan encontrar un lugar en el techo[5], entre los vagones. […] Algunos se
10 caen y se lesionan[6], otros son capturados por la policía en el campo. Ya es una imagen habitual ver a estos jóvenes viajar «como moscas[7]» pegadas[8] a los techos de los trenes. La mayoría persigue[9] un sueño casi imposible: solo uno de cada seis emigrantes suele[10] llegar a su destino[11]. Pero hay quienes les ayudan. […] En la localidad de
15 La Patrona, Estado de Veracruz, México, viven «las patronas[12]», un grupo de mujeres que desde hace unos quince años entregan comida y bebida a los emigrantes que viajan en los trenes. Las patronas cocinan para ellos unas doscientas raciones todos los días. Ellas arrojan[13] paquetes de comida a los emigrantes y ellos los agarran al
20 vuelo[14]. «Cada persona que va en el tren tiene un derecho, vale[15] por lo que es», dicen ellas, y estos jóvenes se van de sus países porque allí no encuentran trabajo. Ayudar es para nosotras «una emoción, un gusto[16]», comentan. Rosa, una de las patronas, cuenta que, de pequeñas, ella y sus hermanas preguntaban a su padre qué
25 hacían esos hombres sobre los trenes de carga:
«Papá, ¿y esas personas qué van haciendo ahí?»
«Mija[17], son moscas que se van al tren».
«¿Moscas?»
«Son gente que sale de sus países para subir.
30 Solo ellos saben a dónde van».
Nieves Prieto Tassier y Fernando López Castillo rodaron en 2010 un documental sobre las patronas. Merece la pena verlo porque nos ayuda a recordar que incluso en medio de una tragedia es posible encontrar historias de personas tan valiosas como estas mujeres.

© *Nieves Prieto Tassier und Fernando López. Zinhezba, Vitoria-Gasteiz (Álava)*

b) Contestad las siguientes preguntas.

1. ¿Cómo es el viaje de los emigrantes centroamericanos?
2. ¿Por qué los emigrantes parecen «moscas»?
3. ¿Quiénes son las patronas y qué hacen?
4. Contad la experiencia de Rosa con los emigrantes.

[1] **intentar** versuchen
[2] **el tren de carga** der Güterzug
[3] **a pesar de** trotz
[4] **el peligro** die Gefahr
[5] **el techo** das Dach
[6] **lesionarse** sich verletzen
[7] **la mosca** die Fliege
[8] **pegar** *(g-gu)* kleben
[9] **perseguir** *(-i-/-i-; gu-g)* (ver)folgen
[10] **soler** *(-ue-)* **(hacer)** gewöhnlich tun
[11] **el destino** das Ziel
[12] **la patrona** die Beschützerin, die Bewohnerin von La Patrona
[13] **arrojar** werfen
[14] **agarrar al vuelo** im Flug fangen
[15] **valer** Wert sein
[16] **el gusto** das Vergnügen
[17] **mija** *(lat.am.)* Kosewort, *kurz für:* mi hija

👥 2 El que menos tiene… HABLAR

Dicen que muchas veces «el que menos tiene es el que más ayuda» (esta es una frase del documental). Comentad la frase. ¿Creéis que es verdad? Justificad vuestra opinión.

| Aprender y practicar | <Leer> | **Tarea final** | **Unidad 4**

Un bazar en el instituto HABLAR

Como parte de una «Projektwoche» vuestra clase de español quiere hacer un bazar para reunir dinero para una organización solidaria en un país de América Latina. El dinero se enviará a la organización.

a) Trabajad en grupos pequeños. Cada grupo venderá un producto.

Vuestro producto:
- Decidid cuál de estos productos queréis vender: comida, libros o ropa vieja. Si no os gusta ninguno, proponed otro.
- Explicad por qué queréis vender ese producto y no los otros.
- Describid vuestro producto. Si es comida, ¿la prepararéis vosotros o la compraréis? Si son libros, ¿viejos o nuevos? Si es ropa, ¿para adultos o niños?, etc.
- Decid cuánto costará vuestro producto y si habrá diferentes precios.

Vuestro grupo:
- Imaginad que sois una «pequeña empresa». Cread un nombre.
- Pensad en vuestro trabajo antes del bazar. ¿Qué actividades haréis para producir ese producto? ¿Compraréis ingredientes, prepararéis la comida, buscaréis el producto en casa de amigos, clasificaréis el producto, lavaréis la ropa vieja, etc.? Haced una lista de esas actividades y explicad cuáles necesitarán más o menos tiempo.
- Decid más o menos cuánto dinero ganaréis.

Vuestra publicidad:
- Haced un póster con un mensaje interesante y creativo. Explicad por qué es bueno ayudar a América Latina.

b) Presentad vuestro plan a la clase.

c) Entre todos, decid qué grupo ha presentado mejor su plan.

sesenta y tres | 63

Unidad 5 ¡Buen viaje!

1 Tipos de turismo HABLAR ▶ CDA 1

a) Mirad los tipos de turismo del mapa mental y buscad qué cartel corresponde a cada uno.

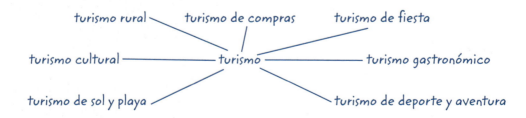

b) Escribid para cada tipo de turismo por lo menos dos palabras relacionadas.
c) Explicad estos tipos de turismo: turismo de salud, turismo de idiomas y turismo religioso.

Tarea final
Sie werden an einer Diskussion über das folgende Thema teilnehmen: Tourismus in Entwicklungsländern – Segen oder Fluch?

Kommunikative Fertigkeiten
- etwas bewerten
- Angaben einer Statistik beurteilen
- eine Meinung zum Ausdruck bringen
- Zweifel äußern
- Ratschläge erteilen

2 El mensaje   HABLAR

Elegid uno de los eslóganes de los carteles y explicad qué quiere decir.

3 Turistas   ESCRIBIR

Elegid a una de las personas o grupos de personas de los carteles publicitarios. Imaginad quiénes son, dónde están y por qué han elegido este tipo de vacaciones. Escribid un pequeño texto.

4 Preferencias   HABLAR / ESCRIBIR

Clasificad los tipos de turismo del ejercicio 1 según vuestras preferencias. Explicad por qué.
→ Lo que más / menos me gusta es… porque…

5 | Unidad | Aprender y practicar A | \<Leer\> | Tarea final

1 En México LEER / ESCUCHAR / ESCRIBIR

Raquel, Alicia y Bruno se van de viaje a México.

a) Leed / Escuchad el texto.

b) Raquel ha escrito un correo electrónico a un amigo, pero no le cuenta toda la verdad.
Leed el texto y comparadlo con el cómic. Descubrid la información falsa.

Hola, Luis:
No tengo mucho tiempo para escribir, pero quería contarte que lo estamos pasando muy bien en México. Nuestro hotel es genial, la comida es muy auténtica, solo platos típicos mexicanos, y la playa está muy cerca. Hoy hemos hecho una excursión a las ruinas mayas. ¡Qué maravilla! Ya sabes que a mí me interesa mucho la cultura. En esta época del año casi no hay turistas y el tiempo es perfecto porque no hace demasiado calor, por eso no tenemos la compañía de los mosquitos. Mañana voy con Bruno y otros chicos que hemos conocido en el hotel a visitar una comunidad indígena y claro… a ver más ruinas.
Besos,
Raquel

c) ¿Qué pensáis que le cuenta Bruno a Raquel al final del cómic?
En parejas escribid el diálogo.

d) Escuchad el cedé y comprobad vuestras suposiciones.

2 Una nueva forma de ver las cosas §27, 28 ▶ CDA 2–6

a) En el texto «En México» aparecen algunas formas de un nuevo modo: el subjuntivo. Observad qué cambios hay en las terminaciones y deducid la regla.

Presente de indicativo	Presente de subjuntivo
estamos	estemos
vuelven	vuelvan
divertís	divirtáis

b) En parejas. El alumno A dice una persona y un verbo. El alumno B lo conjuga en presente de subjuntivo. Después el alumno B dice otra persona y otro verbo.

c) ¿Indicativo o subjuntivo? Decidid qué forma es diferente a las demás en cada caso.

1. comen • hablan • escriban
2. bebo • cante • diga
3. llamas • preguntes • expliques
4. pidan • escuchen • comen
5. estudiemos • hacemos • permitimos
6. repartáis • esperéis • proponéis

3 La manifestación   ESCRIBIR §29 ▶ CDA 9

a) Estas son algunas de las pancartas que la gente llevaba en la manifestación. Leed las frases y decid si los mensajes dan información nueva sobre el proyecto del ejercicio 1d) o si expresan una opinión sobre algo.

§ ¡Ojo!
Man benutzt den *subjuntivo*, wenn man einen Sachverhalt bewertet.

b) Haced dos pancartas más para la manifestación.
→ Es importante / Es una lástima / Me preocupa que hagan…

4 El turismo en España HABLAR §29

a) Dad vuestra valoración sobre la información de la estadística. Las expresiones de la casilla os pueden ayudar.

Así podéis...

valorar una información.

- Es interesante…
- Es lógico…
- Es normal…
- Es una pena…

b) ¿Qué actividades hacéis vosotros cuando estáis de vacaciones?

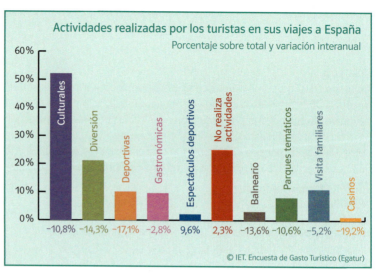

5 Me encanta que haya de todo §30 ▶ CDA 7, 8, 10

Estos son los comentarios de algunas personas que contestaron a la encuesta del IET. Escribid los verbos que hay entre paréntesis en subjuntivo.

1. A mí me interesa que **1** (haber) actividades culturales.
2. A mis padres les gusta que mis hermanos y yo **2** (pasar) las vacaciones con ellos, por lo menos una semana.
3. Odio que en mis vacaciones mi madre me **3** (mandar) a Inglaterra a estudiar inglés.
4. Me encanta que **4** (poder, nosotros) probar cosas típicas y diferentes.

§ ¡Ojo!

Wenn das Subjekt gleich bleibt, wird der Infinitiv benutzt:
→ Me gusta **cantar**.

Wenn das Subjekt wechselt, folgt der *subjuntivo*:
→ Me gusta **que** mi novio **cante**.

6 Tarea: Nos vamos de viaje HABLAR / MEDIACIÓN

Queréis hacer un viaje con vuestros amigos.

a) Explicad los aspectos que son importantes para vosotros.
 → A mí me gusta que…

b) La agencia de viajes os ha dado dos opciones. Comparad las opciones y elegid una. Justificad vuestra respuesta.

Viaje a Mallorca, 293 €
- Duración: 8 días
- Viaje en avión
- Alojamiento en habitación con 6 camas en hotel de 3 estrellas. Desayuno y cena
- Hotel en la zona de El Arenal
- Autobús aeropuerto – hotel – aeropuerto

Viaje a Barcelona, 300 €
- Duración: 8 días
- Viaje en autobús
- Alojamiento 6 noches en habitación doble
- Hotel de 3 estrellas en el centro de la ciudad y desayuno
- Posibilidad de organizar excursiones

c) Vuestros amigos no saben español. Explicadles qué ofrece la opción que habéis elegido.

Aprender y practicar B | ‹Leer› | Tarea final | Unidad 5

1 Los campos de golf   ESCUCHAR / LEER / HABLAR

Leéis un artículo en un periódico en Internet sobre los problemas con el agua en España.

a) Leed / Escuchad el texto.

muchotiempo.es — sábado, 26 de febrero

Los campos de golf y el agua

Fernando Ortega, investigador del CREA (Centro Regional de Estudios del Agua), acaba de presentar un estudio en el que han trabajado seis investigadores más del centro. Según este estudio, los diecisiete campos de golf de la Comunidad de Murcia necesitan durante la época de sequía tanta agua como Albacete en dos años, una ciudad de unos 160.000 habitantes. Además, según el informe, la región va a tener en cuatro años otros 35 campos de golf. Para Ortega, es necesario que la comunidad de Murcia piense en un modelo de desarrollo para el futuro de los campos de golf debido a las sequías. Una solución puede ser reducir la agricultura.

Comentarios: ¿Qué opina usted?

1. Carlos   15:53:17

No me parece que sea un gran problema. Yo estoy a favor de los campos de golf porque creo que el turismo nos beneficia. El turismo crea muchos puestos de trabajo en nuestra región, nos trae dinero, y eso es importante. Además, acabo de leer que en la universidad Miguel Hernández de Elche hay investigadores que están creando un césped artificial para los campos de golf. Así debe ser: si algo nos perjudica, buscamos soluciones.

2. Mariela   16:12:01

Carlos, dudo que encontremos fácilmente una solución… En muchos países en vía de desarrollo, la sequía es una tragedia. En el mundo cada minuto mueren cuatro niños por falta de agua y cada año desaparecen miles de especies de animales a causa de las sequías. Estoy en contra de esos campos de golf y no estoy segura de que un césped artificial nos solucione los problemas. Para mí todo es consumo irresponsable y también dudo que los políticos puedan hacer algo.

3. Aurelio   17:22:54

No creo que nuestros políticos cambien nunca. ¡Es una vergüenza! Nadie construye pistas de esquí en el desierto. ¿Por qué entonces construimos hoteles de lujo en la costa? Por el dinero, claro. Los campos de golf de los turistas reciben toda el agua que quieren, pero nosotros… ¡Y yo no puedo regar mi jardín! Conozco a los políticos y no creo que el estudio de ese señor vaya a cambiar nada. Creo que todo es inútil.

b) Según el artículo de «muchotiempo.es», ¿el señor Ortega está a favor o en contra de los campos de golf? Justificad vuestra respuesta.

c) Haced una lista con los argumentos a favor y otra con los argumentos en contra que encontréis en el artículo. ¿Se argumenta más a favor o en contra?

d) Leed la información sobre el turismo de España. ¿Existe el mismo fenómeno en vuestro país? ¿Dónde?

 **El turismo en España**

Las ciudades costeras de España aumentan su población en verano hasta seis veces más por el turismo. Por ejemplo, los 70.000 habitantes de Benidorm (Alicante) aumentan a 400.000.

5 Unidad | Aprender y practicar B | ‹Leer› | Tarea final

2 ¿Y tú qué piensas? ESCRIBIR §31 ▶ CDA 12

a) Fijaos en estos comentarios de Aurelio. ¿Por qué creéis que en la primera oración el verbo está en presente de indicativo y en la segunda en presente de subjuntivo?

  1. «Creo que todo **es** inútil». 2. «No creo que nuestros políticos **cambien** nunca».

b) Leed otra vez la sección «Comentarios: ¿Qué opina usted?» y buscad otros ejemplos.

c) Completad el comentario de María al artículo sobre los campos de golf en el periódico «muchotiempo.es» con indicativo o subjuntivo.

---

4. María Escribano 18:53:17

Creo que Murcia **(necesitar)** mucha agua. No me parece que más campos de golf **(significar)** más turistas porque pienso que **(existir)** otros tipos de turismo más ecológicos. Opino que no **(ser)** justo no poder regar mi jardín y no creo que el césped artificial **(ser)** la solución.

---

d) Escribid un comentario para la noticia y dad vuestra opinión sobre el tema.

3 Problemas y soluciones HABLAR §31 ▶ CDA 11, 13

En el Congreso Estatal de Garantía para el Agua Pública de Murcia se han hecho muchas propuestas para solucionar el problema del agua. ¿Qué propuestas os parecen más efectivas? Explicad por qué.

Instituto de Análisis de Campos de Golf	Asociación pro Agua Poseidón
• regar jardines públicos y privados con agua del mar • reducir la agricultura de la región • cortar el agua de Murcia durante una hora diaria • utilizar platos y vasos de papel o plástico en bares y restaurantes • utilizar el agua de otras ciudades	• quitar todos los campos de golf • cultivar más plantas para traer lluvia • traer especies de plantas que consuman poca agua • echar a los políticos actuales • traer icebergs del Polo Norte • no hacer hoteles de lujo

Así podéis…

dar una opinión.

- creer / pensar / opinar que + indicativo
- estar a favor de que + subjuntivo
- En mi / nuestra opinión…
- Para mí / Para nosotros…
- estar en contra de que + subjuntivo
- no creer / pensar / opinar que + subjuntivo

4 Para o por §32 ▶ CDA 14 ▶ Online-Link 538001-0009

Sustituid las palabras en negrita por *por* o *para*. A veces hay que hacer algunos cambios.

1. Muchas saunas y piscinas no abren más **a causa de** la sequía.
2. **¡Creo que** lo que hacen los políticos es una vergüenza!
3. En los países en vías de desarrollo, muchas personas mueren **debido a** la falta de alimentos.
4. Lo más importante, **en mi opinión**, es dejar de construir hoteles de lujo en la costa.

§ ¡Ojo!
por… drückt einen Grund aus;
para… eine Meinung.

→ **En opinión de** Rosmarí Aliaga, algún día se encontrará la solución al problema del agua.
  → **Para** Rosmarí algún día se encontrará la solución al problema del agua.

| Aprender y practicar B | ‹Leer› | Tarea final | **Unidad 5** |

5 ¿Estás seguro? §31

a) En los comentarios del texto «Los campos de golf», Mariela muestra en tres frases duda o indecisión. Buscad ejemplos en el texto.

b) Haced frases con el indicativo o subjuntivo según sea necesario.

1. Aurelio duda que los políticos
2. Los políticos están seguros de que los campos de golf
3. Aurelio no duda que los políticos
4. Los políticos no están seguros de que los campos de golf

> **§ ¡Ojo!**
> Auf Verben und Ausdrücke, die Gewissheit ausdrücken, folgt der Indikativ.
> → Es verdad que…
> → No dudo que…

| (no) ser | los problemas del agua. |
| (no) solucionar | un problema. |

6 Fundación JuLiLi ESCUCHAR

Un cantante famoso acaba de crear la Fundación Jungla Limpia Libre.

a) ¿Qué creéis que hace esta fundación?

b) Escuchad la entrevista al cantante y decid por qué ha creado la Fundación JuLiLi.

c) Escuchad de nuevo la entrevista y decid si el cantante es un buen ejemplo para su fundación. Justificad vuestra respuesta.

7 Practicamos la pronunciación

a) Escuchad las palabras y decid cuál es la sílaba tónica.

| infantil | fácil | móvil | civil | señor | pared | césped | baño | bañó | casa | será | escuelas | árbol |

b) ¿Por qué algunas de las palabras llevan tilde (´) y otras no?

c) ¿Existen en tu lengua palabras que cambian de significado si cambia la sílaba tónica?

8 Tarea: El agua ESCRIBIR / MEDIACIÓN

Vosotros y vuestra familia pasáis las vacaciones en Mallorca.
Vuestros padres os han pedido que los ayudéis a escribir esta carta en español.

> Sehr geehrte Damen und Herren,
>
> seit zwölf Jahren verbringen wir unsere Ferien in Mallorca und haben bisher unseren Aufenthalt auf der ruhigen Insel genossen. Seit drei Jahren jedoch bemerken wir, dass sich die Insel verändert. Es gibt viel mehr Hotels und Apartmenthäuser direkt am Strand als früher. Der Strand ist in diesem Jahr schmutziger und man findet kaum mehr einen Platz, um sich in Ruhe zu sonnen. Außerdem hat die Stadt in den letzten drei Jahren noch mehr Golfplätze gebaut. Ist das denn nötig?
> Wir haben nun auch Probleme wegen des ständigen Wassermangels. Ein Grund dafür sind sicherlich die vielen Golfplätze, aber auch die immer größere Anzahl der Touristen. Um nicht diejenigen, die seit Jahren hier die Ferien verbringen, zu verlieren, müssen sich die Behörden der Insel überlegen, ob sie ihre Politik nicht ändern sollten, denn Umweltaspekte spielen bei der Wahl des Ferienortes eine immer größere Rolle.
> Uns ist bekannt, dass es

1 Trabajos de verano HABLAR

a) Aquí tenemos a varias personas que trabajan en el sector turístico. Describid sus trabajos.

el profesor de surf

el vigilante de playa

la animadora turística

la camarera

el recepcionista

la guía

b) Si habéis hecho estos trabajos alguna vez explicad dónde, cuándo y qué hicisteis.
Si no, explicad por qué (no) os gustaría hacerlos.

2 Un favor ESCUCHAR / LEER / HABLAR

Alberto está trabajando en verano en un hotel de la Costa Brava, pero tiene que ir unos días a Zaragoza. Le pide a su amigo Fernando que le sustituya en su trabajo.

a) Leed / Escuchad el texto.

> Fernando, te debo un favor. Mira, como es la primera vez que me sustituyes, lee esto con atención.
> Con los turistas no hables nunca en español, a algunos no les gusta. Mejor inglés, ¿eh? Ah, y preséntate primero y explícales por qué no estoy yo. Otra cosa, si ves que lo que haces no está saliendo bien, no tengas miedo de improvisar y haz otra cosa. Y si un turista se siente mal, llévalo enseguida a la enfermería.
> Más cosas. Si necesitas tablas, cógelas del gimnasio, pero no te olvides al final de devolver las llaves. Aquí te dejo la camiseta lila del hotel y mi número de móvil ya lo tienes. Y no pasa nada si algo sale mal. Nos vemos el sábado, ¿vale? Dale saludos a Daniel.
> Alberto
> P.D.: Se me olvidaba. No pongáis la lavadora. Ya lo haré el sábado porque traeré mucha ropa para lavar.

b) Mirad los dibujos. Así fueron los días de Fernando. Explicad qué hizo bien y qué hizo mal según los consejos de su amigo Alberto.

c) ¿Cuál de las profesiones del ejercicio 1 pensáis que es la de Alberto y Fernando?

d) Ahora escuchad y comprobad vuestras hipótesis.

3 ¡No te preocupes! §33 ▶ CDA 15

a) En la nota que Alberto deja a Fernando aparecen varias órdenes.
   Haced una lista con las órdenes afirmativas y otra con las órdenes negativas.

b) Ya sabéis cómo se forma el imperativo afirmativo. ¿Y el negativo?

c) Ahora transformad las formas positivas del apartado a) en negativas.
   ¿Cómo creéis que se pueden dar órdenes negativas a *usted* o a *vosotros*?

> § ¡Ojo!
>
> da**le** un libro
> no **le** des un libro

4 Unos consejos HABLAR §33 ▶ CDA 16, 19

Aquí tenéis una lista de posibles problemas que podéis tener en las vacaciones.
Dad consejos para cada problema.

1. comer mucho en el desayuno ✓
2. perder el autobús que va al aeropuerto
3. perder la llave de la habitación
4. tener miedo de hablar español con la gente
5. no saber cómo volver al hotel
6. no poder dormir por el calor

➔ Anda mucho y no cojas el metro.

> **El imperativo**
>
> En español el imperativo se usa normalmente para dar instrucciones, invitar y, sobre todo, para dar consejos.

5 Los gestos españoles ESCUCHAR / MEDIACIÓN ▶ Online-Link 538001-0010

Los españoles expresan mucho con gestos.

a) Mirad las fotos y explicad qué pensáis que quiere decir esta persona.

A

B

C

D

b) Escuchad el audio y comprobad vuestras suposiciones.

c) ¿Cómo son estos gestos en vuestro país?

6 Tarea: Mi casa es tu casa ESCRIBIR

Vuestra familia ha hecho un intercambio de casa con una familia de Cádiz para pasar las vacaciones. Vosotros vais a Cádiz y ellos vienen a Alemania. Escribid una nota con algunos consejos para las personas que van a vivir en vuestra casa.

> Consejos para vivir en Cádiz
> • No saquéis la basura antes de las nueve de la noche.
> • No hagáis ruido después de las doce de la noche.

Unidad 5 | Aprender y practicar | <Leer> | Tarea final

🌐 El cine y el turismo   LEER

a) Leed el texto.

España, un destino de cine

Hoy en día está de moda sacarse una foto delante de un monumento o un paisaje que se ha vuelto famoso gracias al cine. Por ejemplo Nueva Zelanda es el destino de muchos turistas que quieren ver el país de Mordor de *El señor de*
5 *los anillos*. Esta trilogía no se rodó[1] en España (aunque sí se fabricaron en Toledo sus espadas[2]), pero los españoles pueden estar orgullosos[3] de haber sido escenario habitual del cine pasado y más reciente.
Muchas escenas de películas clásicas se rodaron en tierras
10 españolas, como es el caso de *Lawrence de Arabia* (al parecer Andalucía recuerda a Arabia), de *Doctor Zhivago* (el invierno[4] en Castilla debe ser tan frío como en Siberia) o de *El nombre de la rosa* (todavía hay castillos en España que siguen dormidos en la Edad Media). El clásico del cine más veces rodado en España
15 es *James Bond*: en sus películas la ciudad de Cádiz, por ejemplo, es La Habana, Cuenca es Turquía o Navarra es Azerbaiyán. Pero también se pueden buscar por España escenarios de películas más recientes. Sean Connery vive aventuras en la costa española en *Indiana Jones y la última cruzada*. Barcelona es
20 escenario de muchas escenas de *El perfume*, y también Woody Allen rodó allí *Vicky Cristina Barcelona*. No es raro ver turistas mirando el palacio de la reina Amidala de *La guerra de las galaxias*, en la Plaza de España de Sevilla, y muchos extranjeros conocen la estación madrileña de Atocha porque allí Matt
25 Damon buscaba su identidad en *El ultimátum de Bourne*.
Si España es un país de cine, su capital es Almería: una visita imprescindible[5] para todos los cinéfilos. En el desierto cercano a esta ciudad se rodaron en los años sesenta y setenta muchas películas del oeste que se han conocido más tarde como
30 *spaguetti western*: *La muerte tenía un precio*, *Por un puñado de dólares*, etc. Actualmente se puede visitar la Casa del Cine, un museo dedicado al séptimo arte con recuerdos de directores y actores que pasaron por Almería, como Steven Spielberg o Clint Eastwood. Parte del actual museo está dedicado a John Lennon,
35 el cual se había alojado[6] en sus habitaciones en 1966 para rodar una película. Los amantes de los Beatles pueden disfrutar del museo y… pasarlo de cine.

b) El título «España, un destino de cine» tiene un doble significado. ¿Qué puede significar la expresión *de cine*?
c) Buscad los nombres de las películas que se citan en el texto. ¿Conocéis la traducción al alemán o al inglés?
d) ¿Qué otros lugares en vuestro país conocéis que han sido escenarios de películas? ¿Habéis visitado alguno?

[1] **rodar** *(-ue-)* (una película) (einen Film) drehen
[2] **la espada** das Schwert
[3] **estar** *(irr.)* **orgulloso de** auf etw. stolz sein
[4] **el invierno** der Winter
[5] **imprescindible** unumgänglich
[6] **alojarse en algo** in etw. unterkommen

74 | setenta y cuatro

| Aprender y practicar | <Leer> | **Tarea final** | Unidad | 5

El turismo en países en vías de desarrollo HABLAR

Vais a realizar en clase una discusión con el tema: «El turismo en países en vías de desarrollo. ¿Beneficia a esos países o no?».

a) Preparad primero todos juntos las reglas para realizar el debate. Pensad en aspectos como el tiempo máximo para hablar cada persona, el tiempo total, las normas de comportamiento, etc. Si tenéis preguntas, el profesor, que va a ser el moderador, os puede ayudar.

Reglas básicas
- *No hables si otra persona todavía está hablando.*
- ...

b) Leed ahora la siguiente información.

El turismo de masas no es tan perjudicial
Según un reciente estudio, el turismo de masas así como lo conocemos tiene un menor impacto medioambiental en paisajes naturales que el turismo ecológico o rural.

Muchos empleos, pero solo en verano
El presidente de nuestra comunidad dijo que, a pesar de generar casi 400.000 empleos, el sector turístico concentra su oferta en la temporada veraniega.

Nuevo aeropuerto internacional en la costa
El presidente de nuestra República anunció ayer, con ocasión de un encuentro con empresarios turísticos del país, que en tres años nuestro país contará con dos aeropuertos internacionales.

El Ayuntamiento permite construcción de enorme centro hotelero
El ayuntamiento de nuestra ciudad decidió ayer dar luz verde al polémico proyecto hotelero en una zona de gran valor ecológico de la costa.

Tradiciones indígenas gracias al turismo
En el congreso sobre turismo alternativo, el Dr. Romero Esparza explicó que el turismo permite conservar tradiciones, bailes y otras muestras de arte indígena.

Ha subido el número de delitos a turistas en junio
La llegada de gran número de turistas a nuestra región está causando dolores de cabeza a nuestros servicios policiales.

Cada día desaparecen 150 especies
Hoy, Día Mundial de la Biodiversidad, desde la ONU se ha alertado sobre la enorme pérdida de animales provocada por la actividad humana.

c) Elegid ahora uno de los siguientes grupos:
Grupo 1: el turismo beneficia a estos países
Grupo 2: el turismo perjudica a estos países

d) Pensad en argumentos para dar vuestra opinión. Las ideas de más arriba os ayudan, pero pensad también en otros argumentos posibles. Decidid también qué persona va a decir qué argumento.

 In einer Diskussion argumentieren ▶ S. 142

Formulieren Sie Ihre Argumente vor Beginn der Diskussion.

e) Iniciad la discusión. El profesor es el moderador. Habla primero el grupo 1. El grupo 2 argumenta en contra.

f) Cuando el tiempo previsto para la discusión termina, es el momento de saber si alguien tiene ahora otra opinión y prefiere pasar al otro grupo. Justificad vuestro cambio.

setenta y cinco | 75

2 <Repaso>

DELE **1 Comprensión de lectura**

Tarea: Leed el texto sobre la economía en Cataluña. A continuación responded las preguntas (1–6). Elegid la respuesta correcta (a, b o c) según el texto.

ECONOMÍA DE CATALUÑA

Cataluña, junto con la Comunidad de Madrid y el País Vasco, es una de las regiones más ricas de España y de Europa.

El sector primario, como en muchos países o regiones industrializados, ocupa solo un pequeño porcentaje de su producción (no llega al 5%), pero ha conquistado importantes mercados internacionales con productos como el vino, el cava (el famoso *champagne* catalán), la fruta y la carne.

El gran crecimiento económico de Cataluña hasta los años setenta fue gracias al sector secundario, especialmente a la industria textil. Actualmente representa el 25% de la producción industrial de toda España. Las industrias automovilística, química, farmacéutica, y las nuevas industrias relacionadas con la informática y la telemática son las más importantes para la exportación y se concentran cerca de la capital, Barcelona.

El sector terciario es el que más ha crecido en los últimos treinta años. Este sector, también llamado sector servicios, incluye el comercio, el turismo, y todo lo relacionado con cultura y tiempo libre. Los Juegos Olímpicos de Barcelona en el año 1992 dieron fama a la ciudad y a Cataluña, y actualmente son lugares muy populares en todo el mundo. En los últimos años también han crecido las empresas relacionadas con la publicidad y la creación de contenidos para Internet.

La economía catalana es más abierta que la española. Aproximadamente un 36% de las empresas exportadoras del país se encuentran en Cataluña.

El 82% de las exportaciones catalanas van a Europa y el 70% de las importaciones vienen de Europa. Los principales países con empresas en Cataluña son los Países Bajos, Alemania y Estados Unidos. En la actualidad existen unas doscientas empresas multinacionales catalanas, una parte importante de ellas en México, Francia, Argentina, China y Brasil.

Después de muchos años de crecimiento, a partir del año 2008, como en muchos países del mundo y también de la Unión Europea, la economía catalana se encuentra con problemas a causa de la crisis mundial y los economistas creen que la salida de esta situación no será fácil.

1. Cataluña es…

    a) la región más rica de España.
    b) una de las regiones más ricas de Europa.
    c) la región más industrial de España.

2. Hoy el sector primario catalán…

    a) es el sector más importante para Cataluña.
    b) es un sector muy importante por la exportación de productos agrícolas.
    c) no es muy importante, pero vende algunos productos en mercados internacionales.

3. Hasta los años setenta…

    a) la economía catalana creció un 25% al año.
    b) Cataluña exportaba la mayor parte de la producción industrial de toda España.
    c) la economía catalana creció por la industria textil.

4. El sector servicios…

    a) es el que menos ha crecido en los últimos años.
    b) es el que más ha crecido en los últimos treinta años.
    c) ha crecido tanto como las industrias relacionadas con la informática y la telemática.

5. En Cataluña, el número de importaciones de países europeos…

    a) es más alto que el de exportaciones a Europa.
    b) no es tan alto como el de las exportaciones a Europa.
    c) es igual que el de las exportaciones a Europa.

6. Desde 2008…

    a) la situación de Cataluña es diferente a la de otras regiones debido a la crisis mundial.
    b) Cataluña se encuentra con problemas económicos debido a la crisis española.
    c) la crisis mundial también está perjudicando la economía catalana.

2 Expresión e interacción escritas

Tarea: Estáis de vacaciones en España o en un país latinoamericano. Escribid un correo electrónico a un amigo contando vuestras experiencias. En él debéis:

- describir el lugar donde estáis (ciudad, pueblo, hotel, etc.) y dar vuestra opinión sobre el país
- contar qué habéis hecho los últimos días
- hablar de vuestros planes para los próximos días

2 <Repaso>

3 Comprensión auditiva

L 2/1-7 **Tarea 1:** Un programa español de televisión hace una entrevista sobre el turismo a personas españolas que viven en Mallorca. Vais a escuchar siete entrevistas. Vais a escuchar cada entrevista dos veces. Seleccionad el enunciado (A-J) que corresponde a cada diálogo. ¡Atención! Hay siete diálogos y diez enunciados.

Entrevistas	Enunciados
Entrevista 1	
Entrevista 2	
Entrevista 3	
Entrevista 4	
Entrevista 5	
Entrevista 6	
Entrevista 7	

Enunciados:
- **A** Piensa que es una lástima que las playas estén siempre tan llenas.
- **B** No cree que haya demasiados hoteles.
- **C** Cree que el turismo da trabajo y eso es bueno para Mallorca.
- **D** Opina que es muy bueno que no haya turismo en invierno.
- **E** No soporta que en algunos sitios le hablen en alemán.
- **F** Cree que es necesario que los turistas paguen más en los restaurantes que los españoles.
- **G** Cree que es normal que vayan tantos turistas a la isla porque es muy bonita.
- **H** Quiere que los turistas hablen español.
- **I** Piensa que antes la gente vivía mejor en Mallorca.
- **J** No le gustan los turistas que solo van a Mallorca para divertirse.

L 2/8 **Tarea 2:** A continuación vais a escuchar una conversación entre dos personas. Vais a escucharla dos veces. Seleccionad la opción correcta (a, b o c).

1. Adriana llegó a España…
   a) hace cinco años.
   b) hace quince años.
   c) hace cinco meses.

2. La familia de Adriana fue a España…
   a) porque vivía mucha gente en su casa.
   b) porque no había trabajo en Ecuador.
   c) porque vivía con su abuela.

3. Cuando llegó a España la madre de Adriana…
   a) el padre de Adriana ya había encontrado trabajo.
   b) la hermana de su padre le había encontrado trabajo.
   c) ya habían encontrado un piso de alquiler.

4. Adriana estuvo…
   a) tres años sin ver a su madre.
   b) tres años sin ver a su padre.
   c) cinco años sin ver a su abuela.

5. El padre de Adriana…
   a) encontró trabajo en la construcción.
   b) no encontró trabajo al principio.
   c) encontró trabajo cuando ya no era ilegal.

6. Adriana cree que…
   a) su familia nunca volverá a Ecuador.
   b) ella no se quedará siempre en España.
   c) sus padres volverán a Ecuador un día.

<Repaso> 2

4 Expresión e interacción orales

Tarea 1: Descripción de una fotografía

- Describid la fotografía: qué ciudad es, cómo es, dónde está.
- Si habéis estado en esa ciudad debéis contar qué hicisteis, si no habéis estado debéis explicar qué es lo que más os interesa.
- Hablad sobre algún aspecto cultural relacionado con esa ciudad: la comida, la arquitectura, los artistas…
- Duración: 2 o 3 minutos.

Tarea 2: Diálogo

Tenéis que hablar con un compañero sobre vuestro país.
Elegid uno de los aspectos siguientes para hablar durante 2 o 3 minutos:

Estas preguntas os pueden ayudar a preparar la exposición.

Vuestro país

¿Cuál es la situación económica de vuestro país?
¿Qué produce vuestro país en el sector primario?
¿Cuál es la industria más importante?
¿Es importante el turismo?
¿Hay trabajo? ¿En qué sectores?
¿Hay trabajadores extranjeros en vuestro país? ¿Qué trabajos hacen?

> Auf der DVD im Lehrerbuch finden Sie zur Wiederholung und Vertiefung eine Filmszene zum Thema der letzten fünf Lektionen.

setenta y nueve

Unidad 6   Mi futuro profesional

A — el asesor de banco
B — el técnico ecológico
C — la farmacéutica
D — el fisioterapeuta

1 El mundo del trabajo HABLAR ▶ CDA 1, 2

a) Haced una lista de diez profesiones que ya conocéis.

b) De la lista anterior y las profesiones de estas dos páginas, escoged la que más y la que menos os gusta. Explicad vuestra respuesta.
→ La profesión que más me gusta es… porque…
Esta otra, en cambio, no…

> **Así podéis…**
> contrastar ideas.
> • Esto sí, pero esto no… / Esto, en cambio…
> • Todo depende de…
> • En general sí, aunque…
> • Además… / Por eso…
> • Según él…, pero yo opino que…

2 Esto es importante HABLAR / ESCUCHAR

a) Mirad las palabras de la casilla y deducid el significado de las que no conocéis.

b) Ordenad los conceptos de la casilla según la importancia que tienen para vosotros en el momento de elegir un trabajo.

c) Imaginad por cuál de esas seis razones puede haber elegido su trabajo cada una de las personas de las fotos.

d) Comprobad vuestras suposiciones con el cedé. ¿En cuántos casos habéis acertado?

> • buen ambiente de trabajo
> • conciliación vida laboral y privada
> • desarrollo profesional
> • estabilidad laboral
> • salario
> • vocación

Tarea final
Sie werden ein Gespräch im Rahmen einer Berufsberatung führen können.

Kommunikative Fertigkeiten
- sagen, was man im Berufsleben machen möchte
- Vor- und Nachteile abwägen
- Wünsche und Hoffnungen ausdrücken
- Anweisungen geben

F el entrenador deportivo
E la ingeniera de telecomunicaciones
H la gerente
G el profesor

3 ¿Vocación o dinero?   HABLAR

a) ¿Con cuál de estas afirmaciones os identificáis más? ¿Por qué?
«Es más importante hacer lo que a uno le gusta que trabajar solo por el dinero».
«Lo importante es ganar mucho dinero, no importa qué actividad hagas».

b) ¿Cuál es vuestra vocación?

4 Tú y tu profesión   HABLAR

¿Cuáles de estos aspectos pueden ser importantes para vosotros en el momento de elegir una profesión? Haced una encuesta en vuestra clase y presentad los resultados.

¿Años de estudio / formación?   ¿Lugar?   ¿Cuánto cuesta?
¿Es posible estudiar y trabajar?   ¿Hay puestos de trabajo?

Así podéis…
presentar la opinión del grupo.
- De… alumnos, … quieren…
- Muchos alumnos quieren… / Más de la mitad / La mayoría / Sobre todo / Un 20 %…

→ El lugar donde estudias / trabajas es importante. De treinta alumnos en nuestra clase, ocho quieren vivir en otra ciudad.

6 Unidad | Aprender y practicar A | ‹Leer› | Tarea final

L 2/10,11

S 37, 38

1 ¡Decidir no es fácil!   LEER / ESCUCHAR / ESCRIBIR

Ángel no sabe qué hacer cuando acabe su curso y escribe a su amigo Manuel para contarle sus problemas. Manu le contesta.

 Orientadores profesionales en España

Los institutos de educación secundaria en España normalmente cuentan con un orientador profesional.

a) Leed / Escuchad el texto.

A

¡Hola, Manu!
¿Qué tal? ¿Cómo estás? Yo estoy bien, aunque tengo un problema que no me deja dormir… ☹ En casa me preguntan todos los días qué voy a hacer cuando acabe el curso, y yo no sé qué decir. Mi padre quiere que me decida pronto y me ha pedido que vaya a la Oficina de Información para Jóvenes, pero
5 a mí no me parece bien que tenga que pensar tan pronto en mi futuro. ¿Cómo puedo saber ahora lo que quiero hacer toda mi vida? Además, mi madre me dice que haga unas prácticas cuando empiecen las vacaciones, pero, ¿en qué? ¿Algo relacionado con la salud, algo técnico o social, algo de comercio? ¡Ayuda! Antes de que me obliguen a hacer unas prácticas donde yo no quiero, prefiero hablar con el orientador profesional del instituto. No está tan mal esa idea, ¿no? En cuanto llegue al instituto
10 mañana, me voy a su oficina para pedirle un consejo. Te puede parecer muy tonto todo esto, pero odio que me presionen. ¡Qué dolor de cabeza! ¿Qué hago? ☹ Bueno, ¿y cuándo quedamos?
¡Hasta luego!
Ángel
P. D.: Dime, ¿tú cómo te decidiste? Y, ¿estás contento con tu carrera?

15 Pero hombre, Angelito, ¿todavía no sabes qué quieres ser de mayor? ☺ ¡Es broma! En cuanto hables con el orientador del insti, te vas a sentir mejor. Yo tuve algunas conversaciones con él, me hizo unos cuestionarios y hablamos de distintas profesiones. Eso ayuda bastante. Claro que al final, después de leer toda la información que me dio, me decidí por algo diferente. Mario, en cambio, sí sabía desde el principio lo que quería hacer. ¡Pero no te preocupes, hombre! ¡No acabarás debajo de un puente!
20 ¿Por qué no tomamos algo cuando tengas tiempo? Mientras sigas con ese estrés, no podrás decidir. Tranquilo, ¿eh? ¡Llámame!
Manu

>>> El mié, 23/3/ Ángel Gómez <angelgomez@yahoo.es> escribió: <<<
De: Angel Gómez <angelgomez@yahoo.es>
25 Asunto: hola
Para: manueljimenez@yahoo.es
Fecha: miércoles, 23 de marzo, 12:11

¡Hola, Manu!

b) Completad esta descripción de la situación en que se encuentra Ángel:

1. No puede dormir porque…
2. No sabe qué hacer después del…
3. No quiere pensar tan pronto en…
4. No sabe qué prácticas puede…
5. Siente que lo…

c) En vuestro cuaderno, haced una lista con los consejos que le da Manu a Ángel y con tres consejos vuestros.

Consejos de Manu	Vuestros consejos
▪	▪
▪	▪
▪	▪

| Aprender y practicar A | <Leer> | Tarea final | Unidad 6

2 Los usos del subjuntivo   ESCRIBIR / HABLAR   §34   ▶ Online-Link 538001-0011

a) En el texto «¡Decidir no es fácil!», buscad estas frases y completadlas en vuestro cuaderno.

b) ¿Con qué tiempo verbal se usan?

c) Comparad vuestra situación con la de Manu.

Órdenes, peticiones y deseos
1. … quiere que…
2. … me ha pedido que…
3. … dice que…

3 ¡Tienes que decidirte ya!   ESCRIBIR / HABLAR   §34   ▶ CDA 3

Antes de escribir el correo electrónico, Ángel ha tenido una discusión con sus padres.
En grupos de tres, escribid un diálogo y representad a Ángel y a sus padres.

El padre y la madre de Ángel
1. Explican la situación
2. Dan consejos
3. Están enfadados

Ángel
1. Explica su situación
2. No acepta los consejos
3. Está enfadado

→ ★ Nosotros queremos que tú…

→ ★ Y para mí es importante que vosotros…

4 ¡Todos me piden algo!   ESCUCHAR / ESCRIBIR / HABLAR   §34   ▶ CDA 4

Para decidir qué quiere hacer después de su curso, Cristina va a informarse sobre las condiciones de trabajo en un banco. Un asesor de banco le habla sobre el ambiente laboral y lo que le piden a él sus jefes, compañeros y clientes.

a) Escuchad el cedé. ¿Cuántas personas le piden algo al asesor?

b) Escuchad otra vez el cedé y escribid qué le piden esas personas al asesor.

1. Los clientes piden que…
2. La directora dice que…
3. Las secretarias quieren que…
4. En la oficina principal del banco piden que…
5. En el departamento de marketing quieren que…

c) ¿Y vosotros? ¿Tenéis una cuenta de banco? ¿Qué esperáis de vuestro banco? Hablad entre vosotros y después presentad los resultados al curso. Pensad en aspectos como estos:

| oficina cerca de casa | horario flexible | Internet | empleados simpáticos |

→ Quiero que mi banco tenga servicios en Internet.

ochenta y tres | 83

6 Unidad | Aprender y practicar A | ‹Leer› | Tarea final

5 Mi trabajo como ingeniera ESCUCHAR / HABLAR ▶ §35 ▶ CDA 5

a) Maite es ingeniera en una multinacional. ¿Cuáles de estos aspectos pueden ser positivos o negativos para una persona con un trabajo así? Explicad vuestra respuesta.

| viajes | otras culturas | horarios internacionales | distintas actividades |

L 2/13
b) Maite habla sobre su trabajo con una vecina.
Escuchad el cedé y explicad qué encuentra positivo y negativo en su trabajo.
→ Maite dice que el salario es bueno, pero tiene poco tiempo para su familia y sus amigos.

c) Leed ahora los comentarios de Maite y su vecina y decid si se usa el subjuntivo o el indicativo.

1. En cuanto **llego / llegue** a la oficina, me siento muy bien.
2. En cuanto **vuelvo / vuelva** de un viaje, mis jefes ya están preparando otro.
3. Mientras no **tienes / tengas** hijos, el tiempo no será un problema.
4. Cuando **quiero / quiera** una familia, tendré que cambiar algunos hábitos.
5. Mientras **trabajamos / trabajemos** con las oficinas de Europa, los horarios no serán un problema.

§ ¡Ojo!
Nach *cuando*, *en cuanto*, *mientras* steht der *subjuntivo*, wenn die Handllung zukünftig ist. Nach *antes de que/después de que* folgt immer der *subjuntivo*.

6 Es tu futuro ▶ §35 ▶ CDA 6

¿Estáis nerviosos porque todavía no sabéis qué haréis cuando terminéis el curso? Completad estas frases. La gráfica de la derecha os puede dar algunas ideas sobre cómo tomar mejores decisiones profesionales.
→ En cuanto me informe, sabré lo que quiero.

1. En cuanto…, sabré lo que quiero. ✓
2. Cuando…, buscaré unas prácticas.
3. Antes de que…, no puedo decidir si me voy de casa.
4. Después de que…, empezaré a trabajar.
5. Mientras…, no podré hacer muchos planes.

7 Tarea: Unas prácticas sin salario HABLAR

a) Queréis hacer unas prácticas después del curso y habéis encontrado este anuncio. Decidid si las prácticas os interesan. Para ello:

- Haced una lista de los aspectos positivos y negativos de las prácticas.
- Comentad qué esperáis conseguir y qué espera(n) vuestra familia, amigos, etc.
- Como las prácticas son sin salario, explicad cómo pensáis vivir durante esas semanas.

b) Explicad a un compañero por qué (no) habéis decidido hacer estas prácticas.

Prácticas en el Teatro-Museo Arte Surrealista

La fundación Arte Surrealista ofrece prácticas no pagadas de 4 semanas a jóvenes de 18–25 años. Si te gusta el arte, sabes español y/o catalán y hablas francés, inglés o alemán, ¡eres el candidato ideal! Ofrecemos piso compartido y la oportunidad de conocer una región especial. Figueras está muy cerca de la Costa Brava. Podéis volar directamente a Perpiñán (Francia), Girona o Barcelona.
Tel.: 972 677 500 * www.artesurrealista.org

84 ochenta y cuatro

| Aprender y practicar B | ‹Leer› | Tarea final | Unidad | 6

1 Es tu vida   LEER / ESCUCHAR / HABLAR

En el programa de radio «Es tu vida» (ETV) entrevistan hoy a la farmacéutica Yolanda Pozo y al fisioterapeuta Alberto Mendoza.

a) Leed / Escuchad el programa.

ETV: Yolanda, dinos cómo te decidiste por la carrera de Farmacia.
Yolanda: Pues ya en el instituto me encantaba trabajar en el laboratorio…
ETV: ¿Qué formación se necesita para ser una farmacéutica de éxito?
Yolanda: Bueno, pues además de la carrera de Farmacia, necesitas conocimientos de gestión de empresa y comerciales porque tienes que vender los productos en la farmacia. Y aunque no es lo más importante, es mejor que sepas de informática. Ah, y de psicología… ¡porque hay unos clientes muy difíciles!
ETV: ¿Y los idiomas también son importantes?
Yolanda: Claro, los idiomas ya no son una opción, sino una necesidad. Y no solo para los estudios, sino también por los clientes. Aunque no lo creas, a la farmacia vienen muchos extranjeros.
ETV: Dime, ¿qué salidas profesionales tiene tu carrera?
Yolanda: La salida principal es la venta en la farmacia. Pero hay otros sectores, aunque mucha gente no los conoce: la industria, la investigación, los hospitales…
ETV: ¿Qué es lo que más te gusta de tu trabajo?
Yolanda: ¡Los clientes! Los farmacéuticos ayudamos a la gente y aprendemos algo nuevo todos los días. Nada es monótono.
ETV: ¿De verdad?
Yolanda: Sí, y los pacientes te cuentan su vida aunque no te conozcan. A veces te piden cosas muy graciosas. Por ejemplo, una señora que tenía un resfriado me pidió hace poco un «Vivaperú». ¿Sabes qué necesitaba? ¡Un Vicks VapoRub! Y aunque te parezca increíble, ¡yo entendí perfectamente de qué estaba hablando! Siempre hay problemas con los nombres de los medicamentos…

ETV: Alberto, ¿cómo has llegado al mundo de la Fisioterapia? ¿Vocación o casualidad?
Alberto: ¡Casualidad! Yo no sabía qué estudiar. Pero un amigo tuvo un accidente, fui con él a la rehabilitación y me empecé a interesar por esta profesión.
ETV: ¿Qué te gusta de la Fisioterapia?
Alberto: Aunque suena a lo típico que dice la gente, me gusta ayudar a otras personas. Cuando lo consigues, es genial. Además, aunque a veces tengas un mal día, el ambiente en la clínica es bueno. También puedes trabajar en hoteles, centros deportivos…
ETV: ¿Qué habilidades debe tener un buen fisioterapeuta?
Alberto: Uf, muchas. Para empezar, te debe interesar la formación. Y tienes que ser flexible porque aunque pienses que todo va bien, si algo no funciona necesitas tener un «plan B».
ETV: ¿Qué significa que «te tiene que interesar la formación»?
Alberto: Aunque conozcas muy bien tu trabajo, tienes que estar al día de las innovaciones…

b) Escribid en una tabla como esta todo lo que se dice de las dos profesiones.

Profesión	Requisitos / Habilidades	Salidas profesionales
▪	▪	▪
▪	▪	▪

c) Buscad en el texto otras expresiones para estas frases.

1. Muchos clientes de otros países vienen a la farmacia.
2. ¿Qué puedes hacer con la carrera de farmacéutica?
3. En la farmacia ningún día es igual a otro.
4. Hay que pensar en otro plan.

d) Y vosotros, ¿qué pensáis de estos dos trabajos? ¿Os gustan o no? ¿Por qué?

ochenta y cinco   85

6 Unidad | Aprender y practicar B | <Leer> | Tarea final

2 De día y de noche ▶ §36 ▶ CDA 7

a) Buscad en el texto «Es tu vida» las frases con *aunque* e intentad explicar cuándo se usa el subjuntivo y cuándo el indicativo. La traducción al alemán os puede ayudar.

b) Una vez al mes Yolanda tiene que abrir su farmacia por la noche. Aquí cuenta sus experiencias. Formad algunas frases con *aunque + subjuntivo* y otras con *aunque + indicativo* y explicad qué diferencia hay entre esas frases.

1. Una vez al mes tengo que trabajar por la noche, pero no me gusta.
2. Tengo un sofá en mi oficina, pero no duermo bien porque sé que en cualquier momento puede entrar un cliente.
3. Mucha gente viene porque necesita medicamentos, pero también hay gente que te despierta a las tres de la mañana por algo que pueden comprar después.
4. Incluso si es una noche tranquila, vienen por lo menos cuatro clientes.

> § ¡Ojo!
> In manchen Sätzen ist es möglich, den *subjuntivo* oder den Indikativ zu benutzen. Es hängt davon ab, was der Sprecher ausdrücken möchte.

3 Una visita al médico LEER / ESCRIBIR / HABLAR ▶ §37 ▶ Online-Link 538001-0012

Desde hace unos días Matías va al gimnasio con un par de compañeros de su oficina. Como ha sentido dolores, visita al médico.

a) Leed lo que le dijo Matías al médico.

> Decidí hacer deporte otra vez después de un tiempo sin hacer **1** nada. Cuando **2** empecé a ir al gimnasio con los chicos de la oficina, sentí unos dolores horribles en la espalda, el hombro y el brazo derecho. En ese momento no pensé **3** en el dolor porque me pareció **4** normal: no había hecho deporte en mucho tiempo. Pero tenía dolores incluso si no hacía deporte o estaba **5** sentado en el sofá. ¡**6** no me podía levantar!

b) ¿Cuál es el problema de Matías? Explicadlo en pocas palabras.

c) Introducid estos adverbios en las partes marcadas en el texto para enfatizar lo que dice Matías.

| bastante | cómodamente | mucho | prácticamente | finalmente | Casi |

d) Escribid la opinión de Matías sobre los consejos del médico. Usad estos adverbios: *mejor, peor, más, menos*.

Consejos del médico	Opinión de Matías
• tomar unos días libres	☹
• no ir al gimnasio durante quince días	☺☺☺
• tomar medicamentos para el dolor	☹☹
• hacer fisioterapia	☺☺
• no utilizar mucho el brazo derecho	☹☹

> § ¡Ojo!
> bien → mejor
> mal → peor
> mucho → más
> poco → menos

→ A Matías le parece mejor tomar unos días libres que tomar medicamentos.

e) Escribid y representad el diálogo entre el médico y Matías. El vocabulario de arriba os puede ayudar.
→ ★ Doctor: Lo siento mucho, pero es mejor que no vaya al gimnasio durante quince días.
★ Matías: ¡Qué pena! Me gusta mucho hacer deporte. Pero bueno, si usted…

| Aprender y practicar B | <Leer> | Tarea final | Unidad 6

4 Los alemanes y su bici   MEDIACIÓN / ESCRIBIR

Un amigo español os comenta que le gustaría encontrar un trabajo cerca de casa porque no le gusta conducir. Vosotros le contáis lo que habéis leído en el periódico esta mañana y opináis sobre el tema.

Mit dem Drahtesel ins Büro: Immer mehr Pendler fahren Rad

Köln/Bremen – Von Claudius Lüder, dpa – [...] Viele Arbeitgeber unterstützen ihre radelnden Mitarbeiter und stellen beispielsweise Umkleideräume oder Duschen zur Verfügung. [...]

Rund zwei Millionen Menschen in Deutschland nutzen nach Angaben des Instituts für Verkehrsforschung [...] das Fahrrad täglich für den Weg zur Arbeit. Norbert Sanden, Geschäftsführer des Allgemeinen Deutschen Fahrradklub Hessen, betreut [...] das Projekt „Bike + Business" [...]. „Wir sprechen direkt die Firmen an und wollen erreichen, dass das Thema Fahrrad im Mobilitätsmanagement berücksichtigt wird", erläutert er [...]. Wer weite Entfernungen zurücklegen muss, bekommt Tipps, wie sich die Nutzung von Fahrrad und öffentlichen Verkehrsmitteln am sinnvollsten kombinieren lässt.

---

5 Finalmente es fin de semana   ESCRIBIR   ▶ §34   ▶ CDA 8, 12

Después de una semana con mucho trabajo, Alberto y Charo se despiden.

a) Leed el diálogo y mirad las expresiones con subjuntivo.

b) Buscad en el diccionario las siguientes expresiones:
- Guten Appetit!
- Viel Spaß!
- Gute Besserung!
- Gute Reise!

c) ¿Qué le decís a un compañero en los siguientes casos? Usad los verbos *ir bien, dormir, descansar*. Hay varias posibilidades.
- Es de noche y se va a la cama.
- Se va de vacaciones.
- Ha terminado su trabajo hoy y se va a casa.

Bueno, Charo, me voy. Nos vemos el lunes. ¡Que tengas un buen fin de semana!

¡Que te vaya bien a ti también! Hasta el lunes.

§ ¡Ojo!

Bei einigen festen Wendungen werden Wünsche und Hoffnungen mit *que + subjuntivo* ausgedrückt. Sie können sich „ich hoffe" dazudenken: *¡(Espero) que te vaya bien!*

6 Practicamos la pronunciación

a) Escuchad las siguientes frases y decidid cuál se ha dicho primero.
1. Estudie mucho. / Estudié mucho.
2. Hablé más despacio. / Hable más despacio.
3. Bailó en la fiesta. / Bailo en la fiesta.
4. Termine el bachillerato. / Terminé el bachillerato.

b) Ya sabéis que las tildes (´) son muy importantes. Explicad qué significan estas palabras.
1. él bebe / el bebé
2. el papá / la papa
3. el carné / la carne
4. él trabajó / el trabajo

7 Tarea: Tu perfil   ESCRIBIR / HABLAR

a) Entre lo que os dicen vuestros padres, profesores y amigos a veces es difícil saber lo que queréis vosotros. Para conoceros mejor, preparad una lista con vuestros intereses y preferencias.

b) Comparad vuestra lista con la de vuestro compañero.

Lo que me gusta hacer	Lo que no me gusta hacer
■	■

ochenta y siete 87

6 Unidad | Aprender y practicar C | <Leer> | Tarea final

1 Profesiones con futuro LEER / ESCUCHAR / MEDIACIÓN

a) Leed / Escuchad el texto.

Cada vez más estudiantes que terminan el bachillerato o la formación profesional deciden empezar una carrera para estar mejor preparados. Opinan que es importante tener un título
5 universitario para encontrar un buen trabajo. Los informes más actuales muestran que en España el 24% de la oferta de trabajo es para las personas que tienen una carrera. Aunque la experiencia es importante, muchas veces en las
10 empresas buscan gente que tenga algo más que una buena formación. Por ejemplo, habilidades personales como organización y flexibilidad. También buscan gente que hable idiomas extranjeros.
15 El salario, la responsabilidad, el desarrollo profesional y, en general, el futuro laboral de una persona dependen de la decisión que tome por una carrera u otra. La vocación también ayuda a decidir, igual que saber qué carreras pide el
20 mercado laboral.
En primer lugar, el mercado laboral español necesita en este momento carreras técnicas, como la Ingeniería. Muchas de las nuevas ingenierías tienen que ver con informática,
25 telecomunicaciones y tecnología.

En segundo lugar, la gente vive cada vez más años y hay una mayor demanda de las profesiones del sector de la salud: enfermeros, terapeutas y cirujanos; en este sector no solo se buscan personas con estudios universitarios sino gente que cuide a los mayores. Un tercer sector con muchas salidas profesionales es la Administración de Empresas. Esta carrera prepara al estudiante para que pueda crear un negocio o gestionar empresas que ya existen. Otras profesiones con futuro en este sector son el Marketing y los recursos humanos. Un cuarto sector, en desarrollo todavía, es el de la ecología. Ahora se necesitan «carreras verdes», entre ellas las relacionadas con la energía alternativa, que empiezan ya a sustituir a las profesiones tradicionales.

b) Haced un mapa mental para resumir la información.

- Los estudios que necesitas para ir a la universidad
- Lo que piden las empresas a las personas que quieren conseguir un trabajo
- Profesiones con futuro
- Los aspectos más importantes al elegir una profesión
- Los sectores profesionales con más futuro

c) Una amiga vuestra está pensando en estudiar en España y busca información sobre las oportunidades profesionales que hay allí. Comentadle los aspectos más importantes de lo que habéis aprendido sobre este tema.

d) ¿Cómo es la situación en vuestro país?

2 ¿De dónde vienen estas palabras? ▶ §40

a) Buscad en el texto todas las palabras que terminan en **-ción** o **-sión**.

b) Agregad a la lista otras palabras que ya conocéis. Podéis consultar el diccionario del libro.

c) Decid qué verbos corresponden a los sustantivos de vuestra lista.
 → información → informar

 Wortbildung ▶ S.144

Wenn Sie einige Grundregeln kennen, können Sie sich selbst unbekannte Wörter erschließen. Bei Zweifeln versichern Sie sich im Wörterbuch!

| Aprender y practicar C | <Leer> | Tarea final | Unidad 6

3 ¿Para qué? ▶ §38

a) Leed estas frases del texto «Profesiones con futuro» y explicad con qué formas verbales se usan *para* y *para que* y qué significan en cada caso.
«Cada vez más estudiantes deciden empezar una carrera **para** estar mejor preparados».
«Esta carrera prepara al estudiante **para que** pueda crear un negocio».

b) Para que le den el trabajo que quiere, Carolina se prepara bien para la entrevista que tiene hoy. Formulad frases completas con los planes de Carolina.

1. levantarme temprano ✓		llegar a las ocho en punto
2. no tomar café		estar más tranquila
3. leer la página web de la empresa		poder contestar todas las preguntas
4. ponerme ropa elegante ✓	el jefe	llevarse una buena idea de mí
5. prepararme bien		hacerme una buena oferta
6. presentarme en la empresa	la secretaria	saber quién soy
7. hablar lentamente	los otros	entenderme bien

→ Voy a levantarme temprano para llegar a las ocho en punto.
Voy a ponerme ropa elegante para que el jefe se lleve una buena idea de mí.

4 Más usos del subjuntivo ▶ §39 ▶ CDA 13

a) Leed los siguientes comentarios de Carolina durante su entrevista y explicad si se refieren a:

1. Algo que ella conoce y sabe que es así.
2. Algo que ella piensa que puede existir, pero que en realidad no conoce.

«Quiero trabajar en una empresa donde el ambiente sea bueno».
«Me gustaría tener compañeros que siempre estén interesados en aprender algo nuevo».

b) Formulad la regla del uso del subjuntivo con frases de relativo.

c) Ahora explicad en qué situaciones se dicen estas frases:
«Busco una chica que es morena».
«Busco una chica que sea morena».

LAS RATAS LATINAS BUSCA CANTANTE
Necesitamos cantante que sepa inglés, porque algunas de nuestras canciones son en inglés. Buscamos persona que tenga entre 17 y 23 años, y toque un poco la guitarra. Ideal que tenga experiencia. Si estás interesado, tienes tiempo para practicar los martes por la tarde y te gusta el rock, llama al 678 957 433. ¡Te esperamos!

5 Se busca cantante LEER / HABLAR

El grupo de rock Las Ratas Latinas busca un cantante. Leed el anuncio, decidid quién es el mejor candidato y explicad por qué.

Ana: Tiene 27 años y le gusta el pop. Habla muy bien inglés. Trabaja por las tardes de lunes a viernes. Es profesora de música y sabe cantar y tocar la guitarra muy bien.

Carlos: Tiene 19 años. Aunque no le gustan mucho los idiomas, habla inglés. Canta muy bien, pero no sabe tocar la guitarra. Tiene libre todas las tardes después del instituto.

6 Tarea: Mi trabajo ideal HABLAR

Habéis conocido ya algunas profesiones más de cerca. Y claro, todas tienen sus ventajas y desventajas. Aquí sois libres de inventar vuestro trabajo ideal. Explicad a vuestros compañeros cómo tiene que ser. Ellos os dirán qué ventajas o desventajas le ven.

→ ★ Quiero un trabajo que me dé mucha flexibilidad. Mi trabajo ideal no empieza antes de las diez de la mañana y…
★ Sí, tener flexibilidad es bueno, pero si empiezas a trabajar tarde terminarás tarde también.
★ ¿No es mejor un trabajo que…

ochenta y nueve | 89

6 | Unidad | Aprender y practicar | <Leer> | Tarea final

🌐 Profesiones para la próxima década   LEER

a) Leed el texto.

Es fácil identificar qué profesiones serán las más demandadas en el 2011. Pese al paro crónico, comerciales, programadores, controladores financieros o ingenieros seguirán siendo perfiles al alza. Más complejo es saber cuáles lo serán en cinco o diez años. ¿Qué formación y experiencia demandarán las empresas en el futuro? ¿Qué sectores están abocados a desaparecer[1] y cuáles emergerán? Son preguntas vitales para las generaciones que vienen [...] Según varios informes, una conclusión es unánime: se acabó la especialización en una sola materia. Combinar conocimientos de múltiples disciplinas será clave en la próxima década [...] El futuro no está en la especialización, sino en la mezcla[2] de competencias de distintas ciencias. Solo así se puede crear una economía basada en el conocimiento [...] Más allá de las ramas[3] científicas, las compañías en banca, industria o servicios profesionales también necesitarán nuevos perfiles [...] (y) el área de marketing verá todavía más cambios [...] La avalancha de datos provenientes[4] de [...] fuentes digitales obligará[5] [...] a crear nuevos puestos que mezclen conocimientos estadísticos, tecnológicos y de marketing *online*. Esta ensalada de conocimientos y experiencias conduce a otra pregunta: ¿cómo adquirirlos? Julia González, vicerrectora de la Universidad de Deusto, [...] participó recientemente en la elaboración de un informe de la Comisión Europea para buscar soluciones a este problema. El estudio urge a pasar a la acción[6], flexibilizando la educación superior [...] y cubriendo nichos[7] de conocimiento hoy desatendidos. «Se trata de crear currículos personalizados, de adaptar las carreras más rápido a los cambios del mercado. Estamos en el camino, pero queda mucho por hacer».

© Miguel Ángel Méndez / El País S. L. 2011

Seis trabajos increíbles

Un estudio reciente señala las profesiones más demandadas de aquí al 2030: ★ **Fabricantes de partes del cuerpo**. En el futuro se necesitarán personas que sepan de medicina, robótica e ingeniería para hacer medicina regenerativa. ★ **Cirujanos para aumentar**[8] **la memoria**. Es posible que pronto podamos llevar en un chip la información que no alcancemos a **retener**[9] en la memoria. Serán necesarios cirujanos para hacer esta operación. ★ **Arquitectos y pilotos espaciales**. Se necesitarán pilotos para las naves espaciales y arquitectos para adaptar el espacio fuera del planeta Tierra. ★ **Granjeros verticales**. La producción agrícola será vertical. Se habla de una sola ciudad en un **rascacielos**[10] infinito y de cultivar los alimentos en las distintas plantas. ★ **Policías del clima**. Serán necesarias personas que cuiden internacionalmente la atmósfera. ★ **Gerentes personales de marca**. Vivimos en una sociedad obsesionada con las marcas. Se necesitará alguien que se dedique a administrarlas. ¿Qué personalidad proyectas en Facebook, Twitter y tu blog? ¿Qué quieres añadir a tu imagen?

© BBC Motion Gallery

b) Contestad las preguntas siguientes:

1. Según el texto, ¿cómo cambiará el mundo del trabajo en los próximos años?
2. El texto habla de una «ensalada de conocimientos y experiencias» (línea 13). Explicad la metáfora.
3. ¿Cómo hay que preparar a los jóvenes para los trabajos del futuro?

c) Comentad el tema de los trabajos increíbles.

1. ¿Qué trabajo os parece el más increíble de los seis que nombra el texto? ¿Por qué?
2. ¿En cuál de esos trabajos imagináis que os gustaría trabajar? Explicad vuestra respuesta.
3. ¿Qué imagináis que pueden ser estos otros trabajos increíbles: policía de virus ciberespaciales, destructor de datos digitales, experto en moral científica?

[1] **estar abocado,-a a desaparecer** zum Verschwinden verurteilt sein
[2] **la mezcla** die Mischung
[3] **la rama** die Branche
[4] **proveniente de** stammend aus
[5] **obligar** (*g-gu*) zwingen
[6] **pasar a la acción** tätig werden
[7] **cubrir nichos** Nischen abdecken
[8] **aumentar** erhöhen
[9] **retener** behalten
[10] **el rascacielos** der Wolkenkratzer

| Aprender y practicar | <Leer> | Tarea final | Unidad 6

Una sesión de asesoramiento HABLAR

Queréis decidir qué hacer después de terminar el curso, pero todavía estáis buscando información y necesitáis orientación. En parejas vais a hacer una sesión de asesoramiento profesional.

a) Leed el anuncio de la derecha.

b) Decidid qué papel queréis representar: estudiante o asesor.

c) Preparaos para ese papel (quince minutos).

¡Oriéntate!

Algunos jóvenes saben muy bien qué van a hacer en el futuro, otros no. Pero, ¿en qué debes pensar para decidir? Uno de los secretos para tomar decisiones es tener buena información. Nuestro trabajo es informarte para que sepas si prefieres estudiar o trabajar, dónde puedes hacerlo y si tu plan es bueno o no. ¡Ven o llámanos!

Asesoría Profesional
Casa de la Juventud de Pontevedra
C/Sangüesa, 30
36003 Pontevedra
Tel.: 986 233 552
teasesoramos@casajuventud.com

A
Estudiante

1. Pensad en los siguientes aspectos, comentadlos con vuestro asesor y pedidle que os recomiende una actividad/un estudio dependiendo de:
   • vuestra personalidad
   • vuestras intereses
   • vuestras habilidades
   • vuestros deseos laborales

2. Pedidle información sobre la actividad que os recomienda.

3. Preguntadle qué salidas profesionales tiene.

B
Asesor

1. Leed el anuncio de arriba para recordar cuál es vuestro trabajo como asesores.

2. Hacedle preguntas al estudiante para saber:
   • qué tipo de persona es, sus intereses y habilidades.
   • qué asignaturas le gustan más o menos.
   • qué (no) es importante para él en lo laboral y lo personal.

3. Pedidle que describa cómo espera que sea su vida en el futuro.

4. Recomendadle una profesión.

d) Realizad la entrevista. Entre tanto, vuestros compañeros rellenan una tabla como esta con la información de cada entrevista.

	¿Qué tipo de persona es?	¿Qué (no) le gusta?	¿Qué (no) sabe hacer bien?	¿Qué tipo de trabajo quiere? ¿Qué espera del trabajo?	¿Qué recomienda el asesor?
Estudiante 1	■	■	■	■	■
Estudiante 2	■	■	■	■	■

e) Evaluad las entrevistas de vuestros compañeros.

 Dialogisches Sprechen ▶ S. 141

Überlegen Sie sich vorher, was Sie versprachlichen möchten. Schreiben Sie sich dazu wichtige Wörter, Wendungen, durchaus auch kleine Sätze auf Karteikarten.

Unidad 7 Colombia te enamora

Tarea final
Sie werden einen Sprachkurs in Lateinamerika auswählen und vorstellen.

Kommunikative Fertigkeiten
- Vermutungen ausdrücken
- etwas wünschen
- höflich um etwas bitten
- Möglichkeiten ausdrücken

---

1. Colombia tiene cinco regiones naturales muy diferentes entre sí: región Caribe, Andina, Pacífica, de la Orinoquía y de la Amazonía.

2. Cartagena de Indias es una de las ciudades más turísticas del país y es famosa por su arquitectura antigua.

3. Colombia es el segundo país en exportación de flores en el mundo. En Medellín se organiza todos los años la Feria de las Flores, una fiesta que dura diez días. En esta ciudad nació el famoso pintor y escultor Fernando Botero.

4. El Carnaval de Barranquilla es una de las fiestas más importantes de Colombia. Representa la cultura caribeña y es famoso por su música, bailes y máscaras. Es Patrimonio de la Humanidad de Unesco.

5. La Amazonía ocupa el 36% del territorio, pero es la región con menos habitantes de todo el país. Es una de las zonas con más biodiversidad del mundo (aves, mariposas, etc.).

6. Colombia produce el 55% de las esmeraldas del mundo. Es el quinto país en exportación de carbón en el mundo y el cuarto en producción de petróleo en América Latina.

7. La exportación de frutas es muy importante en la economía colombiana.

8. La cantante de pop rock Shakira nació en Barranquilla. En esta ciudad se encuentra el principal puerto de Colombia.

9. Los Llanos Orientales son la región de la ganadería y las grandes haciendas.

---

1 De viaje a América Latina HABLAR

a) Mirad el mapa de América Latina en la página 234. Decid de qué países habéis oído hablar y explicad qué sabéis sobre esos países.

b) Haced una estadística en vuestro curso para decidir cuáles son los países más conocidos entre vosotros y los más atractivos.

c) ¿Aparece Colombia en la lista? ¿Por qué sí o por qué no?

2 ¡A toda velocidad! ▶ CDA 1

a) Mirad el mapa y los textos sobre Colombia durante cinco minutos. Intentad recordar tanta información como podáis. Luego, cerrad los libros, haced una tabla como esta en vuestro cuaderno y completadla con todo lo que sabéis sobre Colombia. El primero que tenga doce palabras dice «¡Stop!» y todos dejan de escribir.

persona	ciudad/región	río/mar	producto
Shakira	■	Amazonas	esmeralda

b) Comprobad vuestros resultados y completad la tabla.

3 ¿Vamos a Colombia? ESCRIBIR / HABLAR

¿Y ahora? ¿Qué aspectos o regiones de Colombia os gustaría conocer mejor? ¿Por qué? Escribid vuestras ideas en el cuaderno y comentadlas después con vuestro compañero.

7 Unidad | Aprender y practicar A | <Leer> | Tarea final

1 A Colombia   LEER / ESCUCHAR / HABLAR

Así empieza la primera novela de Javier, un joven escritor español. Marta, la protagonista de su novela, es una chica de Madrid que va a viajar a Colombia.

a) Leed / Escuchad el texto.

A

«Estimada señora Oviedo Sendín», lee Marta emocionada en la carta que le ha enviado la Facultad de Biología, «nos alegramos de poderle informar que ha recibido la beca para su proyecto de investigación en Colombia». Media hora más tarde Marta ya le ha contado a Elisa, su mejor amiga, todo lo que piensa hacer en Colombia. «Voy a vivir en Cali, pero me gustaría viajar mucho e ir a Bogotá y al Caribe y también podría ir de excursión a los Andes. Y claro, también quiero ir a la selva y estudiar muchas variedades de plantas y animales», dice. «¿Y no preferirías conocer a un chico allí?», le pregunta Elisa. «No, eso no. Yo voy a Colombia solo por la Biología», dice Marta bastante seria. En los días siguientes todos los amigos de Marta se alegran con la noticia. Solo su madre no se alegra, pero es que ella es muy especial. Su madre tiene miedo incluso de ir sola a comprar el pan. «¿A Colombia? Pero hija, allí solo hay drogas, secuestros y guerrilla». «Mamá», le contesta Marta, «en muchos países del mundo hay drogas, secuestros y guerrilla, no solo en Colombia». Sin embargo, después de hablar con su madre Marta empieza a pensar que tal vez sí podría pasarle algo malo en Colombia. Según las noticias, es un país muy inseguro. Marta está un poco nerviosa.

Dos meses después, cuando el avión llega a Cali, Marta recuerda esa conversación con su madre. Allí está ella en el aeropuerto, con sus dos maletas, sola. Marta está muy cansada por el viaje. Parece que nadie la ha ido a buscar y se siente algo nerviosa. «Por favor, ¿sería tan amable de decirme dónde está la oficina de información?», le pregunta Marta a un señor que está junto a ella y que se parece al hombre del anuncio del café de Colombia. El señor se da cuenta de que no es gringa, aunque es rubia: «¿Vos de dónde sos?», le pregunta. «Soy española», contesta ella. «Lo que pensaba: una extranjera», dice él. Entonces Marta oye que alguien dice su nombre. Se da la vuelta y ve a un joven.
«Perdoná que llegue un poco tarde. ¿Vos sos Marta, verdad?», dice el joven. «Casi no te reconozco. En la foto que enviaste a la facultad te veías diferente. Mirá, yo soy Álvaro Carlos, tu mentor en el proyecto de Biología». Marta ahora no solo está tranquila sino también contenta. Además, como diría posiblemente su amiga Elisa, Álvaro Carlos es bastante guapo. Ha sido una buena idea venir a Colombia.

b) Describid cómo cambian las emociones de Marta en estas situaciones.

1. Cuando lee la carta de la universidad.
2. Cuando su amiga le habla del chico de Colombia.
3. Después de hablar con su madre.
4. Cuando piensa que nadie la ha ido a buscar.
5. Cuando conoce a Álvaro Carlos.

c) ¿Y vosotros? ¿Han cambiado vuestras emociones como en el caso de Marta, en un viaje, al conocer a alguien especial o en una situación desconocida? Explicad cuándo y cómo.

 El voseo

El voseo se utiliza en Colombia en la costa atlántica, en la zona occidental entre el océano Pacífico y el río Cauca, y en el departamento de Antioquia (donde está Medellín).

| Aprender y practicar A | ‹Leer› | Tarea final   Unidad | 7

2 Me gustaría viajar mucho ▶ §41 ▶ CDA 3, 4, 7

a) En el texto aparece una nueva forma verbal, el condicional: «Me gustaría viajar mucho».
   Buscad otras frases con esta nueva forma y copiadlas en vuestro cuaderno.

b) ¿Cómo se expresa esta idea en vuestro idioma?

c) Clasificad las frases en condicional del texto «A Colombia» según su significado.

posibilidad	amabilidad	deseo
▪	▪	▪

§ **¡Ojo!**

Das *condicional* wird wie das *futuro* aus dem Infinitiv gebildet. Die Endungen sind für alle Verben gleich. Im *condicional* sind dieselben Verben unregelmäßig wie im *futuro*.

d) Observad la conjugación del verbo *ser* en condicional y agregad un ejemplo para cada uso mencionado en el apartado c).

1. yo ser**ía**
2. tú ser**ías**
3. el, ella / usted ser**ía**
4. nosotros, -as ser**íamos**
5. vosotros, -as ser**íais**
6. ellos, -as / ustedes ser**ían**

3 Lo que digan los dados ▶ §41, 42

Estos verbos forman el condicional de manera regular e irregular. Jugad en parejas.

a) Cada jugador tira un dado para saber en qué persona tiene que conjugar sus verbos.
   ⚀ yo   ⚁ tú   ⚂ él, ella / usted   ⚃ nosotros, -as   ⚄ vosotros, -as   ⚅ ellos, -as / ustedes

b) Su compañero comprueba si lo hizo bien. Si no está seguro, revisa la gramática en la página 167.

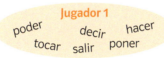

Jugador 1: poder, decir, hacer, tocar, salir, poner

Jugador 2: comer, querer, haber, venir, tener, escribir

4 Vamos a imaginar ▶ §43 ▶ CDA 4

Formulad algunas hipótesis sobre las actividades de Marta en Colombia.
→ hacer turismo ecológico / dar buen ejemplo a otras personas
Marta podría hacer turismo ecológico y daría buen ejemplo a otras personas.

1. conocer a un chico muy interesante / quedarse en Colombia para siempre
2. hacer submarinismo en el Pacífico / ver animales nuevos
3. probar frutas riquísimas / aprender nuevos platos para cocinar
4. encontrar un trabajo en el Amazonas / descubrir plantas desconocidas para ella

5 ¿Qué podemos hacer en Colombia? HABLAR / ESCRIBIR

a) Estos son algunos lugares en Colombia. Describid las fotos.

b) ¿Cuáles de estas actividades os gustaría hacer a vosotros? Explicad por qué.

c) Y vosotros, ¿qué sitios y actividades recomendaríais a un chico de Colombia que quiere conocer vuestra región o ciudad? Explicad vuestra respuesta.

Mar Caribe

Ciudad Perdida, Santa Marta

6 La cortesía ante todo   HABLAR / ESCRIBIR   ▶ §43   ▶ CDA 6

a) Acabáis de llegar a una ciudad hispanohablante y no sabéis cómo hacer algunas cosas. ¿Cómo pediríais ayuda en las siguientes situaciones?
  → En el aeropuerto: para tomar un taxi / autobús
    ¿Me haría el favor de decirme dónde puedo tomar un taxi? / ¿Sería usted tan amable de… ?

  1. En el hotel: para preguntar si saben cuántos pesos os dan por un euro.
  2. En la universidad: para que os expliquen dónde está la clase.
  3. En el centro de la ciudad: para pedir que os recomienden un restaurante bueno y barato.
  4. En la estación de autobuses: para pedir ayuda con vuestra maleta.

> **§ ¡Ojo!**
> Die Verben *ser*, *saber*, *hacer*, *deber*, *poder*, etc. benutzt man häufig in Fragen, um höflich um etwas zu bitten.

b) Escoged una de las situaciones anteriores y representad un diálogo. Formulad al menos otras tres preguntas.

7 La imagen de Colombia en Europa   HABLAR / MEDIACIÓN   ▶ Online-Link 538001-0013

Una universidad colombiana está recogiendo información sobre la imagen de Colombia en el mundo. Un amigo que trabaja en esa universidad os ha pedido que le contéis qué dice la prensa alemana sobre Colombia. Leed estos titulares y explicádselos en vuestras palabras.

> **Problemas de orden público**
> En Colombia hay tres problemas principales de orden público: la guerrilla (con grupos como las Fuerzas Armadas Revolucionarias de Colombia, FARC), los grupos paramilitares (grupos que no son militares, pero se comportan como ellos porque creen que el Gobierno no hace mucho contra la violencia) y el narcotráfico.

> Kolumbianische Polizei findet Drogen im Gepäck von bekanntem Politiker

> „Lateinamerika – auf der Welt die Nummer 1, was Kreativität angeht", versichert der kolumbianische Nobelpreisträger G. G. Márquez bei der Präsentation seines neuen Romans.

> Mehr als 20 Mitarbeiter einer Ölfirma sind im Osten Kolumbiens verschleppt worden - vermutlich von Rebellen der FARC.

> Der kolumbianische Arzt Manuel E. Patarroyo erhält erneut einen Preis für seine Forschungen zur Bekämpfung der Malaria.

8 Tarea: Presentamos Colombia   HABLAR / ESCRIBIR

a) En grupos, haced una breve presentación sobre Colombia con lo que habéis aprendido en esta lección y con otros datos que conozcáis. Cada grupo escoge un tema:
  • geografía
  • población y personajes
  • productos y fiestas

b) ⊢Comparad estos aspectos con Alemania.⊣

> **⚙ Inhalte einer Präsentación**   ▶ S.143
> Überlegen Sie sich, welche Aspekte oder Inhalte eines Themas für Ihre Zuhörer wirklich interessant sind.

| Aprender y practicar B | <Leer> | Tarea final | Unidad 7

1 En Colombia LEER / ESCUCHAR / HABLAR

L 2/23
S 48

Así continúa la novela del joven escritor español. Marta está ya en Colombia y empieza a descubrir el país.

a) Leed / Escuchad el texto.

 Solo un beso

En Colombia, a diferencia de España, se da solo un beso al saludar.

Cuando Marta sale del aeropuerto, le sorprenden la luz tan clara y la naturaleza tan verde. Por todas partes ve grandes cultivos de caña de azúcar. Después, mientras Álvaro Carlos la lleva en su coche a la ciudad, Marta mira a la gente en la calle: ve blancos que parecen europeos, indígenas, mestizos, mulatos… También ve a un hombre en una carreta con un caballo y, junto a él, a una mujer en un coche muy bonito. «Aquí en Colombia decimos carro», le explica Álvaro Carlos cuando Marta se lo dice. El tráfico en Cali es bastante caótico y la gente no siempre respeta los semáforos. «Aquí conducimos así, especialmente de noche. Si respetáramos los semáforos, podrían robarnos mientras esperamos», le explica su nuevo amigo. A Marta también le sorprende ver guardias con armas en algunas tiendas grandes de la ciudad. Posiblemente, si no estuvieran allí, habría problemas de seguridad.
Cuando Marta llega a la residencia donde va a vivir, está muy cansada. El vuelo ha sido muy largo y además Cali es una ciudad ruidosa. «Bueno, ahora te dejo descansar», le dice Álvaro Carlos. «Gracias por todo», contesta ella.
Él le da un beso en la mejilla para despedirse. Ella, naturalmente, le quiere dar otro beso. «¡Cómo son las españolas», se ríe él, «¡no les alcanza con un beso!».

Después de una semana en Cali, Marta, para tranquilidad de su madre, se da cuenta de que Cali es una ciudad muy normal.
Bueno, no tan normal, pues hay cosas que todavía le sorprenden, como tener que pagar miles de pesos por un café, o que tanta gente tome el taxi para ir a cualquier lugar. Y claro, hay cosas que no le gustan nada, por ejemplo que en la calle siempre la miren porque es rubia o que en Colombia coman casi todos los días arroz. Su compañera en la residencia se ríe. «Mirá, Marta, si no comiéramos arroz, comeríamos papas. En Colombia el plato nacional es el ACPM». «¿El ACPM?», pregunta Marta. «Sí», le explica su compañera, «comemos **a**rroz, **c**arne, **p**apas y plátano **m**aduro».
Marta se olvida de todas estas pequeñas molestias cuando Álvaro Carlos la invita a una discoteca en Juanchito, muy cerca de Cali. Ese viernes, en la discoteca, Álvaro Carlos no permite que nadie baile con Marta y durante dos horas ellos bailan salsa: al principio él le explica cómo es el baile, al final ya solo están abrazados. «Ustedes parecen muy enamorados», les dice una mulata que los ve juntos. Los dos se miran y, sin decir una palabra, él la besa. Al día siguiente, cuando Marta se despierta en su habitación, se da cuenta de que es feliz. Si pudiera elegir dónde estar en ese momento, elegiría la ciudad Cali.

b) Haced una lista de las cosas que le sorprenden a Marta cuando llega a Colombia.

c) Explicad qué hace Marta su primer viernes en Cali.

2 Si no comiéramos arroz… ▶ §44 ▶ CDA 9

En vuestro cuaderno, escribid estos verbos primero en la tercera persona plural del indefinido y luego en imperfecto de subjuntivo, según se indica.

hablar (ellos) • **conducir** (yo) • **dormir** (ella) •
estar (nosotros) • **hacer** (tú) • **ir** (vosotros) •
poner (yo) • **saber** (ellas) • **tener** (nosotros) • **leer** (yo)

§ **¡Ojo!**

Das *imperfecto de subjuntivo* wird von der 3. Person Plural des *indefinido* abgeleitet. Alle Unregelmäßigkeiten des *indefinido* finden sich auch im *imperfecto de subjuntivo*.

noventa y siete | 97

3 ...comeríamos papas HABLAR ▶ §45 ▶ CDA 11, 12

a) Así se forman las frases condicionales irreales: Si no comiéramos arroz, comeríamos papas.
¿Qué tiempo verbal se usa en cada parte de esta frase?

b) Marta piensa en Álvaro Carlos, pero también en sus estudios de Biología en Colombia.
Formulad frases con lo que piensa.

1. Si Álvaro Carlos no fuera mi mentor... no **(gustarme)** tanto la facultad.
2. Si me quedara para siempre en Colombia... **(poder estudiar)** todas las plantas que hay en este país.
3. Si fuéramos de excursión juntos... Álvaro Carlos **(poder mostrarme)** más de su maravilloso país.
4. Si los dos no estudiáramos Biología... nuestras conversaciones **(ser)** menos interesantes.
5. Si mi profesor de España también viniera a Colombia... **(ir, nosotros)** juntos al Amazonas.

c) ¿Cómo reaccionaríais vosotros en estas situaciones?

1. Un amigo os pide mil euros. ✓
2. Veis a una persona que roba algo en una tienda.
3. Ganáis un viaje para dos personas a una isla en el Caribe.
4. Un desconocido os da una flor en la calle.
5. Descubrís una carta de amor en el armario de vuestra madre.
6. Un chico que no os gusta os invita a salir.
→ Si un amigo me pidiera mil euros, le preguntaría para qué los necesita.

4 ¿Qué hacemos en Cali? ESCUCHAR / ESCRIBIR

De camino al hotel, Marta y Álvaro Carlos hablan sobre lo que Marta podría hacer en Cali.

a) Escuchad el diálogo y tomad nota de los lugares que se dicen.

b) Resumid lo que le gustaría hacer a Marta en compañía de Álvaro Carlos.

Hacienda El Paraíso, Cali

5 ¡A contar historias! HABLAR

Contad una historia que empieza con «Si yo participara en un programa de la tele», y termina en «me compraría un perro». Alguien dice la primera frase y la persona siguiente tiene que decir otra frase. Pero ojo, ¡la historia debe tener lógica!

→ ★ Si yo participara en un programa de la tele, primero haría un curso de baile.
★ Si hiciera un curso de baile, bailaría mejor que los otros.
★ Si bailara mejor que los otros, ...

6 Practicamos la pronunciación

Escuchad las siguientes frases y decidid qué verbo se dice.

1. Si comprara / comprará un nuevo coche, podría hacer muchas excursiones.
2. Mañana hablara / hablará con nosotros.
3. La semana próxima nos visitaran / visitarán nuestros amigos de Colombia.
4. Si cantara / cantará como Juanes, sería muy famoso.

7 Gente con imaginación   HABLAR   ▶ §43

a) Mirad las fotos y explicad en qué consiste el trabajo de estas personas.

b) ¿Existen actualmente trabajos así en Alemania?
¿Por qué creéis que no (sí) podrían funcionar en Alemania?
→ Este trabajo no funcionaría en Alemania porque… / Podría funcionar si…

8 La biodiversidad de Colombia   HABLAR / MEDIACIÓN

En clase queréis hablar sobre los animales y las plantas de Colombia.
Escoged la información más importante de este artículo y presentadla en alemán.

Colombia es un país de extraordinaria diversidad y de muchos contrastes. Su posición en la zona del ecuador, sus dos océanos y la cordillera de los Andes hacen de Colombia el segundo país más diverso del mundo, después de Indonesia.
5   Es un verdadero paraíso para los biólogos porque es uno de los pocos países donde todavía es posible encontrar nuevas especies de plantas y de animales. Se calcula que cada año se descubren cerca de diecisiete nuevas especies. A nivel mundial, es el país número uno en especies de fauna y flora
10   por kilómetro cuadrado. La superficie de Colombia representa el 1% de la superficie del planeta, pero allí se encuentra el 10% de toda la biodiversidad del mundo.

9 Tarea: Preparando un viaje   HABLAR

Queréis hacer un viaje a un país de habla hispana, pero vuestros conocimientos actuales de español no son muy buenos.
¿Qué podríais hacer para mejorar vuestro español de forma autónoma? Haced un plan personal de actividades y utilización del tiempo y explicadlo a vuestro compañero. Él os dirá qué piensa de vuestro plan y os hará otras sugerencias.

7 Unidad — Aprender y practicar C | ‹Leer› | Tarea final

1 Desde Colombia   LEER / ESCUCHAR / HABLAR

La novela del joven escritor termina con el regreso de Marta a España.

a) Leed / Escuchad el texto.

> **Los nombres compuestos masculinos**
>
> En España los nombres masculinos por lo general se forman con José, Juan o Antonio: Juan Carlos, José María, José Antonio. En Latinoamérica, en cambio, hay muchísimas más combinaciones: Jaime Andrés, Martín Alfonso, Álvaro Carlos, etc.

Desde la ventana del avión Marta mira las casas cada vez más pequeñas de la ciudad de Cali. Poco después ve montañas y, lejos, unos picos nevados en los Andes. Marta piensa en los tres meses que acaba de pasar en Colombia. Vuelve a España con las mismas dos maletas con las que llegó, pero con muchos recuerdos. En sus maletas lleva también unas plantas que cogió durante su semana en la selva. Aunque no es posible llevar plantas a otro país, en la facultad la ayudaron con los permisos. Allí querían que ella siguiera su trabajo en Colombia, pero Marta tiene que terminar primero su carrera en la universidad. Lo que sabe ya con seguridad es que va a volver a Colombia.

Después de una hora Marta ya no mira por la ventana y, casi dormida, recuerda el día en que fue con Álvaro Carlos a un cafetal cerca de Medellín. Le gustó que los campesinos allí fueran tan amables y sencillos. Le gustó ir por la carretera estrecha donde se veían camiones y *jeeps* llenos de café y plátanos.

Mientras por la ventana el cielo y el mar parecen tener igual color, Marta recuerda el día en el que visitó un mercado: «Mi reina, te regalo este banano», le dijo una señora en el mercado. Marta no sabía cómo darle las gracias. Pensó en darle dinero pues la señora parecía muy pobre, pero tuvo miedo de que se ofendiera. Con ese recuerdo se durmió.

Diez horas más tarde Marta ve a su madre al otro lado de la puerta de cristal del aeropuerto de Barajas. Su madre la recibe muy feliz. «Ya estás otra vez aquí, hija mía, y no he tenido que pagar un rescate ni pelear con los guerrilleros». Durante el viaje en coche a casa Marta le cuenta muchas cosas que ha vivido, pero no le dice nada sobre Álvaro Carlos. Eso solo se lo cuenta a su amiga Elisa al día siguiente. «¿Quería que vivierais juntos? ¡Qué fuerte! ¿Acabáis de conoceros y ya te pide algo así?», dice Elisa sorprendida. «Sí, yo creo que todo esto va demasiado rápido. Ahora quiero estar un tiempo sin pensar en él», dice Marta. En ese momento su madre llama a la puerta y entra con el teléfono en la mano. «Marta», le dice, «es un chico con un nombre muy raro, como de una telenovela, y creo que llama desde Colombia».

b) Escribid una pregunta para cada párrafo del texto.

c) Leed vuestras preguntas a la clase y respondedlas entre todos.

2 Marta se acuerda de los campesinos   ▸ §46   ▸ CDA 16

a) En el avión a Madrid, Marta se acuerda de su visita al cafetal. Buscad en el texto la frase que corresponde a la situación en la ilustración. ¿Qué ha cambiado?

b) Marta sigue recordando su visita al cafetal. ¿Cómo diría estas frases ahora, hablando del pasado?

1. Me gusta que cultiven café y plátano juntos.
2. Dudo que en Europa existan lugares tan verdes.
3. Me encanta que nos dejen probar su café.
4. Me parece importante que otros puedan tener una experiencia así.

> ¡Qué bonito es este lugar! Me gusta que los campesinos aquí sean tan amables y sencillos.

§ ¡Ojo!

Wenn das Verb des Hauptsatzes in der Vergangenheit steht, wird im Nebensatz das *imperfecto de subjuntivo* verwendet.

100 | cien

| Aprender y practicar C | <Leer> | Tarea final | Unidad 7

3 ¿Quería que vivierais juntos? ▶ §44

De vuelta en Madrid, las amigas de Marta quieren oír sus experiencias en Colombia una y otra vez. Escribid frases con las explicaciones de Marta.

→ Pues mira, en Colombia me sorprendía que la luz fuera tan clara.

1. Me sorprendía que… ✓
2. Me parecía raro que…
3. No me gustaba nada que…
4. Me pareció muy romántico que…
5. Me gustó mucho que…

la luz (ser) tan clara.
la gente (tomar) un taxi para ir a cualquier lugar.
todos (mirarme) siempre por ser rubia.
Álvaro Carlos no (dejar) a nadie bailar conmigo.
pedirme (vivir) con él.

4 Una casera exigente ▶ §44

a) Después del instituto vais a vivir un año en Latinoamérica. Ya habéis recogido la llave de vuestro piso compartido y le contáis a un amigo las condiciones que os ha puesto la casera. Relacionad las frases de la izquierda con las de la derecha (hay varias opciones).

1. No aceptó que yo…
2. Quería que yo…
3. Me recomendó que…
4. Me explicó que era bueno que yo…
5. No creía que yo…

abrir las ventanas todos los días.
conocer a los demás estudiantes allí.
pagar el alquiler el día 2 de cada mes.
tener ya 20 años.
comprar un animal.

b) Escribid un diálogo con la situación anterior.

5 Los plátanos, las bananas y los bananos   ESCUCHAR / HABLAR   ▶ Online-Link 538001-0014

a) ¿Conocéis los productos de la foto?
¿Qué diferencias veis entre ellos?

b) Escuchad el cedé y contestad las siguientes preguntas:

1. En Colombia, ¿cuál es la diferencia entre un plátano y un banano?
2. ¿Cuáles son los mayores exportadores de plátano / banano(a) en el mundo?
3. Buscad en Internet una receta con plátano o banano(a) y presentadla a la clase.

A

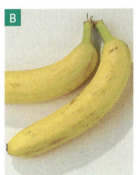
B

6 Tarea: Puzle de expertos   HABLAR

En esta unidad habéis aprendido mucho sobre Colombia.
Ahora vais a comprobar vuestros conocimientos con un juego.

a) Haced grupos pequeños. Cada grupo prepara preguntas sobre un tema. Por ejemplo, ciudades, turismo, fiestas, economía, biodiversidad.

b) Ahora formad nuevos grupos con un representante de cada uno de los grupos anteriores. Cada grupo tiene ahora un experto en cada tema.

c) Cada experto hace sus preguntas al resto del grupo. Los demás deben contestar. Gana el jugador con más respuestas correctas.

⚙ **Interkulturelle Aspekte des Sprachenlernens** ▶ S.144

Wenn Sie eine Fremdsprache lernen, genügt es nicht, Wörter zu lernen und zu verstehen. Andere Aspekte sind ebenso wichtig: Gesten, Hintergrundwissen, Verhaltensmuster etc.

7 Unidad | Aprender y practicar | <Leer> | Tarea final

🌐 El colombiano más famoso: Juan Valdez LEER

a) Leed el texto.

Para los europeos, que posiblemente conocen a Juanes o a Gabriel García Márquez, es sorprendente este título. ¿Quién es Juan Valdez?, se preguntan. En cambio en Estados Unidos, que es el principal mercado de exportación de los productos colombianos y el destino de la mitad de las exportaciones de café colombiano, la situación es diferente. La figura de Juan Valdez es tan famosa que en 2005 fue elegida como la imagen publicitaria de mayor recordación en todo el país.

Pero… ¿quién es realmente Juan Valdez? Con su mula Conchita, su sombrero blanco y negro, su poncho y sus grandes bigotes, Juan Valdez es una figura inconfundible. Representa al campesino colombiano: un hombre sencillo y honesto, orgulloso[1] de su trabajo y poco hablador. Esta figura nació en 1959 para hacer la publicidad del café de Colombia. Muy pronto este papel lo representó Carlos Sánchez, un auténtico caficultor[2] colombiano que, con el sobrenombre[3] de Juan Valdez, se hizo famoso en todo el mundo. Salió en películas de Hollywood y viajó a Japón, Canadá, Francia, Noruega… Gracias a él, el producto más importante de la agricultura nacional, del que se exportan al año más de 400.000 toneladas y viven 560.000 familias colombianas, tiene una cara propia.

Hoy en día es posible comprar gorros, camisetas y tazas con las figuras de Juan Valdez y su mula en las tiendas Juan Valdez que hay en países como Ecuador, Estados Unidos o España. Y todo el que quiera conocer dónde trabaja este famoso colombiano puede hacer turismo en las preciosas haciendas cafeteras de la turística Ruta del Café[4]. Colombia está ofreciendo ahora con su producto más típico, el café, la mejor cara del país: la cara de Juan Valdez.

El café se cultiva en el «eje cafetero». Esta región comprende los departamentos de Caldas, Risaralda y Quindío (con sus capitales Manizales, Pereira y Armenia) y algunas áreas del Valle del Cauca y Antioquia (con sus capitales Cali y Medellín).

Café de Colombia

b) Contestad las siguientes preguntas.

1. ¿Por qué Estados Unidos es un país importante para la economía colombiana?
2. ¿Cómo se caracteriza en el texto a los campesinos colombianos?
3. Al final del texto la palabra *cara* tiene dos significados. Explicadlos.

c) Juan Valdez es el icono de un producto: el café de Colombia. En tres minutos, ¿cuántos personajes podéis nombrar que representen también un producto?

🌐 El café de Colombia

A nivel mundial, Colombia es el tercer país productor de café y el mayor productor de café suave[5]. Los principales países importadores del café de Colombia son Estados Unidos, Alemania, Japón, Países Bajos y Suecia.

[1] orgulloso,-a stolz
[2] el caficultor der Kaffee(an)bauer
[3] el sobrenombre der Beiname
[4] la Ruta del Café die Straße des Kaffees
[5] suave mild

| Aprender y practicar | ‹Leer› | **Tarea final** | **Unidad 7**

Si yo aprendiese español en América Latina... HABLAR

Para mejorar vuestro español estáis pensando en hacer un curso en América Latina. Vais a escoger una escuela que ofrezca un buen curso y que tenga interesantes actividades complementarias a los estudios, y vais a presentarla a la clase.

a) Trabajad en grupos de tres personas. Decidid primero qué país de América Latina os parece interesante. El profesor hará una lista en la pizarra con los países escogidos por cada grupo. No se pueden repetir países.

b) En casa o desde un lugar con acceso a Internet, cada uno de vosotros busca una escuela interesante en el país que escogió su grupo. Apuntad las características de la escuela y del curso.

c) Después os juntáis y elegís qué escuela os parece más interesante para presentarla a los otros alumnos de la clase. Explicad:
  • Por qué pasaríais un tiempo en el país escogido.
  • Por qué habéis elegido esa escuela (prestigio, posibilidades de alojamiento, actividades de tiempo libre, certificado de asistencia, buenos contactos, tecnologías modernas, etc.).
  • Por qué asistiríais a ese curso (precio, horas a la semana, profesores, materiales, exámenes, grupos pequeños o grandes, etc.)

d) Presentad ahora la escuela a la clase. Vuestros compañeros toman notas sobre cada escuela.

e) Al final, si una escuela os ha gustado más que la propia, lo comentáis en la clase. Quién sabe: ¡a lo mejor algún día vais allí!

f) Evaluad la presentación de vuestros compañeros.

Así podéis...

hacer sugerencias y recomendaciones.

• Si fuerais a esta escuela... podríais...
• Estaría bien que...
• Nos parecería bien que fuerais a... porque...
• Nos gustaría que...
• Proponemos que visitéis...

Así podéis...

valorar y comparar.

• Esta escuela tiene más / menos... que esta otra.
• No es tan... como...
• Es la más... / menos... / mejor... / peor...
• Aquí aprendes tan rápidamente como en...
• Hay algunos... / ninguno...

ciento tres | 103

Unidad 8 Con mucho arte

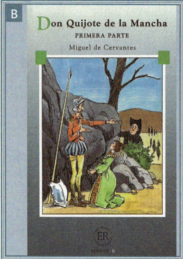

1 El arte   HABLAR   ▶ CDA 2

a) Relacionad las palabras de la casilla con las fotos.

- teatro
- escultura
- moda
- cocina
- música
- pintura
- literatura
- arquitectura
- cine
- deporte

b) ¿Qué veis en las fotos? Describidlas.

2 ¿Qué es para ti?   ESCUCHAR

a) Escuchad el siguiente programa de radio y tomad nota sobre lo que dicen los oyentes del arte.

b) ¿Con qué opinión os identificáis más? Justificad vuestra respuesta.

c) Revisad las palabras de la casilla del ejercicio 1a) y añadid otras cosas que para vosotros también son arte o eliminad las que no os parezcan adecuadas.

Tarea final
Zum Abschluss werden Sie einen Beitrag für ein libro del curso schreiben: eine Geschichte, einen Comic, ein Gedicht oder eine Fotonovela.

Kommunikative Fertigkeiten
- über den Bezug zur Kunst sprechen
- berichten, was jemand gesagt hat
- eine telefonische Kartenbestellung verstehen
- eine Spielanleitung wiedergeben

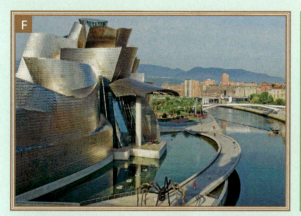

3 En el libro

Buscad en el libro ejemplos para las palabras de la casilla del ejercicio 1a).
Tenéis solo dos minutos para encontrar el mayor número posible.

4 Soy un artista   HABLAR

Si fuerais artistas, ¿qué tipo de artista seríais? Justificad vuestra respuesta.

1 El éxito de la música latina   LEER / ESCUCHAR / HABLAR

a) Leed / Escuchad el texto.

La música latina está de moda

Nadie podía pensar hace treinta años que la música latina llegaría a escucharse en Asia o África. Pero así ha sido. Ha ganado importancia primero en Estados Unidos y Europa, y hoy en día ya se encuentran fans en Japón o Sudáfrica. Muchos artistas se arriesgaron a experimentar más allá de América y Europa: Juan Luis Guerra y el *reggaetonero* Daddy Yankee dan conciertos en Japón, Chayanne tiene canciones en chino mandarín, Juanes hace sus giras en los cinco continentes…

Artistas como Shakira, Paulina Rubio o Jennifer López consiguieron en los años noventa llegar al mercado estadounidense, de manera que la música latina está muy presente en la industria de la música hasta hoy.
Pero cuando se habla de los orígenes, los expertos no se ponen de acuerdo: algunos dijeron que era Ricky Martin el que había empezado este fenómeno, otros hablaron del guitarrista Santana cuando colaboraba con el grupo mexicano Maná. También algunos opinaron que la fuerte influencia de Gloria Estefan y el papel de Julio Iglesias como pionero habían sido muy importantes, y otros aseguraron que el interés por lo latino ya se había observado antes.

En la revista de música *Billboard* se aseguró que existía una gran influencia de la cultura latina en la música anglosajona. Muchos grupos y cantantes crean sus canciones con ritmos latinos o incluso utilizan palabras en español. Dicen que sus letras parecen más «exóticas». Aunque no todos tienen éxito con esta estrategia.
De la misma manera, la música latina «pura» (por ejemplo, ritmos como la salsa, el merengue, el tango, la ranchera, la cumbia, el vallenato) se fusiona con ritmos de rock&roll, de hiphop, de funk, de beat, de rap. Un buen ejemplo de ello es el reggaetón.
Pero también existen grupos latinos de rock reivindicativo, como por ejemplo el mexicano Molotov, que se dirigen a todos para describir los problemas de su país.

Después de preguntar en Internet por qué les gustaba la música latina, los internautas contestaron que les gustaba porque les parecía alegre y apasionante. Muchos coincidieron en que esta música tenía un efecto sensual. También dijeron que les inspiraba a bailar y a divertirse, e incluso que les parecía buena para practicar deporte, mientras que unos pocos explicaron que compraban música de Latinoamérica por razones solidarias. Hoy nadie se puede imaginar el mercado discográfico sin los artistas latinos porque el número de personas que compran este tipo de música es cada vez más grande. El único problema es que ese consumo no es siempre legal y la piratería digital es el gran enemigo del éxito. El vicepresidente de ventas de Sony Music Latin expresó que la música latina representa solo el 4 % del mercado estadounidense, aunque también representa más del 25% del total de la música pirateada.

Juan Luis Guerra

Shakira

| Aprender y practicar A | <Leer> | Tarea final | Unidad | 8

b) Decid cuál de los titulares resume el contenido de cada párrafo en el texto.

1. Los padres del éxito   2. La música latina conquista el mundo   3. Fusión y evolución

c) ¿Qué otros grupos latinos o españoles han tenido o tienen éxito en todo el mundo?

d) ¿Qué grupos o cantantes de vuestro país han tenido éxito mundial?

2 La música latina   ESCUCHAR / HABLAR

a) Escuchad los fragmentos de una salsa, una ranchera y un reggaetón y buscad la definición para cada uno.

| Es un género musical mexicano. Los cantantes tienen un estilo muy emocional. Una de sus características es sostener largamente una nota al final de una estrofa o línea. | Es un género musical procedente del reggae (y del posterior dancehall jamaiquino), con influencias del hiphop. | Es una mezcla de melodías cubanas con las del jazz convencional, del soul y el folclore latino. El nombre se debe a esta fusión de diferentes ritmos. |

b) ¿Cuál os ha gustado más? ¿Por qué?

3 Me han dicho que...   HABLAR   ▶ §47, 48   ▶ CDA 4, 5

a) Mirad el dibujo y comparad el primer mensaje con el último. ¿Qué ha pasado?

b) Escribid los mensajes que han mandado las personas del dibujo. Continuad la frase «Me han dicho que...».
→ Me han dicho que Juanes tiene una nueva novia.

c) Formad grupos de seis personas y poneos en círculo. Uno empieza y hace una pregunta al oído a su compañero de la izquierda y este responde en voz alta. Luego, el que ha respondido hace otra pregunta a su compañero de la izquierda y este también le responde al oído y así hasta que todos hayan preguntado y respondido. Al final cada uno pone en común las preguntas y respuestas como en el ejemplo.
→ A la derecha me han preguntado qué / si... y a la izquierda me han respondido que...

§ ¡Ojo!

Steht bei der indirekten Rede das einleitende Verb im *pretérito perfecto* (*ha dicho*) oder im Präsens (*dice*), bleibt die Zeitform der direkten Rede erhalten.

8 Unidad | Aprender y practicar A | ‹Leer› | Tarea final

4 La paga   LEER / ESCUCHAR   ▶ §49   ▶ CDA 3, 6, 7, 9   ▶ Online-Link 538001-0015

a) Leed / Escuchad la canción *La paga* de Juanes.

> Ayer me dijiste que tú me querías,
> pero todo fue mentira. (2x)
> Ayer tú heriste la vida mía
> y qué grande fue la herida. (2x)
> Si tú no me quieres dime lo que sientes,
> pero dímelo de frente. (2x)
> Que a mí lo que me da rabia es eso
> de no saber lo que sientes. (2x)
> Y si tú me pagas con eso,
> yo ya no te doy más de esto, amor. (2x)
> Ayer me dijiste que tú volverías,
> pero todo fue mentira. (2x)
> Ayer tú dijiste mil tonterías
> que acabaron con mi vida. (2x)
> Y si tú me pagas con eso,
> yo ya no te doy más de esto, amor. (2x)
> Te di lo que tuve solo por un beso
> y no conseguí ni eso. (2x)
> Mentira, mentira, mentira, mentira,
> todo lo tuyo es mentira. (2x)
> Y si tú me pagas con eso,
> yo ya no te doy más de esto amor. (2x)

© La Paga, T/M: Aristizábal, Juan Esteban, © Peermusic III Ltd. / PEERMUSIC (Germany) GmbH, Hamburg

b) ¿De qué trata la canción?

c) La canción empieza con una declaración de amor. La chica le ha dicho «te quiero». ¿Cómo sería la primera frase de la canción si empezara con «Hoy me dices que…?». Explicad las diferencias que habéis observado.

d) La persona le dice al cantante: «Volveré». ¿En qué frase lo dice el autor? Explicad qué cambios se han producido.

e) Explicad qué dijeron los cantantes en estos fragmentos de canciones conocidas.
   1. «¿Qué vas a hacer sin mí?». (Daddy Yankee) ✓
   2. «Cada vez que te busco, te vas y cada vez que te llamo, no estás…» (Nelly Furtado y Juanes)
   3. «Eres para mí. Me lo ha dicho el viento». (J. Venegas)
   4. «No pido que todos los días sean de sol». (Shakira)
   5. «¿Y a dónde irá este amor?». (Aventura)
   6. «Cuando no creía en nada, volví a creer». (Maná)
   → Daddy Yankee preguntó qué iba a hacer sin él.

Mit einem Wörterbuch arbeiten   ▶ S. 146

Wenn Sie ein Wort nachschlagen, beachten Sie, dass häufig eine Präposition den Sinn einer Vokabel bestimmt.

§ ¡Ojo!

Beachten Sie beim Gebrauch der indirekten Rede folgende Veränderungen der Zeiten:
Präsens (Indikativ / *subjuntivo*)
→ *imperfecto* (Indikativ / *subjuntivo*)
futuro → *condicional*

Así podéis…

reproducir algo que dijo otra persona.

- dijo que…
- preguntó qué / si…
- explicó que…
- opinó que…
- pidió que…
- contestó que…
- comentó que…
- consideró que…

5 Las entradas   MEDIACIÓN / ESCUCHAR

Tres amigos están en Ibiza y quieren ir al concierto del mexicano Christian Chávez. En tres días os reuniréis con ellos. Os han dado el número de teléfono para comprar las entradas porque no hablan español. Escuchad y contadles a vuestros amigos qué os dijeron.

6 Tarea: Nuestra canción   ESCRIBIR

Unos amigos vuestros tocan en un grupo musical y os piden ayuda para escribir unas estrofas para la siguiente melodía. Escribid en grupos cuatro versos para esta música.

1 La paciencia

a) ¿Tenéis mucha o poca paciencia? Elegid la opción con la que más os identificáis.

1. Por fin tienes tu nuevo móvil.
   a) Primero leo las instrucciones.
   b) Lo enciendo y empiezo a usarlo.

2. Tu profesor no termina nunca sus clases puntualmente.
   a) Hablo con mis compañeros y decidimos comprarle un reloj.
   b) Me levanto y me voy como protesta.

3. Nunca esperarías a un amigo…
   a) más de media hora.
   b) más de cinco minutos.

4. Llegas a casa y tienes mucha hambre.
   a) Llamo por teléfono y pido una pizza.
   b) Abro el frigorífico y como lo que hay.

5. Quieres ir al concierto de tu grupo favorito. Para comprar las entradas, tienes que esperar más de tres horas.
   a) No pasa nada. Espero.
   b) Me voy y compro su nuevo cedé.

6. Te regalan un libro de sudokus.
   a) Genial, puedo hacerlos horas y horas.
   b) Se lo regalo a mis abuelos. Estas cosas no son para mí.

b) Leed los resultados del test y comentadlos con vuestro compañero.

> Mayoría de respuestas a: ¡Enhorabuena! Nunca vas a tener problemas de estrés. Eres una de esas personas que se toman la vida con tranquilidad.
>
> Mayoría de respuestas b: Tienes que aprender a relajarte. ¿Qué tal un poco de yoga? Deberías tomarte la vida con más tranquilidad y disfrutarla. ¡Solo se vive una vez!

2 Un recuerdo de entonces LEER / ESCUCHAR / ESCRIBIR

a) Leed / Escuchad el poema.

Un recuerdo de entonces

Te he esperado esta tarde como nunca he esperado
a ninguna mujer: hecho un imbécil,
un pobre desgraciado que miraba el reloj.
Pasaban los segundos, los minutos, las horas.
5 Pero tú no llegabas.
Y no sabía qué hacer. Y a cada instante
me decía de nuevo que por fin llegarías.

Pero no, no has llegado.
Y ya es muy improbable que vengas. Se ha hecho
10 tarde.

Cae la noche. Y aún miro
como un loco el reloj, pensando en ti, diciéndome
que esto no puede ser, que tal vez aún podría
suceder que llegaras.
Pero da igual: no vienes. Ya no vendrás. 15

Y sigo
esperándote aquí desesperadamente.
Lleno de amor, y de odio, y de tristeza.

© Para el poema «Un recuerdo de entonces», perteneciente al volumen LA VIDA: © Eloy Sánchez Rosillo, 1996.
Publicado originalmente en español por Tusquets Editores, S. A. Barcelona

b) ¿De qué trata el poema?

c) ¿Cuándo fue la última vez que esperasteis a alguien? ¿Qué hicisteis?

d) ¿Qué le puede haber pasado a la chica? Escribid diferentes posibilidades y comparadlas después con las de vuestros compañeros.

3 Del amor al odio... HABLAR ▶ CDA 12

a) En el último verso se habla de tres sentimientos.
¿En qué situaciones se pueden tener sentimientos opuestos a la vez?

b) El título de la actividad «del amor al odio» es parte de un famoso refrán.
En parejas pensad cómo podría ser la segunda parte.

4 El poema en acción ESCRIBIR

a) Escribid el diálogo entre el hombre y la mujer del poema del ejercicio 2 cuando ella vuelve.

b) Vais a preparar la filmación de la escena que se describe en el poema. Para ello tendréis que escribir la descripción de los protagonistas y del lugar en el que se desarrolla la acción.

5 Una carta de amor desesperada... ESCRIBIR ▶ §50 ▶ CDA 14

a) Leed el texto.

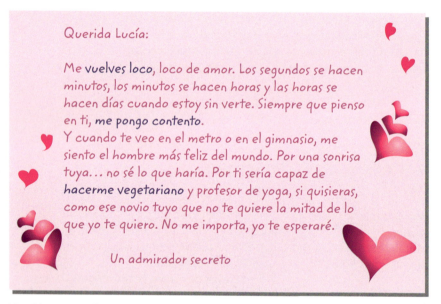

> Querida Lucía:
>
> Me **vuelves loco**, loco de amor. Los segundos se hacen minutos, los minutos se hacen horas y las horas se hacen días cuando estoy sin verte. Siempre que pienso en ti, **me pongo contento**.
> Y cuando te veo en el metro o en el gimnasio, me siento el hombre más feliz del mundo. Por una sonrisa tuya... no sé lo que haría. Por ti sería capaz de **hacerme vegetariano** y profesor de yoga, si quisieras, como ese novio tuyo que no te quiere la mitad de lo que yo te quiero. No me importa, yo te esperaré.
>
> Un admirador secreto

b) ¿Cómo se traducirían al alemán las expresiones en lila?

c) Completad el siguiente minipoema y leedlo después a vuestros compañeros.

Me vuelves...
con esos ojos tuyos
Si me dijeras que sí
me harías...
Ya no tendría que hacerme...
Así estaría para siempre contigo.

§ Ponerse, hacerse y volverse

ponerse → Änderung der Stimmung, des Aussehens
hacerse → eine gewollte Veränderung
volverse → eine „radikale" Veränderung

6 Tarea: No te preocupes ESCRIBIR

Un amigo vuestro español ha vivido una situación similar a la del poema *Un recuerdo de entonces*. Escribidle un correo dándole vuestra opinión sobre lo que debe hacer.

1 El mundo del cómic   HABLAR / ESCRIBIR

a) ¿Qué tienen en común estos tres personajes?

 A  B  C

b) ¿Qué otros personajes de cómic conocéis? ¿Cuál es vuestro personaje favorito?

c) En parejas, describid cómo tiene que ser para vosotros un verdadero superhéroe.

Cómic o tebeo

Los cómics también se llaman en España tebeos. La palabra viene de la revista *TBO*, una revista infantil con historias ilustradas con dibujos que se publicó de 1917 a 1998.

2 El lenguaje de los cómics   HABLAR

Los diálogos y pensamientos de los personajes de un cómic aparecen en unos bocadillos.
¿Qué significados expresan las diferentes formas?
Relacionad los bocadillos con su significado.

1. El personaje piensa algo.
2. El personaje está enfadado.
3. El personaje habla en voz baja.
4. Varios personajes hablan.

3 ¿Cómo suena un beso?   HABLAR

a) En los cómics encontráis muchas imitaciones de sonidos. ¿Qué creéis que representan estas onomatopeyas?

1. ¡bua, bua!
2. ¡ja, ja, ja!
3. ¡guau, guau!
4. ¡bang, bang!
5. ¡zzz, zzz, zzz!
6. ¡ring, ring!
7. ¡muac!
8. shhh

 A   B  C  D
E  F   G   H

b) ¿Cómo son estos sonidos en alemán? ¿Y en otras lenguas que conocéis?

4 Practicamos la pronunciación

a) Escuchad a estas personas y explicad cómo se sienten.

b) Leed estas frases según el estado de ánimo que aparece entre paréntesis.

1. No he encontrado el cómic que buscaba. (tristeza)
2. Por fin me ha invitado al cine. (alegría)
3. Jorge no ha venido a clase. (sorpresa)
4. Este es el libro que tenemos que leer. (duda)

Tonfall des Sprechers ▶ S.138

Betonungen und Tonfall sagen oft viel über die Einstellung des Sprechers zu dem Gesagten aus.

5 Águila Roja, el nuevo héroe   LEER / HABLAR   ▶ Online-Link 538001-0016

Águila Roja es una famosa serie de televisión española. Águila Roja es también el nombre de su protagonista. Ahora también se pueden ver las aventuras de Gonzalo de Montalvo (Águila Roja) y su fiel amigo Sátur en cómic.

a) Leed el texto.

b) ¿En qué época viven los personajes?

c) Esta no es la primera página del cómic. ¿Qué creéis que ha pasado en las páginas anteriores?

| Aprender y practicar C | <Leer> | Tarea final | Unidad | 8

6 El club Águila Roja ESCUCHAR ▶ §51 ▶ CDA 8

Evo y Silvio son fans de Águila Roja y quieren quedar para ver el último capítulo de la temporada.

a) Escuchad el cedé y escribid las instrucciones que Evo le da a Silvio.

b) Fijaos en el comentario en la red social de Silvio. ¿Qué tiempos verbales utiliza? ¿Son los mismos en la entrada de hace veinte horas y en la de hace tres horas?

> **Silvio Hernández** Club A.R.: se me olvidó comentaros que Evo **me dijo** que *compráramos* comida y que *fuéramos* puntuales.
> Hace 3 horas · me gusta

> **Silvio Hernández** Hola, club Águila Roja: acabo de hablar con Evo y **dice** que podemos ver el último capítulo en su casa. También me **ha dicho que** *vengamos* antes de las ocho y que *compremos* algo de beber. ¿Quién se apunta?
> Hace 20 horas · me gusta

c) Comparad la información de los apartados a) y b) y formulad una regla para el imperativo en el estilo indirecto.

7 ¿Cómo hacer un cómic? HABLAR ▶ §51

Queréis hacer un cómic y en Internet encontráis cómo. Explicad qué dice.

→ Dice que pensemos / Decía que pensáramos… Después…

1. Cread la historia del cómic.
2. Pensad en el número de viñetas del cómic.
3. Elegid a los personajes (animales, personas…).
4. Describid a los personajes.
5. Dibujad la historia en las viñetas.
6. Decidid cómo se sienten los personajes y elegid qué tipo de bocadillo usar para cada uno.
7. Escribid el texto en los bocadillos.
8. ¡No olvidéis representar los ruidos!

8 Tarea: Vamos a jugar MEDIACIÓN / HABLAR

Una amiga os ha prestado su videojuego favorito para que juguéis con vuestros amigos españoles, pero solo habéis encontrado las instrucciones en alemán. Explicadles el argumento del juego.

> Dieses Spiel entführt euch in die Welt des Comics. Ihr als Spieler gehört zu den CLENCHI und ihr habt die Fähigkeit, in die Identität von Comic-Figuren zu schlüpfen. Der böse Cruelo hat die Welt der Comic-Figuren verwandelt … und ihr als CLENCHI müsst sie zurückerobern … Startet das Spiel und wählt die Sprache. Spürt Cruelo in der Welt des Comics auf. Dann nehmt den „Kugelschreiber" und probiert aus, was er kann. (Wenn ihr zu mehreren spielt, wählt jeder eine Farbe und wird damit zum jeweiligen Farbprofi.) Benutzt den „Kugelschreiber", um die Welt des Cruelo zu vernichten. Ihr müsst dabei unbedingt die korrekte Farbe in die ensprechenden Sprechblasen setzen. Schreibt neue Texte und Dialoge und korrigiert das Chaos des Cruelo. Sucht euch neue CLENCHI-Freunde beim Spielen und gewinnt!!! Neugierig geworden – dann fangt sofort an. Cruelo wartet nicht gern.

8 Unidad | Aprender y practicar | <Leer> | Tarea final

Los premios Goya LEER

a) Leed el texto.

Los Goya, el premio cinematográfico más importante de España, los entrega la Academia del Cine a los mejores profesionales en las distintas especialidades, tanto técnicas como creativas. Pero está claro que los premios que más expectación crean son los de mejor película, mejor dirección, mejor actriz y mejor actor. También se entrega un Goya de Honor para reconocer el trabajo de una persona que toda su vida se haya dedicado al cine. Los Goya se crearon a imitación de los Óscar estadounidenses o los César franceses y su primera edición tuvo lugar en el año 1987, en el teatro Lope de Vega de Madrid.

Los ganadores del premio reciben un busto de Francisco de Goya realizado en bronce por el escultor José Luis Fernández. El nombre de los premios se debe a uno de los pintores más relevantes en la historia del arte español y más reconocido a nivel mundial. Además de ello, la concepción de su pintura se ha considerado muy cercana al cine, a pesar de haber vivido en los siglos XVIII y XIX.

La película más premiada de la historia del cine español fue *Mar Adentro*, que obtuvo catorce estatuillas en 2004. Su director, Alejandro Amenábar, es además la persona más premiada, con nueve Goyas, no solo al mejor director, sino también al mejor guión, a la mejor música original y al mejor productor y la mejor película.

La segunda película en palmarés[1] fue la adaptación cinematográfica de Carlos Saura de la obra teatral de José Sanchis Sinisterra *¡Ay Carmela!*, que en 1990 obtuvo trece premios. Javier Bardem y Carmen Maura, protagonistas respectivos de *Mar Adentro* y *¡Ay Carmela!*, cuentan hasta hoy con el mayor número de premios como actor y actriz, respectivamente.

La expectación que provocan los Goya en España es similar a la de los Óscar en EE.UU., enorme. Además de querer saber quién «se llevará por fin el gato al agua» y cuál será la película más premiada, también es importante el espectáculo de la Gala. Todos quieren ver el glamouroso paso de actores y actrices por la alfombra[2] roja y los modelos de moda, peinados[3] y joyas que marcarán estilo la próxima temporada. La ceremonia rompe récords de audiencia en televisión y seguida actualmente en las redes sociales. Con unos cinco millones de espectadores cada año, puede hablarse sin ninguna duda de la fiesta más grande del cine español.

La actriz Nora Navas recibe un Goya.

Jordi Mollà, Penélope Cruz y Javier Bardem en la ceremonia de los Goyas.

b) Resumid en pocas líneas de qué trata el texto.

c) Decid cómo se llaman los premios de cine en vuestro país y describid cómo son.

d) ¿Qué quiere decir el autor del texto cuando dice «se llevará por fin el gato al agua» (l. 39)?

e) ¿Tenéis una expresión en vuestro idioma que signifique lo mismo que la expresión anterior?

[1] el palmarés — die Siegerliste
[2] la alfombra — der Teppich
[3] el peinado — die Frisur

| Aprender y practicar | ‹Leer› | **Tarea final** | **Unidad 8**

El libro de nuestra clase   ESCRIBIR / HABLAR

Se acerca el fin de curso y queréis un recuerdo de él.
Para ello vais a hacer un libro del curso en el que podéis crear
nuevas historias o contar algunas que han pasado durante el año.

a) Formad grupos de dos o más o trabajad de forma individual.
   Para empezar, vais a pensar qué queréis hacer:
   un minicuento, una fotonovela, un cómic o un poema.
   Estas ideas os pueden ayudar:

Fotonovela
- Pensad en el argumento y los personajes de la historia.
- Cuando sepáis qué queréis contar, pensad en una estructura para la historia.
- Pensad qué fotos, dibujos o materiales podéis utilizar. Si vosotros mismos sois los personajes, pensad en aspectos como el vestuario y los escenarios.
- Cread para cada foto un texto (cuándo y dónde se desarrolla la acción, diálogos, globos de pensamiento…).

Minicuento
- Discutid el argumento y los personajes de la historia.
- Cuando sepáis qué historia queréis contar, pensad en una estructura para la historia.
- Decidid quién es el narrador de la historia, es decir, desde qué perspectiva la contáis.
- Empezad a escribir la historia, siguiendo la estructura pensada.
- ¡Recordad que un buen cuento suele crear tensión en el lector y suele tener un final sorprendente!

Cómic
- Pensad en el argumento y los personajes de la historia.
- Buscad una estructura para el cómic.
- Empezad a escribir vuestra historia.
- Pensad qué bocadillo queréis usar en cada situación para introducir los diálogos:

- Recordad que en los cómics se suelen utilizar onomatopeyas o imitación de sonidos.

  ¡bang, bang!   ¡zzz, zzz, zzz!

Poema
- Elegid el tema de vuestro poema (amor, tristeza, amigos…).
- Pensad en la estructura para el poema.
  A veces los poemas tienen partes que se repiten, los estribillos, como en las canciones.
- Normalmente los poemas utilizan la rima:

  Yo vengo de todas p**artes**,
  y hacia todas partes v**oy**:
  Arte soy entre las **artes**,
  en los montes, monte **soy**.
  (José Martí)

b) Presentad a vuestros compañeros vuestro trabajo.
   Podéis, por ejemplo, colgar todas vuestras obras en la pared
   y explicarle al resto de la clase qué habéis hecho.

c) ¿Qué trabajo os ha gustado más? Justificad vuestra respuesta.

> Auf der DVD im Lehrerbuch finden Sie zur Wiederholung und Vertiefung eine Filmszene zum Thema der letzten acht Lektionen.

ciento quince | 115

3 <Repaso>

DELE 1 Comprensión de lectura

Tarea: En una web de estudiantes Víctor pide consejo sobre su futuro profesional.
Leed el texto y, a continuación, responded las preguntas (1–6).
Elegid la respuesta correcta (a, b o c) según el texto.

| PREGUNTA | RESPONDE | DESCUBRE |

PREGUNTA:

¿CUÁLES SON LAS CARRERAS CON MÁS FUTURO?

Víctor Madoz – CÁDIZ (hace dos semanas)

Me gustaría estudiar Historia del Arte, pero el problema es que, cuando acabe los estudios, es posible que no encuentre trabajo. Más de la mitad de la gente que estudia esta carrera está en el paro. Mi padre es médico y quiere que estudie Medicina. Dice que en el futuro tendré muchas
5 más posibilidades de encontrar trabajo. Mis amigos están de acuerdo con mi padre e incluso mi novia me ha pedido que me lo piense. ¡Mi padre, mis amigos, mi novia! No es justo que nadie me apoye. Dentro de un mes tengo que tomar una decisión y no soporto que me presionen. Me gusta mucho el arte, pero no soy un gran artista… La verdad es que no sé muy bien qué hacer, pero seguro que no quiero ser médico. ¿Alguien puede darme algún consejo?

RESPUESTA 1:

10 **Penélope Vera – TENERIFE** (hace dos semanas)

¡Hola, Víctor! Bueno, todo el mundo piensa siempre que la carrera de Administración de Empresas o las carreras técnicas son las que tienen más futuro laboral. También mucha gente opina que las profesiones que tienen futuro son las que están relacionadas con la ecología. Sin embargo, te recomiendo que no pienses en eso, es importante que hagas algo que te gusta a ti
15 y no lo que los otros te digan que es mejor. Mientras estudies lo que tú quieras, las cosas te irán bien. Y cuando seas un profesional del arte, ¡no tendrás problemas para conseguir empleo!

RESPUESTA 2:

Santiago Díaz – BURGOS (hace dos semanas)

Penélope es una romántica. Según ella, es mejor que estudies algo que te gusta. Sí, pero no creo que eso te vaya a dar de comer. Pienso que tienes que estudiar algo que te ayude a en-
20 contrar trabajo en el futuro, aunque no sea lo que quieres. Si lo que te preocupa es encontrar trabajo, tienes muchas opciones: informático, programador, ingeniero o, como te propone tu padre: médico… ¿Por qué no piensas en una profesión que tenga más salidas profesionales? Busca una carrera que tenga algo que te interese, pero no seas ingenuo y piensa en tu futuro. ¡Que te vaya bien en la vida!

\<Repaso\> 3

1. El padre de Víctor…

    a) no quiere que él estudie Medicina.
    b) no quiere que estudie Historia del Arte.
    c) dice que más de la mitad de los que estudian Historia del Arte están en el paro.

2. Los amigos y la novia…

    a) no están de acuerdo con el padre de Víctor.
    b) apoyan a su padre.
    c) están de acuerdo con Penélope.

3. Penélope…

    a) recomienda a Víctor que estudie una carrera técnica.
    b) recomienda a Víctor que no piense solo en las carreras con salida profesional.
    c) cree que las carreras relacionadas con la ecología tienen mucho futuro.

4. Penélope…

    a) cree que las cosas le irán bien a Víctor si hace lo que le gusta.
    b) cree que Víctor tiene que hacer lo que le pide su padre.
    c) cree que cuando Víctor sea un profesional tendrá problemas para encontrar trabajo.

5. Santiago…

    a) está de acuerdo con Penélope.
    b) cree que Penélope le va a dar de comer.
    c) no está de acuerdo con Penélope.

6. Santiago…

    a) le recomienda que haga algo que no le gusta porque lo importante es el dinero.
    b) le recomienda que haga solo lo que le gusta.
    c) le recomienda que haga algo interesante para él, pero que tenga una salida profesional.

2 Expresión e interacción escritas

Tarea: Escribid un correo electrónico a un amigo y contadle como imagináis vuestro futuro profesional. En el correo debéis:

- describir qué carreras os interesan
- decir qué aspectos os parecen importantes en un trabajo
- explicar dónde os gustaría trabajar en el futuro
- contarle si habéis tomado una decisión y por qué
- pedirle un consejo si creéis que lo necesitáis

ciento diecisiete | 117

3 <Repaso>

3 Comprensión auditiva

L 2/44-49 **Tarea 1:** A continuación escucharéis seis diálogos breves entre dos personas. Escuchad la pregunta. La persona que responde lo hace de tres formas distintas, pero solamente una es adecuada. Oiréis cada diálogo dos veces. Después de la segunda audición, marcad la opción correcta.

Diálogo 1
a) Te aconsejo que vayas al Carnaval de Barranquilla.
b) Me gustaría ir a Medellín.
c) El carnaval de Tenerife es mejor.

Diálogo 2
a) Hay algunos restaurantes buenísimos en Bogotá.
b) Cartagena es una ciudad colonial.
c) Si fueras a la zona del Caribe, podrías ir a Cartagena de Indias.

Diálogo 3
a) ¡En Medellín no hay mar y en Cartagena sí!
b) Medellín tiene más habitantes que Cartagena.
c) Medellín no es tan bonita como Cartagena.

Diálogo 4
a) Estaría bien que fueras a la Amazonía.
b) Si fueras a Cali, te pediría que llevaras una cosa a mi hermana.
c) En Colombia la gente es más amable que aquí.

Diálogo 5
a) Me gustaría que conocieras a mi familia.
b) No te olvides de probar la fruta de allá.
c) Me encantaría, pero no puedo.

Diálogo 6
a) No creo que sea más peligroso que otros países.
b) Me parecería bien que fueras a Cali.
c) Podrías hacer submarinismo en el Pacífico.

L 2/50 **Tarea 2:** A continuación vais a escuchar una conversación entre Rosa, Sergio y Julio, unos amigos que han quedado para ir a un concierto. Vais a escucharla dos veces. Después de la segunda audición, marcad la opción correcta.

1. Rosa le dijo a Julio que llegaría a las ocho y cuarto.
   a) verdadero
   b) falso

2. Julio le ha pedido a Rosa que lo esperen cinco minutos.
   a) verdadero
   b) falso

3. Sergio llamó por teléfono a Julio y le preguntó si quería ir al cine el sábado.
   a) verdadero
   b) falso

4. Julio le dijo a Sergio que no podía ir al cine el sábado.
   a) verdadero
   b) falso

4 Expresión e interacción orales

Tarea 1: Descripción de una imagen

- Describid el cuadro: qué es, de quién creéis es, qué creéis que representa.
- Comentad qué es para vosotros el arte.
- ¿Qué expresiones artísticas os gustan más?
- ¿Qué tipo de artista os gustaría ser y por qué?
- Duración: 2 o 3 minutos.

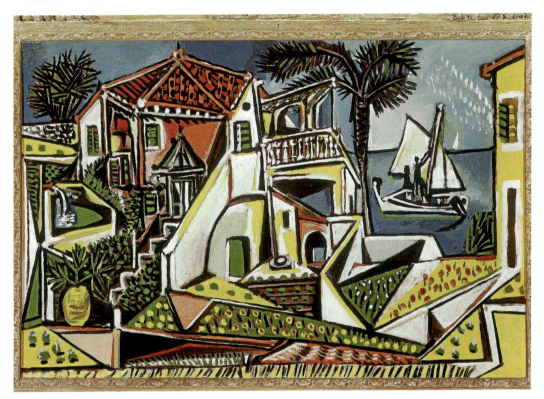

Tarea 2: Diálogo

Tenéis que hablar con un compañero sobre música.
Elegid uno de los aspectos siguientes para hablar durante 2 o 3 minutos:

La música
¿Cuál es la música que más os gusta?
¿Qué grupos o cantantes conocéis?
¿Vais a conciertos normalmente?
¿Qué importancia tienen las letras de las canciones para vosotros?
¿Qué relación tiene la poesía con la música?

Estas preguntas os pueden ayudar a preparar la exposición.

<Preparación para los exámenes>

Artículo sobre el escritor peruano y Premio Nobel de Literatura Mario Vargas Llosa: «La literatura es imprescindible[1]»

Eran las ocho y media de la mañana cuando recibí el encargo de la redacción de escribir un artículo sobre el Premio Nobel de Literatura Mario Vargas Llosa. Me quedé un rato pensando y me preguntaba qué podía decir sobre el escritor peruano nacionalizado español, sobre su literatura y su vida política. No se me ocurría qué información nueva se podía dar sobre este escritor, precisamente ahora cuando ha ganado el Nobel y ojos de todo el mundo están dirigidos hacia él. Después de pensar unos minutos, me acordé de una entrevista que se le había hecho unos meses atrás en la que Vargas Llosa reflexionaba sobre la política y la literatura. El interés que tiene por la política es conocido por todos: se había desarrollado ya en él cuando era joven, llevándolo a participar en diferentes partidos políticos cuando era estudiante.

Este interés no desapareció nunca, al contrario, fue creciendo con los años e incluso se presentó como candidato a Presidente de Perú en 1990. Quizás fuese eso lo fascinante en este autor: su compromiso social y político; su idea de que puede haber un mundo mejor y que la literatura puede ayudar a conseguirlo.

Vargas Llosa decía en ese artículo que fue en la universidad, allá por los años 50, cuando se despertó en él la idea de que la literatura podía ser un instrumento político. Esta idea había nacido en él después de leer al autor francés Sartre[2], más concretamente un ensayo[3] suyo titulado *Lo que es la Literatura*. Vargas Llosa decía que le había impresionado mucho la idea de que la literatura era un instrumento para cambiar la sociedad.

La literatura como arma política para llegar a la libertad, a una sociedad mejor, libre de injusticias. En ese mismo artículo el escritor peruano explicaba que un autor no puede controlar exactamente las reacciones que sus escritos pueden causar, pero el efecto de la literatura está ahí: la literatura provoca una cierta inquietud en el lector, hace que se haga preguntas y que desarrolle ideas críticas sobre los más diferentes aspectos de la realidad. También contaba que esa es una de las razones por la que muchos sistemas políticos intentan ponerle límites a la literatura a través de la censura. La literatura hace pensar, da libertad y eso es peligroso.

Mario Vargas Llosa afirmaba que desde su juventud habían cambiado muchas cosas, también sus ideas, solo una no: la literatura como camino a la libertad.

Creo que es ese pensamiento el que hace que su obra sea tan valorada y que de una forma justa le hayan dado el Nobel de Literatura. Pues ¿qué mejor cumplido[4] se le puede hacer a la literatura que el que haga a los hombres libres y que con ella se pueda conseguir un mundo mejor y más justo?

Fuente: Comunidad educativa cooperativa, http://www.institutonline.net/

---

[1] imprescindible unentbehrlich • [2] Jean Paul Sartre *franz. Philosoph und Schriftsteller, Hauptvertreter des Existenzialismus* •
[3] el ensayo der Essay • [4] el cumplido das Kompliment

Comprensión

1. Resumid el artículo. Para ello, presentad las principales ideas del artículo.
2. ¿Está el autor del artículo de acuerdo con las ideas de Mario Vargas Llosa? Justificad vuestra respuesta.

Análisis

3. Vargas Llosa ha leído a muchos escritores franceses, entre ellos a Jean Paul Sartre. Explicad la importancia que tuvo este escritor francés para Vargas Llosa.
4. Caracterizad a Vargas Llosa como escritor, según los comentarios en el artículo.

Comentario

5. Comentad la relación que hay entre literatura y sociedad para el escritor Vargas Llosa. Comparad esta relación en el trabajo literario de otros autores, por ejemplo, en algún escritor alemán.
6. Vargas Llosa dice que la literatura estimula a ser crítico. ¿Cómo puede ser crítico un escritor? ¿Qué puede cambiar un escritor con su literatura?
7. «Yo creo que el premio es también un reconocimiento a la lengua española como un vehículo de cultura, de creación artística y literaria». Esto lo dijo Vargas Llosa después de recibir el Premio Nobel de Literatura 2010. Comentad la importancia del premio para la lengua española y para Hispanoamérica.

Preparación para el examen oral

En monólogo
Vargas Llosa dice que las dictaduras vieron un peligro en la literatura y por eso aplicaron sistemas de censura a los escritores. Explicad la relación que puede haber entre dictadura, literatura y censura.

En diálogo
¿Qué sabéis del Premio Nobel? ¿Conocéis otros escritores premiados con este o con otros premios importantes de la literatura? ¿Conocéis otros escritores latinoamericanos? ¿Cuáles os gustan? ¿Qué habéis leído de ellos? Haced un diálogo espontáneo sobre buenos y no tan buenos escritores, sobre novelas preferidas y/o sobre figuras famosas de la literatura.

<Preparación para los exámenes>

España es el segundo país más feliz de Europa

España es el segundo país más feliz de Europa, solo superado por[1] Rumanía. Para los españoles los amigos, la pareja y la familia son sus principales fuentes de satisfacción[2], según un estudio de 2010.

El Barómetro de la Felicidad, realizado en 16 países y cuatro continentes, señala también que para la sociedad española la comida y los amigos son fundamentales. De esta forma, el 38% de los encuestados[3] afirma que la comida es el momento más feliz del día y el 32% apunta que los amigos son fuente de felicidad.

Y es que las relaciones personales son esenciales para los españoles: el 67% de los adultos encuentra su mayor fuente de felicidad en su pareja, seguido de la familia (51%) y del trabajo (16%). Además, España es el segundo país más feliz de Europa, solo superado por Rumanía, y el octavo en el *ranking* general. Los países más felices son México, Filipinas y Argentina, mientras que a España le siguen Reino Unido, Italia, Rusia y Bélgica, entre otros.

El estudio explica que, a pesar del ritmo frenético[4] al que avanza el mundo virtual, el contacto humano[5] juega un rol[6] principal cuando se trata de la felicidad.

Los resultados también revelan que, a pesar de la crisis económica mundial, los niveles de felicidad global generales son altos: más de dos tercios de los encuestados (67%) declaran sentirse satisfechos con sus vidas.

Cuando necesitamos animarnos[7], el 38% recurre[8] a salir una noche con los amigos y el 22% a dar o recibir un fuerte y cálido abrazo. Por otro lado, alcanzar[9] la fama no es una de las principales fuentes de felicidad. Los resultados indican que, en general, las personas no antepondrían[10] la fama y la fortuna a viajar por el mundo (37%), a realizar trabajos de voluntariado (26%) y a encontrar al amor de su vida (12%) como factores clave de la felicidad.

(Texto abreviado)

Fuente: http://www.20minutos.es/noticia/702955/0/espana/pais/feliz

---

[1] superado por übertroffen von • [2] una fuente de satisfacción eine Quelle der Zufriedenheit •
[3] el encuestado / la encuestada der / die Befragte • [4] el ritmo frenético die Wahnsinnsgeschwindigkeit •
[5] el contacto humano der menschliche Kontakt • [6] jugar un rol eine Rolle spielen • [7] animarse in Stimmung kommen
[8] recurrir a algo auf etw. zurückgreifen • [9] alcanzar *(z-c)* erlangen • [10] anteponer *(irr.)* den Vorrang geben

<Preparación para los exámenes>

Comprensión

1. Según el el Barómetro de la Felicidad, ¿qué aspectos de la vida son importantes para los españoles?
2. Describid qué hacen los españoles para mejorar su estado de ánimo y para sentirse mejor.

Análisis

3. Presentad posibles motivos sobre la importancia que tiene la familia para los españoles.
4. Clasificad por áreas (trabajo, vida privada, pasatiempos, etc.) y por orden de importancia las fuentes de la felicidad para los españoles, tomando en cuenta los datos estadísticos del texto. ¿Según vuestra opinión, habría muchas diferencias con los datos de los alemanes acerca de las fuentes de felicidad? Haced una tabla con vuestras propias estimaciones acerca de la felicidad en los alemanes, usando valores estadísticos. Analizadlos.
5. «Cada uno es artífice de su ventura», cada persona es responsable de su propia vida y destino. Esta es una famosa frase de la obra *Don Quijote de la Mancha*, del gran escritor Miguel de Cervantes. Interpretadla en relación al tema de la felicidad.

Comentario

6. ¿Cómo se puede ser (más) feliz?, ¿cómo se puede lograr que la satisfacción y la felicidad sean (más) estables? Elaborad una «guía de la felicidad». Una posibilidad es redactarla en forma de reglas a seguir, de 1 a 10. A continuación la primera regla, a modo de ejemplo:
Regla número 1: No hagáis cosas que no os gusten y que no sean importantes, dedicaos más a las cosas fundamentales para vosotros: a vuestros amigos, a vuestro perro y a vuestro pasatiempo favorito.
7. ¿Cuáles son las claves de la felicidad para vosotros? ¿Podríais recordar algún momento de inmensa felicidad que vivisteis hace poco o mucho tiempo atrás? Comentadlo.

Preparación para el examen oral

En monólogo
Cada alumno elige una foto y explica la razón de su elección. Comentad e interpretad la foto elegida.

En diálogo
¿Cuál de estas fotos representa mejor el tema de la felicidad? ¿Con cuál os sentís personalmente más identificado? Cada uno expone los motivos de su elección y luego hablad sobre ello, haciendo preguntas y comentarios sobre las respuestas de la otra persona.

Vida saludable: la dieta mediterránea

El concepto de dieta mediterránea se popularizó poco después de la II Guerra Mundial cuando algunos investigadores compararon la tasa de mortalidad[1] por enfermedades al corazón entre distintos países del mundo. Así se comprobó que la Isla de Creta tenía la tasa más baja de los países estudiados.

Durante los años sesenta, el científico Ancel Keys realizó un estudio denominado «Estudio de los siete países», para investigar los hábitos alimentarios[2] de Estados Unidos, Japón, Finlandia, Holanda, la antigua Yugoslavia, Italia y Grecia. Se estudió la dieta de 12.000 personas durante 15 años. Los resultados: existe una fuerte relación entre las características de la dieta y la salud de la población. En Creta había una menor tasa de mortalidad por enfermedad cardiovascular[3] y una mayor expectativa de vida[4].

La diferencia más importante en la alimentación depende del tipo de grasa[5] consumida. Los ácidos grasos monoinsaturados[6] que contiene el aceite de oliva tienen una acción positiva en la salud: frenan[7] la oxidación de las grasas en la sangre y mantienen jóvenes las células del organismo.

Uno de los pioneros en la producción de aceite de oliva es España.

En Cataluña, en la región del Montsiá, de larga tradición en el cultivo de la oliva (o aceituna), los olivares milenarios son subsidiados por el Gobierno y la Unión Europea. El Gobierno les compra a los productores las cosechas de oliva que se llevan a plantas procesadoras[8] de los pueblos vecinos. Ahí se procesan de manera casi artesanal[9] y se venden en cooperativas a bajo precio.

En Cataluña, el cultivo de aceituna y la producción de aceite de oliva se hereda de generación en generación hasta nuestros días. Sin duda es esto lo que ha hecho masivo el consumo de este aceite vegetal con grandes beneficios[10] para la salud.

Para educar a la comunidad sobre los estilos de vida saludable el Gobierno español creó la Pirámide Naos, que incluye alimentación y actividades saludables. La forma piramidal explica la frecuencia con que se deben comer los alimentos y hacer actividad física. En su base se observa la indicación de consumir mucha agua y tener una vida saludable. En la parte superior se encuentran los alimentos que hay que consumir muy poco, como productos azucarados o alimentos ricos en grasa. Es importante destacar que el aceite de oliva es un alimento de consumo diario según esta pirámide.

© *Julieta Sánchez. Nutricionista y Docente de Nutrición y Dietética*

Pirámide Naos

---

[1] **la tasa de mortalidad** die Sterblichkeitsrate • [2] **el hábito alimentario** die Ernährungsgewohnheit •
[3] **la enfermedad cardiovascular** die Herz-Kreislauf-Erkrankung • [4] **la expectativa de vida** die Lebenserwartung •
[5] **la grasa** das Fett • [6] **los ácidos grasos monoinsaturados** die ungesättigten Fettsäuren • [7] **frenar** bremsen •
[8] **la planta procesadora** die verarbeitende Fabrik • [9] **artesanal** handwerklich • [10] **el beneficio** der Nutzen

‹Preparación para los exámenes›

Comprensión

1. Explicad brevemente y con vuestras propias palabras las ideas centrales del texto, sin entrar en detalles.
2. ¿Qué es la dieta mediterránea, según la información del texto?
3. Resumid la información que aparece en el texto sobre el aceite de oliva y su producción.

Análisis

4. Explicad cómo se conocieron las propiedades del aceite de oliva.
5. Analizad la relación entre alimentación y buena salud, según la información del texto.
6. Explicad qué es el «Estudio de los siete países».

Comentario

7. ¿Qué comen vuestra familia y las familias que conoces? Comentad las costumbres alimentarias de vuestra familia y de algunos amigos. ¿Hay muchas diferencias entre ellas?
8. ¿Hay una relación entre los hábitos alimentarios de una población con su calidad de vida? ¿Podríais comentarlo, dando un ejemplo concreto de un país?
9. Elaborad una dieta, ¡pero con productos sanos! Presentad vuestra experiencia y, en general, lo que sabéis de la alimentación y la cocina mediterránea.
10. ¿Habéis estado en España, en Italia o en Grecia? ¿Habéis probado su cocina?

Preparación para el examen oral

En monólogo
¿Creéis que lleváis una vida sana? Comentad vuestra forma de vida y vuestros hábitos alimentarios, en relación a las pautas de la Pirámide Naos.

En diálogo
Juego de rol. Un alumno imagina que es el camarero del restaurante Mariner de Tarragona. Prepara un menú basado en platos típicos mediterráneos (pescado, mariscos, verduras, aceite de oliva, …) y se lo explica a su compañero, que es el cliente. Esta persona hace preguntas sobre los productos, su forma de preparación, su calidad, la región de origen, etc.

<Preparación para los exámenes>

Carmen Martín Gaite: *Caperucita en Manhattan*

Caperucita en Manhattan fue escrita por la gran escritora española Carmen Martín Gaite, en 1990. La obra, basada en el cuento clásico *Caperucita Roja*, se desarrolla en un escenario que simboliza la actual modernidad: la isla de Manhattan. Sara Allen, la Caperucita moderna de esta historia, tiene grandes deseos de libertad, ha aprendido a vencer el miedo y se escapa de casa para visitar a su abuela, que vive en el otro
5 extremo de Nueva York. El lobo[1] es aquí el triste mister Woolf, un millonario de la industria de la pastelería[2], que está interesado en conocer la auténtica receta de la tarta de fresas de la madre de Sara. La niña lleva a su abuela una tarta. Ahora va cruzando Central Park, camino a la casa de su abuela.

—¿Tarta de fresa? ¡Ya decía yo que olía[3] a tarta de fresa! ¿La llevas aquí adentro, verdad, querida
10 niña?
Era una voz la suya tan suplicante[4] y ansiosa que a Sara le dio pena[5], y pensó que pudiera tener hambre, a pesar de su aspecto distinguido. ¡En Manhattan pasan cosas tan raras!
—Sí, ahí dentro la llevo. ¿La quiere usted probar?
15 La ha hecho mi madre y le sale muy buena.
—¡Oh, sí, probarla! Nada me gustaría tanto como probarla! ¿Pero qué dirá tu abuela?
—No creo que le importe mucho que se la lleve empezada. […] Le diré que me he encontrado
20 con… Bueno, con el lobo —añadió riendo—, y que tenía mucha hambre.
—No mentirías —dijo el hombre—, porque me llamo Edgar Woolf. Y en cuanto al hambre… ¡Es mucho más que hambre! […]
25 —Toma, tú querrás también. ¿Qué te parece este picnic improvisado en Central Park? Puedo decirle a mi chófer que nos traiga unas coca-colas.
—Se lo agradezco, mister Woolf, pero yo la tarta de fresas la tengo un poco aborrecida[6]. Y a mi abuela
30 le pasa igual. Es que mi madre la hace mucho, demasiado.
—¿Y siempre le sale bien? —preguntó mister Woolf, que ya […] había engullido[7] el primer trozo de tarta y lo estaba paladeando[8] con los ojos en
35 blanco.
—Siempre —aseguró Sara—. Es una receta que no falla. […]
—¡La receta! ¡La auténtica! […] necesito esa receta. ¡Oh, por favor! Pídeme lo que quieras, lo que
40 quieras a cambio. ¡Me tienes que ayudar! ¿Verdad que vas a ayudarme? Sara, poco acostumbrada a que nadie necesitara algo de ella,

[…] experimentó, por primera vez en su vida, lo que es sentirse en situación de superioridad.
50 Pero este sentimiento quedó inmediatamente sofocado[9] por otro mucho más fuerte: una especie de piedad[10], deseo de consolar[11] a aquella persona que lo estaba pasando mal. Sin darse cuenta empezó a acariciarle[12] el pelo como a un niño.
[…] Al cabo de un rato levantó la cara y estaba
55 llorando.
—Vamos, por favor, mister Woolf, ¿por qué llora? Ya verá cómo todo se arregla.
—¡Qué buena eres! Lloro por eso, por lo buena que eres. ¿Verdad que me vas a ayudar?
60 —No puedo prometerle nada, mister Woolf —dijo—, hasta entender mejor lo que me pide, saber si puedo concederlo… y, claro, también saber qué ventajas tendría para mí.
—¡Ventajas todas! —exclamó él con prontitud.
65 —¡Pídeme lo que quieras! ¡Por difícil de conseguir que te parezca! ¡Lo que quieras!
—¿Lo que quiera? ¿Es usted un mago? —preguntó Sara con los ojos muy abiertos.
—No, hijita. Me encanta tu ingenuidad[13]. No soy
70 más que un vulgar hombre de empresa, pero eso sí, inmensamente rico. […]
—¡Lo he pensado! ¡Quiero llegar a la casa de mi abuela montada en limusine! Yo sola. Con un chofer llevándome.
75 —¡Concedido![14] […]
Sara, en un arranque espontáneo, abrazó a mister Woolf, que seguía sentado en el banco, y le estampó un beso[15] en la frente. Él se puso un poco colorado.
80 —Bueno, espera, no te alborotes tan pronto[16]. Todavía no te he dicho lo que te voy a pedir yo a cambio.

---

[1] **el lobo** der Wolf • [2] **la pastelería** die Backwaren • [3] **oler** riechen, wittern • [4] **suplicante** bittend • [5] **dar** *(irr.)* **pena a alguien** jdm leid tun • [6] **tener** *(irr.)* **algo aborrecido, -a** etw. über haben, überdrüssig sein • [7] **engullir** verschlingen • [8] **paladear** sich im Mund zergehen lassen • [9] **sofocar** *(c-qu)* unterdrücken • [10] **la piedad** das Mitleid • [11] **consolar** *(-ue-)* trösten • [12] **acariciar** streicheln • [13] **la ingenuidad** die Naivität • [14] **conceder** *hier:* einverstanden • [15] **estampar un beso** einen Kuss aufdrücken • [16] **no te alborotes tan pronto** freu dich nicht zu früh

<Preparación para los exámenes>

A Sara se le cayó el alma a los pies. ¿Qué regalo podía hacerle ella a este hombre tan rico, que tenía de todo?
Seguro que se quedaba sin el paseo en limusine. Por eso le subió a la cara una ola de alegría cuando le oyó preguntar:

—¿Sabrías tú darme la receta de esta espléndida tarta?
—¡Claro! ¿No es más que eso? Yo no sé hacer la tarta de fresas, eso no, pero conozco el sitio donde se guarda la receta verdadera. En casa de mi abuela, en Morningside.

© *Carmen Martín Gaite:* Caperucita en Manhattan. *Ediciones Siruela, 1991*

Comprensión

1. Contad en forma resumida lo que sucede en esta escena entre los personajes Sara y mister Woolf.
2. ¿Qué intenciones tiene mister Woolf con Sara? ¿Cómo se comporta con la niña?
3. ¿Por qué a Sara le da pena mister Woolf? ¿Por qué por un momento se siente superior a él?

Análisis

4. Caracterizad a los dos personajes, según sus formas de actuar y como se expresan.
5. Sara es una Caperucita moderna. Examinad las siguientes frases: «¡Quiero llegar a la casa de mi abuela montada en limusine! Yo sola. Con un chofer llevándome». Interpretad este deseo y explicad cómo es Sara. Comparadla con la Caperucita tradicional.
6. Hay algo que a Sara le aburre, la tarta de fresas que su madre prepara todos los sábados para la abuela. Analizad por qué puede tener este sentimiento.
7. Mister Woolf está ansioso de tener la receta de la tarta de fresas.
   ¿Qué modelo de persona representa Woolf? Analizad su actitud de hombre de negocios.

Comentario

8. Comentad la elección de la autora al reescribir *Caperucita Roja*. ¿Por qué elige la ciudad de Nueva York como escenario para su cuento? ¿Os podríais imaginar otro escenario?
9. Comentad en qué sentido la escena de Caperucita en Central Park representa el mundo moderno. ¿Qué crítica le hace la autora al mundo de hoy con esta escena?
10. A las dos Caperucitas, a la del cuento tradicional y a Sara, les atrae la libertad.
    Las dos tienen espíritu aventurero. ¿Qué significa ser libre, qué es la libertad para vosotros?
11. ¿Qué enseñanza nos deja el cuento tradicional de Caperucita?
    ¿Qué enseñanza nos da esta escena de Caperucita en Manhattan?
12. ¿Cómo os imagináis el final de esta versión de Caperucita? Redactad vuestra versión de la última escena.

Preparación para el examen oral

En monólogo

1. Relatad en forma resumida el cuento tradicional de Caperucita Roja.
   Comentad el final e imaginad una nueva alternativa, más moderna, para el final de la historia.
2. ¿Cómo os imagináis a Sara cuando grande?

En diálogo

¿Qué pasa al final con Sara, mister Woolf y la tarta de fresas? Representad la escena en parejas.

<Preparación para los exámenes>

De Friburgo a Valparaíso

Jonas Fehrenbach tiene veinticuatro años. Nació en Friburgo, en el sur de Alemania, pero estudia Ingeniería Comercial en la Universidad de Innsbruck, en Austria. Actualmente se encuentra en Valparaíso, Chile, donde realiza un año de intercambio en la Universidad de Valparaíso. Es la primera vez que viaja a Sudamérica: siempre quiso conocer el sur del continente porque hasta el momento solo había estado en Norteamérica. Lo entrevistamos. A continuación nos cuenta sobre su actual estadía en Valparaíso.

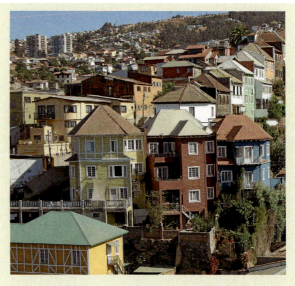

Tengo varios amigos que han estado en distintos países latinoamericanos y me recomendaron viajar a Chile. Una muy buena amiga es incluso hija de padre chileno, él vive en el campo, en las cercanías de Valparaíso. Ella me habló muy bien de la ciudad y la región. Además, otros compañeros de la universidad habían estado en Valparaíso y siempre escuché comentarios positivos. Esto, junto a la gran diversidad geográfica que ofrece el país a los viajeros, fueron factores fundamentales para escoger[1] este lugar como destino. Claro, también tenía otras opciones, como Buenos Aires o Lima, pero al final los grandes centros urbanos son muy parecidos en todo el mundo.

El intercambio académico lo quise hacer para mejorar mi español, o mi castellano, como se dice aquí, y conocer algo nuevo y distinto a lo que estoy acostumbrado[2] en mi diario vivir. Postulé a la Universidad de Valparaíso y me aceptaron de inmediato. Desde el primer día mis expectativas se han cumplido completamente: Valparaíso es una ciudad única, con una autenticidad increíble. Me encantan su particular topografía, la gran variedad de panoramas que otorgan los distintos cerros[3] y miradores, las vistas al mar, el aire fresco propio de una ciudad situada en la costa y la amplia oferta cultural que existe en Valparaíso.

Con respecto a la forma de pensar de la gente, hay diferencias entre los chilenos y los alemanes o los austríacos. Aquí la gente generalmente es muy amable y abierta, siempre dispuesta a ayudar e interesada por saber más de uno. Cuando llegué, me llamó mucho la atención que los alumnos universitarios son muy jóvenes, no existe un margen de edad tan amplio como en Europa, donde encuentras personas de todas las edades.

Y al principio me costó mucho entender a las personas porque los chilenos usan muchos «modismos» y hablan mucho más rápido de lo que conocía de mis clases de español en mi universidad de origen. Con el tiempo me he ido acostumbrando, al igual que me he ido acostumbrando al funcionamiento de los sistemas administrativos, que suelen ser mucho más lentos y menos ordenados que en Europa Central.

En Valparaíso he tenido que aprender a esperar: aquí no funciona todo como en Alemania, donde hay puntualidad y exactitud en las informaciones. Al comienzo esto fue muy molesto para mí. Tuve problemas de visado[4], y los trámites[5] se demoraron[6] mucho en salir. Pero con el tiempo he llegado a pensar que me gusta un estilo de vida así, más relajado y no tan «duro» como en Alemania.

Valparaíso es uno de los lugares más bellos que he conocido hasta el momento, y sin pensarlo dos veces le recomendaría a cualquier persona que venga a conocer la ciudad.

Al final de la entrevista Jonas nos explicó que el esfuerzo por abrirse a una nueva cultura y enfrentar situaciones que se resuelven de otra forma a lo acostumbrado será una de las experiencias más valiosas de su estadía en Valparaíso. Los contenidos de las asignaturas que cursa en la Universidad de Valparaíso no son, finalmente, lo fundamental, sino la gran enseñanza adquirida de vivir en un país tan lejano y distinto como Chile.

---

[1] **escoger** *(g-j)* auswählen • [2] **acostumbrado,-a** gewohnt • [3] **el cerro** die Anhöhe • [4] **el visado** das Visum
[5] **los trámites** die Formalitäten • [6] **demorarse** ausbleiben, sich verspäten

<Preparación para los exámenes>

Comprensión

1. Según el texto, ¿cuáles fueron los motivos principales de Jonas para elegir Valparaíso como destino de intercambio?
2. ¿Qué le atrae a Jonas de esta ciudad?

Análisis

3. ¿Cuáles son las impresiones actuales de Jonas, ya estando en Valparaíso?
4. Analizad las diferencias que él ve entre Chile y su entorno habitual en Alemania y Austria.
5. ¿Cuáles serán las principales experiencias que Jonas adquirirá durante el período de intercambio? ¿Creéis que se podrían generalizar para otros países y otros estudiantes? Justificad vuestra respuesta.

Comentario

6. ¿Os gustaría conocer Chile? ¿Por qué? Comentad lo que sabéis o habéis escuchado sobre este país.
7. Imaginad que sois estudiantes universitarios y tenéis la oportunidad de realizar un intercambio académico. ¿Adónde os gustaría ir? Explicad los motivos para escoger ese destino y no otro.
8. Según lo que expone Jonas, decid cómo os lo imagináis como persona, cómo puede ser su vida de estudiante. Comentad las dificultades que puede tener por las diferencias culturales que hay entre Chile y Alemania. Explicad también las satisfacciones personales que puede tener por esta misma razón.

Preparación para el examen oral

Madrid

Salamanca

Ciudad de México

En monólogo
Hablad de vuestro sueño de estudiar un tiempo en una de estas ciudades latinoamericanas o españolas: elegid una ciudad y explicad por qué.

En diálogo
Juego de rol. Un estudiante de intercambio tiene su primera entrevista en la Oficina de Movilidad Estudiantil de la universidad de intercambio. Preparad la entrevista entre el estudiante y el representante de la oficina de intercambio: la bienvenida de parte del representante o encargado, la presentación del estudiante y las preguntas y respuestas de ambas partes sobre las condiciones de vida estudiantil.

<Preparación para los exámenes>

España: Juventud[1] sin Futuro

El texto siguiente es el manifiesto del movimiento de la juventud española, Juventud sin Futuro, que aparece en 2011 como resultado de la gran crisis laboral de la joven generación de España. Ellos mismos se definen como jóvenes sin perspectivas de trabajo y a la vez como la generación más preparada de la historia de España. Un vocablo nuevo los define: son los «mileuristas», es decir, profesionales jóvenes que no ganan más de mil euros mensuales. Llaman a toda la sociedad a protestar por un cambio en las reformas sociales y laborales en España. Su lema[2]: «Sin casa, sin curro[3], sin pensión, sin miedo». A continuación un fragmento de su manifiesto:

Nosotras y nosotros, la juventud sin futuro, nos dirigimos a la opinión pública para mostrar nuestro desacuerdo con la política de recortes sociales[4] del Gobierno español. La consecuencia más grave de esto es que la juventud más preparada de nuestra historia vivirá peor que sus padres.

La tasa de paro juvenil[5] es del 40% y la más alta de la Unión Europea. La situación concreta actual presenta:
– una reforma laboral que ofrece contratos solo por tiempo limitado[6] y no da posibilidades a negociar
– una reforma del sistema de pensiones que retrasa[7] la edad de jubilación[8] y no apoya el trabajo digno
– una educación pública que se ha trasformado en un producto de mercado más. Su interés mayor es ser rentable y no la buena formación y el conocimiento.

Somos las y los jóvenes a quienes las élites económicas y las políticas de nuestros gobiernos quieren convertir en la generación sin formación ni trabajo ni pensión digna. Aquellos que, además, no tendremos casa en nuestra vida, desde que el derecho a la vivienda se hizo un negocio. Queremos recuperar nuestra capacidad para ser actores de un motor de cambio[10]. No queremos un país de precariedad, desempleo y privatización de nuestra educación. Somos además conscientes[11] de que la movilización y la lucha tienen sentido y son necesarias.

Por eso llamamos a la juventud y a toda la sociedad a protestar y salir a la calle. Pedimos la participación de toda la población para defender nuestro derecho a reconstruir nuestro futuro. Estudiantes y miembros de la comunidad educativa, jóvenes trabajadoras y jóvenes trabajadores, movimientos sociales, profesionales de la ciencia, la técnica, actores de la cultura y de las artes han llamado a la movilización bajo el lema: «Nos habéis quitado demasiado, ahora lo queremos todo». (Texto abreviado)

Fuente: www.juventudsinfuturo.net/search/label/Manifiesto

---

[1] **la juventud** die Jugend • [2] **el lema** der Leitspruch • [3] **el curro** die Arbeit *(fam.)* • [4] **los recortes sociales** die Kürzung der Sozialausgaben
[5] **la tasa de paro juvenil** die Jugendarbeitslosigkeit (in %) • [6] **por tiempo limitado** befristet • [7] **retrasar** nach hinten verschieben
[8] **la edad de jubilación** das Renteneintrittsalter • [10] **el cambio** die Veränderung • [11] **consciente** bewusst

<Preparación para los exámenes>

Comprensión

1. Según el manifiesto de Juventud sin Futuro, ¿qué reclama este movimiento juvenil español? Resumid sus principales ideas.
2. ¿Qué se entiende bajo el término «mileurista» que cita el texto?

Análisis

3. Decid en vuestras propias palabras cuáles son las principales políticas de recortes sociales del Gobierno español.
4. Analizad la situación de los jóvenes españoles y las diferencias que hay en comparación con las generaciones anteriores.
5. Indicad lo que pretende lograr Juventud sin Futuro. Comentad sus deseos materiales y no materiales.

Comentario

6. Imaginad que sois jóvenes con un futuro poco esperanzador. Comentad cómo se presentaría vuestra vida y qué alternativas veríais para mejorarla.
7. ¿Hay problemas laborales comunes para los jóvenes europeos? ¿Cómo veis vosotros la situación de trabajo para los jóvenes hoy en día?
8. De acuerdo con el texto leído, ¿cuál es vuestra opinión sobre el movimiento de los jóvenes españoles? ¿Creéis que los jóvenes deberían enfrentar mejor su situación?

Preparación para el examen oral

En monólogo

«Nos habéis quitado demasiado, ahora lo queremos todo». Comentad este lema y lo que se le puede quitar a una generación joven y lo que le hace falta para tener seguridad y esperanza en el futuro. Explicad qué puede ser ese «todo» que quieren tener los jóvenes de la España actual.

En diálogo

Entrevista. Representad una entrevista entre un periodista y un joven español del movimiento Juventud sin Futuro. Se eligen los papeles y cada persona prepara el suyo mentalmente. Durante la entrevista dialogan sobre la insatisfacción de los jóvenes sin trabajo. Cada persona asume su papel y se implica en la posición que le corresponde. (Nota: El periodista puede tener una posición más o menos solidaria con la situación precaria de los jóvenes. Su grado de comprensión de la situación es variable.)

<Preparación para los exámenes>

Colombia: boceto para un retrato[1]

Una revista mexicana les pidió a varios escritores del mundo que hicieran un breve retrato de su país. Héctor Abad Faciolince hizo uno sobre Colombia.

Colombia me parece un buen resumen del mundo. Una élite prevalentemente[2] blanca en el color de la piel[3], que constituye un poco menos del 10% de la población total, que vive en los climas más fríos y ocupa las tierras más fértiles, es dueña del 80% de la riqueza general […] y controla el poder político. Otro 40% de la población, un poco más oscura en su aspecto exterior, trabaja duramente […] para no caer en la pobreza del otro 50% de la población, que vive en las tierras más cálidas y menos fértiles […], que es negra, india, mulata o mestiza, y que nunca está del todo segura de poder comer o de tener agua limpia al día siguiente. El primer mundo […] está representado por esa élite de piel clara, que se aprovecha de las materias primas y de la mano de obra barata del resto del país. Viven bien, comen bien, estudian en los mejores centros, tienen excelentes hospitales y se mueren de viejos. La clase media, los pequeños empleados, algunos obreros con buenos contratos, son el espejo de los países emergentes como México o Brasil. El 50% de los pobres […] se parecen a África, a las regiones y naciones más pobres de Oriente, y también, por supuesto, a la misma América Latina menos desarrollada. Así es el mundo, y Colombia se parece mucho al mundo, en tamaño[4] pequeño. […]

[El viajero que recorre el país encuentra], por supuesto, aquello que se considera más típicamente colombiano: plátanos y yuca en tierra caliente, cafetales y pájaros en tierra templada, campos petroleros y minas de oro y carbón explotadas en general por inmensas transnacionales europeas o norteamericanas, plantaciones de mata de coca con mafiosos que matan por defender las rutas de su cocaína, guerrilleros salvajes que secuestran[5] y extorsionan[6], paramilitares sanguinarios[7] como nazis, un Ejército[8] que no pocas veces comete crímenes tan horrendos[9] como los de los grupos ilegales, y un Estado que [solo a veces] es capaz de controlar […] el territorio de la nación. […]

Colombia es también, como el mundo, un país de ciudades en el que la mayoría de la gente vive en […] conglomerados urbanos […] y no en el campo. Lo distinto estriba en[10] que, a diferencia de la mayoría de los países de Hispanoamérica, la capital del país, Bogotá, no se roba la casi totalidad de la población urbana, sino que pululan las ciudades con más de un millón de habitantes: Medellín, Cali, Barranquilla, Pereira, Cartagena, Manizales. Salvo los puertos, la mayoría de estas ciudades (y por ende de la población del país) está en las cordilleras, en altos valles o en altísimos altiplanos. El motivo es muy simple: el clima duro del trópico, la humedad y los insectos de las tierras bajas se soporta mucho mejor en la altitud de las montañas. Por eso tenemos un país muy extenso, pero al mismo tiempo muy densamente poblado en la cordillera y casi desierto en las llanuras y en las selvas. El 98% de los colombianos hablamos en castellano. Las variedades de nuestro español dependen de si estamos cerca del mar, de cara al mundo, o aislados en las montañas, pero en general podría decirse que, quizá por estar nuestro país a mitad de camino entre el Río Grande del norte y el Río de la Plata, nuestro castellano tiene una cadencia bastante comprensible para casi todos los que viven en el ámbito de la lengua. […]

… Desde hace más de seis años nos gobierna un terrateniente antioqueño[11] de baja estatura, ojos claros y buenos modales […] Un requisito tácito para pertenecer a su gabinete es haber padecido[12] secuestros o asesinatos a manos de[13] la guerrilla. Muchos de sus ministros han tenido esa trágica experiencia […] Eso los hace odiar[14], con razón, a las FARC, empezando por el primer mandatario, cuyo padre fue asesinado por esta banda de narcotraficantes […] Uribe fue elegido por la mayoría de los colombianos para derrotar[15] a ese grupo, las FARC, del cual el 95% de la población estaba harto.[16] […]

Casi nadie, ni yo mismo, se opone a que derrote a la guerrilla. El problema es que al hacerlo se

---

[1] **el retrato** das Porträt • [2] **prevalentemente** überwiegend • [3] **la piel** die Haut • [4] **el tamaño** die Größe • [5] **secuestrar** entführen • [6] **extorsionar** erpressen • [7] **sanguinario, -a** blutrünstig • [8] **el Ejército** die Armee • [9] **horrendo, -a** entsetzlich • [10] **estribar en algo** auf etw. zurückzuführen sein • [11] **un terrateniente antioqueño** gemeint ist der Präsident Álvaro Uribe Vélez (2002 bis 2010) ein Großgrundbesitzer aus dem Departamento Antioquia • [12] **padecer** ertragen • [13] **a manos de** vonseiten des/der • [14] **odiar** hassen • [15] **derrotar** besiegen

descuida[17] lo más grave para nuestro desarrollo: la desigualdad y la miseria. Del 50% de la población pobre […] sale cada año apenas un porcentaje ínfimo […] El agua sigue siendo impotable incluso en algunas de las regiones más lluviosas del mundo. No tenemos ni una sola autopista en todo el país. La educación pública es de muy mala calidad y no es universal. La gente desplazada del campo por la guerra se hacina[18] en las ciudades en condiciones de […] vida intolerables. […] Somos unos 44 millones los que seguimos viviendo aquí, y otros 4 viven repartidos por el mundo […].

El país es muy verde y su naturaleza no es nada pobre. Medellín, la ciudad en la que vivo, no es la peor de América Latina ni tampoco la más violenta, por mucho que en años anteriores haya sido la capital mundial de la mafia. Pasamos de 6.500 asesinatos al año a 650, y por eso nuestra tasa de homicidios[19] es inferior a la de Caracas, a la de México e incluso a la de Washington. No somos ni el infierno[20] ni el paraíso. Somos un purgatorio[21] que intenta […] seguir, aunque muy despacio, […] el camino del progreso que otros llaman cielo.

(Texto abreviado)

Fuente: http://www.elespectador.com/impreso/politica/articuloimpreso125712-colombia-boceto-un-retrato

Comprensión

1. Para el escritor colombiano Héctor Abad Faciolince, Colombia es «un buen resumen del mundo». ¿Qué quiere decir con esto?
2. Según el texto, el ex presidente colombiano ha tenido relación directa con la guerrilla. ¿En qué forma personal ha conocido él la violencia y el narcotráfico? Describid cómo lo explica Héctor Abad.

Análisis

3. Según el escritor, la desigualdad y la miseria del país se desatienden. Analizad los ejemplos que presenta cuando explica este tema. ¿Qué imagen nos dejan esos ejemplos sobre el nivel de vida en Colombia?
4. ¿Presenta el texto también un retrato positivo del país? ¿De qué manera, si esto es así?

Comentario

5. ¿Es objetivo o subjetivo el retrato que hace el autor de su país? ¿Cuál es su posición personal con respecto a su país?
6. «La educación pública es de muy mala calidad y no es universal», expone el texto. Contrastad esta situación con el modelo alemán o europeo de educación. Haced una exposición escrita sobre el tema.

Preparación para el examen oral

En monólogo
Si pudierais entrevistar al escritor colombiano, ¿qué quisierais saber de Colombia, que no esté en el texto? Formulad tres preguntas para él.

En diálogo
Según el texto, en Colombia ha habido una disminución en las cifras de asesinatos.
a) ¿Qué imagen tenéis de Colombia, qué sabéis del país? ¿Hay alguna película, documental, noticia o publicidad que os haya impactado sobre este país?
b) Dialogad después con vuestro compañero sobre Colombia y su imagen en el mundo. Comparad las diferentes imágenes que tenéis sobre el país. ¿Son parecidas o muy diferentes?
c) ¿Cómo aparece representada Colombia en los medios de comunicación y en la publicidad? ¿Es una imagen justa o exagerada? Dad vuestra opinión.

---

[16] **estar harto, -a de** es satt haben • [17] **descuidar** vernachlässigen • [18] **hacinarse** sich drängen • [19] **el homicidio** der Mord • [20] **el infierno** die Hölle • [21] **el purgatorio** das Fegefeuer

<Preparación para los exámenes>

Cine español: ¿Para qué sirve un oso?

¿Para qué sirve un oso?[1] (2011) está protagonizada por los conocidos actores españoles Javier Cámara y Gonzalo de Castro y es la segunda realización del también guionista[2] Tom Fernández. Esto escribe él sobre su película:

«Salvar el planeta es una tarea muy complicada, ya que es una gran roca[3] […] que flota en un universo frío y despiadado[4]. Supongo que todo era más fácil cuando la tierra era plana[5], pero ahora es redonda […] y tiene serios problemas.

Como terrícola[6], me preocupaba mucho lo que estaba (y está) ocurriendo: cambio climático, deforestación[7], extinción de especies animales… Como asturiano, montañero[8] y cineasta (por este orden), estaba decidido a hacer algo por nuestro viejo planeta, dispuesto, incluso, a arriesgar mi vida por él, interceptando[9] el camino de un ballenero[10] japonés con mi zódiac[11]. Pero en las zódiacs me mareo[12].

El gran desafío[13] era tratar de hacer reír con algo que no tiene demasiada gracia, pero estoy convencido de que el sentido del humor puede ser un gran aliado a la hora de luchar por una buena causa como la defensa del medio ambiente.

Otro de los grandes desafíos fue huir de los panfletos ecologistas. Mi trabajo es entretener, no adoctrinar. Así que la película fue buscando su propio camino hasta que se convirtió en algo muy parecido a un cuento. Un cuento de los que se pueden contar y escuchar al lado de una hoguera[14] (hay gente que prefiere escucharlos dentro de la hoguera, pero eso ya es cosa suya).

Otros alicientes[15] de la historia y en los que tuve más empeño fueron las localizaciones, la propia naturaleza. Asturias es un lugar privilegiado en cuanto a paisajes y yo quise rodar[16] en aquellos que conocía muy bien y a los que tengo un especial cariño.

Dona Chaplin (Rosa), la profesora del pueblo en la película

Pero no quería hacer una bonita película de paisajes, quería integrarlos en la historia como un personaje más: misión cumplida. Ver la película es como dar un paseo de noventa minutos por la naturaleza.

Los actores también han conseguido darle a la película ese espíritu de cuento que buscaba. Son grandes actores de comedia que han sabido utilizar su talento para hacer entrañables[17] y divertidos a los personajes.

¿Para qué sirve un oso? es solo una película, una comedia, un cuento. No creo que salve el planeta con ella, ni lo pretendo. Mi trabajo es entretener y mi trabajo me cuesta.

Pero si después de ver la película alguien decide empezar a tirar los envases de plástico al cubo amarillo[18], me daré por más que satisfecho».

---

[1] ¿Para qué sirve un oso? Wozu dient ein Bär? • [2] **el guionista** der Drehbuchautor • [3] **la roca** der Fels • [4] **despiadado,-a** erbarmungslos • [5] **plano,-a** eben, flach • [6] **el/la terrícola** der Bewohner/die Bewohnerin der Erde • [7] **la deforestación** das Abholzen der Wälder • [8] **el montañero/la montañera** der Bergsteiger/die Bergsteigerin • [9] **interceptar** (ver)sperren • [10] **el ballenero** das Walfangschiff • [11] **la zódiac** das Schlauchboot • [12] **marearse** seekrank werden • [13] **el desafío** die Herausforderung • [14] **la hoguera** das Lagerfeuer • [15] **el aliciente** der Anreiz • [16] **rodar** (-ue-) (einen Film) drehen • [17] **entrañable** herzlich • [18] **el cubo amarillo** der Mülleimer für den Plastikmüll

A continuación dos breves sinopsis de la película.

Primera secuencia: Guillermo, que ha llegado de la Antártida, y Alejandro, que vive en pleno bosque asturiano, discuten.

5 Guillermo: ¿Y cuántos osos hay por aquí?
Alejandro: Aproximadamente… eh ninguno, pero van a volver, sabes, tengo el presentimiento, eh… específicamente hablando, claro…
Guillermo: Van a volver…
10 Alejandro: Sí.
Guillermo: ¿Ese es tu método científico?
Alejandro: Van a volver porque tienen que volver.
Guillermo: ¿Y por qué van a volver? ¿Porque lo diga el señor de los osos?
15 Alejandro: No, por esto… [le muestra un folleto]. Casas, van a construir casas en mi bosque, casas con tejados, con paredes, casas para los estúpidos humanos, ¡con estúpidos sofás! Pero si los osos llegan antes, no podrán entrar
20 en mi bosque, porque este es el bosque de los osos, no de los humanos.
Guillermo: Sin las abejas[19] a la humanidad le quedarían cuatro días de existencia. Albert Einstein: «Sin las abejas no hay polinización,
25 sin polinización no hay comida, sin comida no hay humanidad». Eso incluye también a los osos: a los osos les encanta la miel. Supongo que has puesto panales[20].
Alejandro: Claro que he puesto panales, montones de
30 panales he puesto, ¿crees que soy imbécil?
Guillermo: ¿Me los enseñas?

Segunda secuencia: El joven Vincent, zoólogo, ecologista y asistente de Alejandro, está sentado bajo un árbol en el pueblo, mirando sus fotos de animales. Ve venir por la calle a Rosa, la profesora 35 del pueblo, tomando agua de una botella reciclable. En el momento en que Rosa la va a tirar a uno de los cubos de basura, que están al borde de la calle, Vincent repite para sí mismo, antes de que la tire definitivamente: 40

Vincent: Amarillo… amarillo… amarillo… amarillo… amarillo

Rosa, por supuesto, no tira la botella plástica en el cubo amarillo de reciclaje, sino en otro cualquiera. Vincent recoge la botella del cubo y persigue a 45 Rosa en su bicicleta:

Vincent: Hola.
Rosa: Hola.
Vincent: Creo que esto es tuyo.
Rosa: La acabo de tirar al cubo de la basura. 50
Vincent: Lo sé.
Rosa: ¿Estabas dentro del cubo?
Vincent: No, pero los plásticos se tiran dentro del cubo amarillo, si no, no los podrán reciclar.
Rosa: Pareces ser el ayudante del «día de los osos», 55 ¿no?
Vincent: Sí, estoy haciendo trabajo de campo con don Alejandro.
Rosa: ¿De dónde eres?
Vincent: De California. 60
Rosa: ¿Y has dejado la playa para venir aquí?
Vincent: Sí, yo prefiero esto a California.
Rosa: ¿En serio? Pero si allí todas las chicas son rubias y duermen en bikini…
Vincent: Pero, ¿tú sabes lo malo de las chicas en 65 California? Que ellas tiran sus botellas de plástico en el cubo amarillo, y te quedas sin excusas para hablar con ellas…

© 2011 Versátil Cinema, S.L. – Alta Producción, S. L. U.
Para qué sirve un oso, una película escrita y dirigida por Tom Fernández

---
[19] la abeja die Biene • [20] el panal die Honigwabe

‹Preparación para los exámenes›

Comprensión

1. Explicad en forma resumida qué motivación tuvo el cineasta Tom Fernández al hacer la película *¿Para qué sirve un oso?*
2. ¿Por qué Alejandro quiere que vuelvan los osos a la región de Asturias?
   ¿Cómo se lo explica a su hermano Guillermo?
3. ¿Qué quiere decir Rosa al afirmar que en California «todas las chicas son rubias y duermen en bikini»?

Análisis

4. ¿Estáis de acuerdo con Tom Fernández cuando afirma que «el sentido del humor puede ser un gran aliado a la hora de luchar por una buena causa como la defensa del medio ambiente»? Justificad vuestra respuesta.
5. ¿Qué os preocupa a vosotros como terrícolas? Analizad los temas más preocupantes: cambio climático, deforestación, extinción de especies animales. ¿O hay otros temas todavía más importantes? Explicad vuestra opinión sobre este asunto.

Comentario

6. Tom Fernández hace mención a su tarea de cineasta explicando que «Otro de los grandes desafíos fue huir de los panfletos ecologistas. Mi trabajo es entretener, no adoctrinar». Reflexionad sobre la misión del cine hoy, sobre las tareas que puede tener, más allá de ser un arte y tener una dimensión estética. ¿Tiene el cine también una tarea política o social?
7. Si tuvieseis la posibilidad de escribir un guion de cine, ¿qué tema os gustaría tratar? Y más allá de vuestra propia elección, ¿qué temas actuales deberían ser llevados a la pantalla? Desarrollad vuestras reflexiones sobre estas dos preguntas y comentadlas.

Preparación al examen oral

En monólogo
1. Leed nuevamente las dos secuencias de la película que presentamos.
   Luego, imaginad un título para cada una. Justificad vuestra elección.
2. Elegid una de las dos secuencias presentadas:
   a) Explicad con vuestras palabras lo que sucede en la escena.
   b) Imaginad cómo podría continar la secuencia. Describid la escena y la acción en ella.
   c) ¿Podríais imaginar un recurso humorístico en la escena, algún elemento divertido?

En diálogo
En parejas, hablad sobre un tema ecológico actual de vuestro país o región.
Definid vuestra posición y defendedla. (Nota: Podéis tener una posición parecida.
Sin embargo, las argumentaciones pueden ser muy personales y diferenciadas.)

Cara a cara

Unidad 4, Aprender y practicar B, ejercicio 2: La agricultura en España

En parejas. Un alumno mira el mapa B. El otro mira el mapa A en la página 58.

a) Contestad las preguntas de vuestro compañero con la ayuda del mapa B.

b) Preguntad a vuestro compañero de dónde vienen los frutos secos, los pepinos, los tomates y los pimientos.
   ★ ¿De dónde son los frutos secos?
   ★ Los frutos secos son de…, en…

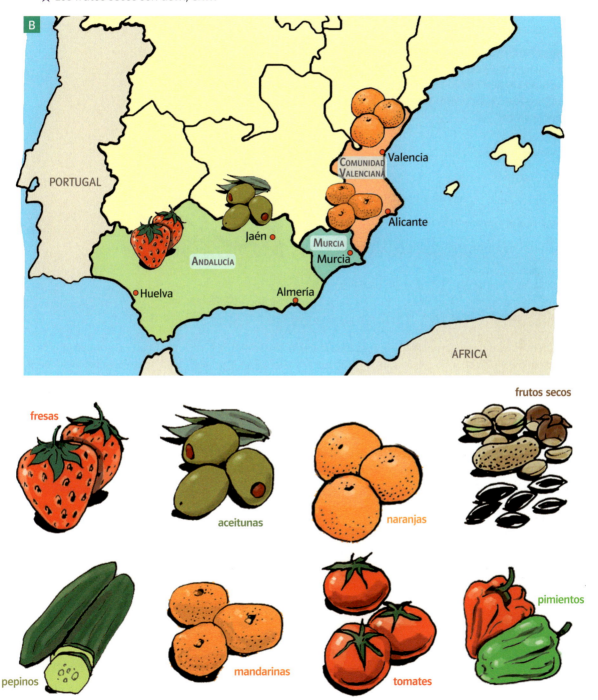

Estrategias

Hörverstehen

Wenn Sie Muttersprachlern zuhören, werden Sie nicht alles oder sogar nur einen Bruchteil verstehen. Aber es gibt Hörtechniken, die Sie je nach Situation anwenden können.

Globales Hören

Ziel des globalen Hörens ist, eine grobe Vorstellung vom Inhalt zu bekommen und die Kernaussagen zu erkennen. Das ist z. B. nützlich, wenn Sie bei einem Gespräch nicht jedes Detail verstehen müssen, aber wissen wollen, worum es geht. Folgende Tipps können Ihnen helfen:

- Hintergrundgeräusche, z. B. Durchsagen, Straßengeräusche, Stimmengemurmel oder Geräusche von Gegenständen können Ihnen bereits eine Ahnung von der Situation geben.
- Beachten Sie den Tonfall der Sprecher, um etwas über die Personen herauszufinden.
- Beantworten Sie sich beim Hören die „W-Fragen":

- Worum geht es?
- Wer spricht?
- Welche Ziele haben die Sprecher?
- Wo findet das Gespräch statt?
- Wann findet das Gespräch statt?

Selektives Hören

Diese Technik wird dann gebraucht, wenn es darum geht, nur bestimmte Informationen herauszufiltern. Entwickeln Sie ein Gespür für die Stellen im Text, die Kernaussagen enthalten, und hören Sie dort besonders aufmerksam zu.

Detailliertes Hören

Beim detaillierten Hören kommt es darauf an, neben den Hauptinformationen auch so viele Details wie möglich zu verstehen. Das kann z. B. bei Wegbeschreibungen wichtig sein.

Beim Hören eines längeren Textes sollten Sie zunächst Schlüsselwörter heraushören und aufschreiben. Hilfreich ist, dass Sie

- keine ganzen Sätze, sondern Stichpunkte festhalten,
- Wichtiges von Unwichtigem trennen,
- zwischen den Stichwörtern Platz für weitere Informationen lassen und
- in Tabellen und Rastern arbeiten.

Betonung und Tonfall

Um eine Person richtig zu verstehen und mit ihr kommunizieren zu können, ist es nicht nur notwendig, die Worte zu verstehen und sich darauf zu konzentrieren. Es ist ebenso wichtig, auf Betonungen, Emotionen und den Tonfall zu achten, um die Einstellung einer Person zum Thema richtig einschätzen zu können.

Lesen / Texte verstehen

Die folgenden Strategien können, je nach Lesesituation und Textart, einzeln oder nacheinander angewendet werden.

Vor dem Lesen

Konzentrieren Sie sich auf besondere Merkmale des Textes, z. B. fett- oder kursivgedruckte Wörter, Überschriften, Bildunterschriften, Illustrationen und Fotos. Häufig geben sie Hinweise, worum es in dem Text geht. Finden Sie heraus, ob Ihre Vermutungen bei der weiteren Lektüre bestätigt werden.

Während des Lesens

Globales Lesen / Globalverständnis

Machen Sie sich eine grobe Idee vom Inhalt eines Textes. Konzentrieren Sie sich dabei auf Wörter, die Sie bereits kennen und schaffen Sie sich so genannte „Verstehensinseln". Auf dieser Basis sollten Sie dann die Textart (Erfahrungs-bericht, Interview, …), das Thema und die Kernaussage des Textes herleiten können, ohne jedes Wort verstanden zu haben.

Scanning bzw. suchendes Lesen

Sie lesen den Text nur in Hinblick auf eine bestimmte Fragestellung (z. B. Uhrzeit, Namen, etc.). Überlesen Sie alles, was nicht in diesem Zusammenhang steht.

Skimming bzw. orientierendes Lesen

Diese Technik dient dazu, die Hauptgedanken eines Textes herauszufinden. Überfliegen Sie daher z. B. jeden Abschnitt eines Textes und versuchen Sie, aufgrund der Schlüsselwörter die Aussage jedes Abschnitts zusammenzufassen.

Intensives Lesen / Detailverständnis

Um einen Text im Detail zu verstehen, ist es notwendig, alle Informationen zu erfassen, unabhängig von Schlüsselwörtern oder markanten Stellen. Dies ist die zeitlich intensivste, aber auch die genaueste Art des Leseverstehens. Nehmen Sie dazu das Wörterbuch zu Hilfe.

Nach dem Lesen

Halten Sie die Ergebnisse, die Sie durch eine der Techniken erzielt haben, schriftlich fest.

Estrategias

Schreiben

Einen Text verfassen

Vor dem Schreiben

Bevor Sie Ihren Text formulieren, schauen Sie sich die folgenden Punkte an:

Aufgabenstellung

- Welchen **Inhalt** wollen Sie wiedergeben?
- Welche **Textform** wird verlangt (E-Mail, Sachtext, Zusammenfassung etc.)?
- Aus welcher **Perspektive** soll geschrieben werden?
- In welcher **Zeit** muss geschrieben werden (Gegenwart, Vergangenheit)?

Notizen

- Notieren Sie sich zunächst **Stichpunkte** zum Thema, z. B. mit Hilfe einer Mind Map.
- Ordnen Sie diese, z. B. in einer Chronologie, nach Wichtigkeit, vom Allgemeinen zum Speziellen. So erhalten Ihre Gedanken und auch der spätere Text eine klare Struktur.

Während des Schreibens

Eine Gliederung erstellen

Achten Sie je nach Textart auf die **Gliederung** (Einleitung, Hauptteil, Schluss). Im Falle einer E-Mail könnte die Gliederung z. B. ein Begrüßungstext (Einleitung), dann das Anliegen (Hauptteil) und schließlich ein Abschiedsgruß (Schluss) sein.

- Einleitung
- Hauptteil
- Schluss

Ausformulierung der Stichpunkte

Nachdem Sie sich Gedanken über Ihre Gliederung gemacht haben, können Sie nun die Stichpunkte, die Sie z. B. mit Hilfe einer Mind Map strukturiert haben, ausformulieren.

Nach dem Schreiben: Die eigenen Fehler vermeiden

Nachdem Sie Ihren Text geschrieben haben, lesen Sie ihn noch einmal genau durch.

Inhalt

Prüfen Sie Ihren Text in Hinblick auf diese Punkte:

- Drückt er das aus, was Sie sagen möchten?
- Ist er verständlich?
- Sind die Worte richtig gewählt?

Fehlervermeidung

Prüfen Sie Ihren Text auch in Hinblick auf Fehler. Legen Sie sich dazu eine Checkliste an, in die Sie Punkte notieren, auf die Sie besonders achten müssen. Tauschen Sie Ihre Texte auch mit Ihrem Partner aus; oft erkennt man die eigenen Fehler nicht.

- Werden die richtigen Zeitformen benutzt?
- Stimmen auch die Zeiten der Vergangenheit?
- Sind die Akzente richtig gesetzt?
- Sind die Adjektive an die Substantive angeglichen?
- Folgen auf die Verben die richtigen Präpositionen?
- Sind die Plurale richtig gebildet?
- Sind die Verben richtig konjugiert?
- Sind die Wörter richtig geschrieben?

Estrategias

Eine Zusammenfassung schreiben

Eine Zusammenfassung zu schreiben heißt, einen Text mit eigenen Worten knapp und sachlich wiederzugeben.

Vorbereitung der Zusammenfassung

- Erfassen Sie die Hauptaussage eines Textes. Stellen Sie sich z. B. folgende Leitfragen:
- Suchen Sie sich die Schlüsselwörter des Textes heraus.

- ¿Qué?
- ¿Quién?
- ¿Dónde?
- ¿Cuándo?
- ¿Por qué?

Schreiben der Zusammenfassung

- Beginnen Sie mit der Hauptaussage.
- Formulieren Sie die Zusammenfassung, ohne den Text zu zitieren. Behalten Sie aber seine gedankliche Gliederung bei.
- Vermeiden Sie persönliche Einschätzungen.
- Schreiben Sie die Zusammenfassung in der 3. Person Präsens.
- Details, Beispiele oder Zitate gehören nicht in eine Zusammenfassung.
- Eine Zusammenfassung sollte maximal ein Drittel des Originaltextes umfassen.

Sprechen

Monologisches Sprechen

Wenn Sie einen freien Vortrag vor der Klasse halten, helfen Ihnen die folgenden Tipps:

Vor dem Vortrag

- Machen Sie sich Gedanken über den Inhalt, den Sie vermitteln wollen.
- Schreiben Sie wichtige Stichpunkte zum Thema auf und versuchen Sie, diese zu strukturieren, z. B. mit Hilfe einer Mind Map oder nach der Wichtigkeit.
- Bereiten Sie einige Karteikarten mit ausformulierten Sätzen zu Ihrem Thema vor. Sie helfen Ihnen, nicht den Faden zu verlieren.

Während des Vortrags

- Grüßen Sie Ihre Zuhörer, bevor Sie Ihren Vortrag beginnen, und bereiten Sie Ihre Zuhörer durch einen Einleitungssatz auf das Thema vor.
- Versuchen Sie sich an die vorbereiteten Sätze und Wendungen zu erinnern.
- Verwenden Sie nur einfache Sätze.
- Benutzen Sie Füllwörter wie *pues* bzw. Konjunktionen, um Sätze zu verknüpfen.
- Wenn Sie ins Stocken geraten, schauen Sie auf eine Karteikarte.

Dialogisches Sprechen

- Legen Sie sich vor dem Gespräch wichtige Wörter und Wendungen zurecht.
- Erstellen Sie eine Liste mit den häufigsten Fragewörtern und deren Gebrauch.
- Grüßen Sie Ihren Gesprächspartner.
- Stellen Sie nur kurze Fragen.
- Wenn Sie etwas nicht verstehen, fragen Sie nach. Verwenden Sie dazu Konstruktionen wie
  - *Perdón, no entiendo.*
  - *¿Puedes repetir, por favor?*
  - *¿Qué significa… ?*

Estrategias

In einer Diskussion argumentieren

Vor der Diskussion

- Sammeln Sie Ihre Argumente und ordnen Sie sie in der Reihenfolge, in der Sie sie vortragen möchten.
- Verdeutlichen Sie Ihre Position durch Beispiele.
- Überlegen Sie: Welche Argumente werden wohl von der Gegenseite vorgetragen? Wie können Sie sie widerlegen?
- Bereiten Sie einen Spickzettel vor, um den Faden nicht zu verlieren.

Während der Diskussion

- Sprechen Sie klar und deutlich. Hören Sie einander aufmerksam zu.
- Unterbrechen Sie Ihren Gesprächspartner nur, wenn er zu lange redet oder vom Thema abkommt.
- Fragen Sie nach, wenn Sie etwas nicht verstanden haben.
- Wenn die Argumente Ihres Gesprächspartners überzeugen, akzeptieren Sie sie.

Moderator

- Eröffnen Sie die Diskussion und führen Sie kurz in das Thema ein.
- Erteilen Sie den Rednern das Wort und unterbrechen Sie, falls nötig.
- Fassen Sie Positionen zusammen und formulieren Sie sie klar.
- Schließen Sie die Diskussion mit einem Ergebnis ab.

Eine Präsentation vorbereiten und vortragen

Eine Präsentation zu halten, kann ungewohnt sein und muss daher trainiert werden.
Die folgenden Tipps helfen Ihnen, eine Präsentation zu planen, vorzubereiten und zu halten.

Vor der Präsentation

- Machen Sie sich Gedanken über die Ziele Ihrer Präsentation. Fragen Sie sich:
- Starten Sie dann Ihre Recherche. Suchen Sie z. B. im Internet oder in Lexika Informationen zu Ihrem Thema. Lesen und strukturieren Sie diese Informationen. Es kann sein, dass Sie nach dem Lesen einiger Texte auch die Ziele Ihrer Präsentation anpassen müssen.

- Was will ich meinen Zuhörern vermitteln?
- Was sind die wichtigsten Punkte meines Themas?
- Wie kann ich diese angemessen darstellen?

Vorbereitung der Präsentation

Gliederung

- Ordnen Sie Ihre Informationen und erstellen Sie eine Gliederung.
- Der Einstieg und der Abschluss einer Präsentation sind besonders wichtig. Überlegen Sie, wie Sie am Anfang der Präsentation Interesse wecken können (z. B. durch ein ungewöhnliches Bild). Der Abschluss einer Präsentation sollte eine Zusammenfassung beinhalten.
- Stellen Sie am Anfang der Präsentation eine Gliederung Ihres Vortrags vor, evtl. auch in Form einer Mind Map.

Inhalte

- Schreiben Sie sich wichtige Stichworte auf Karteikarten in der Reihenfolge auf, in der Sie die Inhalte präsentieren werden. Notieren Sie sich außerdem den ersten Satz vollständig. Das hilft Ihnen bei der Einführung in das Thema und gibt Ihnen Sicherheit. Üben Sie dann Ihre Präsentation mit den Karteikarten und versuchen Sie, frei zu sprechen.

Sprache

- Verwenden Sie einfache Formulierungen, damit Ihre Mitschüler Sie auch verstehen. Am besten nehmen Sie die Vokabeln, die sie aus dem Unterricht bereits kennen. Vermeiden Sie komplizierte Formulierungen aus dem Internet oder aus Originaltexten.
- Erklären Sie Ihren Zuhörern wichtige und schwierige Vokabeln.

Medien

- Nutzen Sie verschiedene Medien wie die Tafel, das Flipchart oder den Overhead-Projektor.
- Integrieren Sie in Ihren Vortrag Bilder oder Grafiken.

Durchführung der Präsentation

- Beginnen Sie erst, wenn die Zuhörer still sind.
- Sprechen Sie langsam, laut und deutlich und bilden Sie keine zu komplizierten Sätze. Machen Sie immer wieder Pausen.
- Betonen Sie wichtige Stellen oder wiederholen Sie sie.
- Wenn Sie nervös sind, nehmen Sie Ihre Karteikarten oder einen Stift in die Hand.
- Halten Sie Blickkontakt zum Publikum und beziehen Sie es durch Rückfragen ein.

Sprachmittlung (Mediation)

Mit dem Begriff Mediation bezeichnet man Situationen, in denen Sie etwas auf Spanisch oder Deutsch wiedergeben möchten, was Sie in der jeweils anderen Sprache gehört bzw. gelesen haben. Mediation kann auch bedeuten, dass Sie für jemanden übersetzen müssen, da er/sie entweder kein Deutsch bzw. Spanisch versteht oder spricht. Folgende Tipps helfen Ihnen, diese Situationen zu bewältigen. Sie gelten sowohl für die mündliche als auch die schriftliche Sprachmittlung:

Vor der Sprachmittlung

- Überlegen Sie sich immer, welche Informationen Ihr Gesprächspartner benötigt oder welche für ihn interessant sind.
- Manchmal müssen Sie den Gesamtinhalt grob zusammenfassen. Formulieren Sie dazu die Kernaussagen und achten Sie auf Schlüsselwörter. Übertragen Sie das Notwendigste.
- In anderen Fällen kommt es auf bestimmte Informationen an. Lesen Sie dazu die betreffenden Stellen nach bzw. hören Sie genau hin. Übertragen Sie die relevanten Informationen dann möglichst genau.

Während der Sprachmittlung

- Fassen Sie die wesentlichen Informationen mit eigenen Worten zusammen. (Sprachmittlung heißt nicht Wort-für-Wort-Übersetzung!)
- Machen Sie sich beim Lesen oder Hören Notizen und schreiben Sie wichtige Stichpunkte auf.
- Orientieren Sie sich an Abbildungen, Namen und Zahlen.
- Wenn Sie ein Wort im Spanischen nicht kennen, versuchen Sie, es zu umschreiben oder verwenden Sie beim Dolmetschen in das Spanische einen Begriff, der eine ähnliche Bedeutung hat.
- Statt einer Umschreibung können Sie auch Gestik und Mimik benutzen. Es hilft ebenfalls, Skizzen und kleine Zeichnungen anzufertigen und anhand dieser den betreffenden Sachverhalt zu erläutern.

Estrategias

Interkulturelle Aspekte des Sprachenlernens

- Um richtig zu verstehen, was Sprecher einer Fremdsprache ausdrücken wollen bzw. um was es in einem fremdsprachlichen Text geht, genügt es nicht nur, genau die Worte zu verstehen. Der Inhalt eines gehörten oder geschriebenen Textes lässt sich nicht allein über die Worte erfassen: Häufig sagen Gesten oder auch die Art, wie etwas gesagt wird, mehr aus.
- Es geht auch um das Verstehen interkultureller Zusammenhänge. Ein Gespür dafür muss sorgfältig aufgebaut und trainiert werden. Häufig sind auch ein gehöriges Maß an Hintergrundwissen notwendig, um alle Details in ihrem interkulturellen Zusammenhang einordnen und bewerten zu können. Um es zu erlangen, muss der Lerner viel lesen, hören oder sich im Zielland aufhalten.

Wortschatz erwerben

Wortschatz erschließen

In spanischen Texten treffen Sie immer wieder auf Wörter, die Sie noch nicht gelernt haben. Es ist Ihnen aber möglich, den Text trotzdem zu verstehen, indem Sie die Bedeutung der unbekannten Wörter erschließen. Dazu stehen Ihnen folgende Möglichkeiten zur Verfügung:

Abbildungen

Wenn Sie ein Wort oder einen Teil eines Satzes nicht verstehen, schauen Sie sich die Abbildungen / Illustrationen oder Fotos in der Nähe der Textstelle bzw. des unbekannten Wortes an. Sie können einen Hinweis auf die Wortbedeutung geben.

Vorwissen

Ihr Vorwissen aus dem Deutschen oder anderen Sprachen kann helfen. Ähnlich klingende Wörter in verschiedenen Sprachen haben oft dieselbe Bedeutung. Überlegen Sie daher bei unbekannten Wörtern, ob Sie ähnliche Wörter aus dem Deutschen (auch Fremdwörter) oder einer anderen Sprache kennen und ob ihre Bedeutung in dem Zusammenhang passt. Beispiel:

Spanisch	Deutsch	Englisch	Französisch
la familia	die Familie	family	la famille
el número de teléfono	die Telefonnummer	telephone number	un numéro de téléphone

Vorsicht aber bei „falschen Freunden". Beispiel:

la carta	der Brief	actual	aktuell
die Karte	la tarjeta, el mapa	actual	real, wahr

Wortbildung

Wenn Sie einige Wortbildungsmechanismen kennen, können Sie viele unbekannte Vokabeln ableiten, weil Sie bereits ein anderes Wort aus der gleichen Wortfamilie kennen.

Einerseits gibt es Präfixe (= Element, das „vor" einem Wort steht): z. B. *in-*, *des-*, *im-*, *in-* etc. Diese Präfixe drücken häufig etwas Negatives aus oder etwas, was fehlt.

Dann gibt es Suffixe (= Silben, die an ein Wort angehängt werden). Sie werden in Texten häufig die Suffixe *-ción*, *-sión*, *-ez* antreffen. Sie dienen der Substantivierung.

Estrategias

Wörter lernen und behalten

Beim Vokabellernen gibt es viele Möglichkeiten, sich Wörter leichter zu merken.
Testen Sie verschiedene Techniken an sich selbst, um den persönlichen Favoriten herauszufinden.

Vokabelnetze

Vokabelnetze helfen, Wörter, die zu einer thematischen Einheit gehören, zu vernetzen und so im Zusammenhang zu lernen. Das Gehirn prägt sich dabei nicht nur die einzelnen Wörter ein, sondern ein ganzes Bild, und vernetzt somit die Wörter.
Schreiben Sie dazu in die Mitte den Oberbegriff der zu lernenden Vokabeln.
Ordnen Sie die Vokabeln so an, dass Wörter und Ausdrücke nebeneinander stehen, die für Sie etwas miteinander zu tun haben. Holen Sie Ihr Vokabelnetz immer wieder hervor, um es noch einmal anzuschauen und um fehlende Wörter zu ergänzen.

Wortschatz strukturieren

Neben der Anordnung der Vokabeln in Themengruppen gibt es noch weitere Möglichkeiten, Vokabeln zu strukturieren, um sie sich einfacher zu merken.
Ordnen Sie die Vokabeln:

- nach Gegensatzpaaren, z. B.: bueno – malo; grande – pequeño
- nach logischer Anordnung, z. B.: Kleidung (von Kopf bis Fuß)
- nach persönlichen Vorlieben, z. B.:
  Wörter, die mir gefallen;
  Wörter, die mir nicht gefallen;
  Wörter, die ich mir nicht merken kann;
  Wörter, die man leicht übersieht
- nach Themen: z. B. Freizeit, Schule

Zeichnungen und Symbole

Wo es sich anbietet, erstellen Sie zu den Vokabeln kleine Zeichnungen und Symbole. Durch Bilder oder Abbildungen werden Vokabeln im Gehirn besser gespeichert.

Zettel für Vokabeln

Schreiben Sie unbekannte Wörter auf kleine Zettel und legen Sie diese an Stellen, die von Ihnen oft gesehen werden (z. B. Computer, Kühlschrank) oder beschriften Sie die „zu lernenden" Gegenstände mit kleinen Zetteln (z. B. Spiegel).

Lernen im Kontext

Merken Sie sich zu den Vokabeln, wenn möglich, immer einen Satz, z. B. den Beispielsatz aus dem Vokabelteil oder einen einprägsamen Satz aus den Lektionen.

Gesten und bestimmte Situationen als Merkhilfen

Bei manchen Vokabeln ist es hilfreich, sie durch eine Geste zu lernen.
Führen Sie die Handlung aus, die zu dem Wort passt, und sprechen Sie das Wort laut aus.

Hören und Sprechen

Nehmen Sie Wörter, die Sie sich schlecht merken können, auf und hören Sie sie sich immer wieder an.
Lassen Sie beim Aufnehmen Pausen, damit Sie beim Anhören Zeit haben, das Wort zu erinnern.

Vokabelkartei

Legen Sie sich eine Vokabelkartei mit fünf Fächern an, und schreiben Sie alle Vokabeln auf Kärtchen: Die Kärtchen kommen zuerst alle in das erste Fach. Haben Sie ein Wort gewusst, rückt es vor in das zweite Fach, dann in das dritte, … Wenn Sie ein Wort nicht wissen, kommt es zurück in das erste Fach.
Ziel ist, dass alle Kärtchen im fünften Fach landen.

Estrategias

Mit einem Wörterbuch arbeiten

Das zweisprachige Wörterbuch

Ein Wörterbuch kann Ihnen in vielerlei Hinsicht helfen, einen spanischen Text zu lesen oder zu schreiben. Sie können darin einerseits unbekannte Wörter nachschlagen. Andererseits hilft ein Wörterbuch, während des Schreibens Fehler zu vermeiden.

Verstehen

Um Ihnen die Arbeit mit dem Wörterbuch zu erleichtern, ist es wichtig zu wissen, welche Information ein Wörterbuch bietet, um die richtige Übersetzung zu finden. Lexikoneinträge sind in der Regel folgendermaßen aufgebaut:

Beachten Sie bei der Arbeit mit dem Wörterbuch folgende Tipps:

- Nehmen Sie nicht immer die erste Bedeutung eines Wortes, sondern beachten Sie den Kontext, in dem das Wort gebraucht wird.
- Wenn Sie z. B. die Bedeutung des Ausdrucks *echar de menos* suchen, ist es immer sinnvoll, nach der Bedeutung des weniger geläufigen Wortes zu suchen, in diesem Fall also *menos*.
- Wenn Sie glauben, die richtige Bedeutung gefunden zu haben, machen Sie den Gegencheck. Wenn Sie also für *echar de menos* die Bedeutung *vermissen* gefunden haben, schlagen Sie jetzt sicherheitshalber unter *vermissen* nach.

Die Stichwörter werden farbig und in alphabetischer Reihenfolge geordnet.

Die Aussprache wird in eckigen Klammern angegeben.

Die römischen Ziffern zeigen die Wortart an.

Häufig hat ein Stichwort mehrere Bedeutungen. Jede wird durch eine eigene Ziffer gekennzeichnet.

In Klammern stehen in kursiv weitere Bedeutungshinweise (z. B. in welchem Kontext das Wort verwendet wird, etc.) oder auch weitere grammatische Hinweise (z. B. welche Präposition verwendet werden muss, etc.)

Idiomatische Wendungen und Redewendungen sind fett markiert.

---

echar [e'tʃar] **I.** *vt* ❶ (*tirar*) werfen; (*carta*) einwerfen; ~ **a la basura/al suelo** in den Müll/auf den Boden werfen; **la suerte está echada** die Würfel sind gefallen ❷ (*verter*) eingießen (*en* in +*akk*) ❸ (*fam: aparecer*) bekommen; ~ **los dientes** zahnen ❹ (*expulsar*) hinauswerfen (*de* aus +*dat*); (*despedir*) entlassen ❺ (*emitir*) ausstoßen; ~ **humo** rauchen ❻ (*tumbar*) legen ❼ (*proyectar*) zeigen; (TEAT) aufführen; **en el cine echan 'Rocky IV'** im Kino läuft „Rocky IV" ❽ (*calcular*): **te echo 30 años** ich schätze dich auf 30 ❾ (*tiempo, esfuerzo*): **eché dos horas en acabar** ich brauchte zwei Stunden, um fertig zu werden ❿ (*loc*): ~ **abajo** (*destruir*) abreißen; (*rechazar*) ablehnen; ~ **un brindis** einen Trinkspruch ausbringen; ~ **algo en cara a alguien** jdm etw vorwerfen; ~ **chispas** (*fam*) vor Wut schäumen; ~ **cuentas** rechnen; ~ **la culpa a alguien** die Schuld auf jdn schieben; ~ **un discurso** eine Rede halten; ~ **en falta** vermissen; ~ **gasolina** tanken; ~ **las** (*Chil*): ~ **a correr** davonlaufen; ~**le** (*Perú: emborracharse*) sich (ständig) betrinken; ~ **leña al fuego** (*fig*) Öl ins Feuer gießen; ~ **una mano a alguien** (*fam*) jdm zur Hand gehen; ~ **de menos** vermissen; ~ **una ojeada a alguien** einen Blick auf jdn werfen; ~ **a perder** verderben; ~ **pestes** (*fam*) fluchen; ~ **a pique** versenken; ~ **raíces** Wurzeln schlagen; ~ **a suertes** losen; ~ **por tierra** (*fig*) zunichtemachen; ~ **un trago** (*fam*) einen Schluck trinken **II.** *vi* ❶ (*lanzar*) werfen ❷ (*verter*) einschenken ❸ (*empezar*) anfangen (*a* zu); ~ **a correr** loslaufen **III.** *vr*: ~**se** ❶ (*postrarse*) sich hinlegen; **me eché en la cama** ich legte mich ins Bett ❷ (*lanzarse*) sich stürzen (*sobre* auf +*akk*); ~**se a los pies de alguien** sich jdm zu Füßen werfen ❸ (*empezar*) anfangen (*a* zu); ~**se a llorar** in Tränen ausbrechen ❹ (*fam: iniciar una relación*): ~**se un novio** sich *dat* einen Freund zulegen ❺ (*loc*): ~**se a perder** verderben

© PONS Schülerwörterbuch Spanisch 2007

Schreiben

- Beim Schreiben eines Textes kann das Wörterbuch ebenfalls hilfreich sein. Auch hier gilt, nicht gleich die erste Bedeutung zu nehmen, sondern auf den Kontext zu achten und dementsprechend die richtigen Vokabeln herauszusuchen.
- Benutzen Sie das Wörterbuch auch, um das Geschlecht eines Wortes, die richtige Verbform (regelmäßig/unregelmäßig) oder den Plural zu überprüfen.
- Außerdem lässt sich mit dem Wörterbuch sehr schnell herausfinden, ob ein Wort mit bestimmten Präpositionen oder Redewendungen verwendet wird oder ein bestimmtes Objekt (direkt/indirekt) nach sich zieht.

Tipp: Zum Nachschlagen kann auch ein Internetwörterbuch, wie zum Beispiel PONS (www.pons.de), verwendet werden.

Bildbeschreibung

Orientieren Sie sich an den folgenden vier Schritten, wenn Sie eine Bildbeschreibung machen müssen:

1. Erste Eindrücke

Als erstes sollten Sie das Bild als Ganzes betrachten. Beachten Sie als Hilfe die folgenden Punkte:

- Art des Bildes, z. B. Foto, Comic, Gemälde, Zeichnung, Karikatur, Werbeanzeige etc.
- Benennung der Situation
- Hauptpersonen und Hauptgegenstand
- erste Eindrücke von dem Bild

2. Beschreibung

Konzentrieren Sie sich bei der Beschreibung eines Bildes zunächst auf die Hauptelemente und wenden Sie sich erst danach dem weniger Wichtigen zu. Meistens bedeutet dies von der Bildmitte auszugehen und anschließend die Seiten des Bildes zu berücksichtigen. Es gibt aber auch Fälle, in denen das Vorgehen genau anders herum ist. Darüber hinaus lässt sich ein Bild auch von links nach rechts und von oben nach unten und jeweils umgekehrt beschreiben.

Wichtige Punkte für die Beschreibung sind:

- die Personen und Gegenstände
- der Ort, die Stimmung, die Situation
- die Farben

3. Interpretation und Analyse

Nach der Beschreibung sollten Sie das Bild interpretieren:

- Bedeutung der einzelnen Elemente
- Zusammenspiel der Elemente
- Aussage und Absicht des Autors

Tipp: Informieren Sie sich, wenn möglich, im Vorfeld über den Zeichner oder Maler um mehr Hintergrundinformationen zu erhalten. Diese könnten für die Interpretation des Bildes hilfreich sein.

4. Persönliche Wertung

Geben Sie zum Schluss auch noch eine subjektive Bewertung des Bildes ab. Hierzu können Sie zum Beispiel auf Ihren ersten Eindruck zurückgreifen und vergleichen, ob Sie auch nach der Analyse zu denselben Ergebnissen kommen würden.
Zusätzlich sollten Sie auch darauf eingehen, ob das Bild Ihrer Meinung nach die gewünschte Wirkung erzielt und die getroffenen Aussagen über das Bild für Sie relevant sind.

Unidad 1

§1 El pretérito imperfecto (W)
Das *pretérito imperfecto* (W)

Formas regulares del pretérito imperfecto
Regelmäßige Formen des *pretérito imperfecto*

	Verben auf *-ar*	Verben auf *-er*	Verben auf *-ir*
	atacar	vender	existir
(yo)	atacaba	vendía	existía
(tú)	atacabas	vendías	existías
(él, ella / usted)	atacaba	vendía	existía
(nosotros, -as)	atacábamos	vendíamos	existíamos
(vosotros, -as)	atacabais	vendíais	existíais
(ellos, -as / ustedes)	atacaban	vendían	existían

🇫🇷 Quand j´étais petite, je chantais tout le temps.

Formas irregulares del pretérito imperfecto
Unregelmäßige Formen des *pretérito imperfecto*

Nur diese drei Verben haben unregelmäßige Formen im *pretérito imperfecto*:

	ser	ir	ver
(yo)	era	iba	veía
(tú)	eras	ibas	veías
(él, ella / usted)	era	iba	veía
(nosotros, -as)	éramos	íbamos	veíamos
(vosotros, -as)	erais	ibais	veíais
(ellos, -as / ustedes)	eran	iban	veían

§2 El uso del pretérito imperfecto y el pretérito indefinido
Kontrastierung des *pretérito imperfecto* und *pretérito indefinido*

pretérito imperfecto
La casa **era** luminosa y **tenía** un jardín muy grande. Todos los sábados **íbamos** al cine.
Antes no me gustaba bailar, pero ahora sí.

Das *pretérito imperfecto* wird verwendet:
→ für Beschreibungen in der Vergangenheit
→ wenn Gewohnheiten beschrieben werden.

Typische Zeitangaben für den Gebrauch des *pretérito imperfecto* sind: *antes, todas las semanas*, usw.

Gramática | 1

pretérito indefinido	
Lo **dije** cinco veces, pero no me **quiso** escuchar. El lunes **visité** a mis padres. **Ayer** tuve un examen muy difícil.	Das *pretérito indefinido* wird verwendet, wenn wir deutlich machen wollen, dass eine Handlung vollständig der Vergangenheit angehört und abgeschlossen ist. Typische Zeitangaben für den Gebrauch des *pretérito indefinido* sind: *ayer, la semana pasada, en 2010*, usw.

→ Mientras Elena escuchaba música, la llamaron al móvil.

§3 El pronombre relativo lo que
Das Relativpronomen *lo que*

lo que	
Yo hice todo **lo que** me dijiste. **Lo que** tienes que hacer es ir de compras.	*Lo que* bezieht sich auf einen ganzen Satz bzw. seinen Inhalt und wird im Deutschen mit *was* oder *das, was* wiedergegeben.

§4 El pronombre relativo que con preposición
Das Relativpronomen *que* nach Präposition

Präposition + Begleiter + *que*	
El <u>piso</u> **en el que** vivo es muy barato. Tú eres <u>la razón</u> **por la que** disfruto de la vida. Son las <u>amigas</u> **de las que** te hablé.	Wenn eine Präposition vor dem Relativpronomen *que* steht, ergänzt man in der Regel zwischen der Präposition und *que* den bestimmten Begleiter. Der bestimmte Begleiter richtet sich in Genus und Numerus nach dem Substantiv, auf das er sich bezieht.

ciento cuarenta y nueve | 149

2 | Gramática

Unidad 2

§5 Las formas regulares del pretérito perfecto
Regelmäßige Formen des Perfekts

	presente del verbo haber +	participio perfecto
(yo)	he	
(tú)	has	
(él, ella / usted)	ha	cambi**ado**
(nosotros, -as)	hemos	beb**ido**
(vosotros, -as)	habéis	traduc**ido**
(ellos, -as / ustedes)	han	

¿Habéis hecho los deberes?

[!] Anders als im Deutschen kann man im Spanischen *haber* und das Partizip nicht trennen.

→ Du **hast** dich schon wieder einmal **geirrt**.

🇫🇷 Est-ce que tu as vu mon DVD ?

🇬🇧 Has anyone seen my DVD?

§6 El participio pasado irregular
Unregelmäßiges Partizip Perfekt

abrir	**abierto**	poner	**puesto**
decir	**dicho**	morir	**muerto**
escribir	**escrito**	ver	**visto**
hacer	**hecho**	volver	**vuelto**

→ Julio ha **visto** que sus alumnos han hecho los deberes.

[!] Partizipien von Verben wie *creer* und *leer* schreibt man mit Akzent: *creído, leído*.

[!] Zusammengesetzte Verben bilden das Partizip Perfekt wie das Verb, aus dem sie sich zusammensetzen: *puesto, propuesto*.

§7 El uso del pretérito perfecto
Gebrauch des *pretérito perfecto*

pretérito perfecto	
No **he hablado** todavía con él. ¿**Has terminado** ya? **Hoy** lo he pasado mal durante el examen.	Das *pretérito perfecto* wird verwendet, wenn die Handlung der Vergangenheit einen Bezug zur Gegenwart aufweist. Typische Zeitangaben für den Gebrauch des *pretérito perfecto* sind: *hoy, ya, esta semana, este año, nunca,* usw.

§8 Llevar + gerundio
Llevar + Gerundium

llevar + gerundio
Llevo un año **trabajando** aquí. ¿Cuánto tiempo **llevas viviendo** en Berlín?

Llevar + Gerundium verwendet man als Ausdruck der Dauer. Solche Sätze werden im Deutschen mit *seit* wiedergegeben.

§9 Ningún, ninguno
Ningún, ninguno

Adjektiv		Pronomen	
No conozco	ning**ún** libro de Cercas. ning**una** canción de Maná.	No conozco	ning**uno**. ning**una**.

[!] *Ningunos, -as* wird nur mit Substantiven gebraucht, die immer in Plural sind (z. B. *gafas*). Für Substantive, die einen Singular und einen Plural haben, verwendet man *ninguno, -a*.

[!] Doppelte Verneinung: **No** me gusta **ninguna**. = **Ninguna** me gusta.
→ No he llamado nunca a ninguno.

§10 Ni… ni
Ni… ni

ni… ni
Ni me gusta **ni** lo quiero. Mi novio **no** es **ni** atractivo **ni** rico. Mi novio **no** es atractivo **ni** rico.

Die Verneinung *ni… ni* kann man mit *weder… noch* wiedergeben.
Sie richtet sich nach den Regeln der doppelten Verneinung. Steht ein *no* vor dem Verb, kann man das erste *ni* auch weglassen.

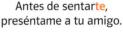 Je n'ai ni faim ni soif.

§11 Antes de / Después de + infinitivo
Antes de / Después de + Infinitiv

antes de + *Infinitiv*
Antes de desayunar, dúchate. Dusche, *bevor* du frühstückst.

después de + *Infinitiv*
Después de hacer deporte tuvimos que correr. Nach dem Sport mussten wir rennen.

[!] Denken Sie daran, dass die Pronomen an den Infinitiv gehängt werden.

Antes de sentar**te**, preséntame a tu amigo.

Unidad 3

§12 Ser y estar
Ser und *Estar*

1. Der Gebrauch von *ser* und *estar*: Grundregel (W)

ser	Das Verb *ser* benutzt man:
Es Marcelo, no **es** profesor. **Es** de Argentina.	→ vor einem Substantiv → zur Angabe der Herkunft

estar	Das Verb *estar* benutzt man:
Estamos en Alemania. ¿Qué **estás** haciendo?	→ zur Ortsangabe → vor Gerundium

2. Der Gebrauch von *ser* und *estar* vor Adjektiven.

ser (unveränderliche Eigenschaften, Charaktereigenschaften)	estar (vorübergehender Zustand)
La nieve **es** fría y blanca.	La comida **está** fría y sosa.

Man benutzt das Verb *ser*, wenn man sagen will, dass eine Sache eine dauerhafte Eigenschaft besitzt; man benutzt das Verb *estar*, wenn man ausdrücken will, dass eine Eigenschaft nur vorübergehend ist.

ser (Charaktereigenschaften)	estar (vorübergehender Zustand)
Antonio **es** muy romántico.	Antonio **está** enamorado.

Auf Personen bezogen, steht das Verb *ser* für dauerhafte Charaktereigenschaften, das Verb *estar* für den Gemütszustand.

Typische Personeneigenschaften		Typische Ausdrücke des Gemütszustands	
Yo **soy**	gracioso, -a. rubio, -a. alto, -a. pobre. joven. vago, -a. ecologista. vegetariano, -a. amable.	Yo **estoy**	aburrido, -a. encantado, -a. cansado, -a. enamorado, -a. contento. triste. enfadado, -a. decepcionado, -a.

[!] Man kann dasselbe Adjektiv verwenden, um den vorübergehenden Zustand oder eine dauerhafte Eigenschaft auszudrücken.

Gramática 3

§13 Las formas tónicas del adjetivo posesivo
Der betonte Possessivbegleiter

unbetonter Possessivbegleiter	betonter Possessivbegleiter
mi pantalón	un pantalón **mío**
tu blusa	una blusa **tuya**
sus vaqueros	unos vaqueros **suyos**
nuestras faldas	unas faldas **nuestras**
vuestras camisas	unas camisas **vuestras**
sus zapatos	unos zapatos **suyos**

> Der betonte Possessivbegleiter steht nach dem Substantiv und wird wie ein Adjektiv in Geschlecht und Zahl an das Substantiv angeglichen.

Die betonten Possessivbegleiter werden selten mit *el/la/los/las* verwendet.

§14 El pronombre posesivo
Das Possessivpronomen

unbetonter Possessivbegleiter	das Possessivpronomen
mi pantalón	el **mío**
tu blusa	la **tuya**
sus vaqueros	los **suyos**
nuestras faldas	las **nuestras**
vuestras camisas	las **vuestras**
sus zapatos	los **suyos**

> Die Formen des Possessivpronomens stimmen mit den Possessivbegleitern aus §13 überein.

Tus vestidos son más bonitos que **los míos**.

Esta chaqueta es (la) **mía**.

> Die Possessivpronomen werden verwendet,
> - um die Wiederholung des Substantivs zu vermeiden.
> - um Besitz anzuzeigen.

¡Oye, esta blusa es **mía**!

Esa blusa es **la mía**.

Ser + mío,-a, tuyo,-a etc. gibt den Besitz an und wird mit gehört mir, dir, etc. übersetzt.

Ser + él, la, los, las + mío,-a, tuyo,-a etc. wird zur Identifikation einer Sache von mehreren verwendet.

ciento cincuenta y tres | 153

§15 El superlativo terminado en -ísimo
Der Superlativ auf -ísimo

muy conocido = **conocidísimo**

muy guapas = **guapísimas**

simpátic**o**	lar**g**a	dif**í**cil
simpati**qu**ísimo	lar**gu**ísima	dificil**í**simo

> Mit der Endung -ísimo, -ísima, -ísimos, -ísimas wird ein Adjektiv oder Adverb gesteigert.

[!] Achten Sie auf die Schreibung (*c-qu / g-gu*), auf die Akzentverschiebung und auf eventuelle unregelmäßige Formen wie *antiguo* (*antiquísimo*), *pobre* (*paupérrimo*) und *amable* (*amabilísimo*).

§16 La formación del pretérito pluscuamperfecto
Bildung des *pretérito pluscuamperfecto*

	pretérito imperfecto del verbo haber +	participio perfecto
(yo)	**había**	
(tú)	**habías**	
(él, ella / usted)	**había**	diseñ**ado**
(nosotros, -as)	**habíamos**	aprend**ido**
(vosotros, -as)	**habíais**	constru**ido**
(ellos, -as / ustedes)	**habían**	

[!] Für die Bildung des unregelmäßigen Partizip Perfekts siehe § 6, Seite 150.

🇫🇷 Mes invités sont arrivés plus tôt que prévu. Heureusement, j'avais déjà tout préparé.

🇬🇧 I had always wanted to see New York, so last year I finally went.

§17 El uso del pretérito pluscuamperfecto
Gebrauch des *pretérito pluscuamperfecto*

pretérito pluscuamperfecto
Ayudé a mi madre porque me lo **había pedido**. *Ich half meiner Mutter, weil sie mich darum gebeten hatte.* Cuando llegué, José ya se **había ido**. *Als ich ankam, war José bereits weggegangen.*

> Das *pretérito pluscuamperfecto* drückt eine Vorvergangenheit, d. h. Ereignisse, die vor einem anderen Zeitpunkt in der Vergangenheit stattgefunden haben, aus.

Unidad 4

§18 Las formas regulares del futuro simple
Regelmäßige Formen des Futurs

	Verben auf -ar	Verben auf -er	Verben auf -ir
	trabajar	vender	repartir
(yo)	trabajaré	venderé	repartiré
(tú)	trabajarás	venderás	repartirás
(él, ella / usted)	trabajará	venderá	repartirá
(nosotros, -as)	trabajaremos	venderemos	repartiremos
(vosotros, -as)	trabajaréis	venderéis	repartiréis
(ellos, -as / ustedes)	trabajarán	venderán	repartirán

Um das Futur zu bilden, werden bei allen Verbgruppen dieselben Endungen an den Infinitiv gehängt.

🇫🇷 Après mes études, je travaillerai dans une grande entreprise.

§19 Las formas irregulares del futuro simple
Unregelmäßige Formen des Futurs

decir	diré, dirás…
hay	habrá…
hacer	haré, harás…
poder	podré, podrás…
poner	pondré, pondrás…
querer	querré, querrás…
saber	sabré, sabrás…
salir	saldré, saldrás…
tener	tendré, tendrás…
venir	vendré, vendrás…

Die Endungen sind dieselben wie bei den regelmäßigen Verben. Nur der Stamm ist anders.

§20 El uso del futuro simple
Gebrauch des Futurs

En verano repartiré publicidad.
Im Sommer werde ich Werbung austeilen.

¿Encontrará pronto trabajo?
Ob er bald Arbeit findet?

Futur wird hauptsächlich verwendet,
- um die Zukunft auszudrücken,
- um Vermutungen zu äußern.

[!] Um Absichten zu äußern, verwendet man häufiger *ir a + Infinitiv*: «Voy a ir al cine».

4 | Gramática

§21 La oración condicional real con si
Der reale Bedingungssatz mit *si*

Si aprendes español, te pago un viaje a España.
Si me necesitas, ¿me llamarás?
Si me necesitas, llámame.

> Bedingungssätze werden mit *si* eingeleitet.
> Bei erfüllbaren (= realen) Bedingungen kann das Verb des Hauptsatzes im Präsens, Futur oder Imperativ stehen.

Si me visitas, vamos a la playa.
Falls du mich besuchst, gehen wir zum Strand.

Cuando me visitas, vamos a la playa.
Immer (dann), wenn du mich besuchst, gehen wir zum Strand.

> Sollte der Satz eine zeitliche Bedeutung ausdrücken, dann wird *cuando* verwendet.

[!] Im *si*-Satz darf man kein Futur verwenden!

🇫🇷 Si tu veux, tu peux parler espagnol.   🇬🇧 If you want you can speak Spanish.

§22 Los porcentajes
Die Prozentzahlen

Un 15% (por ciento)
El 15% (por ciento)

> Prozentzahlen werden in der Regel mit den Begleitern *un* oder *el* angegeben.

Un 15,3% (quince **coma** tres por ciento)

> Dezimalzahlen werden mit Komma geschrieben und mit *coma* gesprochen.

El 2% **es** muy rico.
El 2% de los españoles **son** muy ricos / **es** muy rico.

> Das Verb steht bei Prozentangaben im Singular. Steht direkt vor dem Verb das Substantiv im Plural, kann das Verb im Singular oder Plural stehen.

[!] In einigen spanischsprechenden Ländern wie z. B. Mexiko verwendet man einen Punkt für die Dezimalangaben.

§23 Las fracciones
Die Bruchzahlen

un cuarto   un tercio   la mitad   dos tercios   tres cuartos

Un tercio de los españoles tiene menos de treinta años.
Una tercera parte tiene menos de treinta años.

> Bruchzahlen kann man mit *parte* oder *partes* ergänzen. In diesem Fall verwendet man die weiblichen Ordnungszahlen.

Casi **un** cuarto de las exportaciones **es** hacia América.
Tres cuartas partes **son** hacia la Unión Europea.

> Ist der Zähler (die Zahl vor dem Nenner) größer als eins, steht das Verb im Plural.

Gramática | 4

§24 Más y menos delante de números
Más und menos vor Zahlen

Las importaciones han subido **más de** un 15 %.

Un poco **menos de** tres cuartos de las exportaciones son productos industriales.

> Der Komparativ wird auf Spanisch mit *más que / menos que* gebildet, aber vor Zahlen (auch Bruchzahlen) werden *más de* und *menos de* verwendet.

§25 El imperativo de usted, ustedes
Der Imperativ der Höflichkeitsform

1. Die Endungen

	Verben auf *-ar*	Verben auf *-er* und *-ir*	
	apoyar	vender	consumir
(usted)	apoy**e**	vend**a**	consum**a**
(ustedes)	apoy**en**	vend**an**	consum**an**

> Die Verben auf *-ar* bilden den Imperativ Singular der Höflichkeitsform (*usted*) auf *e*; die Verben auf *-er* und *-ir* auf *a*. Im Plural (*ustedes*) wird ein *n* angehängt, also *en* und *an*.

2. Der Stamm

Infinitiv	1. Person Präsens	Imperativ von *usted / ustedes*
acompañar	acompaño	acompañe, acompañen
conseguir	consigo	consiga, consigan
construir	construyo	construya, construyan
hacer	hago	haga, hagan
contar	cuento	cuente, cuenten
pensar	pienso	piense, piensen
tener	tengo	tenga, tengan

> Der Imperativ von *usted / ustedes* leitet sich von der Form der 1. Person Singular Präsens ab.

Infinitiv	Imperativ von *usted / ustedes*
pagar	pague, paguen
sacar	saque, saquen
utilizar	utilice, utilicen

> Damit die Aussprache erhalten bleibt, muss in bestimmten Fällen die Schreibweise geändert werden.

3. Ganz unregelmäßige Formen

Infinitiv	Imperativ von *usted / ustedes*
dar	dé, den
estar	esté, estén
hay	haya
ir	vaya, vayan
saber	sepa, sepan
ser	sea, sean
ver	vea, vean

> Einige Verben leiten den Stamm nicht von der 1. Person Präsens ab. Diese Formen muss man auswendig lernen.

ciento cincuenta y siete | 157

4 | Gramática

§26 Los dos pronombres de objeto con el verbo
Zwei Objektpronomen beim Verb

objeto indirecto	objeto indirecto + objeto directo	
me	me	
te	te	
le	**se**	lo / la
nos	nos	los / las
os	os	
les	**se**	

Wenn das Verb von zwei Objektpronomen begleitet wird, steht das indirekte Objektpronomen immer vor dem direkten Objektpronomen.
Die indirekten Objektpronomen *le / les* werden in diesem Fall durch *se* ersetzt.

Me das un beso.   Me lo das.

Le doy un beso.   Se lo doy.

Cómpre**melo**, es muy bueno.

Se lo voy a comprar.

¿Quieres comprár**selo**?

Beide Pronomen stehen entweder vor dem Verb oder sie werden an den Infinitiv, das *gerundio* oder den bejahten Imperativ angehängt.

Unidad 5

§ 27 Las formas regulares del presente de subjuntivo
Regelmäßige Formen des *presente de subjuntivo*

1. Die Endungen

	Verben auf -ar	Verben auf -er und auf -ir	
	odiar	correr	existir
(yo)	odi**e**	corr**a**	exist**a**
(tú)	odi**es**	corr**as**	exist**as**
(él, ella / usted)	odi**e**	corr**a**	exist**a**
(nosotros, -as)	odi**emos**	corr**amos**	exist**amos**
(vosotros, -as)	odi**éis**	corr**áis**	exist**áis**
(ellos, -as / ustedes)	odi**en**	corr**an**	exist**an**

> Wie beim Imperativ der Höflichkeitsform *usted* wird beim *presente de subjuntivo* der Vokal des Infinitivs verändert: Die Verben auf -ar bilden die Endung auf *e*, die Verben auf -er und -ir auf *a*.

2. Der Stamm

	ayudar	ver	conocer	hacer
	yo **ayud**o	yo **ve**o	yo **conozc**o	yo **hag**o
No es normal que…	**ayud**e	**ve**a	**conozc**a	**hag**a
	ayudes	**ve**as	**conozc**as	**hag**as
	ayude	**ve**a	**conozc**a	**hag**a
	ayudemos	**ve**amos	**conozc**amos	**hag**amos
	ayudéis	**ve**áis	**conozc**áis	**hag**áis
	ayuden	**ve**an	**conozc**an	**hag**an

> Der Stamm des *presente de subjuntivo* leitet sich von der 1. Person Singular Präsens ab.

Infinitiv

pa**g**ar	pa**gu**e, pa**gu**es…
sa**c**ar	sa**qu**e, sa**qu**es…
utili**z**ar	utili**c**e, utili**c**es…

> Damit die Aussprache erhalten bleibt, muss in bestimmten Fällen die Schreibweise geändert werden.

Quiero que me **hagas** una foto.

§28 Las formas irregulares del presente de subjuntivo
Unregelmäßige Formen des *presente de subjuntivo*

1. Verben mit Vokaländerung wie im Indikativ Präsens

	e → ie	o → ue	
	pensar	**volver**	
	p**ie**nso / p**e**nsamos	v**ue**lvo / v**o**lvemos	
No es normal que…	p**ie**nse p**ie**nses p**ie**nse pensemos penséis p**ie**nsen	v**ue**lva v**ue**lvas v**ue**lva volvamos volváis v**ue**lvan	Die Verben auf *-ar* und *-er* mit Vokaländerung im Indikativ Präsens haben die gleiche Vokaländerung im *presente de subjuntivo*.

2. Verben mit anderer Vokaländerung als im Indikativ Präsens

	e → ie / i	o → ue / u	
	preferir	**dormir**	
	pref**ie**ro / pref**e**rimos	d**ue**rmo / d**o**rmimos	
No es normal que…	pref**ie**ra pref**ie**ras pref**ie**ra pref**i**ramos pref**i**ráis pref**ie**ran	d**ue**rma d**ue**rmas d**ue**rma d**u**rmamos d**u**rmáis d**ue**rman	Bei den Verben auf *-ir* mit Vokaländerung im Indikativ Präsens ändert sich auch der Vokal der 1. und 2. Person Plural.

3. Verben mit einem eigenen Stamm

dar (doy)	estar (estoy)	ir (voy)	saber (sé)	ser (soy)	haber
d**é**	esté	vaya	sepa	sea	haya
d**e**s	estés	vayas	sepas	seas	hayas
d**é**	esté	vaya	sepa	sea	haya
demos	estemos	vayamos	sepamos	seamos	hayamos
d**e**is	estéis	vayáis	sepáis	seáis	hayáis
den	estén	vayan	sepan	sean	hayan

§29 El presente de subjuntivo con verbos de juicio y expresiones impersonales
Presente de subjuntivo bei Verben des Urteilens und unpersönlichen Ausdrücken

Es necesario que Raquel **vaya** a México.

Me parece fantástico que la **acompañe** Bruno.

> Der *subjuntivo* wird nach Verben verwendet, die eine Wertung oder ein persönliches Urteil ausdrücken. Oft handelt es sich um unpersönliche Ausdrücke.

Verb	Adjektiv	
Es Me, te… parece	bueno / malo difícil / fácil estupendo genial horrible importante interesante justo / injusto lógico necesario normal posible peligroso triste	que Alicia viaje sola.

Verb	Adverb	
Me, te… parece Está	bien mal	que vuelvan por la noche.

Es **una lástima / una pena** que la comida sea tan mala.
(= Es triste que la comida sea tan mala.)

Es **un sueño** que la playa esté tan limpia.
(= Es estupendo que la playa esté tan limpia.)

> Manchmal wird ein Substantiv verwendet, um eine Wertung auszudrücken.

Es verdad que **hace** mucho calor.

Me parece que aquí **hay** muchos mosquitos.

> Achtung: Drücken wir mit dem Verb absolute Sicherheit aus oder verwenden wir *parecer* ohne wertendes Adjektiv, dann wird der Indikativ verwendet!

[!] Vergessen Sie nicht, dass kein Komma vor das *que* gesetzt wird.

🇫🇷 C´est dommage qu'elle soit malade.

§30 El presente de subjuntivo con verbos de sentimiento
Presente de subjuntivo bei Verben des Empfindens

Alicia odia que **se diviertan** sin ella.

Me alegro de que **vengáis** a mi fiesta.

> Nach Verben, die Gefühle ausdrücken, wird der *subjuntivo* verwendet.

5 | Gramática

Gefühl	Verb	
sich über etw. freuen	alegrarse	Nos alegramos de que vengáis.
jdm sehr gut gefallen	encantar	Me encanta que pronto empiecen las vacaciones.
traurig sein	estar triste	Está triste de que su novia no pueda acompañarlo.
zufrieden sein	estar contento	Está contento de que haya tanto tiempo libre.
etw. mögen / jdm gefallen	gustar	No me gusta que hablen sobre mí.
jdn interessieren	interesar	Me interesa que haya más excursiones.
hassen	odiar	Odio que Sonia tenga más amigos que yo.
sich Sorgen machen	preocupar	Nos preocupa que no estén todavía aquí.
aushalten	soportar	No soporto que no me digas la verdad.
Lust haben	tener ganas	¿Tienes ganas de que vayamos al cine?
Angst haben	tener miedo	Tengo miedo de que el avión llegue tarde.

<u>Me</u> gusta que <u>ella</u> se vaya de vacaciones.

<u>Me</u> gusta ir (<u>yo</u>) de vacaciones a Málaga.

> Wenn das Subjekt des Nebensatzes bereits im Hauptsatz genannt wurde, wird der Infinitiv verwendet.

> In Nebensätzen wird der *subjuntivo* <u>nur</u> verwendet, wenn der Nebensatz mit *que* bzw. Präposition + *que* eingeleitet wird.

Me alegro porque **vienes**.

Me alegro de que **vengas**.

§31 El presente de subjuntivo con verbos de duda y opinión negada
Presente de subjuntivo bei Verben des Zweifelns und der verneinten Meinung

<u>Dudo que</u> este césped **sea** artificial.

<u>No creo que</u> en el norte de España **haya** un desierto.

> Der *subjuntivo* wird verwendet, wenn ein Verb der Meinung verneint wird oder mit dem Verb Zweifel oder Unsicherheit ausgedrückt wird.

Indikativ	*Subjuntivo*
bejahte Meinung creer que… / pensar que… / decir que… / parecer que… / saber que… El político <u>cree que</u> la sequía es una tragedia. <u>Parece que</u> el hotel es de lujo.	verneinte Meinung no creer que… / no pensar que… / no decir que… / no parecer que… / no saber que… <u>No creemos que</u> el turismo cree problemas. <u>No me parece que</u> el problema tenga solución.
Ausdruck der Sicherheit estar seguro,-a de que… / ser seguro que… / ser verdad que… / no dudar que… <u>Estamos seguros de que</u> va a llover pronto. <u>Es verdad que</u> desaparecen especies animales cada año.	Ausdruck des Zweifelns dudar que… / no estar seguro,-a de que… / no ser seguro que… / no ser verdad que… ¿<u>Dudas que</u> la falta de agua sea un problema? <u>No es seguro que</u> construyan el campo de golf.

Gramática | 5

¿Está usted **a favor de** que <u>construyan</u> la piscina?

Me parece **muy bien** que <u>vengan</u> turistas a nuestra región.

> Soll statt einer Meinung (*creer, pensar*…) ein Urteil ausgedrückt werden (*estar en contra, parecerme bien*…), wird immer der *subjuntivo* verwendet (vgl. § 29).

> Indikativ wird verwendet, wenn *qué* mit orthografischem Akzent geschrieben wird und „*was*" (*lo que*) bedeutet.

No sé **qué** puedo decirle.

§ 32 Las preposiciones por y para
Die Präpositionen *por* und *para*

para	por
Meinung **Para mí**, no hay nada como ir a la playa.	Grund Estoy en contra de los campos de golf **por muchas razones**.
Bestimmung oder Zweck Este césped es **para el jardín**.	Zeitangabe Vamos al parque **por la tarde**.
Mit der Bedeutung von um … zu Necesito agua **para regar** mi jardín.	Transport- oder Kommunikationsmittel Tengo que hablar contigo **por teléfono**.
	Nach Verben wie viajar, pasear, ir… Nos gusta **viajar por** España.

por ejemplo   por favor   por primera / última vez,
¿por qué?   por eso   por fin

> Außerdem findet man die Präposition *por* in vielen festen Wendungen.

§ 33 El imperativo negativo
Der verneinte Imperativ

der bejahte Imperativ	der verneinte Imperativ
Imperativ von *tú* *Come todo y ven.* Imperativ von *vosotros* *Buscad primero y volved después.* Imperativ von *usted / ustedes* *Salgan de aquí.*	<u>No</u> **comas** y <u>no</u> **vengas**. <u>No</u> **busquéis** y <u>tampoco</u> **volváis**. *No salgan de aquí.*

> Für den verneinten Imperativ verwendet man die gleichen Formen wie im *presente de subjuntivo*.

Preséntat**e**. → No **te** presentes.

Comprad**lo**. → No **lo** compréis.

Unidad 6

§34 El presente de subjuntivo con verbos de deseo
Presente de subjuntivo bei Verben des Wünschens

Quiero que **encuentres** pronto trabajo.

Te pido que me **ayudes**.

> Man verwendet den *subjuntivo* nach Verben der Beeinflussung und der Willensäußerung (Vorschläge, Wünsche, Aufforderungen, Verbote…).

Art der Äußerung	Verb	
Hoffnung	esperar	Espero que te guste tu trabajo.
Zwang	obligar a	Te obligo a que sigas con el instituto.
Bitte	pedir	Te pido que vuelvas pronto.
Vorliebe	preferir	Prefiero que mi hija haga unas prácticas.
Vorschlag	proponer	Os propongo que hagáis un curso.
Wille	querer	Quiero que pienses en tu futuro.
Empfehlung	recomendar	Te recomiendo que estudies algo distinto.

¡Que te diviertas! = (Quiero) que te diviertas.

¡Que te guste la peli! = (Espero) que te guste la peli.

> Bei manchen Wendungen, die Wünsche oder Hoffnungen ausdrücken, entfällt das einleitende Verb.

§35 El presente de subjuntivo en frases temporales
Presente de subjuntivo in Temporalsätzen

Cuando **llame** por teléfono, dile que no estoy.

Lo haremos antes de que **llegue** mi novio.

> In temporalen Nebensätzen steht der *subjuntivo*, wenn das Verb sich auf etwas Zukünftiges bezieht. Normalerweise steht dann im Hauptsatz *ir a* + Infinitiv, Futur oder Imperativ.

Indikativ (Gegenwart, Vergangenheit)	*Subjuntivo* (Zukunft)
cuando *(als)* Cuando lo **supe**, me decidí. **en cuanto** *(immer wenn)* En cuanto **llegan**, empiezan a trabajar. **mientras** *(während, solange)* Mientras **tengo** trabajo, no quiero hacer unas prácticas.	*(sobald)* Cuando lo **sepa**, me decidiré. *(sobald)* En cuanto **lleguéis**, empezad a trabajar. *(solange)* Mientras **tenga** trabajo, no voy a hacer unas prácticas.

> Wenn *mientras* mit dem *subjuntivo* verwendet wird, dann erhält die Aussage eine konditionale Färbung, ähnlich einem Bedingungssatz:
>
> Mientras tenga trabajo… = Si tengo trabajo…

Subjuntivo

antes de que *(bevor)*
Antes de que **te decidas** por un trabajo, tienes que conocerlo.
después de que *(nachdem)*
Después de que **empiece** el curso, voy a estudiar más.

> Nach *antes de que* steht immer der *subjuntivo*.
> Nach *después de que* wird der *subjuntivo* empfohlen.

Gramática | 6

§36 El presente de subjuntivo en frases concesivas
Presente de subjuntivo in Konzessivsätzen

Aunque estoy cansado, voy a salir con vosotros.

Aunque **llueva**, tienes que venir.

In konzessiven Nebensätzen steht der *subjuntivo*, wenn *aunque* nicht mit *obwohl*, sondern nur mit *selbst wenn* wiedergegeben werden kann.

Indikativ	*Subjuntivo*
aunque (obwohl)	**aunque** (selbst wenn, auch wenn)
etwas Aktuelles Aunque <u>ahora</u> estudio Fisioterapia, no trabajaré como fisioterapeuta. etwas Sicheres Aunque <u>voy a ser</u> fisioterapeuta, no voy a ganar mucho dinero. etwas Bekanntes Aunque <u>a mis padres no les gusta la idea</u>, voy a estudiar Fisioterapia.	etwas Zukünftiges Aunque <u>en el futuro</u> **estudie** Fisioterapia, no trabajaré como fisioterapeuta. etwas Unsicheres Aunque **sea** fisioterapeuta, no voy a ganar mucho dinero. etwas Unbekanntes Voy a estudiar Fisioterapia aunque <u>a mis padres no les</u> **guste** <u>la idea</u>.

§37 El comparativo de los adverbios
Die Steigerung der Adverbien

Adverbien		
El camarero habla	**rápido**. **rápidamente**.	

Steigerung der Adverbien				
El camarero habla	**más** **menos**	rápido rápidamente		**que** tú.

Ähnlich wie bei der Steigerung der Adjektive wird bei der Steigerung der Adverbien *más que* und *menos que* verwendet.

Adverbien		
Me gusta	**mucho** **bastante** **poco** **muy poco**	ser farmacéutica.

Steigerung der Adverbien		
Me gusta	**más** **menos**	ser cocinera.

Mucho, *poco* und ihre Abstufungen steigert man einfach nur mit *más* und *menos*.

Adverbien	
Un farmacéutico gana	**bien**. **mal**.

Steigerung der Adverbien	
Un fisioterapeuta gana	**mejor**. **peor**.

Die Steigerungsformen von *bien* und *mal* lauten *mejor* und *peor*.

6 | Gramática

§38 El presente de subjuntivo en frases finales
Presente de subjuntivo in Finalsätzen

Te lo explico <u>para que</u> lo **entiendas** mejor.

Subjuntivo
para que (damit)
Me decidiré pronto por unos estudios <u>para que</u> mi novia **esté** tranquila.

Nach *para que* steht immer der *subjuntivo*.

Infinitiv
para (um… zu)
Vino <u>para</u> hablar conmigo.

Haben Haupt- und Nebensatz das gleiche Subjekt, steht nach *para* der Infinitiv.

§39 El presente de subjuntivo en frases de relativo
Presente de subjuntivo in Relativsätzen

Quiero tener <u>una novia que</u> **estudie** Ingeniería.

Busco <u>un trabajo donde</u> no se **necesite** una carrera.

In Relativsätzen verwendet man den *subjuntivo*, wenn das Wort, auf das sich der Relativsatz bezieht (= das Bezugswort), etwas Unbekanntes oder nicht Vorhandenes ist.

Indikativ	*Subjuntivo*
Das Bezugswort ist bekannt.	Das Bezugswort ist unbekannt.
<u>Conozco</u> a un chico que **estudia** Informática.	<u>Busco</u> a alguien que **sepa** Informática.
Das Bezugswort ist etwas Vorhandenes.	Das Bezugswort ist etwas nicht Vorhandenes.
<u>Tengo</u> un amigo que **es** enfermero.	Aquí <u>no hay nadie</u> que **sea** enfermero.

Der *subjuntivo* steht in der Regel bei Relativsätzen, wenn das Hauptverb einen Wunsch (*buscar*, *querer*) oder ein Bedürfnis (*necesitar*) ausdrückt oder wenn der Hauptsatz verneint ist (*no conocer/ver a nadie que…*).

§40 La introducción a la formación de palabras
Einführung in die Wortbildung

Suffix	Ursprungswort	abgeleitetes Wort
-ante	interesar	interes**ante**
-able	salud	salud**able**
-ción	organizar	organiza**ción**
-sión	decidir	deci**sión**
-ear	chat	chat**ear**
-mente	normal	normal**mente**

Suffixe werden an das Wort angehängt, um ein neues Wort zu bilden. Das neue Wort kann ein Adjektiv, Substantiv, Verb oder Adverb sein.

Unidad 7

§41 Las formas regulares del condicional simple
Regelmäßige Formen des *condicional simple*

	informar	leer	recibir
(yo)	informaría	leería	recibiría
(tú)	informarías	leerías	recibirías
(él, ella / usted)	informaría	leería	recibiría
(nosotros, -as)	informaríamos	leeríamos	recibiríamos
(vosotros, -as)	informaríais	leeríais	recibiríais
(ellos, -as / ustedes)	informarían	leerían	recibirían

Um das *condicional simple* zu bilden, werden bei allen Verbgruppen dieselben Endungen an den Infinitiv gehängt.

§42 Las formas irregulares del condicional simple
Unregelmäßige Formen des *condicional simple*

Infinitiv	*futuro simple*	*condicional simple*
decir	diré, dirás…	diría, dirías…
hay	habrá…	habría…
hacer	haré, harás…	haría, harías…
poder	podré, podrás…	podría, podrías…
poner	pondré, pondrás…	pondría, pondrías…

Infinitiv	*futuro simple*	*condicional simple*
querer	querré, querrás…	querría, querrías…
saber	sabré, sabrás…	sabría, sabrías…
salir	saldré, saldrás…	saldría, saldrías…
tener	tendré, tendrás…	tendría, tendrías…
venir	vendré, vendrás…	vendría, vendrías…

Der Stamm der unregelmäßigen Verben ist im *futuro simple* und im *condicional simple* identisch.

§43 El uso del condicional simple
Gebrauch des *condicional simple*

En verano podrías ir a Colombia.
Im Sommer könntest du nach Kolumbien fliegen.

Perdón, ¿sabría decirme cómo ir a Bogotá?
Entschuldigung, könnten Sie mir den Weg nach Bogota zeigen?

Me gustaría aprender español.
Ich würde gerne Spanisch lernen.

🇫🇷 J´aimerais bien être comme toi.

Das *condicional simple* wird hauptsächlich verwendet,
- um Möglichkeiten, Vermutungen oder Vorschläge auszudrücken,
- um höflich um etwas zu bitten,
- um einen Wunsch auszudrücken.

¿**Podría** ayudarme? Me **gustaría** ir a Colombia.

7 Gramática

§44 La formación del pretérito imperfecto de subjuntivo
Bildung des *pretérito imperfecto de subjuntivo*

1. Die Endungen

	descansar	sorprender	vivir
3. Person Plural des *indefinido*	descans**aron**	sorprend**ieron**	viv**ieron**
(yo)	descans**ara**	sorprend**iera**	viv**iera**
(tú)	descans**aras**	sorprend**ieras**	viv**ieras**
(él, ella / usted)	descans**ara**	sorprend**iera**	viv**iera**
(nosotros, -as)	descans**áramos**	sorprend**iéramos**	viv**iéramos**
(vosotros, -as)	descans**arais**	sorprend**ierais**	viv**ierais**
(ellos, -as / ustedes)	descans**aran**	sorprend**ieran**	viv**ieran**

Die Endungen des *pretérito imperfecto de subjuntivo* sind bei allen Verben gleich.

[!] Zusätzlich zu diesen Endungen gibt es andere auf *-se, -ses*, usw., die nicht so häufig vorkommen und die Sie nicht zu lernen brauchen.

2. Der Stamm

Infinitiv	3. Person Plural des *indefinido*	*imperfecto de subjuntivo*
abrir	**abrie**ron	**abrie**ra, **abrie**ras…
conducir	**conduje**ron	**conduje**ra, **conduje**ras…
estar	**estuvie**ron	**estuvie**ra, **estuvie**ras…
pedir	**pidie**ron	**pidie**ra, **pidie**ras…
querer	**quisie**ron	**quisie**ra, **quisie**ras…
ser	**fue**ron	**fue**ra, **fue**ras…

Der Stamm des *pretérito imperfecto de subjuntivo* leitet sich ausnahmslos von der 3. Person Plural des *pretérito indefinido* ab.

Infinitiv	3. Person Plural des *indefinido*	*imperfecto de subjuntivo*
dar	die ron	die ra
haber	hubie ron	hubie ra
hacer	hicie ron	hicie ra
poder	pudie ron	pudie ra
poner	pusie ron	pusie ra
saber	supie ron	supie ra
seguir	siguie ron	siguie ra
ser	fue ron	fue ra
tener	tuvie ron	tuvie ra
venir	vinie ron	vinie ra
ver	vie ron	vie ra

Alle Unregelmäßigkeiten des *indefinido* finden sich auch im *imperfecto de subjuntivo*.

§45 Las oraciones condicionales irreales en el presente
Irreale Bedingungssätze der Gegenwart

Si respetaras los semáforos, conducirías mejor.
Si Álvaro Carlos me invitara, iría a su fiesta.

Nebensatz mit *si*: *imperfecto de sujuntivo*	Hauptsatz: *condicional simple*
Si yo **pudiera**,	lo **haría**.
Si Marta **estuviera** enamorada,	**se quedaría** en Cali.

Die irrealen Bedingungssätze werden mit dem *imperfecto de subjuntivo* im *si*-Satz und dem *condicional simple* im Hauptsatz gebildet.

Si Álvaro Carlos me lo **pide**, **bailo** con él.

Si Álvaro Carlos me lo **pidiera**, **bailaría** con él.

Der Unterschied zwischen realen (siehe §21) und irrealen Bedingungssätzen liegt darin, dass bei den realen die Bedingung aus der Sicht des Sprechers erfüllbar ist, bei den irrealen wird dagegen die Bedingung als unwahrscheinlich oder unmöglich eingestuft.

§46 La introducción al uso del pretérito imperfecto de subjuntivo
Einführung in den Gebrauch des *pretérito imperfecto de subjuntivo*

Me **gustaba** que la gente **fuera** tan amable.
Pero me **pareció** raro que siempre **comieran** papas.

presente de subjuntivo	imperfecto de subjuntivo
Tengo miedo de que te **olvides** de mí.	**Tenía** miedo de que te **olvidaras** de mí.
Le **gustará** que la **visite** en España.	Me **gustó** que me **visitara** en España.

Das *imperfecto de subjuntivo* wird verwendet, wenn das Hauptverb in der Vergangenheit (*imperfecto*, *indefinido* oder *pluscuamperfecto*) steht.

No **le había pedido que** me llevara al aeropuerto, pero Álvaro Carlos me acompañó. En el fondo **me alegré de que** viniera conmigo y, claro, **fue normal que** yo llorara un poco, y…

Das *imperfecto de subjuntivo* wird in den *que*-Sätzen nach den gleichen Verben wie das *presente de subjuntivo* verwendet, das heißt nach unpersönlichen Ausdrücken und Verben des Urteilens (§29), des Empfindens (§30), des Zweifelns und der verneinten Meinung (§31) sowie des Wünschens (§34).

Unidad 8

§47 El estilo indirecto
Die indirekte Rede

direkte Rede	indirekte Rede
Mi novia dice: «Eres muy inseguro».	Mi novia dice **que** soy muy inseguro.

direkte Frage	indirekte Frage
Ella se pregunta: «¿Por qué estoy contigo?».	Ella se pregunta **por qué** está conmigo.
Yo pregunté: «¿Hablamos ahora?».	Yo pregunté **si** hablábamos entonces.

Bei der indirekten Rede oder Frage können sich
- die Person des Verbs,
- die Personalpronomen und
- die Adverbien

ändern.

Die indirekte Rede wird mit *que* eingeleitet.
Die indirekte Fragen mit dem Fragepronomen (z. B. *por qué*) oder mit *si*.

¿Qué puedo hacer?

No sabe **lo que** puede hacer.

¡La pobre! No sabe **qué** puede hacer.

Die Fragepronomen bleiben in der indirekten Frage unverändert.
Qué kann man auch mit *lo que* wiedergeben.

§48 El estilo indirecto sin cambio verbal
Die indirekte Rede ohne Tempusverschiebung

direkte Rede	indirekte Rede	
Aussage	einleitender Satz	Aussage
Chayanne cantó en chino.	Präsens La revista **asegura**	que Chayanne cantó en chino.
Ya no me gusta Shakira.	Perfekt Mi amigo **ha dicho**	que ya no le gusta Shakira.

Steht im einleitenden Satz (dem Satz mit dem Meinungsverb) Präsens oder Perfekt, dann bleibt das Tempus des Verbs in der indirekten Rede unverändert.

Gramática | 8

§49 El estilo indirecto con cambio verbal
Die indirekte Rede mit Tempusverschiebung

direkte Rede	indirekte Rede		Zeiten, die sich ändern
Aussage / Frage	einleitender Satz	Aussage	
«¿Qué quieres comer?» «Te quiero». «¿Has terminado?» «Yo lo hice». «Ganaré».	Me preguntó Me había dicho Le pregunté Él nos dijo Ella contaba	qué quería comer. que me quería. si había terminado. que lo había hecho. que ganaría.	presente → imperfecto perfecto → pluscuamperfecto indefinido → pluscuamperfecto futuro simple → condicional simple

Stehen im einleitenden Satz *indefinido*, *imperfecto* oder *pluscuamperfecto*, so ändern sich die Zeiten des Verbs in der indirekten Rede.	Wenn in der direkten Rede allerdings das *imperfecto* oder das *pluscuamperfecto* stehen, dann bleiben diese Zeiten auch in der indirekten Rede erhalten.

[!] Das *indefinido* kann in der indirekten Rede zum *pluscuamperfecto* werden oder es bleibt erhalten.

direkte Rede	indirekte Rede		Zeiten, die gleich bleiben
	Einleitung	Aussage	
«Antes era rubia». «Luz se había ido».	Me dijo Nos contó	que antes era rubia. que Luz se había ido.	imperfecto pluscuamperfecto

§50 Los verbos que expresan cambio
Verben, die eine Veränderung ausdrücken

Dem deutschen Verb *werden* entsprechen im Spanischen unterschiedliche Verben:

- **ponerse:** Änderung der Stimmung, des Zustandes, des Aussehens

- **hacerse:** eine Veränderung als Resultat einer natürlichen Entwicklung oder eine gewollte Veränderung

- **volverse:** plötzliche und radikale psychische Veränderung, meist ins Negative

- **convertirse (en):** Verwandlung, totale Veränderung, die das ganze Wesen bestimmt

ponerse rojo (*rot werden*), ponerse contento (*fröhlich werden*), ponerse enfermo (*krank werden*), usw.

hacerse rico (*reich werden*), hacerse famoso (*berühmt werden*), hacerse vegetariano (*Vegetarier werden*), usw.

volverse loco (*verrückt werden*), volverse imbécil (*blöd werden*), volverse injusto (*ungerecht werden*), usw.

Cada vez que me visitaban mi piso se convertía en un hotel.
Jedes Mal, wenn sie zu Besuch kamen, wurde meine Wohnung zu einem Hotel.

ciento setenta y uno | 171

8 | Gramática

§51 El estilo indirecto con subjuntivo
Die indirekte Rede mit *subjuntivo*

direkte Rede	indirekte Rede	
Aussage	Einleitung	Aussage
«¡Vete de aquí!»	Me **dice**	que me <u>vaya</u> de aquí.
	Me **dijo**	que me <u>fuera</u> de allí.

Steht in der direkten Rede ein Imperativ, wird in der indirekten Rede der *subjuntivo* (*presente de subjuntivo* = Gegenwart, *imperfecto de subjuntivo* = Vergangenheit) verwendet.

Bei der indirekten Rede des Imperativs drückt das Verb *decir* einen Befehl oder eine Willensäußerung aus und verlangt daher den *subjuntivo*.

Te digo (= te pido) que no **hables** mientras comas.

Los verbos   Die Verben

Die folgenden Tabellen geben Ihnen einen Überblick über die Verbkonjugationen.
Unter „Regelmäßige Verben" finden Sie alle regelmäßigen Verbformen, die Sie in *¡Adelante!* kennen lernen. Unter „Unregelmäßige Verben" finden Sie alle Verben mit orthographischen Änderungen, Gruppenverben und unregelmäßige Verben in alphabetischer Reihenfolge. Bei einigen Verben wird auf das Konjugationsmuster anderer Verben verwiesen, die gleich konjugiert werden.

Los verbos regulares   Regelmäßige Verben

1. Verben auf -*ar*

presente de indicativo	pretérito indefinido	pretérito imperfecto	futuro simple	condicional simple	presente de subjuntivo	imperfecto de subjuntivo	imperativo
not**o**	not**é**	not**aba**	not**aré**	not**aría**	not**e**	not**ara**	not**a**
not**as**	not**aste**	not**abas**	not**arás**	not**arías**	not**es**	not**aras**	not**ad**
not**a**	not**ó**	not**aba**	not**ará**	not**aría**	not**e**	not**ara**	participio
not**amos**	not**amos**	not**ábamos**	not**aremos**	not**aríamos**	not**emos**	not**áramos**	not**ado**
not**áis**	not**asteis**	not**abais**	not**aréis**	not**aríais**	not**éis**	not**arais**	gerundio
not**an**	not**aron**	not**aban**	not**arán**	not**arían**	not**en**	not**aran**	not**ando**

2. Verben auf -*er*

presente de indicativo	pretérito indefinido	pretérito imperfecto	futuro simple	condicional simple	presente de subjuntivo	imperfecto de subjuntivo	imperativo
corr**o**	corr**í**	corr**ía**	correr**é**	correr**ía**	corr**a**	corr**iera**	corr**e**
corr**es**	corr**iste**	corr**ías**	correr**ás**	correr**ías**	corr**as**	corr**ieras**	corr**ed**
corr**e**	corr**ió**	corr**ía**	correr**á**	correr**ía**	corr**a**	corr**iera**	participio
corr**emos**	corr**imos**	corr**íamos**	correr**emos**	correr**íamos**	corr**amos**	corr**iéramos**	corr**ido**
corr**éis**	corr**isteis**	corr**íais**	correr**éis**	correr**íais**	corr**áis**	corr**ierais**	gerundio
corr**en**	corr**ieron**	corr**ían**	correr**án**	correr**ían**	corr**an**	corr**ieran**	corr**iendo**

Gramática

3. Verben auf -ir

presente de indicativo	pretérito indefinido	pretérito imperfecto	futuro simple	condicional simple	presente de subjuntivo	imperfecto de subjuntivo	imperativo
existo	existí	existía	existiré	existiría	exista	existiera	existe
existes	exististe	existías	existirás	existirías	existas	existieras	existid
existe	existió	existía	existirá	existiría	exista	existiera	participio
existimos	existimos	existíamos	existiremos	existiríamos	existamos	existiéramos	existido
existís	exististeis	existíais	existiréis	existiríais	existáis	existierais	gerundio
existen	existieron	existían	existirán	existirían	existan	existieran	existiendo

Los verbos reflexivos   Reflexive Verben

presente de indicativo	pretérito indefinido	pretérito imperfecto	futuro simple	condicional simple	presente de subjuntivo	imperfecto de subjuntivo	imperativo
me alegro	me alegré	me alegraba	me alegraré	me alegraría	me alegre	me alegrara	alégrate
te alegras	te alegraste	te alegrabas	te alegrarás	te alegrarías	te alegres	te alegraras	alegraos
se alegra	se alegró	se alegraba	se alegrará	se alegraría	se alegre	se alegrara	participio
nos alegramos	nos alegramos	nos alegrábamos	nos alegraremos	nos alegraríamos	nos alegremos	nos alegráramos	alegrado
os alegráis	os alegrasteis	os alegrabais	os alegraréis	os alegraríais	os alegréis	os alegrarais	gerundio
se alegran	se alegraron	se alegraban	se alegrarán	se alegrarían	se alegren	se alegraran	alegrándose

Los verbos irregulares   Unregelmäßige Verben

1. **acordarse** wie contar, aber reflexiv (imperativo: acuérdate, acordaos; gerundio: acordándose)

2. **almorzar** (-ue- / z-c) *

presente de indicativo	pretérito indefinido	pretérito imperfecto	futuro simple	condicional simple	presente de subjuntivo	imperfecto de subjuntivo	imperativo
almuerzo	almorcé	almorzaba	almorzaré	almorzaría	almuerce	almorzara	almuerza
almuerzas	almorzaste	almorzabas	almorzarás	almorzarías	almuerces	almorzaras	almorzad
almuerza	almorzó	almorzaba	almorzará	almorzaría	almuerce	almorzara	participio
almorzamos	almorzamos	almorzábamos	almorzaremos	almorzaríamos	almorcemos	almorzáramos	almorzado
almorzáis	almorzasteis	almorzabais	almorzaréis	almorzaríais	almorcéis	almorzarais	gerundio
almuerzan	almorzaron	almorzaban	almorzarán	almorzarían	almuercen	almorzaran	almorzando

3. **aparecer** wie conocer

4. **arriesgarse** wie llegar, aber reflexiv (imperativo: arriésgate, arriesgaos; gerundio: arriesgándose)

5. **atacar** wie buscar

6. **atender** wie entender

7. **buscar** (c-qu)

presente de indicativo	pretérito indefinido	pretérito imperfecto	futuro simple	condicional simple	presente de subjuntivo	imperfecto de subjuntivo	imperativo
busco	busqué	buscaba	buscaré	buscaría	busque	buscara	busca
buscas	buscaste	buscabas	buscarás	buscarías	busques	buscaras	buscad
busca	buscó	buscaba	buscará	buscaría	busque	buscara	participio
buscamos	buscamos	buscábamos	buscaremos	buscaríamos	busquemos	buscáramos	buscado
buscáis	buscasteis	buscabais	buscaréis	buscaríais	busquéis	buscarais	gerundio
buscan	buscaron	buscaban	buscarán	buscarían	busquen	buscaran	buscando

* Die Angaben in Klammern werden auf der Seite 183 erklärt.

ciento setenta y tres   **173**

Gramática

8. caerse

presente de indicativo	pretérito indefinido	pretérito imperfecto	futuro simple	condicional simple	presente de subjuntivo	imperfecto de subjuntivo	imperativo
me ca**igo**	me ca**í**	me caía	me caeré	me caería	me ca**iga**	me ca**y**era	cá**ete**
te caes	te ca**í**ste	te caías	te caerás	te caerías	te ca**igas**	te ca**y**eras	caeos
se cae	se ca**y**ó	se caía	se caerá	se caería	se ca**iga**	se ca**y**era	*participio*
nos caemos	nos ca**í**mos	nos caíamos	nos caeremos	nos caeríamos	nos ca**igamos**	nos ca**y**éramos	caído
os caéis	os ca**í**steis	os caíais	os caeréis	os caeríais	os ca**igáis**	os ca**y**erais	*gerundio*
se caen	se ca**y**eron	se caían	se caerán	se caerían	se ca**igan**	se ca**y**eran	ca**y**éndose

9. coger (g-j)

presente de indicativo	pretérito indefinido	pretérito imperfecto	futuro simple	condicional simple	presente de subjuntivo	imperfecto de subjuntivo	imperativo
co**j**o	cogí	cogía	cogeré	cogería	co**j**a	cogiera	coge
coges	cogiste	cogías	cogerás	cogerías	co**j**as	cogieras	coged
coge	cogió	cogía	cogerá	cogería	co**j**a	cogiera	*participio*
cogemos	cogimos	cogíamos	cogeremos	cogeríamos	co**j**amos	cogiéramos	cogido
cogéis	cogisteis	cogíais	cogeréis	cogeríais	co**j**áis	cogierais	*gerundio*
cogen	cogieron	cogían	cogerán	cogerían	co**j**an	cogieran	cogiendo

10. **comunicarse** wie buscar, aber reflexiv (imperativo: comun**í**cate, comunicaos; gerundio: comunic**á**ndose)

11. conducir (-zco / c-j)

presente de indicativo	pretérito indefinido	pretérito imperfecto	futuro simple	condicional simple	presente de subjuntivo	imperfecto de subjuntivo	imperativo
condu**zc**o	condu**j**e	conducía	conduciré	conduciría	condu**zc**a	condu**j**era	conduce
conduces	condu**j**iste	conducías	conducirás	conducirías	condu**zc**as	condu**j**eras	conducid
conduce	condu**j**o	conducía	conducirá	conduciría	condu**zc**a	condu**j**era	*participio*
conducimos	condu**j**imos	conducíamos	conduciremos	conduciríamos	condu**zc**amos	condu**j**éramos	conducido
conducís	condu**j**isteis	conducíais	conduciréis	conduciríais	condu**zc**áis	condu**j**erais	*gerundio*
conducen	condu**j**eron	conducían	conducirán	conducirían	condu**zc**an	condu**j**eran	conduciendo

12. conocer (-zco)

presente de indicativo	pretérito indefinido	pretérito imperfecto	futuro simple	condicional simple	presente de subjuntivo	imperfecto de subjuntivo	imperativo
cono**zc**o	conocí	conocía	conoceré	conocería	cono**zc**a	conociera	conoce
conoces	conociste	conocías	conocerás	conocerías	cono**zc**as	conocieras	conoced
conoce	conoció	conocía	conocerá	conocería	cono**zc**a	conociera	*participio*
conocemos	conocimos	conocíamos	conoceremos	conoceríamos	cono**zc**amos	conociéramos	conocido
conocéis	conocisteis	conocíais	conoceréis	conoceríais	cono**zc**áis	conocierais	*gerundio*
conocen	conocieron	conocían	conocerán	conocerían	cono**zc**an	conocieran	conociendo

13. **conseguir** wie seguir

14. construir (-y-)

presente de indicativo	pretérito indefinido	pretérito imperfecto	futuro simple	condicional simple	presente de subjuntivo	imperfecto de subjuntivo	imperativo
constru**y**o	construí	construía	construiré	construiría	constru**y**a	constru**y**era	constru**y**e
constru**y**es	construiste	construías	construirás	construirías	constru**y**as	constru**y**eras	construid
constru**y**e	constru**y**ó	construía	construirá	construiría	constru**y**a	constru**y**era	*participio*
construimos	construimos	construíamos	construiremos	construiríamos	constru**y**amos	constru**y**éramos	construido
construís	construisteis	construíais	construiréis	construiríais	constru**y**áis	constru**y**erais	*gerundio*
constru**y**en	constru**y**eron	construían	construirán	construirían	constru**y**an	constru**y**eran	constru**y**endo

Gramática

15. contar (-ue-)

presente de indicativo	pretérito indefinido	pretérito imperfecto	futuro simple	condicional simple	presente de subjuntivo	imperfecto de subjuntivo	imperativo
cuento	conté	contaba	contaré	contaría	cuente	contara	cuenta
cuentas	contaste	contabas	contarás	contarías	cuentes	contaras	contad
cuenta	contó	contaba	contará	contaría	cuente	contara	participio
contamos	contamos	contábamos	contaremos	contaríamos	contemos	contáramos	contado
contáis	contasteis	contabais	contaréis	contaríais	contéis	contarais	gerundio
cuentan	contaron	contaban	contarán	contarían	cuenten	contaran	contando

16. **convertirse** (-ie- / -i-) wie preferir, aber reflexiv (imperativo: conviértete, convertíos; gerundio: convirtiéndose)

17. **costar** (-ue-) wie contar

18. **crecer** (-zco) wie conocer

19. **creer** wie leer

20. dar

presente de indicativo	pretérito indefinido	pretérito imperfecto	futuro simple	condicional simple	presente de subjuntivo	imperfecto de subjuntivo	imperativo
doy	di	daba	daré	daría	dé	diera	da
das	diste	dabas	darás	darías	des	dieras	dad
da	dio	daba	dará	daría	dé	diera	participio
damos	dimos	dábamos	daremos	daríamos	demos	diéramos	dado
dais	disteis	dabais	daréis	daríais	deis	dierais	gerundio
dan	dieron	daban	darán	darían	den	dieran	dando

21. decir

presente de indicativo	pretérito indefinido	pretérito imperfecto	futuro simple	condicional simple	presente de subjuntivo	imperfecto de subjuntivo	imperativo
digo	dije	decía	diré	diría	diga	dijera	di
dices	dijiste	decías	dirás	dirías	digas	dijeras	decid
dice	dijo	decía	dirá	diría	diga	dijera	participio
decimos	dijimos	decíamos	diremos	diríamos	digamos	dijéramos	dicho
decís	dijisteis	decíais	diréis	diríais	digáis	dijerais	gerundio
dicen	dijeron	decían	dirán	dirían	digan	dijeran	diciendo

22. **desaparecer** (-zco) wie conocer

23. **describir** regelmäßig, mit Ausnahme des Partizips: **descrito**

24. **descubrir** regelmäßig, mit Ausnahme des Partizips: **descubierto**

25. **despedirse** (-i- / -i-) wie pedir, aber reflexiv (imperativo: despídete, despedíos; gerundio: despidiéndose)

26. **despertarse** (-ie-) wie recomendar

27. **devolver** (-ue-) wie volver

28. dirigirse (g-j)

presente de indicativo	pretérito indefinido	pretérito imperfecto	futuro simple	condicional simple	presente de subjuntivo	imperfecto de subjuntivo	imperativo
me dirijo	me dirigí	me dirigía	me dirigiré	me dirigiría	me dirija	me dirigiera	dirígete
te diriges	te dirigiste	te dirigías	te dirigirás	te dirigirías	te dirijas	te dirigieras	dirigíos
se dirige	se dirigió	se dirigía	se dirigirá	se dirigiría	se dirija	se dirigiera	participio
nos dirigimos	nos dirigimos	nos dirigíamos	nos dirigiremos	nos dirigiríamos	nos dirijamos	nos dirigiéramos	dirigido
os dirigís	os dirigisteis	os dirigíais	os dirigiréis	os dirigiríais	os dirijáis	os dirigierais	gerundio
se dirigen	se dirigieron	se dirigían	se dirigirán	se dirigirían	se dirijan	se dirigieran	dirigiéndose

Gramática

29. divertirse (-ie-/-i-) wie preferir, aber reflexiv (imperativo: diviértete, divertíos; gerundio: divirtiéndose)

30. dormir (-ue-/-u-)

presente de indicativo	pretérito indefinido	pretérito imperfecto	futuro simple	condicional simple	presente de subjuntivo	imperfecto de subjuntivo	imperativo
duermo	dormí	dormía	dormiré	dormiría	duerma	durmiera	duerme
duermes	dormiste	dormías	dormirás	dormirías	duermas	durmieras	dormid
duerme	durmió	dormía	dormirá	dormiría	duerma	durmiera	**participio**
dormimos	dormimos	dormíamos	dormiremos	dormiríamos	durmamos	durmiéramos	dormido
dormís	dormisteis	dormíais	dormiréis	dormiríais	durmáis	durmierais	**gerundio**
duermen	durmieron	dormían	dormirán	dormirían	duerman	durmieran	durmiendo

31. elegir (-i-/-i-; g-j)

presente de indicativo	pretérito indefinido	pretérito imperfecto	futuro simple	condicional simple	presente de subjuntivo	imperfecto de subjuntivo	imperativo
elijo	elegí	elegía	elegiré	elegiría	elija	eligiera	elige
eliges	elegiste	elegías	elegirás	elegirías	elijas	eligieras	elegid
elige	eligió	elegía	elegirá	elegiría	elija	eligiera	**participio**
elegimos	elegimos	elegíamos	elegiremos	elegiríamos	elijamos	eligiéramos	elegido
elegís	elegisteis	elegíais	elegiréis	elegiríais	elijáis	eligierais	**gerundio**
eligen	eligieron	elegían	elegirán	elegirían	elijan	eligieran	eligiendo

32. empezar (-ie-/z-c)

presente de indicativo	pretérito indefinido	pretérito imperfecto	futuro simple	condicional simple	presente de subjuntivo	imperfecto de subjuntivo	imperativo
empiezo	empecé	empezaba	empezaré	empezaría	empiece	empezara	empieza
empiezas	empezaste	empezabas	empezarás	empezarías	empieces	empezaras	empezad
empieza	empezó	empezaba	empezará	empezaría	empiece	empezara	**participio**
empezamos	empezamos	empezábamos	empezaremos	empezaríamos	empecemos	empezáramos	empezado
empezáis	empezasteis	empezabais	empezaréis	empezaríais	empecéis	empezarais	**gerundio**
empiezan	empezaron	empezaban	empezarán	empezarían	empiecen	empezaran	empezando

33. encender (-ie-) wie entender

34. encontrar (-ue-) wie contar

35. encontrarse (-ue-) wie contar, aber reflexiv (imperativo: encuéntrate, encontraos; gerundio: encontrándose)

36. entender (-ie-)

presente de indicativo	pretérito indefinido	pretérito imperfecto	futuro simple	condicional simple	presente de subjuntivo	imperfecto de subjuntivo	imperativo
entiendo	entendí	entendía	entenderé	entendería	entienda	entendiera	entiende
entiendes	entendiste	entendías	entenderás	entenderías	entiendas	entendieras	entended
entiende	entendió	entendía	entenderá	entendería	entienda	entendiera	**participio**
entendemos	entendimos	entendíamos	entenderemos	entenderíamos	entendamos	entendiéramos	entendido
entendéis	entendisteis	entendíais	entenderéis	entenderíais	entendáis	entendierais	**gerundio**
entienden	entendieron	entendían	entenderán	entenderían	entiendan	entendieran	entendiendo

37. enviar (-ío-)

presente de indicativo	pretérito indefinido	pretérito imperfecto	futuro simple	condicional simple	presente de subjuntivo	imperfecto de subjuntivo	imperativo
envío	envié	enviaba	enviaré	enviaría	envíe	enviara	envía
envías	enviaste	enviabas	enviarás	enviarías	envíes	enviaras	enviad
envía	envió	enviaba	enviará	enviaría	envíe	enviara	**participio**
enviamos	enviamos	enviábamos	enviaremos	enviaríamos	enviemos	enviáramos	enviado
enviáis	enviasteis	enviabais	enviaréis	enviaríais	enviéis	enviarais	**gerundio**
envían	enviaron	enviaban	enviarán	enviarían	envíen	enviaran	enviando

38. **equivocarse** (c-qu) wie buscar, aber reflexiv (imperativo: equiv**ó**cate, equivocaos; gerundio: equivoc**á**ndose)

39. **escribir** regelmäßig, mit Ausnahme des Partizips: **escrito**

40. **estar**

presente de indicativo	pretérito indefinido	pretérito imperfecto	futuro simple	condicional simple	presente de subjuntivo	imperfecto de subjuntivo	imperativo
estoy	**estuve**	estaba	estaré	estaría	**esté**	**estuviera**	**está**
estás	**estuviste**	estabas	estarás	estarías	**estés**	**estuvieras**	estad
está	**estuvo**	estaba	estará	estaría	**esté**	**estuviera**	participio
estamos	**estuvimos**	estábamos	estaremos	estaríamos	estemos	**estuviéramos**	estado
estáis	**estuvisteis**	estabais	estaréis	estaríais	estéis	**estuvierais**	gerundio
están	**estuvieron**	estaban	estarán	estarían	**estén**	**estuvieran**	estando

41. **explicar** wie buscar

42. **freír**

presente de indicativo	pretérito indefinido	pretérito imperfecto	futuro simple	condicional simple	presente de subjuntivo	imperfecto de subjuntivo	imperativo
fr**í**o	freí	freía	freiré	freiría	fr**í**a	friera	fr**í**e
fr**í**es	fre**í**ste	freías	freirás	freirías	fr**í**as	frieras	freíd
fr**í**e	fri**ó**	freía	freirá	freiría	fr**í**a	friera	participio
freímos	freímos	freíamos	freiremos	freiríamos	friamos	friéramos	**frito**
freís	fre**í**steis	freíais	freiréis	freiríais	friáis	frierais	freído
fr**í**en	fri**e**ron	freían	freirán	freirían	fr**í**an	frieran	gerundio
							fri**e**ndo

43. **haber**

presente de indicativo	pretérito indefinido	pretérito imperfecto	futuro simple	condicional simple	presente de subjuntivo	imperfecto de subjuntivo	imperativo
he	**hube**	había	**habré**	**habría**	**haya**	**hubiera**	–
has	**hubiste**	habías	**habrás**	**habrías**	**hayas**	**hubieras**	participio
ha / hay (es gibt)	**hubo**	había	**habrá**	**habría**	**haya**	**hubiera**	habido
hemos	**hubimos**	habíamos	**habremos**	**habríamos**	**hayamos**	**hubiéramos**	gerundio
habéis	**hubisteis**	habíais	**habréis**	**habríais**	**hayáis**	**hubierais**	habiendo
han	**hubieron**	habían	**habrán**	**habrían**	**hayan**	**hubieran**	

44. **hacer**

presente de indicativo	pretérito indefinido	pretérito imperfecto	futuro simple	condicional simple	presente de subjuntivo	imperfecto de subjuntivo	imperativo
hago	**hice**	hacía	**haré**	**haría**	**haga**	**hiciera**	**haz**
haces	**hiciste**	hacías	**harás**	**harías**	**hagas**	**hicieras**	haced
hace	**hizo**	hacía	**hará**	**haría**	**haga**	**hiciera**	participio
hacemos	**hicimos**	hacíamos	**haremos**	**haríamos**	**hagamos**	**hiciéramos**	**hecho**
hacéis	**hicisteis**	hacíais	**haréis**	**haríais**	**hagáis**	**hicierais**	gerundio
hacen	**hicieron**	hacían	**harán**	**harían**	**hagan**	**hicieran**	haciendo

45. **hacerse** wie hacer, aber reflexiv (imperativo: **hazte**, haceos; gerundio: haci**é**ndose)

46. **ir**

presente de indicativo	pretérito indefinido	pretérito imperfecto	futuro simple	condicional simple	presente de subjuntivo	imperfecto de subjuntivo	imperativo
voy	**fui**	iba	iré	iría	**vaya**	**fuera**	**ve**
vas	**fuiste**	ibas	irás	irías	**vayas**	**fueras**	id
va	**fue**	iba	irá	iría	**vaya**	**fuera**	participio
vamos	**fuimos**	íbamos	iremos	iríamos	**vayamos**	**fuéramos**	ido
vais	**fuisteis**	ibais	iréis	iríais	**vayáis**	**fuerais**	gerundio
van	**fueron**	iban	irán	irían	**vayan**	**fueran**	**yendo**

Gramática

47. leer

presente de indicativo	pretérito indefinido	pretérito imperfecto	futuro simple	condicional simple	presente de subjuntivo	imperfecto de subjuntivo	imperativo
leo	leí	leía	leeré	leería	lea	leyera	lee
lees	leíste	leías	leerás	leerías	leas	leyeras	leed
lee	leyó	leía	leerá	leería	lea	leyera	participio
leemos	leímos	leíamos	leeremos	leeríamos	leamos	leyéramos	leído
leéis	leísteis	leíais	leeréis	leeríais	leáis	leyerais	gerundio
leen	leyeron	leían	leerán	leerían	lean	leyeran	leyendo

48. llegar (g-gu)

presente de indicativo	pretérito indefinido	pretérito imperfecto	futuro simple	condicional simple	presente de subjuntivo	imperfecto de subjuntivo	imperativo
llego	llegué	llegaba	llegaré	llegaría	llegue	llegara	llega
llegas	llegaste	llegabas	llegarás	llegarías	llegues	llegaras	llegad
llega	llegó	llegaba	llegará	llegaría	llegue	llegara	participio
llegamos	llegamos	llegábamos	llegaremos	llegaríamos	lleguemos	llegáramos	llegado
llegáis	llegasteis	llegabais	llegaréis	llegaríais	lleguéis	llegarais	gerundio
llegan	llegaron	llegaban	llegarán	llegarían	lleguen	llegaran	llegando

49. llover (-ue-)

presente de indicativo	pretérito indefinido	pretérito imperfecto	futuro simple	condicional simple	presente de subjuntivo	imperfecto de subjuntivo	imperativo
-	-	-	-	-	-	-	-
-	-	-	-	-	-	-	participio
llueve	llovió	llovía	lloverá	llovería	llueva	lloviera	llovido
-	-	-	-	-	-	-	gerundio
-	-	-	-	-	-	-	lloviendo
-	-	-	-	-	-	-	

50. **morir** (-ue- / -u-) wie dormir

51. **mostrar** (-ue-) wie contar

52. **nacer** (-zco) wie conocer

53. **nevar** (-ie-)

presente de indicativo	pretérito indefinido	pretérito imperfecto	futuro simple	condicional simple	presente de subjuntivo	imperfecto de subjuntivo	imperativo
-	-	-	-	-	-	-	-
-	-	-	-	-	-	-	participio
nieva	nevó	nevaba	nevará	nevaría	nieve	nevara	nevado
-	-	-	-	-	-	-	gerundio
-	-	-	-	-	-	-	nevando
-	-	-	-	-	-	-	

54. **obligar** (g-gu) wie llegar

55. **ofrecer** (-zco) wie conocer

56. **parecerse** (-zco) wie conocer, aber reflexiv (imperativo: par**é**cete, pareceos; gerundio: pareci**é**ndose)

Gramática

57. pedir (-i- / -i-)

presente de indicativo	pretérito indefinido	pretérito imperfecto	futuro simple	condicional simple	presente de subjuntivo	imperfecto de subjuntivo	imperativo
pido	pedí	pedía	pediré	pediría	pida	pidiera	pide
pides	pediste	pedías	pedirás	pedirías	pidas	pidieras	pedid
pide	pidió	pedía	pedirá	pediría	pida	pidiera	**participio**
pedimos	pedimos	pedíamos	pediremos	pediríamos	pidamos	pidiéramos	pedido
pedís	pedisteis	pedíais	pediréis	pediríais	pidáis	pidierais	**gerundio**
piden	pidieron	pedían	pedirán	pedirían	pidan	pidieran	pidiendo

58. **pensar** (-ie-) wie recomendar

59. **perder** (-ie-) wie entender

60. **perjudicar** (c-qu) wie buscar

61. poder

presente de indicativo	pretérito indefinido	pretérito imperfecto	futuro simple	condicional simple	presente de subjuntivo	imperfecto de subjuntivo	imperativo
puedo	pude	podía	podré	podría	pueda	pudiera	puede
puedes	pudiste	podías	podrás	podrías	puedas	pudieras	poded
puede	pudo	podía	podrá	podría	pueda	pudiera	**participio**
podemos	pudimos	podíamos	podremos	podríamos	podamos	pudiéramos	podido
podéis	pudisteis	podíais	podréis	podríais	podáis	pudierais	**gerundio**
pueden	pudieron	podían	podrán	podrían	puedan	pudieran	pudiendo

62. poner

presente de indicativo	pretérito indefinido	pretérito imperfecto	futuro simple	condicional simple	presente de subjuntivo	imperfecto de subjuntivo	imperativo
pongo	puse	ponía	pondré	pondría	ponga	pusiera	pon
pones	pusiste	ponías	pondrás	pondrías	pongas	pusieras	poned
pone	puso	ponía	pondrá	pondría	ponga	pusiera	**participio**
ponemos	pusimos	poníamos	pondremos	pondríamos	pongamos	pusiéramos	puesto
ponéis	pusisteis	poníais	pondréis	pondríais	pongáis	pusierais	**gerundio**
ponen	pusieron	ponían	pondrán	pondrían	pongan	pusieran	poniendo

63. **ponerse** wie poner, aber reflexiv (imperativo: **ponte**, poneos; gerundio: poniéndose)

64. **practicar** (c-qu) wie buscar

65. preferir (-ie- / -i-)

presente de indicativo	pretérito indefinido	pretérito imperfecto	futuro simple	condicional simple	presente de subjuntivo	imperfecto de subjuntivo	imperativo
prefiero	preferí	prefería	preferiré	preferiría	prefiera	prefiriera	prefiere
prefieres	preferiste	preferías	preferirás	preferirías	prefieras	prefirieras	preferid
prefiere	prefirió	prefería	preferirá	preferiría	prefiera	prefiriera	**participio**
preferimos	preferimos	preferíamos	preferiremos	preferiríamos	prefiramos	prefiriéramos	preferido
preferís	preferisteis	preferíais	preferiréis	preferiríais	prefiráis	prefirierais	**gerundio**
prefieren	prefirieron	preferían	preferirán	preferirían	prefieran	prefirieran	prefiriendo

66. **probar** (-ue-) wie contar

67. producir

presente de indicativo	pretérito indefinido	pretérito imperfecto	futuro simple	condicional simple	presente de subjuntivo	imperfecto de subjuntivo	imperativo
produzco	produje	producía	produciré	produciría	produzca	produjera	produce
produces	produjiste	producías	producirás	producirías	produzcas	produjeras	producid
produce	produjo	producía	producirá	produciría	produzca	produjera	**participio**
producimos	produjimos	producíamos	produciremos	produciríamos	produzcamos	produjéramos	producido
producís	produjisteis	producíais	produciréis	produciríais	produzcáis	produjerais	**gerundio**
producen	produjeron	producían	producirán	producirían	produzcan	produjeran	produciendo

ciento setenta y nueve | **179**

Gramática

68. **proponer** wie poner

69. **querer**

presente de indicativo	pretérito indefinido	pretérito imperfecto	futuro simple	condicional simple	presente de subjuntivo	imperfecto de subjuntivo	imperativo
quiero	quise	quería	querré	querría	quiera	quisiera	quiere
quieres	quisiste	querías	querrás	querrías	quieras	quisieras	quered
quiere	quiso	quería	querrá	querría	quiera	quisiera	participio
queremos	quisimos	queríamos	querremos	querríamos	queramos	quisiéramos	querido
queréis	quisisteis	queríais	querréis	querríais	queráis	quisierais	gerundio
quieren	quisieron	querían	querrán	querrían	quieran	quisieran	queriendo

70. **recomendar** (-ie-)

presente de indicativo	pretérito indefinido	pretérito imperfecto	futuro simple	condicional simple	presente de subjuntivo	imperfecto de subjuntivo	imperativo
recomiendo	recomendé	recomendaba	recomendaré	recomendaría	recomiende	recomendara	recomienda
recomiendas	recomendaste	recomendabas	recomendarás	recomendarías	recomiendes	recomendaras	recomendad
recomienda	recomendó	recomendaba	recomendará	recomendaría	recomiende	recomendara	participio
recomendamos	recomendamos	recomendábamos	recomendaremos	recomendaríamos	recomendemos	recomendáramos	recomendado
recomendáis	recomendasteis	recomendabais	recomendaréis	recomendaríais	recomendéis	recomendarais	gerundio
recomiendan	recomendaron	recomendaban	recomendarán	recomendarían	recomienden	recomendaran	recomendando

71. **reconocer** (-zco) wie conocer

72. **recordar** (-ue-) wie contar

73. **reducir** wie producir

74. **regar** (g-gu) wie llegar

75. **reírse**

presente de indicativo	pretérito indefinido	pretérito imperfecto	futuro simple	condicional simple	presente de subjuntivo	imperfecto de subjuntivo	imperativo
me río	me reí	me reía	me reiré	me reiría	me ría	me riera	ríete
te ríes	te reíste	te reías	te reirás	te reirías	te rías	te rieras	reíos
se ríe	se rió	se reía	se reirá	se reiría	se ría	se riera	participio
nos reímos	nos reímos	nos reíamos	nos reiremos	nos reiríamos	nos riamos	nos riéramos	reído
os reís	os reísteis	os reíais	os reiréis	os reiríais	os riáis	os rierais	gerundio
se ríen	se rieron	se reían	se reirán	se reirían	se rían	se rieran	riéndose

76. **saber**

presente de indicativo	pretérito indefinido	pretérito imperfecto	futuro simple	condicional simple	presente de subjuntivo	imperfecto de subjuntivo	imperativo
sé	supe	sabía	sabré	sabría	sepa	supiera	sabe
sabes	supiste	sabías	sabrás	sabrías	sepas	supieras	sabed
sabe	supo	sabía	sabrá	sabría	sepa	supiera	participio
sabemos	supimos	sabíamos	sabremos	sabríamos	sepamos	supiéramos	sabido
sabéis	supisteis	sabíais	sabréis	sabríais	sepáis	supierais	gerundio
saben	supieron	sabían	sabrán	sabrían	sepan	supieran	sabiendo

77. **sacar** (c-qu) wie buscar

Gramática

78. salir

presente de indicativo	pretérito indefinido	pretérito imperfecto	futuro simple	condicional simple	presente de subjuntivo	imperfecto de subjuntivo	imperativo
salgo	salí	salía	saldré	saldría	salga	saliera	sal
sales	saliste	salías	saldrás	saldrías	salgas	salieras	salid
sale	salió	salía	saldrá	saldría	salga	saliera	participio
salimos	salimos	salíamos	saldremos	saldríamos	salgamos	saliéramos	salido
salís	salisteis	salíais	saldréis	saldríais	salgáis	salierais	gerundio
salen	salieron	salían	saldrán	saldrían	salgan	salieran	saliendo

79. seguir (-i- / -i- / gu-g)

presente de indicativo	pretérito indefinido	pretérito imperfecto	futuro simple	condicional simple	presente de subjuntivo	imperfecto de subjuntivo	imperativo
sigo	seguí	seguía	seguiré	seguiría	siga	siguiera	sigue
sigues	seguiste	seguías	seguirás	seguirías	sigas	siguieras	seguid
sigue	siguió	seguía	seguirá	seguiría	siga	siguiera	participio
seguimos	seguimos	seguíamos	seguiremos	seguiríamos	sigamos	siguiéramos	seguido
seguís	seguisteis	seguíais	seguiréis	seguiríais	sigáis	siguierais	gerundio
siguen	siguieron	seguían	seguirán	seguirían	sigan	siguieran	siguiendo

80. sentarse (-ie-) wie recomendar, aber reflexiv (imperativo: siéntate, sentaos; gerundio: sentándose)

81. ser

presente de indicativo	pretérito indefinido	pretérito imperfecto	futuro simple	condicional simple	presente de subjuntivo	imperfecto de subjuntivo	imperativo
soy	fui	era	seré	sería	sea	fuera	sé
eres	fuiste	eras	serás	serías	seas	fueras	sed
es	fue	era	será	sería	sea	fuera	participio
somos	fuimos	éramos	seremos	seríamos	seamos	fuéramos	sido
sois	fuisteis	erais	seréis	seríais	seáis	fuerais	gerundio
son	fueron	eran	serán	serían	sean	fueran	siendo

82. soñar (-ue-) wie contar

83. sustituir (-y-) wie construir

84. tener

presente de indicativo	pretérito indefinido	pretérito imperfecto	futuro simple	condicional simple	presente de subjuntivo	imperfecto de subjuntivo	imperativo
tengo	tuve	tenía	tendré	tendría	tenga	tuviera	ten
tienes	tuviste	tenías	tendrás	tendrías	tengas	tuvieras	tened
tiene	tuvo	tenía	tendrá	tendría	tenga	tuviera	participio
tenemos	tuvimos	teníamos	tendremos	tendríamos	tengamos	tuviéramos	tenido
tenéis	tuvisteis	teníais	tendréis	tendríais	tengáis	tuvierais	gerundio
tienen	tuvieron	tenían	tendrán	tendrían	tengan	tuvieran	teniendo

85. tocar (c-qu) wie buscar

86. traducir wie producir

87. traer

presente de indicativo	pretérito indefinido	pretérito imperfecto	futuro simple	condicional simple	presente de subjuntivo	imperfecto de subjuntivo	imperativo
traigo	traje	traía	traeré	traería	traiga	trajera	trae
traes	trajiste	traías	traerás	traerías	traigas	trajeras	traed
trae	trajo	traía	traerá	traería	traiga	trajera	participio
traemos	trajimos	traíamos	traeremos	traeríamos	traigamos	trajéramos	traído
traéis	trajisteis	traíais	traeréis	traeríais	traigáis	trajerais	gerundio
traen	trajeron	traían	traerán	traerían	traigan	trajeran	trayendo

ciento ochenta y uno | **181**

Gramática

88. utilizar (z-c)

presente de indicativo	pretérito indefinido	pretérito imperfecto	futuro simple	condicional simple	presente de subjuntivo	imperfecto de subjuntivo	imperativo
utilizo	utilicé	utilizaba	utilizaré	utilizaría	utilice	utilizara	utiliza
utilizas	utilizaste	utilizabas	utilizarás	utilizarías	utilices	utilizaras	utilizad
utiliza	utilizó	utilizaba	utilizará	utilizaría	utilice	utilizara	**participio**
utilizamos	utilizamos	utilizábamos	utilizaremos	utilizaríamos	utilicemos	utilizáramos	utilizado
utilizáis	utilizasteis	utilizabais	utilizaréis	utilizaríais	utilicéis	utilizarais	**gerundio**
utilizan	utilizaron	utilizaban	utilizarán	utilizarían	utilicen	utilizaran	utilizando

89. venir

presente de indicativo	pretérito indefinido	pretérito imperfecto	futuro simple	condicional simple	presente de subjuntivo	imperfecto de subjuntivo	imperativo
vengo	vine	venía	vendré	vendría	venga	viniera	ven
vienes	viniste	venías	vendrás	vendrías	vengas	vinieras	venid
viene	vino	venía	vendrá	vendría	venga	viniera	**participio**
venimos	vinimos	veníamos	vendremos	vendríamos	vengamos	viniéramos	venido
venís	vinisteis	veníais	vendréis	vendríais	vengáis	vinierais	**gerundio**
vienen	vinieron	venían	vendrán	vendrían	vengan	vinieran	viniendo

90. ver

presente de indicativo	pretérito indefinido	pretérito imperfecto	futuro simple	condicional simple	presente de subjuntivo	imperfecto de subjuntivo	imperativo
veo	vi	veía	veré	vería	vea	viera	ve
ves	viste	veías	verás	verías	veas	vieras	ved
ve	vio	veía	verá	vería	vea	viera	**participio**
vemos	vimos	veíamos	veremos	veríamos	veamos	viéramos	visto
veis	visteis	veíais	veréis	veríais	veáis	vierais	**gerundio**
ven	vieron	veían	verán	verían	vean	vieran	viendo

91. **vestirse** (-i- / -i-) wie pedir, aber reflexiv (imperativo: vístete, vestíos; gerundio: vistiéndome)

92. **volar** (-ue-) wie contar

93. **volver** (-ue-)

presente de indicativo	pretérito indefinido	pretérito imperfecto	futuro simple	condicional simple	presente de subjuntivo	imperfecto de subjuntivo	imperativo
vuelvo	volví	volvía	volveré	volvería	vuelva	volviera	vuelve
vuelves	volviste	volvías	volverás	volverías	vuelvas	volvieras	volved
vuelve	volvió	volvía	volverá	volvería	vuelva	volviera	**participio**
volvemos	volvimos	volvíamos	volveremos	volveríamos	volvamos	volviéramos	vuelto
volvéis	volvisteis	volvíais	volveréis	volveríais	volváis	volvierais	**gerundio**
vuelven	volvieron	volvían	volverán	volverían	vuelvan	volvieran	volviendo

94. **volverse** (-ue) wie volver, aber reflexiv (imperativo: vuélvete, volveos; gerundio: volviéndose)

Vocabulario y Diccionario

Hinweise

Das *Vocabulario* hat zwei Spalten: Die linke Spalte zeigt die neuen Vokabeln in der Reihenfolge des Vorkommens. Dabei werden sowohl obligatorische als auch fakultative Vokabeln aufgeführt. In der rechten Spalte steht jeweils die deutsche Übersetzung der spanischen Vokabel bzw. des spanischen Ausdruckes. Obligatorische Wörter sind fett markiert, die fakultativen mager. Die Wörter aus den Lektionstexten sind violett unterlegt. Die Angaben unter den Einträgen helfen Ihnen beim Lernen der Vokabeln. Sie zeigen Ihnen in Beispielsätzen typische Verwendungen des neuen Wortes oder sie weisen auf die Ähnlichkeit zu anderen Sprachen (Englisch und Französisch) hin. In den Infoboxen finden Sie wichtige Informationen zur Grammatik (blaue Kästchen), Wortfelder (gelbe Kästchen) sowie landeskundliche Informationen (grüne Kästchen).

Das *Diccionario* besteht aus zwei Teilen: Der spanisch-deutsche Teil führt alle spanischen Wörter aus *¡Adelante! Nivel elemental e intermedio* in alphabetischer Reihenfolge auf. Er enthält die deutsche Übersetzung sowie die Angabe des erstmaligen Vorkommens im Buch. Die deutsch-spanische Wortliste führt die deutschen Übersetzungen in alphabetischer Reihenfolge auf. Sie kann Ihnen beim Verfassen eigener spanischer Texte hilfreich sein. Neuer Wortschatz der *Leer*-Seiten und die Texte in *Preparación para los exámenes* steht nicht im Vokabular. Er wird auf den Seiten direkt annotiert und muss nicht gelernt werden.

Symbole und Abkürzungen

m.	*masculino* (maskulin)
f.	*femenino* (feminin)
pl.	*plural* (Plural)
jd	jemand
jdn	jemanden
jdm	jemandem
etw.	etwas
col.	coloquial
sg.	*singular* (Singular)
ugs.	umgangssprachlich
lat.am.	*latinoamericano* (lateinamerikanisch)
sust./Subst.	*sustantivo* (Substantiv)
inf.	*infinitivo* (Infinitiv)
Rel.pronomen	*pronombre relativo* (Relativpronomen)
adj./Adj.	*adjetivo* (Adjektiv)
adv./Adv.	*adverbio* (Adverb)
E Englisch	F Französisch
≡ Synonym	⇔ Antonym

Zeichen und Stellenangaben im Diccionario

PP	Primer paso
A	Aprender y practicar A
B	Aprender y practicar B
C	Aprender y practicar C
T	Tarea final
< >	fakultativ (nicht verpflichtend)

Kennzeichnungen der Verben

-ie-	*e-ie*-Wechsel im Präsens
-ie-/-i-	wie *-ie-*, zusätzlich *i* statt *e* im *gerundio* sowie in der 3. Person des *pretérito indefinido*
-i-/-i-	*e-i*-Wechsel im Präsens sowie im *gerundio* und in der 3. Person des *pretérito indefinido*
-ue-	*o-ue-* bzw. *u-ue*-Wechsel im Präsens
-ue-/-u-	wie *-ue-*, zusätzlich *u* statt *o* im *gerundio* sowie in der 3. Person des *pretérito indefinido*
-zco	*-zco* statt *-o* in der 1. Pers. Sg. Präsens
z-c	*z* wird zu *c* (vor *e*)
gu-g	*gu* wird zu *g* (vor *a* und *o*)
g-gu	*g* wird zu *gu* (vor *e*)
irr.	irregular (unregelmäßig)
-ío	die betonten Endungen der Verben tragen im Präsens einen Akzent
g-j	*g* wird zu *j* (vor *o*)
c-qu	*c* wird zu *qu* (vor Endungen, die mit *e* beginnen)
-y-	*i* wird zu *y* in der 1.–3. Pers. Sg. und 3. Pers. Plural von Indikativ und *presente de subjuntivo* sowie *pretérito indefinido* und *imperfecto de subjuntivo*
c-j	*c* wird zu *j* im *pretérito indefinido* sowie *imperfecto de subjuntivo*

Z. B.: **2PP** = Unidad 2, Primer paso, **4T** = Unidad 4, Tarea final, **<7B>** = Unidad 7, Aprender y practicar B, fakultativ

1 Vocabulario

Unidad 1
Perú y sus maravillas

la maravilla	das Wunder
la línea	die Linie; die Zeile
el músico/la música	der Musiker/die Musikerin
descubrir algo	etw. entdecken
limitar con algo	(an)grenzen an
Perú limita con Ecuador y Colombia por el norte, con Brasil por el este y con Bolivia y Chile por el sur.	Peru grenzt im Norden an Ecuador und Kolumbien, im Osten an Brasilien und im Süden an Bolivien und Chile.
pensar *(-ie-)* en algo/alguien	an etw./jdn denken
relacionar algo/alguien con algo	etw./jdn mit etw. verbinden
andino, -a	Anden-

Aprender y practicar A

el/la inca	der/die Inka
el imperio	das Imperium/das Reich
	F l'empire
inca	Inka-
ocupar algo	etw. einnehmen
la parte	der Teil
actual	heutig/aktuell
el quechua	das Quechua
la mitología	die Mythologie
la religión	die Religion
el dios	der Gott
	F le d**ieu**
el emperador	der Kaiser
el hijo/la hija	der Sohn/die Tochter
todavía	(immer) noch
Estamos en octubre y todavía hace sol.	Wir haben Oktober und es scheint immer noch die Sonne.
la lengua	die Sprache
construir *(-y-)* algo	etw. bauen
soportar algo	etw. aushalten
En invierno no puedo soportar el frío.	Im Winter halte ich die Kälte nicht aus.
el terremoto	das Erdbeben
la piedra	der Stein
la forma	die Form
especial	besonders/speziell
estable	stabil
el puente	die Brücke
el puente colgante	die Hängebrücke
entonces	damals
Mis padres escribían cartas porque entonces no existían los móviles.	Meine Eltern schrieben sich Briefe, da es damals noch keine Handys gab.
el conejo	das Kaninchen

el conejo de Indias	das Meerschweinchen
igual (que)	gleich/genauso (wie)
La vida ahora no es igual que en el siglo XX.	Das Leben heute ist nicht genauso wie im 20. Jahrhundert.
antes	früher/damals
Antes no comía pescado, ahora me encanta.	Früher habe ich keinen Fisch gegessen, heute mag ich ihn sehr gerne.
cultivar algo	etw. anbauen
la papa *(lat.am.)*	die Kartoffel
en ese tiempo	damals
≡ entonces	damals
Cuando era pequeño teníamos un conejo. En ese tiempo no vivíamos en la ciudad.	Als ich klein war, hatten wir ein Kaninchen. Damals lebten wir nicht in der Stadt.
la flauta	die Flöte
el hueso	der Knochen
humano, -a	Menschen-
el sistema	das System
el nudo	der Knoten
comunicarse *(c-qu)* con alguien	mit jdm kommunizieren/ sich verständigen
el caballo	das Pferd
la rueda	das Rad
correr	rennen/laufen
el mensaje	die Nachricht
el kilómetro	der Kilometer
el puma	der Puma

el territorio	das Territorium/das Gebiet
la arquitectura	die Architektur
el/la noble	der/die Adlige
la historia	die Geschichte
la astronomía	die Astronomie
en cambio	dagegen
Tú siempre te levantas temprano, en cambio yo siempre me levanto tarde.	Du stehst immer früh auf, ich dagegen spät.
la educación	die (Aus)Bildung
los abuelos *(pl.)*	die Großeltern
la experiencia	die Erfahrung
cuidar algo/a alguien	sich um etw./jdn kümmern
Quiero ser enfermero para cuidar a la gente.	Ich möchte Krankenpfleger werden, damit ich mich um Menschen kümmern kann.

Aprender y practicar B

la llegada	die Ankunft
el descubrimiento	die Entdeckung
morir *(-ue-/-u-)*	sterben
	F m**o**urir

184 ciento ochenta y cuatro

Vocabulario | 2

soñar *(-ue-)* **con algo**	von etw. träumen
Cuando era pequeño soñaba con ser director de cine.	Als ich klein war, träumte ich davon, Filmregisseur zu werden.
el oro	das Gold
el conquistador/ la conquistadora	der Eroberer/ die Eroberin
hacia	in Richtung auf; nach
mientras	während
Mientras tú preparas la comida, yo pongo la mesa.	Während du das Essen zubereitest, decke ich den Tisch.
el guerrero/la guerrera	der Krieger/die Kriegerin
el hombre	der Mann
la barba	der Bart
encontrarse *(-ue-)* **con alguien**	sich mit jdm treffen
Ayer me encontré con Luis en el cine.	Gestern traf ich mich mit Luis im Kino.
el final	das Ende
atacar algo/a alguien	etw./jdn angreifen
la circunstancia	der Umstand
el acontecimiento	das Ereignis
de repente	plötzlich
el camino	der Weg
el/la guía	der Führer/die Führerin
la anécdota	die Anekdote

Aprender y practicar C

lo que...	was/das, was …
el consejo	der Rat F le conseil
existir	existieren
el mercado	der Markt E market
el campesino/la campesina	der Bauer/die Bäuerin
vender algo	etw. verkaufen
producir *(irr.)* **algo**	etw. erzeugen/produzieren
el peruano/la peruana	der Peruaner/die Peruanerin
el pasado	die Vergangenheit
el lago	der See F le lac
la isla	die Insel
la planta	die Pflanze
la teoría	die Theorie
la momia	die Mumie
la razón	der Grund
el/la turista	der Tourist/die Touristin
interesarle a alguien	jdn interessieren
Lo que más me interesa es la música.	Was mich am meisten interessiert, ist die Musik.
reservar algo	etw. reservieren

la agencia	die Agentur E agency
la política	die Politik
parecerle *(+ adj.)* **a alguien**	jdm erscheinen/ etw. … finden
el recuerdo	die Erinnerung
el doctor/la doctora	der Arzt/die Ärztin
la ruina	die Ruine

Tarea final

la exposición	die Ausstellung

Unidad 2
Cosas de la vida

almorzar *(-ue-/z-c)* **algo**	etw. zu Mittag essen
Para almorzar siempre como un bocadillo.	Zu Mittag esse ich immer ein Brötchen.
el dependiente/ la dependienta	der Verkäufer/ die Verkäuferin
la tienda	der Laden/das Geschäft
la cena	das Abendessen
el presentador/ la presentadora	der Nachrichtensprecher/ die Nachrichtensprecherin; der Moderator/ die Moderatorin
las noticias *(pl.)*	die Nachrichten
El presentador da las noticias de las nueve.	Der Nachrichtensprecher spricht die 9-Uhr-Nachrichten.
el empleado/la empleada	der/die Angestellte
el departamento	die Abteilung
el marketing	das Marketing
sano, -a	gesund
llevar una vida sana	ein gesundes Leben führen

Aprender y practicar A

el seguidor/la seguidora *(en un Blog)*	der Leser/die Leserin *(in einem Blog)*
así que	also
decidir algo	etw. entscheiden
cambiar algo/a alguien	etw./jdn ändern
el hábito	die (An)Gewohnheit
arreglarse	sich zurechtmachen
¡Tengo que arreglarme para ir a la fiesta de Carlos y solo tengo cinco minutos!	Ich muss mich noch für die Party von Carlos zurechtmachen und mir bleiben nur fünf Minuten!
la tranquilidad	die Ruhe
saludable	gesund
= sano	gesund
el aceite de oliva	das Olivenöl

2 | Vocabulario

 La dieta mediterránea

El aceite de oliva es un alimento principal de la dieta mediterránea. Este tipo de alimentación es típico de los países mediterráneos como España, Grecia, Italia, el sur de Francia y Malta.

el ajo	der Knoblauch
por	durch
antes de *(+ inf.)*	bevor
Antes de salir de casa me ha llamado Susana.	Bevor ich das Haus verlassen habe, hat mich Susana angerufen.
el estrés	der Stress
durante *(+ sust.)*	während *(+ sust.)*
Hemos trabajado mucho durante todo el día.	Wir haben während des ganzen Tages viel gearbeitet.
el mediodía	der Mittag
superar algo	etw. überstehen
soportar algo/a alguien	etw./jdn ertragen
el ruido	das Geräusch/der Lärm
la barriga	der Bauch
el hambre	der Hunger
la cara	das Gesicht
el compañero/ la compañera (de trabajo)	der (Arbeits)Kollege/ die (Arbeits)Kollegin
tanto, -a	so viel
el tráfico	der Verkehr
la merienda	*kleine Zwischenmahlzeit am Nachmittag*
la tarta	die Torte; der Kuchen
horrible	schrecklich
acabar	enden/beenden
el resto	der Rest
poner *(la televisión, la radio)*	*(Fernseher, Radio)* anschalten/anmachen
sentarse *(-ie-)*	sich setzen
el sofá	das Sofa
vago, -a	faul
hacer el vago	faulenzen
Este fin de semana solo he hecho el vago.	Ich habe das ganze Wochenende gefaulenzt.

Aprender y practicar B

injusto, -a	ungerecht
¿Qué pasa?	Was ist los?
de verdad	wirklich
ningún, ninguno, -a	kein, keine, -r, -s
En la empresa no hay ningún empleado español.	In der Firma gibt es keinen spanischen Angestellten.
la solución	die Lösung

Anda.	Komm.
¿Por qué no vienes a la fiesta? Anda, va a ser genial.	Warum kommst du nicht auf die Party? Komm, sie wird super.
equivocarse *(c-qu)*	sich irren/sich vertun
el informe	der Bericht
la información	die Information
traducir *(irr.)* algo	etw. übersetzen
la reunión	die Besprechung/ das Treffen
ni … ni	weder … noch
No me gusta ni el frío ni el calor.	Ich mag weder die Kälte noch die Hitze.
competente	kompetent
el equipo	das Team
seguro *(adv.)*	sicher *(Adv.)*
falso, -a	falsch
echar *(col.)* a alguien	jdn hinauswerfen
Si no haces lo que te piden te van a echar.	Wenn du nicht machst, was sie von dir verlangen, dann werden sie dir kündigen.
el ámbito	der Bereich
textil	textil
la sede	der (Firmen)Standort
simpático, -a	sympathisch
estar de acuerdo con algo/ alguien	mit etw./jdm einverstanden sein/mit jdm einer Meinung sein
el error	der Fehler; der Irrtum
los deberes	die Hausaufgaben
personal	persönlich
el destino	der Bestimmungsort/ das Ziel
	E destin**y**

Aprender y practicar C

el/la oyente	der Hörer/die Hörerin
bienvenido, -a	willkommen
el programa	die (Radio)Sendung
el corazón	das Herz
en primer lugar	zuerst/als Erstes
llevar *(+ gerundio)*	etw. schon seit *(Zeitraum)* tun
varios, -as *(pl.)*	mehrere
aunque	obwohl
Vivo en Alemania aunque soy francés.	Ich lebe in Deutschland, obwohl ich Franzose bin.
independiente	unabhängig
apuntarse a algo	sich zu etw. anmelden
el club	der Verein
el atletismo	die Leichtathletik
practicar *(c-qu)* algo	etw. ausüben
ecologista	umweltbewusst

186 ciento ochenta y seis

Vocabulario | 3

el campamento	das Lager
el monitor/la monitora de tiempo libre	der (Freizeit)Betreuer/ die (Freizeit)Betreuerin
la clase particular	der Privatunterricht/ die Nachhilfestunde
el niño/la niña	das Kind
En Alemania, muchos niños toman clases particulares.	In Deutschland nehmen viele Kinder Nachhilfeunterricht.
activo, -a	aktiv
⇔ tranquilo	ruhig

Unidad 3
Cataluña

la pista	die Piste
el esquí	der Ski
la ruina	die Ruine
	E ruin
la torre	der Turm
	F la tour
atractivo, -a	attraktiv
deportista	sportlich
tradicional	traditionell
histórico, -a	historisch

Aprender y practicar A

encantado, -a (de)	froh; begeistert
¡Viva!	Hoch!/Es lebe hoch!
contento, -a	froh/zufrieden
fantástico, -a	fantastisch
ser aburrido, -a	langweilig sein
estar aburrido, -a (de)	gelangweilt sein/ sich langweilen
cansado, -a (de)	müde
Mira tu habitación. Estoy cansada de ordenar tus cosas.	Schau dir mal dein Zimmer an. Ich bin es müde, deine Sachen aufzuräumen.
enamorado, -a	verliebt
la terraza	die Terrasse
	E terrace
el mirador	der Aussichtspunkt
romántico, -a	romantisch
ilusionado, -a (con)	froh/glücklich
el miedo	die Angst
tener (irr.) miedo de algo/ alguien	Angst vor etw./jdm haben
el catalán	das Katalanisch
preocuparle a alguien	sich Sorgen machen
Me preocupa que Miguel no esté en el hotel… Es muy tarde.	Ich mache mir Sorgen, dass Miguel nicht im Hotel ist… Es ist sehr spät.
triste	traurig

la situación	die Situation
el ayuntamiento	das Rathaus; die Stadtverwaltung
echar de menos algo/a alguien	etw./jdn vermissen
el mar	das Meer
la ventana	das Fenster
la cuestión	die Frage
la nieve	der Schnee
el paseo	der Spaziergang
el puerto	der Hafen
la fuente	der Brunnen
	E fountain
el quiosco	der Kiosk
la obra	das (Kunst)Werk
	F l'oeuvre
el pintor/la pintora	der Maler/die Malerin
catalán, -ana	katalanisch
el creador/la creadora	der Schöpfer/die Schöpferin
el logo	das Logo
posiblemente	möglicherweise/vielleicht
el muchacho/la muchacha ≅ el chico/la chica	der Junge/das Mädchen der Junge/das Mädchen
la imagen	das Bild
	E image

Aprender y practicar B

la flor	die Blume
	F une fleur
	E flower
la boda	die Hochzeit
pedir (-i-/-i-) perdón	sich entschuldigen
Diga.	Formel beim Abnehmen des Telefons (wörtl. Sagen Sie.)

🌐 **Al teléfono**

Los españoles, cuando alguien los llama por teléfono y no saben quién es, responden con ¡Diga! o ¿Sí?, pero no dicen ni su nombre ni su apellido.

la novedad	die Neuigkeit
notar a alguien (+ adj.)	sehen, dass jemand … ist
Ana, te noto triste. ¿Estás bien?	Ana, ich sehe, dass du traurig bist. Geht es dir gut?
emocionado, -a (con)	aufgeregt
traer (irr.) algo	etw. (mit)bringen
la rosa	die Rose
la ilusión	die Hoffnung; die Illusion
aparecer (-zco)	auftauchen/erscheinen
guapo, -a	hübsch
ingenuo, -a	naiv
la cabeza	der Kopf

ciento ochenta y siete | 187

4 Vocabulario

¡Esa cabeza tuya!	Wo hast du nur deinen Kopf!
—Ayer fue el cumpleaños de mi madre y no le compré ningún regalo.	– Gestern war der Geburtstag meiner Mutter, und ich habe ihr kein Geschenk gekauft.
—¡Esa cabeza tuya!	– Wo hast du nur deinen Kopf!
enterarse de algo	etw. mitbekommen/erfahren
¡Que no te enteras!	Du bekommst auch gar nichts mit!
—¿Cuándo es la fiesta? ¿Mañana? ¿El sábado? —Es el domingo. ¡Que no te enteras!	– Wann ist die Party? Morgen? Am Samstag? – Am Sonntag. Du bekommst auch gar nichts mit!
el patrón/la patrona	der/die Schutzheilige
famoso, -a	berühmt/bekannt
regalar algo a alguien	jdm etw. schenken
el puesto	der Stand
atento, -a	aufmerksam/zuvorkommend
detallista	aufmerksam
el amor	die Liebe F l'amour
decepcionado, -a (con)	enttäuscht
la desilusión	die Enttäuschung
⇔ la ilusión	die Hoffnung; die Illusion
el caballero	der Ritter
matar a alguien	jdn töten
el dragón	der Drache F dragon
Te dejo. ¡Son las cinco! Tengo que ir a casa. ¡Te dejo!	Tschüs. Es ist fünf Uhr. Ich muss nach Hause gehen. Tschüs!
la tradición	die Tradition
el baile	der Tanz
la concentración	die Konzentration

Aprender y practicar C

el arquitecto/la arquitecta	der Architekt/die Architektin
el futuro	die Zukunft
tener (irr.) algo por delante	etw. vor sich haben
—Todos mis amigos tienen novia menos yo. —¡Tranquilo! Tienes mucho tiempo por delante.	– Alle meine Freunde haben eine Freundin, außer mir. – Keine Panik! Du hast noch viel Zeit vor dir.
aceptar algo	etw. akzeptieren
el proyecto	das Projekt
el/la mecena	der Mäzen/die Mäzenin (Förderer der Literatur und Künste)
concentrarse	sich konzentrieren
reconocer (-zco) algo	etw. zugeben; etw. anerkennen

convertirse (-ie-/-i-) en	werden/sich verwandeln
la obsesión	die Besessenheit
junto con	zusammen mit
el colaborador/la colaboradora	der Geschäftspartner/die Geschäftspartnerin
diseñar algo	etw. zeichnen/etw. entwerfen
el esbozo	der Entwurf
conseguir (-i-/-i-; gu-g) algo	etw. erreichen
crear algo	etw. (er)schaffen
el arte	die Kunst F art
la arquitectura	die Architektur
vivo, -a	lebendig
el estilo	der Stil
fantasioso, -a	utopisch
el edificio	das Gebäude
el respeto	der Respekt
la profesión	der Beruf
el embajador/la embajadora	der Botschafter/die Botschafterin
la medalla	die Medaille

Unidad 4
Un mundo más justo

justo, -a	gerecht/fair
⇔ injusto	ungerecht/unfair F juste
el producto	das Produkt
agrícola	Agrar-/landwirtschaftlich
el pimiento	die Paprika
industrial	industriell
Quiero ser diseñador de productos industriales.	Ich möchte Designer für Industrieprodukte werden.
la etiqueta	das Etikett
la exportación	der Export
el barco	das Schiff
el camión	der Lastwagen
la condición	die Bedingung
el invernadero	das Gewächshaus
el trabajador	der Arbeiter F le travailleur
el pesticida	das Pestizid
el plástico	das Plastik
la granja	der Bauernhof
el cultivo	der Anbau
orgánico, -a	biologisch
la maquila	Fabrik in einem Billiglohnland
el turno (de trabajo)	die (Arbeits)Schicht
diario, -a	täglich
pensar (-ie-) que…	denken/meinen, dass…

Vocabulario 4

Aprender y practicar A

la patera	das (kleine) Holzboot
caerse *(irr.)*	fallen
Ayer iba con la bicicleta por la calle y me caí.	Gestern bin ich mit dem Fahrrad auf der Strasse gefahren und hingefallen.
ONG *(organización no gubernamental)*	NGO *(non-governmental organisation; Nicht-regierungsorganisation)*
Los sábados trabajo para una ONG que ayuda a personas enfermas que no tienen familia.	Samstags arbeite ich für eine NGO, die kranken Menschen hilft, die keine Familie haben.
duro, -a	hart/anstrengend
la fresa	die Erdbeere
	F la fraise
luego	später
≡ después	danach
la policía	die Polizei
el/la inmigrante	der Einwanderer/die Einwanderin
africano, -a	afrikanisch
el/la policía	der Polizist/die Polizistin
quitar algo a alguien	jdm etw. wegnehmen
exportar algo	etw. exportieren
la mujer	die Frau/die Ehefrau
el boom	der Boom
el crecimiento	das Wachstum
el precio	der Preis
el dólar	der Dollar
revisar algo	etw. überprüfen/etw. kontrollieren
el pulmón	die Lunge
el polvo	der Staub
la tela	der Stoff
uno/una	man
Uno tiene que trabajar mucho si quiere ser alguien en la vida.	Man muss viel arbeiten, wenn man es im Leben zu etwas bringen will.
enfermo, -a	krank
la presión	der Druck
el supervisor/la supervisora	der Aufseher/die Aufseherin *(Aufsichtsperson bei der Arbeit)*

la descripción	die Beschreibung
la cadena	die Kette

Aprender y practicar B

la luz	das Licht
la sombra	der Schatten
el sector	der Sektor
el sector primario	der Primärsektor
conquistar algo	etw. erobern
el productor/la productora	der Produzent/die Produzentin
el pepino	die Gurke
el sector secundario	der Sekundärsektor
la industria automovilística	die Automobilindustrie
la industria química	die Chemieindustrie
el sector terciario	der Tertiärsektor
el banco	die Bank
la comunicación	die Kommunikation
la moda	die Mode
auténtico, -a	echt
la relación	die Beziehung
comercial	Handels-
la importación	der Import
la diferencia	der Unterschied
por ejemplo	zum Beispiel
En nuestro supermercado vendemos muchos productos ecológicos como, por ejemplo, el vino, los tomates, las patatas...	In unserem Supermarkt verkaufen wir viele ökologische Produkte, wie zum Beispiel Wein, Tomaten, Kartoffeln…
el paro	die Arbeitslosigkeit
el turismo de masas	der Massentourismus
el extranjero/la extranjera	der Ausländer/die Ausländerin
el/la ilegal	der/die Illegale
crecer *(-zco)*	wachsen
próximo, -a	nächste, -r, -s
tanto como	genauso viel wie
Antes no tenía que estudiar tanto como ahora.	Früher musste ich nicht so viel lernen wie jetzt.
los frutos secos *(pl.)*	die Nüsse
la mandarina	die Mandarine
la estadística	die Statistik
la gráfica	die Grafik
el… por ciento	… Prozent
el tercio	das Drittel

Aprender y practicar C

el decálogo	der Dekalog *(griech.: die zehn Gebote)*
respetar algo/a alguien	etw./jdn respektieren
el derecho	das Recht
colaborar en algo/con alguien	bei etw. mitarbeiten; mit jdm zusammenarbeiten
consumir algo	etw. konsumieren/verbrauchen
el alimento	das Lebensmittel
social	sozial
apoyar algo/a alguien	etw./jdn unterstützen
el comportamiento	das Verhalten

ciento ochenta y nueve | 189

5 Vocabulario

recordar *(-ue-)* algo	sich an etw. erinnern/ an etw. denken
Recuérdame que mañana tengo que llamar a mi abuelo. Es su cumpleaños.	Erinnere mich daran, dass ich morgen meinen Großvater anrufen muss. Er hat Geburtstag.
la tarea	die Aufgabe
el comercio	der Handel
el comercio justo	der faire Handel
el consumidor/ la consumidora	der Verbraucher/ die Verbraucherin
solidario, -a	solidarisch; aus fairem Handel stammend

Unidad 5
¡Buen viaje!

la siesta	die Siesta *(Mittagsruhe)*

 La siesta

La siesta consiste en descansar después de almorzar y antes de volver a trabajar. La siesta en España dura entre media hora y una hora y no siempre se duerme.

inacabado, -a	unvollendet/nicht fertig
regresar	zurückkommen/ zurückkehren
≡ volver	zurückkommen/ zurückkehren
el desconocido/ la desconocida	der/die Unbekannte
cansarse de algo	einer Sache überdrüssig werden; etw. nicht mehr tun können
Cuando me canso de estudiar, veo un poco la televisión.	Wenn ich nicht mehr lernen kann, schaue ich ein wenig fern.
caminar	laufen
volar *(-ue)*	fliegen
perder *(-ie-)* algo/a alguien	etw./jdn verlieren
sucederle a alguien	jdm passieren
≡ pasar algo	etw. passieren

Tipos de turismo

el turismo rural	der ländliche Tourismus
el turismo cultural	der Kulturtourismus
el turismo de compras	der Shoppingtourismus
el turismo gastronómico	der Gastro-Tourismus *(Tourismus, der dazu dient, die lokale Küche kennenzulernen)*
el turismo de salud	der Gesundheitstourismus; der Wellnesstourismus
el turismo religioso	der Pilgertourismus

Aprender y practicar A

la costa	die Küste
	F la côte
la pirámide	die Pyramide
maya	Maya-… *(zur Kultur der Maya gehörig)*
estupendo, -a	toll/prima
la palmera	die Palme
el catamarán	der Katamaran *(Segelboot mit Doppelrumpf)*
el submarinismo	der Tauchsport
odiar algo/a alguien	etw./jdn hassen
Odio que no podamos hacer la siesta. ¡Hay demasiado ruido!	Ich hasse es, keine Siesta machen zu können. Es ist einfach zu laut!
el animador/ la animadora	der Animateur/ die Animateurin
tener *(irr.)* razón	recht haben
¡Es una maravilla!	Das ist (ja) wunderbar!
Es una lástima.	Das ist schade.
≡ ¡Qué pena!	Schade!
el mosquito	die (Stech)Mücke
siguiente	(nach)folgend
el interior	das Innere
alegrarse de algo	sich/über etw. freuen
Me alegro mucho de trabajar contigo.	Ich freue mich sehr, mit dir zusammenzuarbeiten.
divertirse *(-ie-/-i-)*	sich amüsieren
peligroso, -a	gefährlich
robar algo a alguien	jdm etw. stehlen
sonar	klingeln
	F sonner
la manifestación	die Demonstration
lógico, -a	logisch

Aprender y practicar B

el campo de golf	der Golfplatz
el investigador/ la investigadora	der Forscher/ die Forscherin
presentar algo	etw. vorstellen
según	laut
Según el informe que nos ha llegado, la población de la región ha crecido un 20%.	Laut dem Bericht, den wir erhalten haben, ist die Bevölkerung der Region um 20% gestiegen.
la comunidad (autónoma)	die autonome Region *(entspricht etwa: Bundesland)*

 Las comunidades autónomas

Según la Constitución Española de 1978, España está formada por diecisiete comunidades autónomas más Ceuta y Melilla, dos ciudades autónomas.

Vocabulario 6

la época (del año)	die (Jahres)Zeit
la sequía	die Dürre/die Trockenheit
necesario, -a	notwendig
el modelo	das Modell
el desarrollo	die Entwicklung
debido a	wegen
≣ por	wegen
reducir *(irr.)* algo	etw. reduzieren
opinar	meinen
estar *(irr.)* a favor de algo/alguien	für etw./jdn sein
beneficiar algo/a alguien	etw./jdm nutzen
el puesto de trabajo	der Arbeitsplatz
el césped	der Rasen
artificial	künstlich
perjudicar algo/a alguien	etw./jdm schaden
dudar algo	etw. bezweifeln
	F douter
el país en vías de desarrollo	das Entwicklungsland
la tragedia	die Tragödie
la falta	das Fehlen
desaparecer *(-zco)*	verschwinden
⇔ aparecer	auftauchen/erscheinen
la especie (animal)	die (Tier)Art
a causa de	wegen
≣ debido a	wegen
estar *(irr.)* en contra de algo/alguien	gegen etw./jdn sein
⇔ estar *(irr.)* a favor de algo/alguien	für etw./jdn sein
solucionar algo	etw. lösen
irresponsable	unverantwortlich
el político/la política	der Politiker/die Politikerin
la vergüenza	die Schande
el desierto	die Wüste
	E desert
el lujo	der Luxus
regar *(g-gu)* algo	etw. gießen/wässern
inútil	zwecklos
el instituto	das Institut
el análisis	die Analyse
la asociación	die Vereinigung
la fundación	die Stiftung

Aprender y practicar C

el surf	das Surfen
el/la vigilante (de playa)	der (Strand)Wächter/die (Strand)Wächterin
el/la guía	der Führer/die Führerin
deber algo a alguien	jdm etw. schulden

el favor	der Gefallen
Gracias por ayudarme. Te debo un favor.	Danke, dass du mir geholfen hast. Ich schulde dir einen Gefallen.
sustituir *(-y-)* a alguien	jdn vertreten
la atención	die Aufmerksamkeit
salir *(irr.)* bien	gelingen/gut laufen
—¿Qué tal fue la fiesta? —Perfecta. La sorpresa salió muy bien.	– Wie war die Party? – Super. Die Überraschung ist uns gelungen.
improvisar algo	etw. improvisieren
la enfermería	die Krankenstation
la tabla	das Surfbrett
el gimnasio	die Turnhalle; das Fitnessstudio
devolver *(-ue-)* algo	etw. zurückgeben
la llave	der Schlüssel
lila	lila
olvidarse de algo	etw. vergessen
la lavadora	die Waschmaschine
el gesto	die Geste

Unidad 6
Mi futuro profesional

profesional	beruflich
el asesor/la asesora	der Berater/die Beraterin
el técnico ecológico/la técnica ecológica	der Umwelttechniker/die Umwelttechnikerin
el farmacéutico/la farmacéutica	der Apotheker/die Apothekerin
el/la fisioterapeuta	der Physiotherapeut/die Physiotherapeutin
la telecomunicación	die Telekommunikation
el entrenador/la entrenadora	der Trainer/die Trainerin
el gerente/la gerente de empresa	der Manager/die Managerin
en general	im Allgemeinen
el ambiente	das Umfeld; die Atmosphäre
la conciliación	die Versöhnung; die Vereinbarkeit
laboral	Arbeits-
privado, -a	privat
≣ particular	privat
la estabilidad	die Stabilität
el salario	das Gehalt
la vocación	die Berufung

6 Vocabulario

Aprender y practicar A

el curso	der Kurs
decidirse por algo	etw. beschließen/sich für etw. entscheiden
la Oficina de Información	das Informationsbüro
relacionado, -a (con)	mit Bezug zu …/ was mit … zu tun hat
Quiero hacer algo relacionado con la ecología.	*Ich möchte etwas machen, was mit Umweltschutz zu tun hat.*
la salud	die Gesundheit
obligar *(g-gu)* a alguien a (hacer) algo	jdn zu etw. zwingen/jdn dazu bringen etw. zu tun
el orientador/ la orientadora profesional	der Berufsberater/ die Berufsberaterin
en cuanto	sobald
En cuanto acabe el curso, me voy de vacaciones.	*Sobald der Kurs zu Ende ist, fahre ich in Urlaub.*
tonto, -a	dumm
presionar a alguien	jdn unter Druck setzen
el dolor	der Schmerz
la carrera	das Studium; die Laufbahn
la broma	der Witz/der Spaß
sentirse *(-ie-/-i-)*	sich fühlen
la conversación	das Gespräch
el cuestionario	der Fragebogen
distinto, -a ≙ diferente	verschieden anders/unterschiedlich
debajo de	unter
el uso	der Gebrauch
el horario	die Öffnungszeiten; die Arbeitszeit

Aprender y practicar B

la farmacia	die Apotheke
el laboratorio	das Labor
la gestión	die (Unternehmens)Führung
la informática	die Informatik
la psicología	die Psychologie
la opción	die Option/die Wahl
sino	sondern
Esa opción no es solo la mejor para los clientes, sino también para la empresa.	*Diese Option ist nicht nur die beste für die Kunden, sondern auch für das Unternehmen.*
la necesidad	die Notwendigkeit
la salida	die (Berufs)Aussicht
la venta	der Verkauf
la investigación	die Forschung
monótono, -a	monoton/eintönig
el/la paciente	der Patient/die Patientin

el resfriado	die Erkältung
increíble	unglaublich
el medicamento	das Medikament
la fisioterapia	die Physiotherapie
la casualidad	der Zufall
la rehabilitación	die Rehabilitation
la clínica	die Klinik
el centro deportivo	das Sportzentrum
la habilidad	die Fertigkeit
estar al día	auf dem Laufenden sein
la innovación	die Innovation/ die Neuerung
inútil	zwecklos

Las partes del cuerpo

el hombro	die Schulter
el brazo	der Arm
el dedo	der Finger
el cuello	der Hals
la mano	die Hand
la cintura	die Taille
el pecho	die Brust
el estómago	der Magen
la pierna	das Bein
la rodilla	das Knie
la espalda	der Rücken

el perfil	das Profil

Aprender y practicar C

cada vez	immer mehr
terminar algo ≙ acabar algo	etw. beenden etw. enden/beenden
el bachillerato	*entspricht in etwa der Oberstufe*
preparado, -a	vorbereitet/ausgebildet
Ella está mejor preparada para este trabajo que yo porque tiene una carrera universitaria y yo no.	*Sie ist besser für diese Arbeit ausgebildet als ich, weil sie ein Hochschulstudium hat und ich nicht.*
el título (universitario)	das (Universitäts)Diplom
la oferta	das Angebot E offer
la organización	die Organisation; das Organisationstalent
la flexibilidad	die Flexibilität
la responsabilidad	die Verantwortung
depender de algo/alguien	von etw./jdm abhängen
—¿Vas a aceptar este trabajo? —No lo sé, depende del salario que ofrezcan.	– Wirst du diese Arbeit annehmen? – Ich weiß es nicht. Das hängt vom Gehalt ab, das sie mir anbieten.

Vocabulario 7

la decisión	die Entscheidung
tener *(irr.)* que ver con algo	mit etw. zu tun haben
Mi dolor de espalda no tiene nada que ver con el accidente que tuve el año pasado.	Meine Rückenschmerzen haben nichts mit dem Unfall zu tun, den ich letztes Jahr hatte.
la tecnología	die Technologie
en segundo lugar	zweitens
la demanda	die Nachfrage
el/la terapeuta	der Therapeut/ die Therapeutin
el cirujano/la cirujana	der Chirurg/die Chirurgin
el negocio	das Geschäft
gestionar *(un negocio)*	*(ein Unternehmen)* führen/leiten
los recursos humanos *(pl.)*	das Personalwesen
la ecología	die Ökologie
la energía	die Energie
la energía alternativa	die Alternativenergie
sustituir a algo	etw. ersetzen
tocar *(c-qu)* algo	etw. spielen *(Lied, Musikinstrument)*
la guitarra	die Gitarre

Tarea final

el asesoramiento	die Beratung

Unidad 7
Colombia te enamora

la superficie	die (Ober)Fläche
la densidad	die (Bevölkerungs)Dichte
el clima	das Klima
el clima tropical	das tropische Klima
natural	natürlich
la feria	die Messe(ausstellung)
el escultor/ la escultora	der Bildhauer/ die Bildhauerin
el carnaval	der Karneval
representar algo	etw. repräsentieren/ für etw. stehen
El grupo Dax con la canción *Sol* representará a España en Eurovisión.	Die Gruppe Dax wird Spanien beim Eurovision Song Contest mit dem Lied *Sol* repräsentieren.
caribeño, -a	karibisch
la máscara	die Maske
el territorio	das Territorium/das Gebiet
la biodiversidad	die Artenvielfalt
el ave *(f.)*	der Vogel

§ **Las palabras femeninas con artículo masculino**

Wenn ein weibliches Substantiv mit einem betonten *a-* oder *ha-* beginnt, wird aus Wohlklangsgründen *la* zu *el* und *una* zu *un*. Das Geschlecht des Wortes bleibt aber weiblich.

la mariposa	der Schmetterling
la esmeralda	der Smaragd
el carbón	die Kohle
	[F] le **ch**arbon
el petróleo	das Erdöl
el/la cantante	der Sänger/die Sängerin
encontrarse *(-ue-)*	sich befinden
Cartagena de Indias se encuentra en el Caribe.	Cartagena de Indias befindet sich in der Karibik.
la hacienda	das (Land)Gut
la velocidad	die Geschwindigkeit
el río	der Fluss

Aprender y practicar A

la facultad	die Fakultät
la Biología	Biologie *(Fach)*
informar de algo a alguien	jdn über etw. informieren
la beca	das Stipendium
la selva	der (Regen)Wald
la variedad	die Vielfalt
serio, -a	ernst(haft)
	[E] **seri**ous
la droga	die Droge
el secuestro	die Entführung
la guerrilla	die Guerilla/ der Untergrundkampf
sin embargo	jedoch
inseguro, -a	unsicher
la maleta	der Koffer
solo, -a	allein
A nuestros hijos les encanta viajar solos. Ya no quieren viajar con nosotros.	Unsere Kinder reisen sehr gerne alleine. Sie wollen nicht mehr mit uns verreisen.
nervioso, -a	nervös
parecerse a algo/alguien	wie etw./jd aussehen; etw./ jdm ähneln
—¿Y tú a quién te pareces?	– Und wem siehst du ähnlich?
—Yo me parezco a mi padre.	– Ich sehe meinem Vater ähnlich.
darse *(irr.)* cuenta de algo	etw. (be)merken
gringo *(lat.am.)*	der Gringo

ciento noventa y tres **193**

7 Vocabulario

Los gringos

En muchos países latinoamericanos se utiliza la palabra *gringo, -a* para llamar a cualquier extranjero (no solo de Estados Unidos) de ojos claros y pelo rubio.

el mentor/la mentora	der Mentor/die Mentorin; der Betreuer/die Betreuerin
el dado	der Würfel
imaginar algo	sich etw. ausdenken
la cortesía ante todo	die Höflichkeit über alles

Aprender y practicar B

sorprenderle a alguien	jdn überraschen/ jdn erstaunen F surprendre
la caña de azúcar	das Zuckerrohr
el/la indígena	der Ureinwohner/ die Ureinwohnerin
el mestizo/la mestiza	der Mestize/die Mestizin (Mischling zwischen Weißen und Indios)
el mulato/la mulata	der Mulatte/die Mulattin (Mischling zwischen Weißen und Schwarzen)
la carreta	der Karren
caótico, -a	chaotisch
el semáforo	die (Verkehrs)Ampel
el/la guardia	der Wachmann/die Wachfrau; der Polizist/die Polizistin E guard
el arma *(f.)*	die Waffe
la seguridad	die Sicherheit
residencia universitaria	das Studentenwohnheim
ruidoso, -a	laut
la mejilla	die Wange
despedirse *(-i-/-i-)* de alguien	sich von jdm verabschieden
reírse *(irr.)* de algo/alguien	über etw./jdn lachen
alcanzarle con algo	etw. (aus)reichen/ jdm genügen
Solo tenemos quince euros y el libro cuesta veinte. No nos alcanza el dinero.	Wir haben nur fünfzehn Euro und das Buch kostet zwanzig. Unser Geld reicht nicht aus.
el arroz	der Reis
nacional	national
el plátano	die Banane
maduro, -a	reif
la molestia	die Unannehmlichkeit
abrazado, -a	umarmt

juntos, -as *(pl.)*	zusammen
Tú eres muy amigo de Pablo, ¿no? Siempre estáis juntos.	Du bist sehr gut mit Pablo befreundet, nicht wahr? Ihr seid immer zusammen.
la palabra	das Wort
besar a alguien	jdn küssen
despertarse *(-ie-)*	aufwachen
feliz	glücklich
elegir *(-i-/-i-; g-j)* algo	etw. (aus)wählen
la imaginación	die Fantasie/ der Ideenreichtum

Aprender y practicar C

lejos (de)	weit weg
el pico	die (Berg)Spitze
nevado, -a	verschneit
el recuerdo	die Erinnerung
posible	möglich
el permiso	die Erlaubnis E permission
el cafetal	die Kaffeeplantage
sencillo, -a	einfach/schlicht
la carretera	die Landstraße
estrecho, -a	eng/schmal
el cielo	der Himmel F le ciel
el color	die Farbe E colour
la reina	die Königin F la reine
el banano *(lat.am.)*	die Banane
ofenderse por algo	wegen etw. beleidigt sein/ gekränkt sein
La señora se ofendió porque le hablé en español y era francesa.	Die Frau war beleidigt, weil ich sie auf Spanisch angesprochen habe und sie Französin ist.
el lado	die Seite
la puerta	die Tür F la porte
el cristal	das Glas
el rescate	das Lösegeld
pelear con alguien	mit jdm streiten; mit jdm kämpfen
el guerrillero/la guerillera	der Guerillakämpfer/ die Guerillakämpferin
¡Qué fuerte! *(col.)* —¿Sabes quién es el novio de mi hermana? —¡No! —¡Tu hermano! —¡Qué fuerte!	Krass! – Weißt du, wer der Freund meiner Schwester ist? – Nein! – Dein Bruder! – Krass!
sorprendido, -a	überrascht
raro, -a	seltsam

Vocabulario | 8

la telenovela	die Telenovela
el casero/la casera	der Hausbesitzer/die Hausbesitzerin
exigente	anspruchsvoll
la banana *(lat.am.)*	die Banane
el puzle	das Puzzle
el experto/la experta	der Experte/die Expertin

Unidad 8
Con mucho arte

la pintura	die Malerei
la escultura	die Bildhauerei
la literatura	die Literatur
el/la artista	der Künstler/die Künstlerin

Aprender y practicar A

latino, -a	lateinamerikanisch
estar de moda	in Mode sein
Ahora está de moda la ropa de los años 80.	Jetzt ist die Kleidung der 80er Jahre in Mode.
la importancia	die Bedeutung/die Wichtigkeit F importance
hoy en día = actualmente	heutzutage derzeit/heutzutage
el/la fan	der Fan
arriesgarse *(g-gu)* a hacer algo	etw. zu tun wagen
experimentar	experimentieren
más allá de	über … hinaus
Rafa Nadal es conocido más allá de Europa. Es famoso en todo el mundo.	Rafa Nadal ist über Europa hinaus bekannt. Er ist in der ganzen Welt berühmt.
el chino mandarín	das Mandarin (Hochchinesisch)
la gira	die Tournee
el continente	der Kontinent
estadounidense	US-amerikanisch
de manera que	sodass
Este fin de semana tengo que estudiar, de manera que no puedo salir…	Dieses Wochenende muss ich lernen, so dass ich nicht ausgehen kann.
presente	präsent; vorhanden
el origen	der Ursprung F origin
el experto/la experta	der Experte/die Expertin
ponerse *(irr.)* de acuerdo con alguien	sich mit jdm einigen
el fenómeno	das Phänomen
el/la guitarrista	der Gitarrist/die Gitarristin
mexicano, -a	mexikanisch
fuerte	stark

la influencia	der Einfluss
el papel	die Rolle
el pionero/la pionera	der Pionier/die Pionierin; der Wegbereiter/die Wegbereiterin
asegurar algo a alguien	jdm etw. versichern
el interés	das Interesse
observar algo	etw. beobachten F observer
anglosajón, -ona	angelsächsisch
el ritmo	der Rhythmus
la letra	der (Lied)Text
exótico, -a	exotisch
la estrategia	die Strategie
puro, -a	rein
fusionar algo	etw. verschmelzen
reivindicativo, -a	fordernd; engagiert
dirigirse *(g-j)* a alguien	sich an jdn richten
describir algo/a alguien	etw./jdn beschreiben
el/la internauta	der Internet-Surfer/die Internet-Surferin
alegre	fröhlich
apasionante	leidenschaftlich
coincidir en algo	mit jdm einer Meinung sein
el efecto	die (Aus)Wirkung
sensual	sinnlich
inspirarle algo a alguien	jdn zu etw. anregen; jdn inspirieren
Este profesor me inspira a estudiar y a interesarme por su asignatura.	Dieser Lehrer regt mich dazu an, zu lernen und mich für sein Fach zu interessieren.
imaginar algo	sich etw. vorstellen
el mercado discográfico	der Schallplattenmarkt
el tipo	die Art
único, -a	einzig
El único problema que tengo por las mañanas es que no puedo levantarme.	Das einzige Problem, das ich morgens habe, ist, dass ich nicht aufstehen kann.
el consumo	der Konsum
legal	legal/rechtmäßig
la piratería digital	die Datenpiraterie
el enemigo/la enemiga	der Feind/die Feindin E enemy
el vicepresidente/la vicepresidenta	der Vizepräsident/die Vizepräsidentin
expresar algo	etw. äußern; etw. ausdrücken
el total	die Gesamtheit
la música pirateada	die raubkopierte Musik
la paga	die Abrechnung
la entrada	die Eintrittskarte

ciento noventa y cinco | 195

8 Vocabulario

Aprender y practicar B

la paciencia	die Geduld
encender *(-ie-)* **algo**	etw. einschalten
puntualmente	pünktlich
la protesta	der Protest
el cedé	die CD
el/la imbécil	der Dummkopf
desgraciado,-a	glücklos
el instante	der Augenblick
de nuevo	erneut
por fin	endlich
≡ finalmente	endlich
improbable	unwahrscheinlich
hacerse *(irr.)*	werden
De la noche a la mañana se hico rico.	Von heute auf morgen wurde er reich.
aún	(immer) noch
≡ todavía	noch
tal vez	vielleicht
dar igual	egal sein
seguir *(+ gerundio)*	mit etw. fortfahren/ weiterhin etw. tun
desesperadamente	verzweifelt *(Adv.)*
el odio	der Hass
la tristeza	die Traurigkeit
	F la tristesse
el poema	das Gedicht
la acción	die Aktion/die Handlung
desesperado,-a	verzweifelt *(Adj.)*
volverse *(irr.)*	werden
ponerse *(irr.)*	werden

Aprender y practicar C

el cómic	der Comic
el bocadillo	die Sprechblase
el héroe	der Held
desagradecido,-a	undankbar
salvar a alguien	jdn retten
vestir *(-i-/-i-)* **a alguien con algo**	jdm etw. anziehen
el aguilucho	der Jungadler
el amo/la ama	der Herr/die Herrin
destrozado,-a	zerstört/kaputt
el baúl	die Truhe
meter algo en algo	etw. in etw. (hinein)legen
el uniforme	die Uniform
el/la ayudante	der Helfer/die Helferin
parecer *(+ sust.)*	aussehen (wie)
Con este vestido pareces una reina.	Mit diesem Kleid siehst du wie eine Königin aus.
el/la saltimbanqui	der Gaukler/die Gauklerin

ofrecer *(-zco)* **algo a alguien**	jdm etw. anbieten
notar	etw. merken
con ganas	heftig
Ayer por la tarde llovió con ganas.	Gestern Nachmittag hat es heftig geregnet.
la humedad	die Feuchtigkeit
	E humidity
contar *(-ue-)* **algo**	etw. zählen
¡Joder! *(col.)*	Scheiße!
ahí andarán	ungefähr
—¿Creés que el coche de Juan es más caro que el mío? —Ahí andarán.	– Glaubst du, dass das Auto von Juan teurer ist als meins? – Ich glaube sie sind ungefähr gleich teuer.
puntual	pünktlich

Diccionario | A

Español – Alemán

A

a I2B nach; (hin) zu
  a la derecha (de) I4B rechts (von)
  a las… I3A um …
  a lo mejor I9A vielleicht
  A mí no. I2A Mir nicht.
  A mí sí. I2A Mir schon.
  A mí también. I2A Mir auch.
  A mí tampoco. I2A Mir auch nicht.
  a pie I6B zu Fuß
  a propósito <I5B> apropos/übrigens
  ¿**A** qué hora…? I3A Um wie viel Uhr …?
  a rayas I8PP gestreift
  a veces I2B manchmal
  A ver… I1C (Lass) mal sehen …
  de… **a** I3A von … bis
abierto,-a I9B offen
abrazado,-a II7B umarmt
el **abrazo** I5B die Umarmung
abril (m.) I5B April
abrir algo I2C etw. öffnen; geöffnet sein
los **abuelos** (pl.) II1A die Großeltern
ser **aburrido,-a** I3A langweilig sein
  estar **aburrido,-a** (de) II3A gelangweilt sein/sich langweilen
acabar II2A enden/beenden
  acabar de hacer algo I8B gerade etw. getan haben
el **acceso** I8B der Zugang
el **accidente** I9A der Unfall
la **acción** <II8B> die Aktion/die Handlung
el **aceite** I5C das Öl
  el **aceite** de oliva II2A das Olivenöl
la **aceituna** I5C die Olive
el **acento** I1C der Akzent
aceptar algo II3C etw. akzeptieren
acompañar a alguien I5B mit jdm mitkommen/jdn begleiten
el **acontecimiento** <II1B> das Ereignis
acordarse (-ue-) de algo/alguien I9A sich an etw./jdn erinnern
la **actividad** I2A die Aktivität
activo,-a II2C aktiv
actual II1A heutig/aktuell
actualmente I7C derzeit/heutzutage
estar de **acuerdo** con algo/alguien II2B mit etw./jdm einverstanden sein; mit jdm einer Meinung sein
  ponerse (irr.) de **acuerdo** con alguien II8A sich mit jdm einigen
además I2C außerdem
Adiós. <II1A> Tschüs./Auf Wiedersehen.
¿**Adónde…?** I2B Wohin …?
el **aeropuerto** <I1C>, I7PP der Flughafen
africano,-a II4A afrikanisch
la **agencia** II1C die Agentur
agosto (m.) I5B August
agrícola II4PP Agrar-/landwirtschaftlich
la **agricultura** I9PP die Landwirtschaft
el **agua** (f.) I3B das Wasser

el **agua** mineral (f.) I9B das Mineralwasser
el **aguilucho** II8C der Jungadler
ahí I4C da
  ahí andarán II8C ungefähr
ahora I6A jetzt
  ahora mismo I9A sofort
el **aire** acondicionado I6B die Klimaanlage
el **ajo** I5C der Knoblauch
al final I2C zum Schluss/am Ende
  al principio I9C am Anfang
  al año de edad I7B mit einem Jahr/ im ersten Lebensjahr
el **albergue** juvenil <I6B>, I7C die Jugendherberge
alcanzarle con algo II7B jdm (aus)reichen/jdm genügen
alegrarse de algo II5A sich über etw. freuen
alegre II8A fröhlich
el **alemán**/la **alemana** I7A der Deutsche/die Deutsche
el **alemán** I7A Deutsch
alérgico,-a I9B allergisch
algo I2PP etwas
alguno,-a I9A einige/ein paar
el **alimento** II4C das Lebensmittel
más **allá** de II8A über … hinaus
allí I3C dort
almorzar (-ue-/z-c) algo II2PP etw. zu Mittag essen
alquilar I6A mieten
el **alquiler** I4PP die Miete
la energía **alternativa** II6C die Alternativenergie
alto,-a I8C groß
el **alumno**/la **alumna** I3PP der Schüler/die Schülerin
amable I8B nett/freundlich
amarillo,-a I8PP gelb
el **ambiente** II6PP das Umfeld; die Atmosphäre
el **ámbito** II2B der Bereich
el **amigo**/la **amiga** I1B der Freund/ die Freundin
el **amo**/la **ama** II8C der Herr/die Herrin
el **amor** II3B die Liebe
amueblado,-a I4A möbliert
el **análisis** <II5B> die Analyse
Anda. II2B Komm.
ahí andarán II8C ungefähr
andino,-a II1PP Anden-
la **anécdota** <II1B> die Anekdote
el **anexo** I7C die Anlage/der Anhang
anglosajón,-ona II8A angelsächsisch
el **animador**/la **animadora** II5A der Animateur/die Animateurin
el **animal** I6B das Tier
  la especie (animal) II5B die (Tier)Art
¡**Ánimo**! <II1A> Kopf hoch!/Nur Mut!
el **año** I6B das Jahr
  al **año** de edad I7B mit einem Jahr/ im ersten Lebensjahr
  ¿Cuántos **años** tienes? I3A Wie alt bist du?

la **época** (del **año**) II5B die (Jahres)Zeit
hace … **años** I7B vor … Jahren
tener (irr.) … **años** I3A … Jahre alt sein
antes II1A früher/damals
  antes de + (inf.) II2A bevor
antiguo,-a I4A alt
el **anuncio** I4PP die Anzeige
el **aparcamiento** I6B der Parkplatz
aparecer (-zco) II3B auftauchen/ erscheinen
apasionante II8A leidenschaftlich
el **apellido** I1B der Nachname
¿Te **apetece**…? I2C Hast du Lust …?
apoyar algo/a alguien II4C etw./jdn unterstützen
aprender algo I3A etw. lernen
¡Que **aproveche**! I9B Guten Appetit!
apuntar algo I8C etw. notieren/etw. aufschreiben
apuntarse a algo II2C sich zu etw. anmelden
aquel,-la,-los,-las I8A jener, jene, jenes
aquí I1C hier
árabe I6C arabisch
el **argentino**/la **argentina** I9B der Argentinier/die Argentinierin
el **arma** (f.) II7B die Waffe
el **armario** I4C der Schrank
el **arquitecto**/la **arquitecta** II3C der Architekt/die Architektin
la **arquitectura** <II1A>, II3C die Architektur
arreglarse II2A sich zurechtmachen
arriesgarse (g-gu) a hacer algo II8A etw. zu tun wagen
la **arroba** I1C das at Zeichen (@)
el **arroz** II7B der Reis
el **arte** II3C die Kunst
artificial II5B künstlich
el/la **artista** II8PP der Künstler/ die Künstlerin
asegurar algo a alguien II8A jdm etw. versichern
el **asesor**/la **asesora** II6PP der Berater/die Beraterin
el **asesoramiento** <II6T> die Beratung
así I3C so/auf diese Weise
  así que II2A also
la **asignatura** I3A das Unterrichtsfach
la **asociación** <II5B> die Vereinigung
pasar la **aspiradora** I5A Staub saugen
la **astronomía** II1A die Astronomie
el **asunto** I7C der Betreff
atacar (c-qu) algo/a alguien II1B etw./jdn angreifen
la **atención** II5C die Aufmerksamkeit
  la **atención** al cliente I7C die Kundenbetreuung/ der Kundenservice
atender (-ie-) a alguien I8B sich um jdn kümmern
Atentamente I7C Mit freundlichen Grüßen
atento,-a II3B aufmerksam/zuvorkommend

ciento noventa y siete | **197**

B Diccionario

el **atletismo** II2C die Leichtathletik
atractivo,-a II3PP attraktiv
aún II8B (immer) noch
aunque II2C obwohl
auténtico,-a II4B echt
el **autobús** I6A der (Auto)Bus
la industria **automovilística** II4B die Automobilindustrie
la comunidad (**autónoma**) II5B die autonome Region (entspricht etwa: Bundesland)
el **ave** (f.) II7PP der Vogel
la **aventura** I6PP das Abenteuer
el **avión** I6A das Flugzeug
ayer I7B gestern
el/la **ayudante** II8C der Helfer/ die Helferin
ayudar a alguien I5B jdm helfen
el **ayuntamiento** II3A das Rathaus; die Stadtverwaltung
el **azafato**/la **azafata** I7PP der Flugbegleiter/die Flugbegleiterin
la caña de **azúcar** II7B das Zuckerrohr
azul I8PP blau

B

el **bachillerato** II6C entspricht in etwa der Oberstufe
bailar I5PP tanzen
el **baile** II3B der Tanz
    el curso de **baile** I2A der Tanzkurs
el **balcón** I4PP der Balkon
la **banana** (lat.am.) <II7C> die Banane
el **banano** (lat.am.) II7C die Banane
el **banco** II4B die Bank
la **bandera** I6C die Flagge
la **bañera** I4C die Badewanne
el **baño** I4PP das Bad/das Badezimmer
el **bar** I2PP die Kneipe
barato,-a I4A billig/günstig/preiswert
la **barba** II1B der Bart
el **barco** II4PP das Schiff
la **barra** I1C der Schrägstrich
    I5C das Baguette
la **barriga** II2A der Bauch
el **barrio** I4A das (Stadt)Viertel
bastante I2PP ziemlich
la **basura** I5A der Abfall/der Müll
    sacar (c-qu) la **basura** I5A den Müll wegbringen/hinausbringen
batir algo I5C etw. schlagen
el **baúl** II8C die Truhe
beber algo I5PP etw. trinken
la **bebida** I5PP das Getränk
la **beca** <I9T>, II7A das Stipendium
beneficiar algo/a alguien II5B etw./jdm nutzen
besar a alguien II7B jdn küssen
¡Un **beso**! <I1A> Küsschen!
la **biblioteca** I3A die Bibliothek
la **bicicleta** I6A das Fahrrad
bien <I1A> gut
    ir (**bien**) con algo I8A zu etw. passen
    ¡Qué **bien**! I1B Super!/Wie schön!
    ¡Que lo pases **bien**! I6PP Viel Spaß!
    salir (irr.) **bien** II5C gelingen/gut laufen

Todo **bien**. <I1A> Alles klar.
bienvenido,-a II2C willkommen
el **bigote** I8C der Schnurrbart
el **billete** I9A das Flugticket
¡**Bingo**! <I2C> Bingo!
la **biodiversidad** II7PP die Artenvielfalt
la **Biología** <I3A>, II7A Biologie (Fach)
blanco,-a I6PP weiß
la **blusa** I8PP die Bluse
el **bocadillo** I5A das belegte Brötchen II8C die Sprechblase
la **boda** II3B die Hochzeit
el **bolígrafo** I3PP der Kugelschreiber
bonito,-a I4A schön
el **boom** II4A der Boom
la **botella** I5C die Flasche
las patatas **bravas** I9B die Patatas Bravas (wilde Kartoffeln)
el **brazo** II6B der Arm
la **broma** <I5B>, II6A der Witz/der Spaß
bueno,-a I6C gut
    ¡**Buenas** noches! <I1A> Gute Nacht!
    ¡**Buenas** tardes! <I1A> Guten Abend!; Guten Tag!
    Bueno. I1C Also./Nun (gut).
    ¡**Buenos** días! I0 Guten Morgen!; Guten Tag!
buscar (c-qu) algo I2C etw. suchen
    buscar algo/a alguien I9A etw./jdn abholen

C

el **caballero** II3B der Ritter
el **caballo** II1A das Pferd
la **cabeza** II3B der Kopf
    ¡Esa **cabeza** tuya! II3B Wo hast du nur deinen Kopf!
    ¡Qué **cabeza**! I3B Wo habe ich nur meinen Kopf!
cada uno/una I9B jeder/jede
    cada vez II6B immer mehr
la **cadena** <II4A> die Kette
caerse (irr.) II4A fallen
el **café** I9B der Kaffee
el **cafetal** II7C die Kaffeeplantage
la **cafetería** I3A das Café
el **calamar** I9B der Tintenfisch
la **calefacción** I6B die Heizung
calentar algo I5C etw. erhitzen/ etw. erwärmen
caliente I9B warm
la **calle** I1C die Straße
el **calor** I6A die Hitze; die Wärme
    Hace **calor**. I6A Es ist warm.
la **cama** I3B das Bett
    irse a la **cama** I3B ins Bett gehen
el **camarero**/la **camarera** I8PP der Kellner/die Kellnerin
    la **camarera** de piso I8PP das Zimmermädchen
cambiar algo/a alguien II2A etw./jdn ändern
en **cambio** II1A dagegen
caminar II5PP laufen
el **camino** II1B der Weg
el **camión** II4PP der Lastwagen

la **camisa** I8PP das Hemd
la **camiseta** I8PP das T-Shirt
el **campamento** II2C das Lager
el **campesino**/la **campesina** II1C der Bauer/die Bäuerin
el **campo** de golf II5B der Golfplatz
la **caña** de azúcar II7B das Zuckerrohr
la **canción** I3A das Lied
cansado,-a (de) II3A müde
cansarse de algo II5PP einer Sache überdrüssig werden; etw. nicht mehr tun können
el/la **cantante** II7PP der Sänger/ die Sängerin
caótico,-a II7B chaotisch
la **capital** I9PP die Hauptstadt
la **cara** II2B das Gesicht
el **carbón** II7PP die Kohle
caribeño,-a II7PP karibisch
el **carnaval** II7PP der Karneval
la **carne** I9B das Fleisch
el **carné** de conducir I7C der Führerschein
caro,-a I4A teuer
la **carrera** II6A das Studium; die Laufbahn
la **carreta** II7B der Karren
la **carretera** II7C die Landstraße
la **carta** I7A der Brief
    la **carta** de presentación I7A das Anschreiben (Bewerbung)
la **casa** I4PP das Haus
    en **casa** I3B zu Hause
el **casero**/la **casera** <II7C> der Hausbesitzer/die Hausbesitzerin
casi I2B fast
    casi siempre I2B fast immer
Eres un **caso**. <I5B> Du bist mir (aber) eine/r!
el **castillo** I6C die Burg
la **casualidad** II6B der Zufall
el **catalán** II3A das Katalanisch
catalán,-ana II3A katalanisch
el **catamarán** II5A der Katamaran (Segelboot mit Doppelrumpf)
la **catarata** I9PP der Wasserfall
la **catedral** I6PP der Dom/ die Kathedrale
a **causa** de II5B wegen
la **cebolla** I5C die Zwiebel
el **cedé** <I5B>, II8B die CD
celebrar algo I5B etw. feiern
la **cena** II2PP das Abendessen
el **centro** I2B das (Stadt)Zentrum
    el **centro** deportivo II6B das Sportzentrum
cerca de I4A in der Nähe von
el **cerdo** I9B das Schwein
el **césped** II5B der Rasen
la **chaqueta** I8PP die Jacke
chatear I2B chatten
¡**Che**! (lat.am.) I9A Hallo.
el **chico**/la **chica** I1B der Junge/ das Mädchen
el **chino** mandarín II8A das Mandarin (Hochchinesisch)

Diccionario | C

el **chiringuito** <I6C> ein Restaurant am Strand
el **cielo** II7C der Himmel
el **cine** I2PP das Kino
la **cintura** II6B die Taille
la **circunstancia** <II1B> der Umstand
el **cirujano**/la **cirujana** II6C der Chirurg/die Chirurgin
la **ciudad** <I1T>, I2A die Stadt
la Educación ético-**cívica** <I3A> Fach: etwa Sozialkunde
¡**Claro**! I2C (Ja), Natürlich!
¡**Claro** que sí! I5B (Ja), Natürlich!/Klar!
claro,-a I8PP hell
la **clase** I3PP der Klassenraum/ die Klasse; der Unterricht
la **clase** de intercambio <I3T> die Austauschklasse
la **clase** particular II2C der Privatunterricht/die Nachhilfestunde
clásico,-a I8A klassisch
la Cultura **Clásica** <I3A> Fach für alte Geschichte
el **cliente**/la **clienta** I7A der Kunde/ die Kundin
la atención al **cliente** I7C die Kundenbetreuung/der Kundenservice
el **clima** I7PP das Klima
el **clima** tropical II7PP das tropische Klima
la **clínica** II6B die Klinik
el **club** II2C der Verein
el **coche** I6A das Auto
la **cocina** I4PP die Küche
cocinar algo I5A etw. kochen
el **cocinero**/la **cocinera** I8PP der Koch/die Köchin
coger (g-j) algo I5C etw. nehmen
coincidir en algo II8A mit jdm einer Meinung sein
el **colaborador**/la **colaboradora** II3C der Geschäftspartner/ die Geschäftspartnerin
colaborar en algo/con alguien II4C bei etw. mitarbeiten; mit jdm zusammenarbeiten
el **colegio** I9C die Schule
el puente **colgante** II1A die Hängebrücke
el **color** II7C die Farbe
de **colores** I8PP bunt
combinar algo con algo I8A etw. miteinander kombinieren
el **comedor** I8B der Speiseraum/ der Speisesaal
comer algo I3C etw. essen
comercial II4B Handels-
el **comercio** II4C der Handel
el **comercio** justo II4C der faire Handel
el **cómic** <II8C> der Comic
la **comida** I5PP das Essen
como <I1A> wie (bei Vergleichen)
como <I1A> als
como siempre <I1A> wie immer
tanto **como** II4B genauso viel wie
¿**Cómo**...? I1PP Wie ...?

¿**Cómo** está usted? <I1A> Wie geht es Ihnen?
¿**Cómo** estáis? <I1A> Wie geht es euch?
¿**Cómo** están ustedes? <I1A> Wie geht es Ihnen?
¿**Cómo** estás? <I1A> Wie geht es dir?
¿**Cómo** se escribe...? I1C Wie schreibt man ...?
¿**Cómo** se escribe tu nombre? <I1C> Wie schreibt man deinen Namen?
¿**Cómo** te llamas? I1PP Wie heißt du?
cómodo,-a I8A bequem
el **compañero**/la **compañera** I2A der Klassenkamerad/ die Klassenkameradin
el **compañero**/la **compañera** (de piso) I4C der Mitbewohner/die Mitbewohnerin
el **compañero**/la **compañera** (de trabajo) II2A der (Arbeits)Kollege/ die (Arbeits)Kollegin
el piso **compartido** I4PP die Wohngemeinschaft
competente II2B kompetent
complicado,-a I9B kompliziert
el **comportamiento** II4C das Verhalten
la **compra** I5PP der Einkauf (Lebensmittel)
el turismo de **compras** II5PP der Shoppingtourismus
hacer la **compra** I5PP (Lebensmittel) einkaufen
ir (irr.) de **compras** I2PP shoppen (gehen)
comprar algo I5C etw. kaufen
la zona **común** I4C der Gemeinschaftsbereich
la **comunicación** II4B die Kommunikation
comunicarse (c-qu) con alguien II1A mit jdm kommunizieren/ sich verständigen
comunicativo,-a I7PP kontaktfreudig; offen
la **comunidad** (autónoma) II5B die autonome Region (entspricht etwa: Bundesland)
con I1C mit
¿**Con** quién...? I3B Mit wem ...?
conmigo I9A mit mir
contigo I9A mit dir
la **concentración** II3B die Konzentration
concentrarse II3B sich konzentrieren
el **concierto** I2A das Konzert
la **conciliación** II6PP die Versöhnung; die Vereinbarkeit
la **condición** II4PP die Bedingung
conducir (c-zc/c-j) I7C fahren
el carné de **conducir** I7C der Führerschein
el **conejo** II1A das Kaninchen
el **conejo** de Indias II1A das Meerschweinchen
conocer (-zco) algo/a alguien I5B etw./jdn kennen; etw./jdn kennenlernen

conocido,-a <I5A>, I6PP bekannt
los **conocimientos** (pl.) I7A die Kenntnisse
el **conquistador**/la **conquistadora** II1B der Eroberer/die Eroberin
conquistar algo II4B etw. erobern
conseguir (-i-/-i-; gu-g) algo II3C etw. erreichen
el **consejo** <I9T>, II1C der Rat
construir (-y-) algo II1A etw. (er)bauen
el **consumidor**/la **consumidora** II4C der Verbraucher/ die Verbraucherin
consumir algo II4C etw. konsumieren/verbrauchen
el **consumo** II8A der Konsum
el **contacto** (con) I6PP der Kontakt
los datos de **contacto** (pl.) <I4PP> die Kontaktdaten
contar (-ue-) algo a alguien I9A jdm etw. erzählen
¿Qué quieres que te **cuente**? I9C Was soll ich dir sagen?
contar (-ue-) algo II8C etw. zählen
contento,-a II3A froh/zufrieden
en **contestación** a I7C in Beantwortung
contestar algo/a alguien I8B etw./jdm antworten
el **continente** II8A der Kontinent
estar (irr.) en **contra** de algo/alguien II5B gegen etw./jdm sein
la **conversación** II6A das Gespräch
convertirse (-ie-/-i-) en II3C werden/ sich verwandeln
el **corazón** II2C das Herz
el **correo** electrónico I1C die E-Mail
¿Cuál es tu dirección de **correo** electrónico? I1C Wie ist deine E-Mail Adresse?
correr II1A rennen/laufen
cortar algo I5C etw. schneiden
la **cortesía** ante todo <II7A> die Höflichkeit über alles
el **corto** I7B der Kurzfilm
corto,-a I8C kurz
la **cosa** I4C die Sache/das Ding
la **costa** II5A die Küste
costar (-ue-) I4A kosten
el **creador**/la **creadora** II3A der Schöpfer/die Schöpferin
crear algo II3C etw. (er)schaffen
creativo,-a I7PP kreativ
crecer (-zco) II4B wachsen
el **crecimiento** II4A das Wachstum
creer algo I2C etw. glauben; etw. meinen
Creo que... I1C Ich glaube, (dass) ...
el **cristal** II7C das Glas
la **croqueta** I5C die Krokette (aus einer Béchamelsauce mit z. B. Krabben, Käse, Schinken)
el **cuaderno** I3PP das Heft
el metro **cuadrado** I4PP der Quadratmeter
¿**Cuál**...? I1C Welche, -r, -s ...?

ciento noventa y nueve | **199**

D Diccionario

¿**Cuál**…?/¿**Cuáles**…? I8A
  Was für …?/Welche …?
¿**Cuál** es tu dirección de correo electrónico? I1C Wie ist deine E-Mail Adresse?
cuando I8C wenn I9A als
¿**Cuándo**…? I3A Wann …?
¿**Cuánto, -os**…?/¿**Cuánta, -as**…? I4A Wie viel …?/Wie viele …?
  ¿**Cuántos** años tienes? I3A Wie alt bist du?
en **cuanto** II6A sobald
un **cuarto** I3A ein Viertel
cuarto,-a I4B vierte, -r, -s
el **cuello** II6B der Hals
la **cuenta** I9B die Rechnung
darse *(irr.)* **cuenta** de algo II7A etw. (be)merken
la **cuestión** <II3A> die Frage
cuidar algo/a alguien II1A sich um etw./jdn kümmern
cultivar algo II1A etw. anbauen
el **cultivo** II4PP der Anbau
la **cultura** I2C die Kultur
  la **Cultura** Clásica <I3A> Fach für alte Geschichte
cultural <I3T> kulturell
  el turismo **cultural** II5PP der Kulturtourismus
el **cumpleaños** I5B der Geburtstag
el **currículum** vítae I7A der Lebenslauf
el **curso** II1A der Kurs
  el **curso** de baile I2A der Tanzkurs
  el viaje de fin de **curso** I3C die Abschlussfahrt
el **cuestionario** II6A der Fragebogen

D

el **dado** <II7A> der Würfel
dar *(irr.)* algo a alguien I6B jdm etw. geben
  dar igual II8B egal sein
  dar *(irr.)* la vuelta a algo I5C wenden (umdrehen)
darse *(irr.)* cuenta de algo II7A etw. (be)merken
el **dato** de interés I7B wichtige Angaben
  los **datos** de contacto *(pl.)* <I4PP> die Kontaktdaten
  los **datos** personales I7C die Personalien
de I0 von/aus
  de… a I3A von … bis
  De nada. I4A Bitte (schön).
  ¿**De** qué hora a qué hora…? I3A Von wann bis wann …?
  de repente II1B plötzlich
debajo de II6A unter
deber algo a alguien II5C jdm etw. schulden
los **deberes** *(pl.)* II2B die Hausaufgaben
debido a II5B wegen
el **decálogo** II4C der Dekalog *(griech.: die zehn Gebote)*
decepcionado,-a (con) II3B enttäuscht (von)

decidir algo II2A etw. entscheiden
decidirse por algo II6A etw. beschließen/ sich für etw. entscheiden
decir *(irr.)* algo a alguien I8B jdm etw. sagen
  se **dice**… <I1A> man sagt …
la **decisión** II6C die Entscheidung
el **dedo** II6B der Finger
dejar algo I9B (liegen)lassen
  Te **dejo**. II3B Tschüs.
delante de I4B vor *(örtl.)*
  tener *(irr.)* algo por **delante** II3C etw. vor sich haben
delgado,-a I8C schlank
la **demanda** II6C die Nachfrage
demasiado,-a I9B zu (+ Adj.); zuviel
la **densidad** II7PP die (Bevölkerungs)Dichte
el **departamento** II2PP die Abteilung
depender algo/alguien II6C von etw./jdm abhängen
el **dependiente**/la **dependienta** II2PP der Verkäufer/die Verkäuferin
el **deporte** I2PP der Sport
deportista II3PP sportlich
deportivo,-a <I3T> sportlich
  el centro **deportivo** II6B das Sportzentrum
el **derecho** II4C das Recht
desagradecido,-a II8C undankbar
desaparecer *(-zco)* II5B verschwinden
el **desarrollo** II5B die Entwicklung
  el país en vía de **desarrollo** II5B das Entwicklungsland
el **desastre** <I5C> das Chaos
desayunar algo I3B etw. frühstücken
el **desayuno** I5A das Frühstück
descansar I2B sich ausruhen
el **desconocido**/la **desconocida** II5PP der/die Unbekannte
describir algo/a alguien II8A etw./jdn beschreiben
la **descripción** <II4A> die Beschreibung
el **descubrimiento** II1B die Entdeckung
descubrir algo <II1PP> etw. entdecken
desde I6C von/aus I7C seit
desesperadamente II8B verzweifelt *(Adv.)*
desesperado,-a <II8B> verzweifelt *(Adj.)*
desgraciado,-a II8B glücklos
el **desierto** I5B die Wüste
la **desilusión** II3B die Enttäuschung
despedirse *(-i-/-i-)* de alguien II7B sich von jdm verabschieden
despertarse *(-ie)* II7B aufwachen
después I2C dann; danach
  después de (+ inf.) I6C nachdem
  después de (+ sust.) I8B nach
el **destino** <II2C> der Bestimmungsort/ das Ziel
destrozado,-a II8C zerstört/kaputt
detallista II3B aufmerksam
detrás de I4A hinter
devolver *(-ue)* algo II5C etw. zurückgeben
el **día** I3B der Tag

¡Buenos **días**! I0 Guten Morgen!; Guten Tag!
  estar al **día** II6B auf dem Laufenden sein
  hoy en **día** <II8A> heutzutage
  todos los **días** I3C jeden Tag
diario,-a <II4PP> täglich
el **diario** de viaje <I6C> der Reisebericht
diciembre *(m.)* I5B Dezember
el **diente** I3B der Zahn
  lavarse los **dientes** I3B sich die Zähne putzen
la **diferencia** II4B der Unterschied
diferente I6PP anders/unterschiedlich
difícil I9C schwierig
Diga. II3B *Formel beim Abnehmen des Telefons (wörtl. Sagen Sie.)*
la piratería **digital** <II8A> die Datenpiraterie
el **dinero** I7A das Geld
el **dios** II1A der Gott
la **dirección** I1C die Adresse
  ¿Cuál es tu **dirección** de correo electrónico? I1C Wie ist deine E-Mail-Adresse?
el **director**/la **directora** de cine I7B der Regisseur/die Regisseurin
dirigirse *(g-j)* a alguien II8A sich an jdn richten
el mercado **discográfico** II8A der Schallplattenmarkt
la **discoteca** I2A die Diskothek
el **diseñador**/la **diseñadora** de páginas web I7PP der Webdesigner/die Webdesignerin
diseñar algo II3C etw. zeichnen/ etw. entwerfen
disfrutar de algo I6PP etw. genießen
distinto,-a II6A verschieden
divertirse *(-ie-/-i-)* II5A sich amüsieren
doble <I8C> Doppel-
la **docena** I5C das Dutzend
el **doctor**/la **doctora** <II1C> der Arzt/die Ärztin
el **dólar** II4A der Dollar
el **dolor** II6A der Schmerz
el **domingo** I3A der Sonntag
donde I7B wo *(Rel. pronomen)*
¿**Dónde**…? I1PP Wo …?
  ¿De **dónde** eres? I1PP Woher kommst du?
dormir *(-ue-/-u-)* I3C schlafen
el **dormitorio** I4PP das Schlafzimmer
dos puntos I1C der Umlaut
el **dragón** II3B der Drache
la **droga** II7A die Droge
ducharse I3B (sich) duschen
dudar algo II5B etw. bezweifeln
durante (+ sust.) II2A während (+ Subst.)
durar I6A dauern
duro,-a II4A hart/anstrengend

E

echar *(col.)* a alguien II2B jdn hinauswerfen

200 doscientos

Diccionario E

echar de menos algo/a alguien II3A etw./jdn vermissen
la **ecología** II6C die Ökologie
ecológico,-a II6A ökologisch/umweltfreundlich
  el técnico **ecológico**/la técnica **ecológica** II6PP der Umwelttechniker/die Umwelttechnikerin
ecologista II2C umweltbewusst
la **economía** I9PP die Wirtschaft
al año de **edad** I7B mit einem Jahr/im ersten Lebensjahr
el **edificio** II3C das Gebäude
la **educación** II1A die (Aus)Bildung
  la **Educación** ético-cívica <I3A> Fach: etwa Sozialkunde
  la **Educación** Física <I3A> der Sportunterricht
  la **educación** secundaria <I7B> vier Schuljahre, etwa wie die Mittelstufe
el **efecto** II8A die (Aus)Wirkung
el **ejemplo** I9C das Beispiel
  por **ejemplo** II4B zum Beispiel
el/la (bestimmter Artikel, sg.) I0 der/die/das
  el (+ Wochentag) I3A am/diesen (+ Wochentag)
él I0 er
el correo **electrónico** I1C die E-Mail
  ¿Cuál es tu dirección de correo **electrónico**? I1C Wie ist deine E-Mail-Adresse?
elegante I8A elegant
elegir (-i-/-i-; g-j) algo II7B etw. (aus)wählen
ella I0 sie
ellos,-as I0 sie
el **embajador**/la **embajadora** II3C der Botschafter/die Botschafterin
sin **embargo** II7A jedoch
el/la **emigrante** I9C der Auswanderer/die Auswanderin
emocionado,-a (con) II3B aufgeregt
el **emperador** II1A der Kaiser
empezar (-ie-/z-c) a hacer algo I7B etw. anfangen (zu tun)/beginnen
el **empleado**/la **empleada** II2PP der/die Angestellte
la **empresa** I7A die Firma/das Unternehmen
  el gerente/la gerente de **empresa** II6PP der Manager/die Managerin
en <I1A> in/auf/an
  en casa I3B zu Hause
  en cuanto II6A sobald
enamorado,-a (de) II3A verliebt
encantado,-a (de) II3A froh; begeistert
encantar a alguien I6B jdm sehr gut gefallen
  Me **encanta** algo/hacer algo. I2PP Ich tue etw. sehr gerne.
encender (-ie-) algo II8B etw. einschalten
encontrar (-ue-) algo/a alguien I6A etw./jdn finden

encontrarse (-ue-) II7PP sich befinden
  encontrarse (-ue-) con alguien II1B sich mit jdm treffen
el **enemigo**/la **enemiga** II8A der Feind/die Feindin
la **energía** II6C die Energie
  la **energía** alternativa II6C die Alternativenergie
enero (m.) I5B Januar
enfadado,-a con alguien I9A auf jdn böse sein
la **enfermería** II5C die Krankenstation
el **enfermero**/la **enfermera** I7PP der Krankenpfleger/die Krankenpflegerin
enfermo,-a II4A krank
la **ensalada** I5PP der Salat
la **ensaladilla** rusa I9B Kartoffelsalat mit Erbsen, Karotten, gekochten Eiern, Mayonnaise
enseguida I8C sofort
entender (-ie-) algo/a alguien I6A etw./jdn verstehen
enterarse de algo II3B etw. mitbekommen/erfahren
  ¡Que no te **enteras**! II3B Du bekommst auch gar nichts mit!
entonces I4A dann II1A damals
la **entrada** <I8C> der Eingang; das Check-In <II8A> die Eintrittskarte
entre I9B zwischen
el **entrenador**/la **entrenadora** II6PP der Trainer/die Trainerin
la **entrevista** (de trabajo) <I7C>, I7A das Vorstellungsgespräch
enviar (-ío-) algo a alguien I7A jdm etw. schicken
la **época** (del año) II5B die (Jahres)Zeit
el **equipo** II2B das Team
equivocarse (c-qu) II2B sich irren/sich vertun
el **error** <II2B> der Fehler; der Irrtum
Es de... <I1PP> Er/Sie kommt aus...
Es que... I5A Es ist (nämlich) so, dass.../Das kommt daher, dass...
Es verdad. I1B Es stimmt.
el **esbozo** II3C der Entwurf
escalar I6PP klettern
escribir algo/a alguien I3PP etw./jdm schreiben
  ¿Cómo se **escribe**...? I1C Wie schreibt man...?
  ¿Cómo se **escribe** tu nombre? <I1C> Wie schreibt man deinen Namen?
  ¿Se **escribe** con...? I1C Schreibt man es mit...?
escuchar algo I2PP etw. hören
  escuchar a alguien I8B jdm zuhören
la **escuela** de idiomas <I1T> die Sprachschule
el **escultor**/la **escultora** II7PP der Bildhauer/die Bildhauerin
la **escultura** II8PP die Bildhauerei
ese,-a,-os,-as I8A dieser, diese, dieses (da)

la **esmeralda** II7PP der Smaragd
la **espalda** II6B der Rücken
español I1C Spanisch
especial II1A besonders/speziell
la **especie** (animal) II5B die (Tier)Art
esperar algo/a alguien I5C auf etw./jdn warten
el **esquí** II3PP der Ski
la **estabilidad** II6PP die Stabilität
estable II1A stabil
la **estación** I6B der Bahnhof
el **estadio** I2A das Stadion
la **estadística** <II4B> die Statistik
estadounidense II8A US-amerikanisch
la **estantería** I4C das Regal
estar (irr.) I4B sich befinden/sein
  estar (irr.) a favor de algo/alguien II5B für etw./jdn sein
  estar al día II6B auf dem Laufenden sein
  estar de acuerdo con algo/alguien II2B mit etw./jdm einverstanden sein; mit jdm einer Meinung sein
  estar de moda <II8A> in Mode sein
  estar (irr.) en contra de algo/alguien II5B gegen etw./jdn sein
el **este** I6A der Osten
este,-a,-os,-as I8A dieser, diese, dieses (hier)
el **estilo** II3C der Stil
estimado,-a I7C geehrt
el **estómago** II6B der Magen
la **estrategia** II8A die Strategie
estrecho,-a II7C eng/schmal
el **estrés** II2A der Stress
  mucho **estrés** <II1A> viel Stress
el/la **estudiante** I7C der Student/die Studentin
estudiar algo I2B etw. lernen I7B studieren
los **estudios** I7B das Studium
estupendo,-a II5A toll/prima
  Sería **estupendo**. I9A Das wäre super.
la **Educación** ético-cívica <I3A> Fach: etwa Sozialkunde
la **etiqueta** II4PP das Etikett
el **euro** I4A der Euro
el **europeo**/la **europea** I9C der Europäer/die Europäerin
exacto,-a I7A exakt/genau
excelente I6B hervorragend
la **excursión** I3C der Ausflug
exigente <II7C> anspruchsvoll
existir II1C existieren
el **éxito** I5A der Erfolg
exótico,-a II8A exotisch
la **experiencia** II1A die Erfahrung
  la **experiencia** laboral I7PP die Berufserfahrung
experimentar II8A experimentieren
el **experto**/la **experta** <II7C>, 8A der Experte/die Expertin
la **explicación** <I9B> die Erklärung
explicar algo a alguien I8B jdm etw. erklären
la **exportación** II4PP der Export

F | Diccionario

exportar algo II4A etw. exportieren
la exposición <II1T> die Ausstellung
expresar algo II8A etw. äußern;
etw. ausdrücken
el extranjero/la extranjera II4B
der Ausländer/die Ausländerin

F

la fábrica I7PP die Fabrik
fácil I5C einfach/leicht
la facultad II7A die Fakultät
la falda I8PP der Rock
falso,-a II2B falsch
la falta II5B das Fehlen
la fama I7B die Berühmtheit
la familia I1B die Familie
famoso,-a <I5A>, II3B berühmt/
bekannt
el/la fan II8A der Fan
fantasioso,-a II3C utopisch
fantástico,-a II3A fantastisch
el farmacéutico/la farmacéutica II6PP
der Apotheker/die Apothekerin
la farmacia II6B die Apotheke
fatal <I1A> sehr schlecht
el favor II5C der Gefallen
estar (irr.) a favor de algo/alguien
II5B für etw./jdn sein
favorito,-a <I4C> Lieblings-/bevorzugt
febrero (m.) I5B Februar
la fecha de nacimiento I7B
das Geburtsdatum
feliz II7B glücklich
el fenómeno II8A das Phänomen
feo,-a I8A hässlich
la feria II7PP die Messe(ausstellung)
la ficha de inscripción <I1T>
das Anmeldeformular
la fiesta I2PP die Party; das Fest
salir (irr.) de fiesta I2PP ausgehen/
Party machen
el viaje de fin de curso I3C
die Abschlussfahrt
por fin II8B endlich
el fin de semana I2B das Wochen-
ende/am Wochenende
el final <II1B> das Ende
al final I2C zum Schluss/am Ende
finalmente I7B schließlich/endlich
la Educación Física <I3A>
der Sportunterricht
la Física <I3A> Physik (Fach)
el/la fisioterapeuta II6PP
der Physiotherapeut/
die Physiotherapeutin
la fisioterapia II6B die Physiotherapie
el flamenco I2A der Flamenco
(span. Tanz)
la flauta II1A die Flöte
la flexibilidad II6C die Flexibilität
flexible I7PP flexibel
la flor II3B die Blume
al fondo (de) I8B da hinten
la forma II1A die Form
la formación profesional <I3A>
die Berufsausbildung

la formación académica I7C
die akademische Ausbildung
la foto I1C das Foto
el Francés I3A Französisch (Fach)
freír (irr.) algo I5C etw. braten
la fresa II4A die Erdbeere
el frigorífico I5C der Kühlschrank
el frío I6A die Kälte
Hace frío. I6A Es ist kalt.
frío,-a I9B kalt
las patatas fritas (pl.) I5C die Chips
el pescaíto frito I6PP gemischte
frittierte Fischsorten
la fruta I9B das Obst
los frutos secos (pl.) II4B die Nüsse
la fuente II3A der Brunnen
fuerte II8A stark
¡Qué fuerte! (col.) II7C Krass!
funcionar I8B funktionieren
la fundación <II5C> die Stiftung
fusionar algo II8A etw. verschmelzen
el fútbol I3C der Fußball
el partido de fútbol I3C
das Fußballspiel
el futuro II3C die Zukunft

G

las gafas I8C die Brille
el gallego I6A Galicisch
la ganadería I9PP die Viehzucht
ganar algo I7A etw. verdienen;
etw. gewinnen
tener (irr.) ganas de (hacer) algo
I3A auf etw. Lust haben/
Lust haben, etw. zu tun
con ganas II8C heftig
el gas I9B die Kohlensäure
el turismo gastronómico II5PP
der Gastro-Tourismus (Tourismus, der
dazu dient, die lokale Küche
kennenzulernen)
el gazpacho I9B der Gazpacho (kalte
Tomatensuppe)
en general II6PP im Allgemeinen
genial <I1A> super
la gente I5A die Leute
la Geografía <I3A> Geographie (Fach)
la Geología <I3A> Geologie (Fach)
el gerente/la gerente de empresa II6PP
der Manager/die Managerin
la gestión II6B die (Unternehmens)
Führung
gestionar (un negocio) II6C
(ein Unternehmen) führen/leiten
el gesto <II5C> die Geste
el gimnasio II5C die Turnhalle;
das Fitnessstudio
la gira II8A die Tournee
girar I4B abbiegen
el glaciar I9PP der Gletscher
el campo de golf II5B der Golfplatz
Gracias. <I1A> Danke.
gracioso,-a I6C witzig
Hace … grados. I6A … Grad sein
Hace … grados bajo cero.
I6A … Grad unter null sein

la gráfica II4B die Grafik
el gramo I5C das Gramm
grande I4A groß
la granja II4PP der Bauernhof
gratis I2C gratis/kostenlos
gringo (lat. am.) II7A der Gringo
gris I8PP grau
el grupo I2C die Gruppe/die Band
guapo,-a II3B hübsch
el/la guardia II7B der Wachmann/
die Wachfrau;
der Polizist/die Polizistin
la guerra I9C der Krieg
el guerrero/la guerrera II1B
der Krieger/die Kriegerin
la guerrilla II7A die Guerilla/
der Untergrundkampf
el guerrillero/la guerillera II7C
der Guerilakämpfer/
die Guerilakämpferin
el/la guía <II1B>, II5C der Führer/
die Führerin
el guion I1C der Bindestrich
I7B das Drehbuch
el guion bajo I1C der Unterstrich
la guitarra II6C die Gitarre
el/la guitarrista II8A der Gitarrist/die
Gitarristin
gustar a alguien I6B etw. mögen/jdm
gefallen
Me gusta algo/hacer algo. I2PP
Mir gefällt etw. (zu tun)./Ich mag
etw. (tun).
Te gusta algo/hacer algo. I2PP
Dir gefällt etw. (zu tun)./Du magst
etw. (tun).
Me gustaría… I7PP Ich würde
gerne …/Ich möchte …
Te gustaría… I7A Du würdest
gerne …/Du möchtest …

H

haber (irr.) I9C da sein
la habilidad II6B die Fertigkeit
la habitación I4PP das Zimmer
el/la habitante I9PP der Einwohner/
die Einwohnerin
el hábito II2A die (An)Gewohnheit
hablar I2B sprechen/reden
hablar por teléfono I7A telefonieren
hace… años I7B vor … Jahren
hacer (irr.) algo I2PP etw. machen
Hace calor. I6A Es ist warm.
Hace frío. I6A Es ist kalt.
Hace… grados. I6A … Grad sein
Hace… grados bajo cero. I6A
… Grad unter null sein
Hace sol. I6A Die Sonne scheint.
Hace viento. I6A Es ist windig.
acabar de hacer algo I8B
gerade etw. getan haben
hacer el vago II2A faulenzen
hacer la compra I5PP (Lebensmittel)
einkaufen
hacer (irr.) unas prácticas I7A
ein Praktikum machen

Diccionario | L

tener *(irr.)* que **hacer** algo I5A etw. tun müssen
hacerse *(irr.)* II8B werden
hacia II1B in Richtung auf; nach
la **hacienda** II7PP das (Land)Gut
el **hambre** II2A der Hunger
hasta I4A bis
  ¡**Hasta** luego! <I1A> Bis später!
  ¡**Hasta** pronto! <I1A> Bis bald!
  ¡**Hasta** la próxima! <I1A> Bis zum nächsten Mal!
hay I3PP es gibt; da ist/sind
  Hay niebla. I6A Es ist neblig.
  hay que… I5PP man muss …
el **hermano**/la **hermana** I5A der Bruder/die Schwester
el **héroe** <II8C> der Held
el **hijo**/la **hija** II1A der Sohn/die Tochter
la **Historia** <I3A> Geschichte *(Fach)*
  la **historia** II1A die Geschichte
histórico,-a II3PP historisch
¡**Hola**! I0 Hallo!
el **hombre** II1B der Mann
el **hombro** II6B die Schulter
la **hora** I3A die Stunde
  ¿A qué **hora**…? I3A Um wie viel Uhr …?
  ¿De qué **hora** a qué **hora**…? I3A Von wann bis wann …?
  ¿Qué **hora** es? I3A Wie spät ist es?
el **horario** <I3A> der Stundenplan II6A die Öffnungszeiten; die Arbeitszeit
horrible II2A schrecklich
¡Qué **horror**! I5PP Wie schrecklich!
el **hospital** I7PP das Krankenhaus
el **hostal** <I6B> das Gasthaus
el **hotel** I4B das Hotel
hoy I2C heute
  hoy en día II8A heutzutage
el **hueso** II1A der Knochen
el **huevo** I5C das Ei
humano,-a II1A Menschen-
  los recursos **humanos** *(pl.)* II6C das Personalwesen
la **humedad** II8C die Feuchtigkeit

I

la **ida** I6A die Hinfahrt
la **idea** I3A die Idee
ideal I6A ideal
el **idioma** I3A die Sprache
la escuela de **idiomas** <I1T> die Sprachschule
igual I9A gleich
  dar **igual** II8B egal sein
  igual (que) II1A gleich/genauso (wie)
el/la **ilegal** II4B der/die Illegale
la **ilusión** II3B die Hoffnung; die Illusion
ilusionado,-a (con) II3A froh/glücklich
la **imagen** *(pl.* **imágenes***)* <I9PP>, II3A das Bild
la **imaginación** <II7B> die Fantasie/ der Ideenreichtum
imaginar algo <II7A> sich etw. ausdenken II8A sich etw. vorstellen
el/la **imbécil** II8B der Dummkopf

el **imperio** II1A das Reich/ das Herrschaftsgebiet
la **importación** II4B der Import
la **importancia** II8A die Bedeutung/die Wichtigkeit
importante I7A wichtig
improbable II8B unwahrscheinlich
improvisar algo II5C etw. improvisieren
inacabado,-a II5PP unvollendet/nicht fertig
el/la **inca** II1A der/die Inka
inca II1A Inka-
incluso I9PP sogar
increíble II6B unglaublich
independiente II2C unabhängig
el conejo de **indias** II1A das Meerschweinchen
el/la **indígena** II7B der Ureinwohner/ die Ureinwohnerin
individual <I8C> Einzel-
la **industria** I9PP die Industrie
  la **industria** automovilística II4B die Automobilindustrie
  la **industria** química II4B die Chemieindustrie
industrial II4PP industriell
la **influencia** II8A der Einfluss
la **información** II2B die Information
  la Oficina de **Información** <I7C> das Informationsbüro
informar de algo a alguien II7A jdn über etw. informieren
la **informática** II6B die Informatik
el **informe** II2B der Bericht
Ingeniería *(f.)* <I7C> Ingenieurwissenschaft
el **ingeniero**/la **ingeniera** I7PP der Ingenieur/die Ingenieurin
ingenuo,-a II3B naiv
el **Inglés** I3A Englisch *(Fach)*
injusto,-a II2B ungerecht
el/la **inmigrante** II4A der Einwanderer/die Einwanderin
la **inmobiliaria** <I4A> die Immobilienfirma
la **innovación** II6B die Innovation/ die Neuerung
la ficha de **inscripción** <I1T> das Anmeldeformular
inseguro,-a II7A unsicher
inspirarle algo a alguien II8A jdn zu etw. anregen; jdn inspirieren
el **instante** II8B der Augenblick
el **instituto** I3PP das Gymnasium <II5B> das Institut
la clase de **intercambio** <I3T> die Austauschklasse
el **interés** II8A das Interesse
interesante I4A interessant
  ¡Qué **interesante**! I2C Das ist (ja) interessant!
interesarle a alguien II1C jdn interessieren
el **interior** II5A das Innere
internacional I7A international
  el secretariado **internacional** <I3A>

die Ausbildung zur Fremdsprachensekretärin
el/la **internauta** II8A der Internet Surfer/die Internet Surferin
Internet I2B das Internet
inútil II5B zwecklos
el **invernadero** II4PP das Gewächshaus
la **investigación** II6B die Forschung
el **investigador**/la **investigadora** II5B der Forscher/die Forscherin
la **invitación** I5PP die Einladung
invitar a alguien I5A jdn einladen
ir *(irr.)* I2B gehen; fahren
  ir (bien) con algo I8A zu etw. passen
  ir *(irr.)* de compras I2PP einkaufen/shoppen (gehen)
irresponsable II5B unverantwortlich
irse *(irr.)* I3B gehen
  irse a la cama I3B ins Bett gehen
la **isla** II1C die Insel
a la **izquierda** (de) I4B links (von)

J

el **jamón** I5C der Schinken
el **jardín** I4PP der Garten
el **jefe**/la **jefa** I8B der Chef/die Chefin
  el **jefe**/la **jefa** de personal I8B der Personalchef/die Personalchefin
el **jersey** I8PP der Pullover
¡**Joder**! II8C Scheiße!
joven I8C jung
los **jóvenes** I4A die jungen Leute
el **jueves** I3A der Donnerstag
el **jugo** *(lat.am.)* <I9B> der Saft
julio *(m.)* I5B Juli
junio *(m.)* I5B Juni
juntos,-as *(pl.)* II7B zusammen
  junto con II3C zusammen mit
justo,-a II4PP gerecht/fair
  el comercio **justo** II4C der faire Handel
el albergue **juvenil** I7C die Jugendherberge

K

el **kilo** I5C das Kilo
el **kilómetro** II1A der Kilometer

L

laboral II6PP Arbeits-
  la experiencia **laboral** I7PP die Berufserfahrung
el **laboratorio** II6B das Labor
el **lado** II7C die Seite
el **lago** II1C der See
largo,-a I8C lang
Es una **lástima**. II5A Das ist schade.
latino,-a II8A lateinamerikanisch
la **lavadora** II5C die Waschmaschine
lavar algo I5PP etw. waschen
  lavar los **platos** I5PP *(Geschirr)* abwaschen/spülen
lavarse I3B sich waschen
  lavarse los **dientes** I3B sich die Zähne putzen
la **lección** I3PP die Lektion

doscientos tres | **203**

L Diccionario

leer algo I2C etw. lesen
legal II8A legal/rechtmäßig
lejos (de) II7C weit weg
la **lengua** II1A die Sprache
    la **lengua** materna I7C
    die Muttersprache
    la **Lengua** y Literatura <I3A>
    Spanisch *(Schulfach, wie das Fach Deutsch in Deutschland)*
lento,-a I6A langsam
la **letra** II8A der (Lied)Text
levantarse I3B aufstehen
libre I9B frei
    el tiempo **libre** <I2PP> die Freizeit
    el monitor/la monitora de tiempo **libre** II2C der (Freizeit)Betreuer/ die (Freizeit)Betreuerin
el **libro** I3PP das Buch
lila II5C lila
limitar con algo II1PP (an)grenzen an
limpiar algo I5PP etw. putzen/reinigen
limpio,-a I6B sauber
la **línea** I1PP die Linie; die Zeile
¡Qué **lío**! *(col.)* I8C Was für ein Chaos!
la **lista** <I5A> die Liste
la **literatura** II8PP die Literatur
    la Lengua y **Literatura** <I3A>
    Spanisch *(Schulfach, wie das Fach Deutsch in Deutschland)*
el **litro** I5C der Liter
llamar a alguien I4A jdn anrufen
llamarse I4C heißen
    ¿Cómo te **llamas**? I1PP Wie heißt du?
    Me **llamo**… I0 Ich heiße …
la **llave** II5C der Schlüssel
la **llegada** <II1B> die Ankunft
llegar *(g-gu)* I3B ankommen
lleno,-a I9C voll
llevar algo I6B etw. mitnehmen/ etw. mitbringen I8PP etw. tragen
    llevar una vida sana II2PP ein gesundes Leben führen
    llevar (+ gerundio) II2C etw. schon seit *(Zeitraum)* tun
llevarse algo I8A etw. mitnehmen
llover *(-ue-)* I6A regnen
lo que… II1C was/das, was …
    Lo siento. I1B Es tut mir leid.
loco,-a I9A verrückt
lógico,-a II5A logisch
el **logo** II3A das Logo
los *(+ Wochentage)* I3A montags/ dienstags, …
los tres I2C wir drei/zu dritt
luego II4A später
    ¡Hasta **luego**! <I1A> Bis später!
el **lugar** I4C der Platz
    en primer **lugar** II2C zuerst/als Erstes
    en segundo **lugar** II6C zweitens
el **lujo** II5B der Luxus
luminoso,-a I4A hell
el **lunes** I3A der Montag
la **luz** II4B das Licht

M

la **madre** I1B die Mutter
maduro,-a II7B reif
mal <I1A> schlecht
    pasarlo **mal** I9C eine schlechte Zeit durchleben
la **maleta** II7A der Koffer
malo,-a I7A schlecht
mañana I4A morgen
    de la **mañana** I3A morgens
    por la **mañana** I3B morgens/ am Morgen
el chino **mandarín** <II8A> das Mandarin *(Hochchinesisch)*
la **mandarina** II4B die Mandarine
de **manera** que II8A sodass
la **manifestación** <II5A> die Demonstration
la **mano** I6B die Hand
la **manzana** I9B der Apfel
la **maquila** II4PP *Fabrik in einem Billiglohnland*
el **mar** II3A das Meer
la **maravilla** II1PP das Wunder
    ¡Es una **maravilla**! II5A Das ist (ja) wunderbar!
la **mariposa** II7PP der Schmetterling
el **marketing** II2PP das Marketing
marrón I8PP braun
el **martes** I3A der Dienstag
marzo *(m.)* I5B März
más I6A mehr
el turismo de **masas** II4B der Massentourismus
la **máscara** II7PP die Maske
matar a alguien II1A jdn töten
el **mate** I9A der Matetee
las **Matemáticas** <I3A> Mathematik *(Fach)*
la lengua **materna** I7C die Muttersprache
maya II5A Maya- *(zur Kultur der Maya gehörig)*
mayo *(m.)* I5B Mai
la **mayonesa** I9B die Mayonnaise
mayor I8C älter
la **mayoría** I4A die Mehrheit/ die meisten
Me llamo… I0 Ich heiße …
    Me encanta algo/hacer algo. I2PP Ich tue etw. sehr gerne.
    Me gusta algo/hacer algo. I2PP Mir gefällt etw. (zu tun)./Ich mag etw. (tun).
    Me gustaría… I7PP Ich würde gerne …/Ich möchte …
el/la **mecena** II3C der Mäzen/ die Mäzenin *(Förderer der Literatur und Künste)*
la **medalla** II3C die Medaille
el **medicamento** II6B das Medikament
medio,-a I3A halbe, -r, -s
el **medio** de transporte I6A das Verkehrsmittel
el **mediodía** II2A der Mittag
la **medusa** <I6C> die Qualle
la **mejilla** II7B die Wange
mejor I9C besser

menos I6A weniger; minus
el **mensaje** II1A die Nachricht
el **mentor**/la **mentora** II7A der Mentor/die Mentorin; der Betreuer/die Betreuerin
el **menú** I8B das Menü
el **mercado** II1C der Markt
    el **mercado** discográfico <II8A> der Schallplattenmarkt
la **merienda** II2A *kleine Zwischenmahlzeit am Nachmittag*
el **mes** I4A der Monat
la **mesa** I3PP der Tisch
    poner *(irr.)* la **mesa** I5A den Tisch decken
el **mestizo**/la **mestiza** II7B der Mestize/die Mestizin *(Mischling zwischen Weißen und Indios)*
meter algo en algo II8C etw. in etw. (hinein)legen
el **metro** I4PP der Meter I4A die U-Bahn
    el **metro** cuadrado I4PP der Quadratmeter
mexicano,-a II8A mexikanisch
mi I1C mein/meine
el **miedo** II3A die Angst
    tener *(irr.)* **miedo** de algo/alguien II3A Angst vor etw./jdm haben
mientras II1B während
el **miércoles** I3A der Mittwoch
un **millón** I9PP (eine) Million
el agua **mineral** *(f.)* I9B das Mineralwasser
el **minuto** I4PP die Minute
mirar algo I3B etw. anschauen; auf etw. schauen
    Mira. I1B Schau (mal).
el **mirador** II3A der Aussichtspunkt
la **mitad** I9C die Hälfte
la **mitología** II1A die Mythologie
la **moda** II4B die Mode
    estar de **moda** II8A in Mode sein
el **modelo** II5B das Modell
moderno,-a I4A modern
la **molestia** II7B die Unannehmlichkeit
el **momento** I8B der Moment
la **momia** II1C die Mumie
la **moneda** I9PP die Währung
el **monitor**/la **monitora** de tiempo libre II2C der (Freizeit)Betreuer/ die (Freizeit)Betreuerin
monótono,-a II6B monoton/eintönig
la **montaña** I6PP der Berg
el **monumento** I3C die Sehenswürdigkeit
moreno,-a I8C dunkelhaarig
morir *(-ue-/-u-)* II1B sterben
el **mosquito** II5A die (Stech)Mücke
mostrar *(-ue-)* algo I8B etw. zeigen
la **moto** I6A das Motorrad
el **móvil** I1C das Handy
el **muchacho**/la **muchacha** <II3A> der Junge/das Mädchen
mucho I2PP sehr/viel *(Adv.)*
mucho,-a I5A viel *(Adj.)*

204 doscientos cuatro

Diccionario | P

mucho estrés <I1A> viel Stress
la **mujer** I4A die Frau/die Ehefrau
el **mulato**/la **mulata** I7B der Mulatte/
die Mulattin *(Mischling zwischen Weißen und Schwarzen)*
el **mundo** I9PP die Welt
el **museo** I2PP das Museum
la **música** I2PP die Musik
la **música** pirateada I8A
die raubkopierte Musik
el **músico**/la **música** <II1PP>
der Musiker/die Musikerin
muy <I1A> sehr

N

nacer *(-zco)* I7B geboren werden
la fecha de **nacimiento** I7B
das Geburtsdatum
nacional II7B national
nada I2PP überhaupt nicht
no ... **nada** I8C überhaupt nicht; nichts
no ... **nadie** I8C niemand
De **nada**. I4A Bitte (schön).
No pasa **nada**. I4C Das macht nichts.
la **naranja** I5PP die Orange
el zumo de **naranja** I5PP
der Orangensaft
naranja I8PP orange
natural I7PP natürlich
la **naturaleza** I6PP die Natur
necesario,-a II5B notwendig
la **necesidad** II6B die Notwendigkeit
necesitar algo I9C etw. brauchen
el **negocio** II6C das Geschäft
negro,-a I8PP schwarz
nervioso,-a II7A nervös
nevado,-a II7C verschneit
nevar *(-ie-)* I6A schneien
ni... ni II2B weder ... noch
la **niebla** I6A der Nebel
Hay **niebla**. I6A Es ist neblig.
la **nieve** <II3A> der Schnee
ningún, ninguno,-a II2B kein, keine,-r,-s
el **niño**/la **niña** II2C das Kind
no I1PP nein I1B nicht
A mí **no**. I2A Mir nicht.
... ¿**no**? I1C ... oder?/... nicht wahr?
no... nada I8C überhaupt nicht; nichts
no... nadie I8C niemand
el/la **noble** II1A der/die Adlige
la **noche** I2C die Nacht
¡Buenas **noches**! <I1A> Gute Nacht!
de la **noche** I3A abends; nachts
esta **noche** I2C heute Nacht; heute Abend
toda la **noche** I2C die ganze Nacht; der ganze Abend
el **nombre** I1C der Name
¿Cómo se escribe tu **nombre**? <I1C>
Wie schreibt man deinen Namen?
normal I7A normal
normalmente I2B normalerweise
el **norte** I6PP der Norden
Nos vemos. I5B Bis dann.
nosotros,-as I0 wir

notar I8C etw. merken
notar a alguien *(+ adj.)* II3B
sehen, dass jemand ... ist
las **noticias** *(pl.)* II2PP die Nachrichten
tener *(irr.)* **noticias** de alguien I7C
von jdm hören
la **novedad** II3B die Neuigkeit
noviembre *(m.)* I5B November
el **novio**/la **novia** I9A der feste Freund/
die feste Freundin
Está **nublado**. I6A Es ist bewölkt.
el **nudo** II1A der Knoten
nuevo,-a I6A neu
de **nuevo** I8B erneut
el **número** I1C die Nummer
el **número** de teléfono I1C
die Telefonnummer
los **números** I1C die Zahlen
nunca I4C nie

O

o I2B oder
obligar *(g-gu)* a alguien a (hacer)
algo II6A jdn zu etw. zwingen/
jdn dazu bringen etw. zu tun
la **obra** II3A das (Kunst)Werk
observar algo II8A etw. beobachten
la **obsesión** II3C die Besessenheit
octubre *(m.)* I5B Oktober
ocupar algo II1A etw. einnehmen/
etw. umfassen
odiar algo/a alguien II5A
etw./jdn hassen
el **odio** II8B der Hass
el **oeste** I6PP der Westen
ofenderse por algo II7C wegen etw.
beleidigt sein/gekränkt sein
la **oferta** II6C das Angebot
oficial I9PP offiziell
la **oficina** I7PP das Büro
la **Oficina** de Información <I7C>
das Informationsbüro
ofrecer *(-zco)* algo a alguien II8C
jdm etw. anbieten
el **ojo** I8C das Auge
el aceite de **oliva** II2A das Olivenöl
olvidarse de algo II5C etw. vergessen
ONG *(organización no gubernamental)*
II4A NGO *(non-governmental organisation; Nichtregierungsorganisation)*
la **opción** II6B die Option/die Wahl
opinar II5B meinen
la **oportunidad** I9C die Gelegenheit
ordenar algo I5A etw. aufräumen
orgánico,-a II4PP biologisch
la **organización** II6C die Organisation; das Organisationstalent
organizado,-a I7PP ordentlich; organisiert
organizar algo I5A etw. organisieren
el **orientador**/la **orientadora** profesional
II6A der Berufsberater/die Berufsberaterin
el **origen** II8A der Ursprung
el **oro** II1B das Gold

oscuro,-a I8PP dunkel
otra vez I3B noch einmal/wieder
otro,-a I3A andere,-r,-s; noch ein
(-e,-r,-s) I4C der/die andere
el/la **oyente** II2C der Hörer/die Hörerin

P

la **paciencia** <II8B> die Geduld
el/la **paciente** II6B der Patient/
die Patientin
el **padre** I1B der Vater
los **padres** *(pl.)* I4A die Eltern
la **paga** <II8A> die Abrechnung
pagar algo I9B etw. (be)zahlen
la **página** web I7PP die Webseite
el **país** I4A das Land
el **país** en vía de desarrollo II5B
das Entwicklungsland
la **palabra** <I9PP>, II7B das Wort
la **palmera** II5A die Palme
el **pan** I5C das Brot
el **pantalón** I8PP die Hose
la **papa** *(lat. am.)* <I9B>, II1A
die Kartoffel
el **papel** I8C das Papier II8A
die Rolle
el **paquete** I5C die Packung
para I2C für
para mí I0 für mich
para *(+ inf.)* I9A um ... zu
la **parada** I4A die Haltestelle/
die Station
parar I3C aufhören
parecerle *(+ adj.)* a alguien II1C
jdm erscheinen/etw. ... finden
parecer *(-zco) (+ sust.)* II8C aussehen
(wie)
parecerse a algo/alguien II7A wie
etw./jd aussehen; etw./jdm ähneln
el **paro** II4B die Arbeitslosigkeit
el **parque** I2PP der Park
la **parte** II1A der Teil
la clase **particular** II2C der Privatunterricht/die Nachhilfestunde
pasado,-a I9A vergangen
el **pasado** II1C die Vergangenheit
pasar I2B verbringen
I6C passieren I8B vorbeigehen
No **pasa** nada. I4C Das macht nichts./Das ist nicht schlimm.
pasar la aspiradora I5A Staub saugen
pasarlo mal I9C eine schlechte Zeit durchleben
¡Que lo **pases** bien! I6PP Viel Spaß!
¿Qué **pasa**? II2B Was ist los?
pasear (por) I2B spazieren gehen
el **paseo** <II3A> der Spaziergang
el **pasillo** I4PP der Flur
la **patata** I5C die Kartoffel
las **patatas** bravas I9B die Patatas Bravas *(wilde Kartoffeln)*
las **patatas** fritas *(pl.)* I5C die Chips
la **patera** II4A das (kleine) Holzboot
el **patrón**/la **patrona** II3B
der/die Schutzheilige
el **pecho** II6B die Brust

doscientos cinco | **205**

P | Diccionario

pedir *(-i-/-i-)* algo a alguien I7C
  jdn um etw. bitten; etw. verlangen
  I8B etw. bestellen
  pedir *(-i-/-i-)* perdón II3B
  sich entschuldigen
pelar algo I5C etw. schälen/etw. pellen
pelear con alguien II7C mit jdm
  streiten; mit jdm kämpfen
la **película** I2PP der Film
peligroso,-a II5A gefährlich
pelirrojo,-a <I8C> rothaarig
el **pelo** I8C das Haar
¡Qué **pena**! I5B Schade!
pensar *(-ie-)* en algo/alguien II1PP
  an etw./jdn denken
  pensar *(-ie-)* que… II4PP denken/
  meinen, dass…
el **pepino** II4B die Gurke
pequeño,-a I4A klein
perder *(-ie-)* algo/a alguien II5PP
  etw./jdn verlieren
Perdón. I1B Entschuldigung.
Perdone. I8C Entschuldigen Sie.
Perfecto. I1C Perfekt!
perfecto,-a I7A perfekt
el **perfil** <II6B> das Profil
perjudicar *(c-qu)* algo/a alguien
  II5B etw./jdm schaden
estar *(irr.)* **permitido** I6B erlaubt sein
el **permiso** II7C die Erlaubnis
permitir I6B erlauben
pero I1B aber
el jefe/la jefa de **personal** I8B
  der Personalchef/die Personalchefin
personal II2B persönlich
el **peruano**/la **peruana** II1C
  der Peruaner/die Peruanerin
el **pescado** I9B der Fisch
  el **pescaíto** frito I6PP gemischte
  frittierte Fischsorten
el **peso** I9PP der Peso *(Währung in
  einigen lat.am. Ländern)*
el **pesticida** II4PP das Pestizid
el **petróleo** II7PP das Erdöl
picante I9B scharf
picar a alguien <I6C> jdn stechen
el **pico** II7C die (Berg)Spitze
a **pie** I6B zu Fuß
la **piedra** II1A der Stein
la **pierna** II6B das Bein
el **pimiento** II4PP die Paprika
el **pintor**/la **pintora** II3A der Maler/
  die Malerin
la **pintura** II8PP die Malerei
el **pionero**/la **pionera** II8A
  der Pionier/die Pionierin;
  der Wegbereiter/die Wegbereiterin
la **pirámide** II5A die Pyramide
la música **pirateada** <II8A>
  die raubkopierte Musik
la **piratería** digital II8A
  die Datenpiraterie
la **piscina** I8B das Schwimmbad
el **piso** I4PP die Wohnung
  el **piso** compartido I4PP
  die Wohngemeinschaft

la **pista** II3PP die Piste
la **pizarra** I3PP die Tafel
la **pizza** I3C die Pizza
el **plan** I9A der Plan
planchar algo I5A etw. bügeln
la **planta** I8B das Geschoss/
  das Stockwerk II1C die Pflanze
el **plástico** II4PP das Plastik
el **plátano** II7B die Banane
el **plato** I5PP der Teller
  lavar los **platos** I5PP *(Geschirr)*
  abwaschen/spülen
la **playa** I3C der Strand
  el/la vigilante (de **playa**) II5C
  der (Strand)Wächter/die (Strand)
  Wächterin
la **plaza** I4PP der Platz
la **población** I9PP die Bevölkerung
pobre I9C arm
poco,-a I5A wenig; zu wenig
  un **poco** de algo I7A ein bisschen
  von etw./ein wenig von etw.
poder *(irr.)* hacer algo I3C etw. (tun)
  können
  se **puede**… I6PP man kann …
el **poema** <II8B> das Gedicht
la **policía** II4A die Polizei
  II4A der Polizist/die Polizistin
la **política** II1C die Politik
el **político**/la **política** II5B
  der Politiker/die Politikerin
el **pollo** I9B das Hähnchen
el **polvo** II4A der Staub
poner *(irr.)* algo I4C etw. setzen;
  etw. stellen; etw. legen
  poner *(irr.)* *(música, cedés)* I5PP
  (Musik, CDs) auflegen
  poner *(dinero)* I7B *(Geld)* zur
  Verfügung stellen
  poner *(irr.)* la mesa I5A den Tisch
  decken
  poner *(la televisión, la radio)* II2A
  (Fernseher, Radio) anschalten/
  anmachen
ponerse *(irr.)* II8B werden
  ponerse *(irr.)* algo I8A etw. anziehen
  ponerse *(irr.)* de acuerdo con alguien
  II8A sich mit jdm einigen
por I4A wegen II2A durch
  el… **por** ciento II4B … Prozent
  por ejemplo II4B zum Beispiel
  por eso I4A deswegen/deshalb
  Por favor. I7C Bitte.
  por fin II8B endlich
  por la mañana I3B morgens
  ¿**Por** qué no…? I2C Warum nicht …?
  por última vez I7B zum letzten Mal
porque… I5A weil …
posible II7C möglich
posiblemente II3A möglicherweise/
  vielleicht
la **postal** <I6C> die Postkarte
Practicamos la **pronunciación.** <I1C>
  Wir üben die Aussprache.
practicar *(c-qu)* algo II2C etw. ausüben
hacer *(irr.)* unas **prácticas** I7A
  ein Praktikum machen

práctico,-a I6A praktisch
el **precio** <I4PP>, II4A der Preis
preferir *(-ie-/-i-)* *(hacer)* algo I4A
  etw. lieber mögen; etw. lieber tun
preguntar algo a alguien I6B
  jdn etw. fragen
preocuparle a alguien II3A
  sich Sorgen machen
  No se **preocupe.** I8C
  Machen Sie sich keine Sorgen.
preparado,-a II6C vorbereitet/
  ausgebildet
preparar algo I5A etw. zubereiten/
  vorbereiten
la carta de **presentación** I7A
  das Anschreiben *(Bewerbung)*
el **presentador**/la **presentadora**
  II2PP der Nachrichtensprecher/
  die Nachrichtensprecherin;
  der Moderator/die Moderatorin
presentar algo II5B etw. vorstellen
  presentar algo/alguien a alguien
  I8B etw./jdn jdm vorstellen
presente II8A präsent; vorhanden
la **presión** II4A der Druck
presionar a alguien II6A
  jdn unter Druck setzen
el sector **primario** II4B der Primärsektor
en **primer** lugar II2C zuerst/als Erstes
primero I2C zuerst
primero,-a I4B erste, -r, -s
al **principio** I9C am Anfang
privado,-a II6PP privat
probar *(-ue-)* algo I5C etw. probieren
el **problema** I5A das Problem
la **producción** I9PP die Produktion
producir *(irr.)* algo II1C etw. erzeugen/
  produzieren
el **producto** II4PP das Produkt
el **productor**/la **productora** II4B
  der Produzent/die Produzentin
la **profesión** <I7PP>, II3C der Beruf
profesional II6PP beruflich
  la formación **profesional** <I3A>
  die Berufsausbildung
  el orientador/la orientadora
  profesional II6A der Berufsberater/
  die Berufsberaterin
el **profesor**/la **profesora** I3PP
  der Lehrer/die Lehrerin
el **programa** I2C das Programm(heft)
  II2C die (Radio)Sendung
pronto I7C bald
la **propina** I9B das Trinkgeld
proponer *(irr.)* algo I2C etw. vorschlagen
a **propósito** <I5B> apropos/übrigens
la **protesta** II8B der Protest
la **provincia** I6PP die Provinz
próximo,-a II4B nächste, -r, -s
el **proyecto** II3C das Projekt
la **psicología** II6B die Psychologie
el **pueblo** I6PP das Dorf
el **puente** II1A die Brücke
  el **puente** colgante II1A
  die Hängebrücke
la **puerta** II7C die Tür

Diccionario | S

el **puerto** II3A der Hafen
pues <I1A> also/nun
el **puesto** II3B der Stand
  el **puesto** de trabajo II5B
  der Arbeitsplatz
el **pulmón** II4A die Lunge
el **puma** II1A der Puma
el **punto** I1C der Punkt
puntual II8C pünktlich
puntualmente II8B pünktlich
puro,-a II8A rein
el **puzle** <II7C> das Puzzle

Q

que I7B der/die/das (Rel. pronomen)
  …**que** viene I3C nächste, -r, -s
  lo **que**… II1C was/das, was …
que I9A dass
  ¡**Que** aproveche! I9B Guten Appetit!
  Es **que**… I5A Es ist (nämlich) so,
  dass …/Das kommt daher, dass …
  ¡**Que** lo pases bien! I6PP Viel Spaß!
  ¡**Que** no te enteras! I3B
  Du bekommst auch gar nichts mit!
¡**Qué**…! I1B Wie …!/Was für …!
  ¡**Qué** bien! I1B Super!/Wie schön!
  ¡**Qué** cabeza! I3B Wo habe ich nur
  meinen Kopf!
  ¡**Qué** fuerte! (col.) II7C Krass!
  ¡**Qué** horror! I5PP Wie schrecklich!
  ¡**Qué** interesante! I2C Das ist (ja)
  interessant!
  ¡**Qué** lío! (col.) I8C Was für ein Chaos!
  ¡**Qué** pena! I5B Schade!
  ¡**Qué** tortugas! <I3B> Mann, ihr
  lahmen Enten!
¿**Qué**…? I1C Was …?
  ¿**Qué** hora es? I3A Wie spät ist es?
  ¿**Qué** pasa? II2B Was ist los?
  ¿**Qué** quieres que te cuente? I9C
  Was soll ich dir sagen?
  ¿**Qué** significa…? I1C
  Was bedeutet …?/Was heißt …?
  ¿**Qué** tal? I1PP Wie geht´s?
el **quechua** II1A das Quechua
quedar I2B sich verabreden
quedarse I3C bleiben
querer (-ie-/-i-) algo I4A etw. wollen
  Quería… I8A Ich möchte …/
  Ich hätte gerne …
querido,-a I5A lieber/liebe/liebes
¿**Quién**…?/¿**Quiénes**…? I1B Wer …?
  ¿Con **quién**…? I3B Mit wem …?
la **Química** <I3A> Chemie (Fach)
la industria **química** II4B
  die Chemieindustrie
quinto,-a I4B fünfte, -r, -s
el **quiosco** II3A der Kiosk
quitar algo a alguien II4A
  jdm etw. wegnehmen

R

la **ración** I9B die Portion
poner (la televisión, la radio) II2A
  (Fernseher, Radio) anschalten/
  anmachen

rápido,-a I6A schnell
raro,-a II7C seltsam
a **rayas** I8PP gestreift
la **razón** II1C der Grund
  tener (irr.) **razón** II5A Recht haben
la **recepción** I6B die Rezeption
el/la **recepcionista** I7PP
  der Rezeptionist/die Rezeptionistin
recibir algo I9C etw. empfangen
la **reclamación** <I8C> die Beschwerde
recomendar (-ie-) algo a alguien
  I6B jdm etw. empfehlen
reconocer (-zco) algo II3C
  etw. zugeben; etw. anerkennen
recordar (-ue-) algo II4C sich an etw.
  erinnern/an etw. denken
el **recreo** I3A die Pause
recto I4B geradeaus
  todo **recto** I4B geradeaus
el **recuerdo** <II1C>, I7C die Erinnerung
los **recursos** humanos (pl.) II6C
  das Personalwesen
reducir (irr.) algo II5B etw. reduzieren
regalar algo a alguien II7C
  jdm etw. schenken
regar (g-gu) algo II5B etw. gießen/
  wässern
la **región** I9PP die Region
regresar II5PP zurückkehren/
  zurückkommen
Regular. <I1A> Es geht so.
la **rehabilitación** II6B die Rehabilitation
la **reina** II7C die Königin
reírse (irr.) de algo/alguien II7B
  über etw./jdn lachen
reivindicativo,-a II8A fordernd;
  engagiert
la **relación** II4B die Beziehung
relacionado,-a (con) II6A mit Bezug
  zu …/was mit … zu tun hat
relacionar algo/alguien con algo
  II1PP etw./jdn mit etw. verbinden
la **Religión** <I3A> Religion (Fach)
  la **religión** II1A die Religion
el turismo **religioso** II5PP
  der Pilgertourismus
el **reloj** I3B die Armbanduhr/die Uhr
repartir algo I5A etw. aufteilen
representar algo II7PP
  etw. repräsentieren/für etw. stehen
el **requisito** I7C die Anforderung/
  die Voraussetzung
el **rescate** II7C das Lösegeld
la **reserva** I8B die Reservierung
reservar algo II1C etw. reservieren
el **resfriado** II6B die Erkältung
la **residencia** universitaria II7B
  das Studentenwohnheim
respetar algo/a alguien II4C
  etw./jdn respektieren
el **respeto** II3C der Respekt
la **responsabilidad** II6C
  die Verantwortung
responsable I7PP verantwortungsbewusst
el **restaurante** I3A das Restaurant

el **resto** II2A der Rest
la **reunión** II2B die Besprechung/
  das Treffen
revisar algo II4A etw. überprüfen/
  etw. kontrollieren
la **revista** I2C die Zeitschrift
rico,-a I9B lecker; reich
el **río** <II7PP> der Fluss
el **ritmo** II8A der Rhythmus
robar algo a alguien II5A jdm etw.
  stehlen
el **Rock** I2C die Rock(musik)
la **rodilla** II6B das Knie
rojo,-a I8PP rot
romano,-a I6PP römisch
romántico,-a II3A romantisch
la **ropa** I5A die Kleidung
rosa I8PP rosa
la **rosa** II3B die Rose
rubio,-a I8C blond
la **rueda** II1A das Rad
el **ruido** II2A das Geräusch/der Lärm
ruidoso,-a II7B laut
la **ruina** <II1C>, II3PP die Ruine
el turismo **rural** II5PP der ländliche
  Tourismus
la ensaladilla **rusa** I9B Kartoffelsalat
  mit Erbsen, Karotten, gekochten
  Eiern, Mayonnaise

S

el **sábado** I3A der Samstag
saber (irr.) algo I7A etw. wissen;
  etw. tun können
sacar (c-qu) algo I5A etw. herausnehmen
  sacar (c-qu) la basura I5A den Müll
  wegbringen/hinausbringen
la **sal** I5C das Salz
salado,-a I9B salzig
el **salario** II6PP das Gehalt
la **salida** <I8C> der Ausgang;
  das Check-Out
  II6B die (Berufs)Aussicht
salir (irr.) I2C ausgehen
  salir (irr.) bien II5C gelingen/
  gut laufen
  salir (irr.) de fiesta I2PP
  ausgehen/Party machen
el **salón** I4PP das Wohnzimmer
la **salsa** I2A Salsa (lat.am. Tanz)
  I9B die Soße
el/la **saltimbanqui** II8C der Gaukler/
  die Gauklerin
la **salud** II6A die Gesundheit
  el turismo de **salud** II5PP
  der Gesundheitstourismus;
  der Wellnesstourismus
saludable II2A gesund
saludar a alguien <I8T>
  jdn (be)grüßen
el **saludo** I5B der Gruß
salvar a alguien II8C jdn retten
el **sándwich** I9B das Sandwich
  el **sándwich** vegetal I9B
  Sandwich gefüllt mit Tomaten, Eiern,
  gekochtem Schinken oder Hähnchen

S | Diccionario

sano,-a II2PP gesund
  llevar una vida sana II2PP
  ein gesundes Leben führen
la sartén I5C die Pfanne
la sauna I8B die Sauna
se dice… <I1A> man sagt …
  ¿Se escribe con…? I1C
  Schreibt man es mit …?
la secretaría I3A das Sekretariat
el secretariado internacional <I3A>
  die Ausbildung zur Fremdsprachen-
  sekretärin
el secretario/la secretaria I7PP
  der Sekretär/die Sekretärin
el sector II4B der Sektor
  el sector primario II4B
  der Primärsektor
  el sector secundario II4B
  der Sekundärsektor
  el sector terciario II4B
  der Tertiärsektor
el secuestro II7A die Entführung
la sede II2B der (Firmen)Standort
el seguidor/la seguidora (en un Blog) II2A
  der Leser/die Leserin (in einem Blog)
seguir (-i-/-i-; gu-g) con algo I7B
  mit etw. fortfahren/etw. fortsetzen
  seguir (+ gerundio) II8B mit etw.
  fortfahren/weiterhin etw. tun
según II5B laut
segundo,-a I4B zweite, -r, -s
  en segundo lugar II6C zweitens
el segundo I6C die Sekunde
la seguridad II7B die Sicherheit
seguro (adv.) II2B sicher (Adv.)
la selva II7A der (Regen)Wald
el semáforo II7B die (Verkehrs)Ampel
la semana I3C die Woche
  el fin de semana I2B
  das Wochenende/am Wochenende
sencillo,-a II7C einfach/schlicht
el senderismo I3C das Wandern
el señor/la señora <I1A> Herr/Frau
sensual II8A sinnlich
sentarse (-ie) II2A sich setzen
sentirse (-ie-/-i-) II6A sich fühlen
septiembre (m.) I5B September
la sequía II5B die Dürre/die Trockenheit
ser (irr.) I1B sein
  Es de… <I1PP> Er/Sie kommt aus …
  Sería estupendo. I9A Das wäre super.
  Soy… I1PP Ich bin …
  Soy de… I0 Ich komme aus …
serio,-a II7A ernst(haft)
el servicio I6B der Dienst
la sesión I2A die Vorstellung
si I3C wenn I7A ob
sí I1PP ja
  A mí sí. I2A Mir schon.
  ¡Claro que sí! I5B (Ja), Natürlich!/Klar!
siempre <I1A> immer
  casi siempre I2B fast immer
  como siempre <I1A> wie immer
Lo siento. I1B Es tut mir leid.
la sierra I6PP das Gebirge
la siesta II5PP die Siesta (Mittagsruhe)

el siglo I6C das Jahrhundert
¿Qué significa…? I1C Was
  bedeutet …?/Was heißt …?
siguiente II5A (nach)folgend
¡Silencio! I3C Ruhe!
la silla I3PP der Stuhl
simpático,-a II2B sympathisch
sin I9A ohne
  sin embargo II7A jedoch
sino II6B sondern
el sistema II1A das System
la situación II3A die Situation
sobre I3PP über
  sobre todo I3A vor allem
social II4C sozial
el sofá II2A das Sofa
el sol I6A die Sonne
la solicitud I7C die Bewerbung
solidario,-a II4C solidarisch;
  aus fairem Handel stammend
solo I3A nur
solo,-a II7A allein
la solución II2B die Lösung
solucionar algo II5B etw. lösen
la sombra II4B der Schatten
sonar II5A klingeln
soñar (-ue-) con algo II1B
  von etw. träumen
soportar algo II1A etw. aushalten
  soportar algo/a alguien II2A
  etw./jdn ertragen
sorprenderle a alguien II7B
  jdn überraschen/jdn erstaunen
sorprendido,-a II7C überrascht
soso,-a I9B ungesalzen
subir (a), subir algo I6B etw. hinaufgehen; etw. hochgehen; etw.
  hinaufbringen; etw. hochbringen
el submarinismo II5A der Tauchsport
sucederle a alguien II5PP jdm passieren
el sueño I9C der Traum
superar algo II2A etw. überstehen
la superficie II7PP die (Ober)Fläche
el supermercado I4B der Supermarkt
el supervisor/la supervisora II4A
  der Aufseher/die Aufseherin
  (Aufsichtsperson bei der Arbeit)
el sur I6PP der Süden
el surf II5C das Surfen
sustituir (-y-) a alguien II5C
  jdn vertreten
  sustituir a algo II6C etw. ersetzen

T

la tabla II5C das Surfbrett
tal vez II8B vielleicht
la talla I8A die Größe
también I1PP auch
  A mí también. I2A Mir auch.
tampoco I8C auch nicht
  A mí tampoco. I2A Mir auch nicht.
tan I6A so
el tango I2A der Tango (Tanz aus
  Argentinien)
tanto,-a II2A so viel
tanto como II4B genauso viel wie

las tapas I2A die Tapas (Häppchen in
  Bars, Kneipen)
tarde I3B spät; zu spät
  ¡Buenas tardes! <I1A>
  Guten Abend!; Guten Tag!
  de la tarde I3A nachmittags
la tarea II4C die Aufgabe
la tarta I2A die Torte; der Kuchen
el taxi I8B das Taxi
Te gusta algo/hacer algo. I2PP
  Dir gefällt etw. (zu tun)./Du magst
  etw. (tun).
  Te gustaría… I7A Du würdest
  gerne …/Du möchtest …
el té I9B der Tee
el teatro I2C das Theater
el técnico/la técnica I8B
  der Techniker/die Technikerin
  el técnico ecológico/ la técnica
  ecológica II6PP der Umwelttech-
  niker/die Umwelttechnikerin
la tecnología II6C die Technologie
la tela II4A der Stoff
la telecomunicación II6PP
  die Telekommunikation
el teléfono I1C das Telefon
  el número de teléfono I1C
  die Telefonnummer
  hablar por teléfono I7A telefonieren
la telenovela II7C die Telenovela
la televisión I3B das Fernsehen
  poner (la televisión, la radio) II2A
  (Fernseher, Radio) anschalten/
  anmachen
el tema I3PP das Thema
temprano I3A früh
tener (irr.) I3A haben
  tener (irr.) algo por delante II3C
  etw. vor sich haben
  tener (irr.) … años I3A … Jahre alt sein
  tener (irr.) ganas de (hacer) algo
  I3A auf etw. Lust haben/Lust haben,
  etw. zu tun
  tener (irr.) miedo de algo/alguien
  II3A Angst vor etw./jdm haben
  tener (irr.) noticias de
  alguien I7C von jdm hören
  tener (irr.) que hacer algo I5A
  etw. tun müssen
  tener (irr.) que ver con algo II6C
  mit etw. zu tun haben
  tener (irr.) razón II5A Recht haben
  ¿Cuántos años tienes? I3A Wie alt
  bist du?
la teoría II1C die Theorie
el/la terapeuta II6C der Therapeut/
  die Therapeutin
tercero,-a I4B dritte, -r, -s
el sector terciario II4B der Tertiärsektor
el tercio II4B das Drittel
terminar II6C beenden
la terraza II3A die Terrasse
el terremoto II2A das Erdbeben
el territorio <II1A>, II7PP
  das Territorium/das Gebiet
textil II2B textil

Diccionario | Z

el **texto** I3PP der Text
el **tiempo** I6A das Wetter I7B die Zeit
 en ese **tiempo** I11A damals
 el **tiempo** libre <I2PP> die Freizeit
 el monitor/la monitora de **tiempo**
 libre II2C der (Freizeit)Betreuer/
 die (Freizeit)Betreuerin
la **tienda** II2PP der Laden/das Geschäft
típico,-a I6PP typisch
el **tipo** II8A die Art
el **título** (universitario) II6C
 das (Universitäts)Diplom
la **toalla** I8C das Handtuch
tocar (c-qu) algo II6C etw. spielen
 (Lied, Musikinstrument)
todo I2C alles
 sobre **todo** I3A vor allem
 toda la noche I2C die ganze Nacht;
 der ganze Abend
 Todo bien. <I1A> Alles klar.
 todo recto I4B geradeaus
 todos,-as I3A alle/jede, -r, -s
 todos los días I3C jeden Tag
todavía I11A (immer) noch
tomar algo I2PP etw. trinken (gehen)
 I4B etw. nehmen
 Toma. I1C Bitte (schön); Nimm.
el **tomate** I5C die Tomate
tonto,-a I16A dumm
la **torre** II3PP der Turm
la **tortilla** I5C die Tortilla (Omelett aus
 Kartoffeln und Eiern)
¡Qué **tortugas**! <I3B>
 Mann, ihr lahmen Enten!
el **total** II8A die Gesamtheit
el **trabajador** II4PP der Arbeiter
trabajar I6A arbeiten
el **trabajo** I5PP die Arbeit
 la entrevista (de **trabajo**) <I7C>,
 I8A das Vorstellungsgespräch
 el puesto de **trabajo** II5B
 der Arbeitsplatz
 el turno (de **trabajo**) II4PP
 die (Arbeits)Schicht
la **tradición** II3B die Tradition
tradicional II3PP traditionell
traducir (irr.) algo II2B etw. übersetzen
traer (irr.) algo II3B etw. (mit)bringen
el **tráfico** II2A der Verkehr
la **tragedia** II5B die Tragödie
la **tranquilidad** II2A die Ruhe
tranquilo,-a I4A ruhig
el medio de **transporte** I6A
 das Verkehrsmittel
el **tren** I6A der Zug
los **tres** I2C wir drei/zu dritt
triste II3A traurig
la **tristeza** II8B die Traurigkeit
el clima **tropical** II7PP das tropische Klima
tú I0 du
el **turismo** I9PP der Tourismus
 el **turismo** cultural II5PP
 der Kulturtourismus
 el **turismo** de compras II5PP
 der Shoppingtourismus
 el **turismo** de masas II4B
 der Massentourismus

el **turismo** de salud II5PP
 der Gesundheitstourismus;
 der Wellnesstourismus
el **turismo** gastronómico II5PP
 der Gastro-Tourismus (Tourismus,
 der dazu dient, die lokale Küche
 kennenzulernen)
el **turismo** religioso II5PP
 der Pilgertourismus
el **turismo** rural II5PP
 der ländliche Tourismus
el/la **turista** II1C der Tourist/die Touristin
turístico,-a I7C touristisch
el **turno** (de trabajo) II4PP
 die (Arbeits)Schicht
tutear a alguien I8B jdn duzen
la **Tutoría** <I3A> die Klassenleiterstunde
por **última** vez I7B zum letzten Mal

U

un/una (unbestimmter Artikel, sg.) I0
 ein/eine
único,-a II8A einzig
el **uniforme** II8C die Uniform
la **universidad** I7B die Universität
 la residencia **universitaria** II7B
 das Studentenwohnheim
 el título (**universitario**) II6C
 das (Universitäts)Diplom
uno/una II4A man
unos,-as I4A ungefähr I5C einige
el **uso** <II6A> der Gebrauch
usted,-es (Höflichkeitsform, sg./pl.) I0 Sie
 ¿Y **usted**? <I1A> Und Ihnen?
utilizar (z-c) algo I4C etw. benutzen

V

las **vacaciones** I6PP der Urlaub;
 die Ferien
vago,-a II2A faul
 hacer el **vago** II2A faulenzen
Vale. <I1A> In Ordnung./O.k.
los **vaqueros** (pl.) I8PP die Jeans(hose)
la **variedad** II7A die Vielfalt
varios,-as (pl.) II2C mehrere
el **vaso** I5A das (Trink)Glas
a **veces** I2B manchmal
el sándwich **vegetal** I9B Sandwich
 gefüllt mit Tomaten, Eiern, gekochtem
 Schinken oder Hähnchen
vegetariano,-a I9B vegetarisch
la **velocidad** <II7PP> die Geschwindigkeit
vender algo II1C etw. verkaufen
venir (irr.) I5B kommen
la **venta** II6B der Verkauf
la **ventana** II3A das Fenster
ver (irr.) algo I2PP etw. anschauen/sehen
 A **ver**… I1C (Lass) mal sehen …
 Nos **vemos**. I5B Bis dann.
 tener (irr.) que **ver** con algo I6C
 mit etw. zu tun haben
el **verano** I9PP der Sommer
… ¿**verdad**? I2C … stimmt doch,
 oder?/… nicht wahr?
 de **verdad** II2B wirklich
verde I8PP grün

la **vergüenza** II5B die Schande
la **versión** I7B die Fassung/die Version
el **vestido** I8PP das Kleid
vestir (-i-/-i-) a alguien con algo
 II8C jdm etw. anziehen
una **vez** I5A einmal
 cada **vez** II6C immer mehr
 otra **vez** I3B noch einmal/wieder
 por última **vez** I7B zum letzten Mal
 tal **vez** II8B vielleicht
el país en **vía** de desarrollo II5B
 das Entwicklungsland
viajar (a) I7PP reisen
el **viaje** I7C die Reise
 el diario de **viaje** <I6C>
 der Reisebericht
 el **viaje** de fin de curso I3C
 die Abschlussfahrt
 el **viaje** de negocios I7A
 die Geschäftsreise
el **vicepresidente**/la **vicepresidenta**
 II8A der Vizepräsident/
 die Vizepräsidentin
la **vida** I9C das Leben
 llevar una **vida** sana II2PP
 ein gesundes Leben führen
el **viento** I6A der Wind
 Hace **viento**. I6A Es ist windig.
el **viernes** I3A der Freitag
el/la **vigilante** (de playa) II5C
 der (Strand)Wächter/die (Strand)
 Wächterin
el **vino** I9PP der Wein
la **visita** I3T? die Besichtigung
visitar algo I2PP etw. besuchen/
 besichtigen
el currículum **vítae** I7A der Lebenslauf
¡**Viva**! I3A Hoch!/Es lebe hoch!
vivir I4A wohnen/leben
vivo,-a II3C lebendig
la **vocación** I6PP die Berufung
volar (-ue-) II5PP fliegen
volver (-ue-) I6C zurückkommen/
 zurückkehren
volverse (-ue-) II8B werden
vos I9A Anrede für die 2. Person Sg. (in
 Arg., Urug., Par., Mittelamerika)
vosotros,-as I0 ihr
el **vuelo** I6A der Flug
la **vuelta** I6A die Rückfahrt

Y

y I0 und
 ¿**Y** usted? <I1A> Und Ihnen?
ya I6A schon
 Ya está. I5C Fertig.
yo I0 ich

Z

el **zapato** I8PP der Schuh
la **zona** I4C die Zone/der Bereich
 la **zona** común I4C
 der Gemeinschaftsbereich
el **zumo** I5PP der Saft
 el **zumo** de naranja I5PP
 der Orangensaft

A | Diccionario

Alemán – Español

A

abbiegen I4B girar
der ganze **Abend** I2C toda la noche
Guten **Abend**! I1A ¡Buenas tardes!
heute **Abend** I2C esta noche
das **Abendessen** II2PP la cena
abends I3A de la noche
das **Abenteuer** I6PP la aventura
aber I1B pero
der **Abfall** I5A la basura
von etw./jdm **abhängen** II6C depender de algo/alguien
etw./jdn **abholen** I9A buscar algo/a alguien
Formel beim **Abnehmen** des Telefons (wörtl. Sagen Sie.) II3B Diga.
die **Abrechnung** <II8A> la paga
die **Abschlussfahrt** I3C el viaje de fin de curso
die **Abteilung** II2PP el departamento
(Geschirr) **abwaschen** I5PP lavar los platos
der/die **Adlige** II1A el/la noble
die **Adresse** I1C la dirección
afrikanisch II4A africano, -a
die **Agentur** II1C la agencia
Agrar- II4PP agrícola
etw./jdm **ähneln** II7A parecerse a algo/alguien
die **Aktion** <II8B> la acción
aktiv II2C activo, -a
die **Aktivität** I2A la actividad
aktuell II1A actual
der **Akzent** I1C el acento
etw. **akzeptieren** II3C aceptar algo
alle I3A todos, -as
allein II7A solo, -a
vor **allem** I3A sobre todo
allergisch I9B alérgico, -a
alles I2C todo
 Alles klar. I1A Todo bien.
im **Allgemeinen** II6PP en general
als I7C como I9A cuando
also I1A pues II2A así que
 Also. I1C Bueno.
alt I4A antiguo, -a
 Wie **alt** bist du? I3A ¿Cuántos años tienes?
Fach für **alte** Geschichte <I3A> la Cultura Clásica
älter I8C mayor
die **Alternativenergie** II6C la energía alternativa
US-amerikanisch II8A estadounidense
die (Verkehrs)**Ampel** II7B el semáforo
sich **amüsieren** II5A divertirse (-ie-/-i-)
an I1A en
 am Anfang I9C al principio
 am/diesen (+ Wochentag) I3A el (+ Wochentag)
die **Analyse** <II5B> el análisis
der **Anbau** II4PP el cultivo
etw. **anbauen** II1A cultivar algo

jdm etw. **anbieten** II8C ofrecer (-zco) algo a alguien
Anden- II1PP andino, -a
der/die **andere** I4C otro, -a
 andere,-r,-s I3A otro, -a
etw./jdn **ändern** II2A cambiar algo/a alguien
anders I6PP diferente
die **Anekdote** <II1B> la anécdota
etw. **anerkennen** II3C reconocer (-zco) algo
etw. **anfangen** (zu tun) I7B empezar (-ie-/z-c) a hacer algo
die **Anforderung** I7C el requisito
wichtige **Angaben** I7B el dato de interés
das **Angebot** II6C la oferta
angelsächsisch II8A anglosajón, -ona
der/die **Angestellte** II2PP el empleado/la empleada
die (**An**)**Gewohnheit** II2A el hábito
etw./jdn **angreifen** II1B atacar (c-qu) algo/a alguien
(an)**grenzen** an II1PP limitar con algo
die **Angst** II3A el miedo
 Angst vor etw./jdm haben II3A tener (irr.) miedo de algo/alguien
der **Anhang** I7C el anexo
der **Animateur**/die **Animateurin** II5A el animador/la animadora
ankommen I3B llegar (g-gu)
die **Ankunft** <II1B> la llegada
die **Anlage** I7C el anexo
(Fernseher, Radio) **anmachen** II2A poner la televisión, la radio
das **Anmeldeformular** <I1T> la ficha de inscripción
sich zu etw. **anmelden** II2C apuntarse a algo
Anrede für die 2. Person Sg. (in Arg., Urug., Par., Mittelamerika) I9A vos
jdm zu etw. **anregen** II8A inspirarle algo a alguien
jdn **anrufen** I4A llamar a alguien
(Fernseher, Radio) **anschalten** II2A poner la televisión, la radio
etw. **anschauen** I2PP ver (irr.) algo I3B mirar algo
das **Anschreiben** (Bewerbung) I7A la carta de presentación
anspruchsvoll <II7C> exigente
anstrengend II4A duro, -a
etw./jdm **antworten** I8B contestar algo/a alguien
die **Anzeige** I4PP el anuncio
etw. **anziehen** I8A ponerse (irr.) algo
 jdm etw. **anziehen** II8C vestir (-i-/-i-) a alguien con algo
der **Apfel** I9B la manzana
die **Apotheke** II6B la farmacia
der **Apotheker**/die **Apothekerin** II6PP el farmacéutico/la farmacéutica
Guten **Appetit**! I9B ¡Que aproveche!
April I5B abril (m.)
apropos <I5B> a propósito
arabisch I6C árabe
die **Arbeit** I5PP el trabajo

arbeiten I6A trabajar
der **Arbeiter** II4PP el trabajador
Arbeits- II6PP laboral
der (**Arbeits**)**Kollege**/die (**Arbeits**)**Kollegin** II2A el compañero/la compañera (de trabajo)
die **Arbeitslosigkeit** II4B el paro
der **Arbeitsplatz** II5B el puesto de trabajo
die (**Arbeits**)**Schicht** II4PP el turno (de trabajo)
die **Arbeitszeit** II6A el horario
der **Architekt**/die **Architektin** II3C el arquitecto/la arquitecta
die **Architektur** <II1A>, II3C la arquitectura
der **Argentinier**/die **Argentinierin** I9B el argentino/la argentina
die **Art** II8A el tipo
arm I9C pobre
der **Arm** II6B el brazo
die **Armbanduhr** I3B el reloj
die (**Tier**)**Art** II5B la especie (animal)
die **Artenvielfalt** II7PP la biodiversidad
der **Arzt**/die **Ärztin** <II1C> el doctor/la doctora
die **Astronomie** II1A la astronomía
die **Atmosphäre** II6PP el ambiente
attraktiv II3PP atractivo, -a
das **at-Zeichen** (@) I1C la arroba
auch I1PP también
 auch nicht I8C tampoco
auf I1A en
 auf diese Weise I3C así
 Auf Wiedersehen. I1A Adiós.
die **Aufgabe** I4C la tarea
aufgeregt II3B emocionado, -a (con)
aufhören I3C parar
(Musik, CDs) **auflegen** I5PP poner (irr.) (música, cedés)
aufmerksam II3B atento, -a; detallista
die **Aufmerksamkeit** II5C la atención
etw. **aufräumen** I5A ordenar algo
etw. **aufschreiben** I8C apuntar algo
der **Aufseher**/die **Aufseherin** (Aufsichtsperson bei der Arbeit) II4A el supervisor/la supervisora
aufstehen I3B levantarse
auftauchen II3B aparecer (-zco)
etw. **aufteilen** I5A repartir algo
aufwachen II7B despertarse (-ie-)
das **Auge** I8C el ojo
der **Augenblick** II8B el instante
August I5B agosto (m.)
aus I0 de I6C desde
die (**Aus**)**Bildung** II1A la educación
die **akademische Ausbildung** I7C la formación académica
die **Ausbildung** zur Fremdsprachensekretärin <I3A> el secretariado internacional
sich etw. **ausdenken** <II7A> imaginar algo
etw. **ausdrücken** II8A expresar algo
der **Ausflug** I3C la excursión
der **Ausgang** <I8C> la salida

Diccionario | C

ausgebildet II6C preparado,-a
ausgehen I2PP salir *(-g-)* de fiesta
  I2C salir *(-g-)*
etw. **aushalten** II1A soportar algo
der **Ausländer**/die **Ausländerin** II4B
  el extranjero/la extranjera
jdm **(aus)reichen** II7B
  alcanzarle con algo
sich **ausruhen** I2B descansar
aussehen (wie) II8C parecer *(-zco)*
  (+ sust.) wie etw./jd **aussehen**
  II7A parecerse a algo/alguien
außerdem I2C además
etw. **äußern** II8A expresar algo
die (Berufs)**Aussicht** II6B la salida
der **Aussichtspunkt** II3A el mirador
die **Ausstellung** <II1T> la exposición
die **Austauschklasse** <I3T> la clase de
  intercambio
etw. **ausüben** II2C practicar *(c-qu)* algo
etw. **(aus)wählen** II7B elegir *(-i-/-i-; g-j)*
  algo
der **Auswanderer**/die **Auswanderin**
  I9C el/la emigrante
die (Aus)**Wirkung** II8A el efecto
das **Auto** I6A el coche
der (Auto)**Bus** I6A el autobús
die **Automobilindustrie** II4B
  la industria automovilística
die **autonome** Region *(entspricht etwa:*
  Bundesland) II5B la comunidad
  (autónoma)

B

das **Bad** I4PP el baño
die **Badewanne** I4C la bañera
das **Badezimmer** I4PP el baño
das **Baguette** I5C la barra
der **Bahnhof** I6B la estación
bald I7C pronto
der **Balkon** I4PP el balcón
die **Banane** II7B el plátano <I7C> la
  banana *(lat.am.)*/el banano *(lat.am.)*
die **Band** I2C el grupo
die **Bank** II4B el banco
der **Bart** II1B la barba
der **Bauch** II2A la barriga
etw. **(er)bauen** II1A construir *(-y-)* algo
der **Bauer**/die **Bäuerin** II1C
  el campesino/la campesina
der **Bauernhof** II4PP la granja
in **Beantwortung** I7C en contestación a
Was **bedeutet** …? I1C ¿Qué significa…?
die **Bedeutung** II8A la importancia
die **Bedingung** II4PP la condición
beenden II2A acabar II6C terminar
sich **befinden** I4B estar *(irr.)*
  II7PP encontrarse *(-ue-)*
begeistert II3A encantado,-a (de)
etw. **beginnen** I7B empezar *(-ie-/z-c)* a
  hacer algo
jdn **begleiten** I5B acompañar a alguien
jdn **(be)grüßen** <I8T> saludar a alguien
das **Bein** II6B la pierna
das **Beispiel** I9C el ejemplo
  zum **Beispiel** II4B por ejemplo

bekannt <I5A>, I6PP conocido,-a
  II3B famoso,-a
Du **bekommst** auch gar nichts mit!
  II3B ¡Que no te enteras!
wegen etw. **beleidigt** sein II7C
  ofenderse por algo
etw. **(be)merken** II7A darse *(irr.)*
  cuenta de algo
etw. **benutzen** I4C utilizar *(z-c)* algo
etw. **beobachten** II8A observar algo
bequem I8A cómodo,-a
der **Berater**/die **Beraterin** II6PP
  el asesor/la asesora
die **Beratung** <II6T> el asesoramiento
der **Bereich** I4C la zona II2B el ámbito
der **Berg** I6PP la montaña
  die (Berg)**Spitze** II7C el pico
der **Bericht** II2B el informe
der **Beruf** <I7PP>, II3C la profesión
Berufs-/beruflich II6PP profesional
die (Berufs)**Aussicht** II6B la salida
die **Berufsausbildung** <I3A>
  la formación profesional
der **Berufsberater**/die **Berufsbera-**
  terin II6A el orientador/
  la orientadora profesional
die **Berufserfahrung** I7PP
  la experiencia laboral
die **Berufung** II6PP la vocación
berühmt <I5A>, II3B famoso,-a
die **Berühmtheit** I7B la fama
etw. **beschließen** II6A decidirse por algo
etw./jdn **beschreiben** II8A describir
  algo/a alguien
die **Beschreibung** <II4A> la descripción
die **Beschwerde** <I8C> la reclamación
die **Besessenheit** II3C la obsesión
etw. **besichtigen** I2PP visitar algo
die **Besichtigung** <I3T> la visita
besonders II1A especial
die **Besprechung** II2B la reunión
besser I9C mejor
etw. **bestellen** I8B pedir *(-i-/-i-)* algo
der **Bestimmungsort** <II2C> el destino
etw. **besuchen** I2PP visitar algo
der **Betreff** I7C el asunto
der **Betreuer**/die **Betreuerin** II2C
  el monitor/la monitora de tiempo
  libre; II7A el mentor/la mentora
das **Bett** I3B la cama
  ins **Bett** gehen I3B irse a la cama
die **Bevölkerung** I9PP la población
  die (Bevölkerungs)**Dichte** II7PP
  la densidad
bevor II2A antes de + *(inf.)*
bevorzugt <I4C> favorito,-a
die **Bewerbung** I7C la solicitud
Es ist **bewölkt**. I6A Está nublado.
etw. **(be)zahlen** I9B pagar algo
die **Beziehung** II4B la relación
mit **Bezug** zu … II6A
  relacionado,-a (con)
etw. **bezweifeln** II5B dudar algo
die **Bibliothek** I3A la biblioteca
das **Bild** <I9PP>, II3A la imagen
  (pl. imágenes)

der **Bildhauer**/die **Bildhauerin** II7PP
  el escultor/la escultora
die **Bildhauerei** II8PP la escultura
die (Aus)**Bildung** II1A la educación
billig I4A barato,-a
der **Bindestrich** I1C el guion
Bingo! <I2C> ¡Bingo!
Biologie *(Fach)* <I3A>, II7A la Biología
biologisch II4PP orgánico,-a
bis I4A hasta
  von … **bis** I3A de… a
  Bis später! I1A ¡Hasta luego!
  Bis bald! I1A ¡Hasta pronto!
  Bis dann. I5B Nos vemos.
  Bis zum nächsten Mal! I1A ¡Hasta la
  próxima!
ein **bisschen** von etw. I7A un poco de
  algo
jdn um etw. **bitten** I7C pedir *(-i-/-i-)*
  algo a alguien
  Bitte. I8A Por favor.
  Bitte (schön). I1C Toma. I4A De nada.
blau I8PP azul
bleiben I3C quedarse
blond I8C rubio,-a
die **Blume** II3B la flor
die **Bluse** I8PP la blusa
der **Boom** II4A el boom
auf jdn **böse** sein I9A enfadado,-a con
  alguien
der **Botschafter**/die **Botschafterin**
  II3C el embajador/la embajadora
etw. **braten** I5C freír *(-i-)* algo
etw. **brauchen** I9C necesitar algo
braun I8PP marrón
der **Brief** I7A la carta
die **Brille** I8C las gafas
jdn dazu **bringen** etw. zu tun II6A
  obligar *(g-gu)* a alguien a (hacer) algo
das **Brot** I5C el pan
das belegte **Brötchen** I5A el bocadillo
die **Brücke** II1A el puente
der **Bruder** I5A el hermano
der **Brunnen** II3A la fuente
die **Brust** II6B el pecho
das **Buch** I3PP el libro
etw. **bügeln** I5A planchar algo
bunt I8PP de colores
die **Burg** I6C el castillo
das **Büro** I7PP la oficina

C

das **Café** I3A la cafetería
die **CD** <I5B>, II8B el cedé
das **Chaos** <I5C> el desastre
  Was für ein **Chaos**! I8C ¡Qué lío! *(ugs.)*
chaotisch II7B caótico,-a
chatten I2B chatear
das **Check-In** <I8C> la entrada
das **Check-Out** <I8C> la salida
der **Chef**/die **Chefin** I8B el jefe/la jefa
Chemie *(Fach)* <I3A> la Química
die **Chemieindustrie** II4B
  la industria química
die **Chips** I5C las patatas fritas *(pl.)*

doscientos once | 211

D Diccionario

der **Chirurg**/die **Chirurgin** II6C
   el cirujano/la cirujana
der **Comic** <II8C> el cómic

D

da I4C ahí
dagegen II1A en cambio
damals II1A antes; entonces; en ese tiempo
dann; danach I2C después
   I4A entonces
Danke. II1A Gracias.
das, was ... II1C lo que...
dass I9A que
die **Datenpiraterie** II8A la piratería digital
dauern I6A durar
(den Tisch) **decken** I5A poner *(irr.)* la mesa
der **Dekalog** *(griech.: die zehn Gebote)* II4C el decálogo
die **Demonstration** <II5A> la manifestación
denken II4PP pensar *(-ie-)* que...
   an etw. **denken** II4C recordar *(-ue-)* algo
   an etw./jdn **denken** II1PP pensar *(-ie-)* en algo/alguien
   denken, dass ... II4PP pensar *(-ie-)* que...
der/die/das I0 el/la *(bestimmter Artikel, sg.)*
der/die/das *(Rel. pronomen)* I7B que
derzeit I7C actualmente
deswegen/deshalb I4A por eso
Deutsch I7A el alemán
der **Deutsche**/die **Deutsche** I7A el alemán/la alemana
Dezember I5B diciembre *(m.)*
die (Bevölkerungs)**Dichte** II7PP la densidad
der **Dienst** I6B el servicio
der **Dienstag** I3A el martes
diesen *(+ Wochentag)* I3A el *(+ Wochentag)*
dieser, diese, dieses *(da)* I8A ese, -a, -os, -as
dieser, diese, dieses *(hier)* I8A este, -a, -os, -as
das **Ding** I4C la cosa
das (Universitäts)**Diplom** II6C el título (universitario)
die **Diskothek** I2A la discoteca
der **Dollar** II4A el dolar
der **Dom** I6PP la catedral
der **Donnerstag** I3A el jueves
Doppel- <I8C> doble
das **Dorf** I6PP el pueblo
dort I3C allí
der **Drache** II3B el dragón
das **Drehbuch** I7B el guion
wir **drei** I2C los tres
dritte, -r, -s I4B tercero, -a
zu **dritt** I2C los tres
das **Drittel** II4B el tercio
die **Droge** II7A la droga

der **Druck** II4A la presión
   jdn unter **Druck** setzen II6A presionar a alguien
du I0 tú
dumm II6A tonto, -a
der **Dummkopf** II8B el/la imbécil
dunkel I8PP oscuro, -a
dunkelhaarig I8C moreno, -a
durch II2A por
eine schlechte Zeit **durchleben** I9C pasarlo mal
die **Dürre** II5B la sequía
(sich) **duschen** I3B ducharse
das **Dutzend** I5C la docena
jdn **duzen** I8B tutear a alguien

E

echt II4B auténtico, -a
egal sein II8B dar igual
die **Ehefrau** II4A la mujer
das **Ei** I5C el huevo
ein/eine I0 un/una *(unbestimmter Artikel, sg.)*
einfach I5C fácil II7C sencillo, -a
der **Einfluss** II8A la influencia
der **Eingang** <I8C> la entrada
einige I5C unos, -as I9A alguno, -a
sich mit jdm **einigen** II8A ponerse *(irr.)* de acuerdo con alguien
der **Einkauf** *(Lebensmittel)* I5PP la compra
einkaufen I2PP ir *(irr.)* de compras
(Lebensmittel) **einkaufen** I5PP hacer la compra
jdn **einladen** I5A invitar a alguien
die **Einladung** I5PP la invitación
einmal I5A una vez
etw. **einnehmen** II1A ocupar algo
etw. **einschalten** II8B encender *(-ie-)* algo
eintönig II6B monótono, -a
die **Eintrittskarte** <II8A> la entrada
mit etw./jdm **einverstanden sein** II2B estar de acuerdo con algo/alguien
der **Einwanderer**/die **Einwanderin** II4A el/la inmigrante
der **Einwohner**/die **Einwohnerin** I9PP el/la habitante
Einzel- <I8C> individual
einzig II8A único, -a
elegant I8A elegante
die **Eltern** I4A los padres *(pl.)*
die **E-Mail** I1C el correo electrónico
etw. **empfangen** I9C recibir algo
jdm etw. **empfehlen** I6B recomendar *(-ie-)* algo a alguien
das **Ende** <II1B> el final
   am **Ende** I2C al final
enden II2A acabar
endlich I7B finalmente II8B por fin
die **Energie** II6C la energía
eng II7C estrecho, -a
engagiert II8A reivindicativo, -a
Englisch *(Fach)* I3A el Inglés
etw. **entdecken** <II1PP> descubrir algo
die **Entdeckung** II1B el descubrimiento

Mann, ihr lahmen **Enten**! <I3B> ¡Qué tortugas!
die **Entführung** II7A el secuestro
etw. **entscheiden** II2A decidir algo
   sich für etw. **entscheiden** II6A decidirse por algo
die **Entscheidung** II6C la decisión
sich **entschuldigen** II3B pedir *(-i-/-i-)* perdón
   Entschuldigen Sie. I8C Perdone.
Entschuldigung. I1B Perdón.
enttäuscht II3B decepcionado, -a (con)
die **Enttäuschung** II3B la desilusión
etw. **entwerfen** II3C diseñar algo
die **Entwicklung** II5B el desarrollo
das **Entwicklungsland** II5B el país en vía de desarrollo
der **Entwurf** II3C el esbozo
er I0 él
etw. **(er)bauen** II1A construir *(-y-)* algo
das **Erdbeben** II1A el terremoto
die **Erdbeere** II4A la fresa
das **Erdöl** II7PP el petróleo
das **Ereignis** <II1B> el acontecimiento
etw. **erfahren** II3B enterarse de algo
die **Erfahrung** II1A la experiencia
der **Erfolg** I5A el éxito
etw. **erhitzen** I5C calentar algo
sich an etw. **erinnern** II4C recordar *(-ue-)* algo
   sich an etw./jdn **erinnern** I9A acordarse *(-ue-)* de algo/alguien
die **Erinnerung** <II1C>, II7C el recuerdo
die **Erkältung** II6B el resfriado
jdm etw. **erklären** I8B explicar algo a alguien
die **Erklärung** <I9B> la explicación
erlauben I6B permitir
erlaubt sein I6B estar *(irr.)* permitido
die **Erlaubnis** II7C el permiso
erneut II8B de nuevo
ernst(haft) II7A serio, -a
der **Eroberer**/die **Eroberin** II1B el conquistador/la conquistadora
etw. **erobern** II4B conquistar algo
etw. **erreichen** II3C conseguir *(-i-/-i-; gu-g)* algo
etw. **(er)schaffen** II3C crear algo
erscheinen II3B aparecer *(-zco)*
   jdm **erscheinen** II1C parecerle *(+ adj.)* a alguien
etw. **ersetzen** II6C sustituir a algo
jdn **erstaunen** II7B sorprenderle a alguien
erste, -r, -s I4B primero, -a
als **Erstes** II2C en primer lugar
etw./jdn **ertragen** II2A soportar algo/a alguien
etw. **erwärmen** I5C calentar algo
jdm etw. **erzählen** I9A contar *(-ue-)* algo a alguien
etw. **erzeugen** II1C producir *(irr.)* algo
etw. **essen** I3C comer algo
das **Essen** I5PP la comida
das **Etikett** II4PP la etiqueta

212 | doscientos doce

Diccionario G

etwas I2PP algo
der Euro I4A el euro
der Europäer/die Europäerin I9C
  el europeo/la europea
exakt I7A exacto, -a
existieren I1C existir
exotisch I8A exótico, -a
experimentieren I8A experimentar
der Experte/die Expertin <I7C>, I8A
  el experto/la experta
der Export I4PP la exportación
etw. exportieren I4A exportar algo

F

die Fabrik I7PP la fábrica
Fabrik in einem Billiglohnland I4PP
  la maquila
fahren I2B ir *(irr.)* I7C conducir *(c-zc/c-j)*
das Fahrrad I6A la bicicleta
fair I4PP justo, -a
  der faire Handel I4C el comercio justo
  aus fairem Handel stammend I4C solidario, -a
die Fakultät I7A la facultad
fallen I4A caerse *(irr.)*
falsch I2B falso, -a
die Familie I1B la familia
der Fan I8A el/la fan
die Fantasie <I7B> la imaginación
fantastisch I3A fantástico, -a
die Farbe I7C el color
die Fassung I7B la versión
fast I2B casi
  fast immer I2B casi siempre
faul I2A vago, -a
faulenzen I2A hacer el vago
Februar I5B febrero *(m.)*
das Fehlen I5B la falta
der Fehler <I2B> el error
etw. feiern I5B celebrar algo
der Feind/die Feindin I8A
  el enemigo/la enemiga
das Fenster I3A la ventana
die Ferien I6PP las vacaciones
das Fernsehen I3B la televisión
Fertig. I5C Ya está.
  nicht fertig I5PP inacabado, -a
die Fertigkeit I6B la habilidad
das Fest I2PP la fiesta
der feste Freund/die feste Freundin I9A el novio/la novia
die Feuchtigkeit I8C la humedad
der Film I2PP la película
etw. ... finden I1C parecerle *(+ adj.)* a alguien
  etw./jdn finden I6A encontrar *(-ue-)* algo/a alguien
der Finger I6B el dedo
die Firma I7A la empresa
der (Firmen)Standort I2B la sede
der Fisch I9B el pescado
gemischte frittierte Fischsorten I6PP el pescaíto frito
das Fitnessstudio I5C el gimnasio
die (Ober)Fläche I7PP la superficie

die Flagge I6C la bandera
der Flamenco *(span. Tanz)* I2A
  el flamenco
die Flasche I5C la botella
das Fleisch I9B la carne
flexibel I7PP flexible
die Flexibilität I6C la flexibilidad
fliegen I5PP volar
die Flöte I1A la flauta
der Flug I6A el vuelo
der Flugbegleiter/die Flugbegleiterin I7PP el azafato/la azafata
der Flughafen <I1C>, I7PP el aeropuerto
das Flugticket I9A el billete
das Flugzeug I6A el avión
der Flur I4PP el pasillo
der Fluss <II7PP> el río
(nach)folgend I5A siguiente
fordernd I8A reivindicativo, -a
die Form I1A la forma
der Forscher/die Forscherin I5B
  el investigador/la investigadora
die Forschung I6B la investigación
mit etw. fortfahren I7B seguir *(-i-/-i-; gu-g)* con algo I8B seguir *(+ gerundio)*
etw. fortsetzen I7B seguir *(-i-/-i-; gu-g)* con algo
das Foto I1C la foto
die Frage <II3A> la cuestión
der Fragebogen I6A el cuestionario
jdn etw. fragen I6B preguntar algo a alguien
Französisch *(Fach)* I3A el Francés
die Frau I4A la mujer
frei I9B libre
der Freitag I3A el viernes
die Freizeit <I2PP> el tiempo libre
der (Freizeit)Betreuer/die (Freizeit)-Betreuerin I2C el monitor/la monitora de tiempo libre
die Ausbildung zur Fremdsprachen-sekretärin <I3A> el secretariado internacional
sich über etw. freuen I5A alegrarse de algo
der Freund/die Freundin I1B
  el amigo/la amiga
freundlich I8B amable
froh II3A contento, -a; encantado, -a (de); ilusionado, -a (con)
fröhlich I8B alegre
früh I3A temprano
früher I1A antes
das Frühstück I5A el desayuno
etw. frühstücken I3B desayunar algo
sich fühlen I6A sentirse
etw. führen I6C gestionar algo
  (ein Unternehmen) führen I6C gestionar *(un negocio)*
  ein gesundes Leben führen I2PP llevar una vida sana
der Führer/die Führerin <II1B>, I5C el/la guía
der Führerschein I7C el carné de conducir

die (Unternehmens)Führung I6B
  la gestión
fünfte, -r, -s I4B quinto, -a
funktionieren I8B funcionar
für I2C para
  für etw./jdn sein I5B estar *(irr.)* a favor de algo/alguien
  für mich I0 para mí
zu Fuß I6B a pie
der Fußball I3C el fútbol
das Fußballspiel I3C el partido de fútbol

G

Galicisch I6A el gallego
die ganze Nacht; der ganze Abend I2C toda la noche
der Garten I4PP el jardín
das Gasthaus <I6B> el hostal
der Gastro-Tourismus *(Tourismus, der dazu dient, die lokale Küche kennenzulernen)* I5PP el turismo gastronómico
der Gaukler/die Gauklerin I8C
  el/la saltimbanqui
der Gazpacho *(kalte Tomatensuppe)* I9B el gazpacho
das Gebäude II3C el edificio
jdm etw. geben I6B dar *(irr.)* algo a alguien
  es gibt I3PP hay
das Gebiet <II1A>, I7PP el territorio
das Gebirge I6PP la sierra
geboren werden I7B nacer *(-zco)*
der Gebrauch <II6A> el uso
das Geburtsdatum I7B la fecha de nacimiento
der Geburtstag I5B el cumpleaños
das Gedicht <II8B> el poema
die Geduld <II8B> la paciencia
geehrt I7C estimado, -a
gefährlich I5A peligroso, -a
der Gefallen I5C el favor
jdm gefallen I6B gustar a alguien
  jdm sehr gut gefallen I6B encantar a alguien
  Dir gefällt etw. (zu tun). I2PP Te gusta algo/hacer algo.
  Mir gefällt etw. (zu tun). I2PP Me gusta algo/hacer algo.
gegen etw./jdn sein I5B estar *(irr.)* en contra de algo/alguien
das Gehalt I6PP el salario
gehen I2B ir *(irr.)*, I3B irse *(irr.)*
  ins Bett gehen I3B irse a la cama
  Es geht so. I1A Regular.
gekränkt sein I7C ofenderse por algo
gelangweilt sein II3A
  estar aburrido, -a (de)
gelb I8PP amarillo, -a
das Geld I7A el dinero
die Gelegenheit I9C la oportunidad
gelingen I5C salir *(irr.)* bien
der Gemeinschaftsbereich I4C
  la zona común
genau I7A exacto, -a

doscientos trece | 213

G | Diccionario

genauso viel (wie) II1A igual (que) II4B tanto como
etw. **genießen** I6PP disfrutar de algo
jdm **genügen** II7B alcanzarle con algo
geöffnet sein I2C abrir algo
Geografie (Fach) <I3A> la Geografía
Geologie (Fach) <I3A> la Geología
geradeaus I4B recto/todo recto
das **Geräusch** II2A el ruido
gerecht II4PP justo, -a
die **Gesamtheit** II8A el total
das **Geschäft** II2PP la tienda
  II6C el negocio
der **Geschäftspartner**/die **Geschäftspartnerin** II3C el colaborador/ la colaboradora
die **Geschäftsreise** I7A el viaje de negocios
Geschichte <I3A>, II1A la Historia
(**Geschirr**) abwaschen/spülen I5PP lavar los platos
das **Geschoss** I8B la planta
die **Geschwindigkeit** <II7PP> la velocidad
das **Gesicht** II2B la cara
das **Gespräch** II6A la conversación
die **Geste** <II5C> el gesto
gestern I7B ayer
gestreift I8PP a rayas
gesund II2A saludable II2PP sano, -a
  ein **gesundes** Leben führen II2PP llevar una vida sana
die **Gesundheit** II6A la salud
der **Gesundheitstourismus** II5PP el turismo de salud
das **Getränk** I5PP la bebida
das **Gewächshaus** II4PP el invernadero
etw. **gewinnen** I7A ganar algo
die (An)**Gewohnheit** II6A el hábito
etw. **gießen** II5B regar (g-gu) algo
die **Gitarre** II6C la guitarra
der **Gitarrist**/die **Gitarristin** II8A el/la guitarrista
das **Glas** II7C el cristal
  das (Trink)**Glas** I5A el vaso
etw. **glauben** I2C creer algo
  Ich **glaube**, (dass) … I1C Creo que…
gleich I9A igual II1A igual (que)
der **Gletscher** I9PP el glaciar
glücklich II7B feliz II3A ilusionado, -a (con)
glücklos II8B desgraciado, -a
das **Gold** II1B el oro
der **Golfplatz** II5B el campo de golf
der **Gott** II1A el dios
… **Grad** sein I6A Hace… grados.
  … **Grad** unter null sein I6A Hace… grados bajo cero.
die **Grafik** II4B la gráfica
das **Gramm** I5C el gramo
gratis I2C gratis
grau I8PP gris
der **Gringo** II7A gringo (lat.am.)
groß I4A grande I8C alto, -a
die **Größe** I8A la talla
die **Großeltern** II1A los abuelos (pl.)

grün I8PP verde
der **Grund** II1C la razón
die **Gruppe** I2C el grupo
der **Gruß** I5B el saludo
  Mit freundlichen **Grüßen** I7C Atentamente
grüßen <I8T> saludar a alguien
die **Guerilla** II7A la guerrilla
der **Guerillakämpfer**/die **Guerillakämpferin** II7C el guerrillero/la guerrillera
günstig I4A barato, -a
die **Gurke** II4B el pepino
gut I1A bien I6C bueno, -a
  gut laufen II5C salir (irr.) bien
  Nun (**gut**). I1C Bueno.
  Gute Nacht! II1A ¡Buenas noches!
  Guten Abend! 0 ¡Buenas tardes!
  Guten Appetit! I9B ¡Que aproveche!
  Guten Morgen! 0 ¡Buenos días!
  Guten Tag! I0 ¡Buenos días! I1A ¡Buenas tardes!
das (Land)**Gut** II7PP la hacienda
das **Gymnasium** I3PP el instituto

H

das **Haar** I8C el pelo
haben I3A tener (irr.)
  auf etw. Lust **haben**/Lust **haben**, etw. zu tun I3A tener (irr.) ganas de (hacer) algo
  etw. vor sich **haben** II3C tener (irr.) algo por delante
  Hast du Lust …? I2C ¿Te apetece…?
der **Hafen** II3A el puerto
das **Hähnchen** I9B el pollo
halbe, -r, -s I3A medio, -a
die **Hälfte** I9C la mitad
Hallo! I0 ¡Hola! I9A ¡Che! (lat.am.)
der **Hals** II6B el cuello
die **Haltestelle** I4A la parada
die **Hand** II6B la mano
der **Handel** II4C el comercio
  der faire **Handel** II4C el comercio justo
  aus fairem **Handel** stammend II4C solidario, -a
Handels- II4B comercial
die **Handlung** <II8B> la acción
das **Handtuch** I8C la toalla
das **Handy** I1C el móvil
die **Hängebrücke** II1A el puente colgante
hart II4A duro, -a
der **Hass** II8B el odio
etw./jdn **hassen** II5A odiar algo/a alguien
hässlich II8A feo, -a
die **Hauptstadt** I9PP la capital
das **Haus** I4PP la casa
  zu **Hause** I5C en casa
die **Hausaufgaben** II2B los deberes (pl.)
der **Hausbesitzer**/die **Hausbesitzerin** <II7C> el casero/la casera
das **Heft** I3PP el cuaderno
heftig II8C con ganas
heißen I4C llamarse

Ich **heiße** … I0 Me llamo…
Was **heißt** …? I1C ¿Qué significa…?
die **Heizung** I6B la calefacción
der **Held** <II8C> el héroe
jdm **helfen** I5B ayudar a alguien
der **Helfer**/die **Helferin** II8C el/la ayudante
hell I4A luminoso, -a I8PP claro, -a
das **Hemd** I8PP la camisa
etw. **herausnehmen** I5A sacar (c-qu) algo
Herr I1A el señor
der **Herr**/die **Herrin** II8C el amo/la ama
das **Herrschaftsgebiet** II1A el imperio
hervorragend I6B excelente
das **Herz** II2C el corazón
heute I2C hoy
  heute Nacht; **heute** Abend I2C esta noche
heutig II1A actual
heutzutage I7C actualmente II8A hoy en día
hier I1C aquí
der **Himmel** II7C el cielo
(**hin**) zu I2B a
etw. **hinaufbringen** I6B subir (a), subir algo
etw. **hinaufgehen** I6B subir (a), subir algo
den Müll **hinausbringen** I5A sacar (c-qu) la basura
jdn **hinauswerfen** II2B echar (col.) a alguien
etw. in etw. (**hinein**)legen II8C meter algo en algo
die **Hinfahrt** I6A la ida
da **hinten** I8B al fondo (de)
hinter I4A detrás de
historisch II3PP histórico, -a
die **Hitze** I6A el calor
Hoch!/Es lebe **hoch!** II3A ¡Viva!
etw. **hochbringen** I6B subir (a), subir algo
etw. **hochgehen** I6B subir (a), subir algo
die **Hochzeit** II3B la boda
die **Hoffnung** II3B la ilusión
die **Höflichkeit** über alles <II7A> la cortesía ante todo
das (kleine) **Holzboot** II4A la patera
etw. **hören** I2PP escuchar algo
  von jdm **hören** I7C tener (irr.) noticias de alguien
der **Hörer**/die **Hörerin** II2C el/la oyente
die **Hose** I8PP el pantalón
  die Jeans(**hose**) I8PP los vaqueros (pl.)
das **Hotel** I4B el hotel
hübsch II3B guapo, -a
der **Hunger** II2A el hambre

I

ich I0 yo
ideal I6A ideal
die **Idee** I3A la idea
der **Ideenreichtum** <II7B> la imaginación

214 | doscientos catorce

Diccionario K

Und **Ihnen?** I1A ¿Y usted?
ihr I0 vosotros, -as
der/die **Illegale** II4B el/la ilegal
die **Illusion** II3B la ilusión
immer I1A siempre
  immer mehr II6C cada vez
  (**immer**) noch II1A todavía
  II8B aún
  fast **immer** I2B casi siempre
  wie **immer** I1A como siempre
die **Immobilienfirma** <I4A>
  la inmobiliaria
der **Import** II4B la importación
etw. **improvisieren** II5C improvisar algo
in I1A en
  In Ordnung. I1A Vale.
die **Industrie** I9PP la industria
industriell II4PP industrial
die **Informatik** II6B la informática
die **Information** II2B la información
das **Informationsbüro** <I7C>, II6A
  la Oficina de Información
jdn über etw. **informieren** II7A
  informar de algo a alguien
der **Ingenieur**/die **Ingenieurin**
  I7PP el ingeniero/la ingeniera
Ingenieurwissenschaft <I7C>
  Ingeniería (f.)
der/die **Inka** II1A el/la inca
Inka- II1A inca
das **Innere** II5A el interior
die **Innovation** II6B la innovación
die **Insel** II1C la isla
jdn **inspirieren** II8A inspirarle algo a
  alguien
das **Institut** <II5B> el instituto
interessant I4A interesante
  Das ist (ja) **interessant!** I2C
  ¡Qué interesante!
das **Interesse** II8A el interés
jdn **interessieren** II1C interesarle a
  alguien
international I7A internacional
das **Internet** I2B Internet
der **Internet-Surfer**/die **Internet-Surferin** II8A el/la internauta
sich **irren** II2B equivocarse (c-qu)
der **Irrtum** <II2B> el error

J

ja I1PP sí
die **Jacke** I8PP la chaqueta
das **Jahr** I6B el año
  mit einem **Jahr** I7B al año de edad
  … **Jahre** alt sein I3A tener (irr.)
  … años
  vor … **Jahren** I7B hace… años
  die (**Jahres)Zeit** I15B la época (del
  año)
das **Jahrhundert** I6C el siglo
Januar I5B enero (m.)
die **Jeans(hose)** I8PP los vaqueros (pl.)
jede, -r, -s I3A todos, -as
  jeden Tag I3C todos los días
  jeder/jede I9B cada uno/una
jedoch II7A sin embargo

jener, jene, jenes I8A
  aquel, -la, -los, -las
jetzt I6A ahora
die **Jugendherberge** I7C el albergue
  juvenil
Juli I5B julio (m.)
jung I8C joven
  die **jungen** Leute I4A los jóvenes
der **Jungadler** II8C el aguilucho
der **Junge** I1B el chico <II3A>
  el muchacho
Juni I5B junio (m.)

K

der **Kaffee** I9B el café
die **Kaffeeplantage** II7C el cafetal
der **Kaiser** II1A el emperador
kalt I9B frío, -a
  Es ist **kalt.** I6A Hace frío.
die **Kälte** I6A el frío
mit jdm **kämpfen** II7C pelear con
  alguien
das **Kaninchen** II1A el conejo
kaputt II8C destrozado, -a
karibisch II7PP caribeño, -a
der **Karneval** II7PP el carnaval
der **Karren** II7B la carreta
die **Kartoffel** I5C la patata <I9B>,
  II1A la papa (lat.am.)
Kartoffelsalat mit Erbsen, Karotten,
  gekochten Eiern, Mayonnaise
  I9B la ensaladilla rusa
das **Katalanisch** II3A el catalán
katalanisch II3A catalán, -ana
der **Katamaran** (Segelboot mit
  Doppelrumpf) II5A el catamarán
die **Kathedrale** I6PP la catedral
etw. **kaufen** I5C comprar algo
kein, keine, -r, -s I1B ningún, ninguno, -a
der **Kellner**/die **Kellnerin** I8PP
  el camarero/la camarera
etw./jdn **kennen** I5B conocer (-zco)
  algo/a alguien
etw./jdn **kennenlernen** I5B conocer
  (-zco) algo/a alguien
die **Kenntnisse** I7A los conocimientos
  (pl.)
die **Kette** <II4A> la cadena
das **Kilo** I5C el kilo
der **Kilometer** II1A el kilómetro
das **Kind** II2C el niño/la niña
das **Kino** I2PP el cine
der **Kiosk** II3A el quiosco
Klar! I5B ¡Claro que sí!
die **Klasse** I3PP la clase
der **Klassenkamerad**/die **Klassenkameradin** I2A el compañero/
  la compañera
die **Klassenleiterstunde** <I3A>
  la Tutoría
der **Klassenraum** I3PP la clase
klassisch I8A clásico, -a
das **Kleid** I8PP el vestido
die **Kleidung** I5A la ropa
klein I4A pequeño, -a
klettern I6PP escalar

das **Klima** II7PP el clima
  das tropische **Klima** II7PP el clima
  tropical
die **Klimaanlage** I6B
  el aire acondicionado
klingeln II5A sonar
die **Klinik** II6B la clínica
die **Kneipe** I2PP el bar
das **Knie** II6B la rodilla
der **Knoblauch** II2A el ajo
der **Knochen** II1A el hueso
der **Knoten** II1A el nudo
der **Koch**/die **Köchin** I8PP
  el cocinero/la cocinera
etw. **kochen** I5A cocinar algo
der **Koffer** II7A la maleta
die **Kohle** II7PP el carbón
die **Kohlensäure** I9B el gas
der (Arbeits)**Kollege**/die (Arbeits)
  Kollegin II2A el compañero/
  la compañera (de trabajo)
etw. miteinander **kombinieren** I8A
  combinar algo con algo
kommen I5B venir (irr.)
  Komm. II2B Anda.
  Das **kommt** daher, dass … I5A
  Es que…
  Er/Sie **kommt** aus … <I1PP> Es de…
  Ich **komme** aus … I0 Soy de…
mit jdm **kommunizieren** II1A
  comunicarse (c-qu) con alguien
die **Kommunikation** II4B
  la comunicación
kompetent II2B competente
kompliziert I9B complicado, -a
die **Königin** II7C la reina
etw. (tun) **können** I3C poder (-ue-/-u-)
  hacer algo I7A saber (irr.) algo
  man **kann** … I6PP se puede…
  etw. nicht mehr tun **können** II5PP
  cansarse de algo
der **Konsum** II8A el consumo
etw. **konsumieren** II4C consumir algo
der **Kontakt** I6PP el contacto (con)
die **Kontaktdaten** <I4PP> los datos de
  contacto (pl.)
kontaktfreudig I7PP comunicativo, -a
der **Kontinent** II8A el continente
etw. **kontrollieren** II4A revisar algo
die **Konzentration** II3B la concentración
sich **konzentrieren** II3C concentrarse
das **Konzert** I2A el concierto
der **Kopf** II3B la cabeza
  Kopf hoch! I1A ¡Ánimo!
  Wo habe ich nur meinen **Kopf**! I3B
  ¡Qué cabeza!
  Wo hast du nur deinen **Kopf**! II3B
  ¡Esa cabeza tuya!
kosten I4A costar (-ue-)
kostenlos I2C gratis
krank II4A enfermo, -a
das **Krankenhaus** I7PP el hospital
der **Krankenpfleger**/die **Krankenpflegerin** I7PP el enfermero/
  la enfermera
die **Krankenstation** II5C la enfermería

doscientos quince | 215

K | Diccionario

Krass! II7C ¡Qué fuerte! *(col.)*
kreativ I7PP creativo,-a
der **Krieg** I9C la guerra
der **Krieger**/die **Kriegerin** II1B
 el guerrero/la guerrera
die **Krokette** *(aus einer Bechamelsauce mit z.B. Krabben, Käse, Schinken)* I5C la croqueta
die **Küche** I4PP la cocina
der **Kuchen** II2A la tarta
der **Kugelschreiber** I3PP el bolígrafo
der **Kühlschrank** I5C el frigorífico
die **Kultur** I2C la cultura
kulturell <I3T> cultural
der **Kulturtourismus** II5PP
 el turismo cultural
sich um jdn **kümmern** I8B atender (-ie-) a alguien
 sich um etw./jdn **kümmern** II1A
 cuidar algo/a alguien
der **Kunde**/die **Kundin** I7A
 el cliente/la clienta
die **Kundenbetreuung**/der **Kundenservice** I7C la atención al cliente
die **Kunst** II3C el arte
das **(Kunst)Werk** II3A la obra
der **Künstler**/die **Künstlerin** II8PP
 el/la artista
künstlich II5B artificial
der **Kurs** II6A el curso
kurz I8C corto,-a
der **Kurzfilm** I7B el corto
Küsschen! I1A ¡Un beso!
jdn **küssen** II7B besar a alguien
die **Küste** II5A la costa

L

das **Labor** II6B el laboratorio
über etw./jdn **lachen** II7B reírse *(irr.)* de algo/alguien
der **Laden** II2PP la tienda
das **Lager** II2C el campamento
Mann, ihr **lahmen** Enten! <I3B> ¡Qué tortugas!
der **ländliche** Tourismus II5PP
 el turismo rural
das **Land** I4A el país
 das **(Land)Gut** I7PP la hacienda
die **Landstraße** I7C la carretera
die **Landwirtschaft** I9PP la agricultura
landwirtschaftlich II4PP agrícola
lang I8C largo,-a
langsam I6A lento,-a
sich **langweilen** II3A estar aburrido,-a (de)
langweilig sein II3A ser aburrido,-a
der **Lärm** II2A el ruido
(liegen)**lassen** I9B dejar algo
der **Lastwagen** I5B el camión
lateinamerikanisch II8A latino,-a
die **Laufbahn** II6A la carrera
laufen II1A correr II5PP caminar
auf dem **Laufenden** sein II6B
 estar al día
laut II5B según I7B ruidoso,-a
das **Leben** I9C la vida

ein gesundes **Leben** führen II2PP
 llevar una vida sana
leben I4A vivir
lebendig II3C vivo,-a
im ersten **Lebensjahr** I7B al año de edad
der **Lebenslauf** I7A el currículum vítae
das **Lebensmittel** II4C el alimento
lecker I9B rico,-a
legal II8A legal
etw. **legen** I4C poner *(irr.)* algo
 etw. in etw. (hinein)**legen** II8C
 meter algo en algo
der **Lehrer**/die **Lehrerin** I3PP
 el profesor/la profesora
leicht I5C fácil
die **Leichtathletik** II2C el atletismo
Es tut mir **leid**. I1B Lo siento.
leidenschaftlich II8A apasionante
etw. **leiten** II6C gestionar algo
 (ein Unternehmen) **leiten** II6C
 gestionar *(un negocio)*
die **Lektion** I3PP la lección
etw. **lernen** I3A aprender algo
 I2B estudiar algo
etw. **lesen** I2C leer algo
der **Leser**/die **Leserin** *(in einem Blog)* II2A el seguidor/la seguidora *(en un Blog)*
die **Leute** I5A la gente
 die jungen **Leute** I4A los jóvenes
das **Licht** II4B la luz
die **Liebe** II3B el amor
etw. **lieber** mögen I4A preferir (-ie-/-i-) (hacer) algo
 etw. **lieber** tun I4A preferir (-ie-/-i-) (hacer) algo
lieber/liebe/liebes I5A querido,-a
Lieblings- <I4C> favorito,-a
das **Lied** I3A la canción
der **(Lied)Text** II8A la letra
(liegen)**lassen** I9B dejar algo
lila II5C lila
die **Linie** II1PP la línea
links (von) I4B a la izquierda (de)
die **Liste** <I5A> la lista
der **Liter** I5C el litro
die **Literatur** II8PP la literatura
logisch II5A lógico,-a
das **Logo** II3A el logo
Was ist **los**?. II2B ¿Qué pasa?
das **Lösegeld** II7C el rescate
etw. **lösen** II5B solucionar algo
die **Lösung** II2B la solución
die **Lunge** II4A el pulmón
auf etw. **Lust** haben/**Lust** haben, etw. zu tun I3A tener *(irr.)* ganas de (hacer) algo
 Hast du **Lust** …? I2C ¿Te apetece…?
der **Luxus** II5B el lujo

M

etw. **machen** I2PP hacer *(irr.)* algo
 Das **macht** nichts. I4C No pasa nada.
 Party **machen** I2PP salir *(irr.)* de fiesta

das **Mädchen** I1B la chica <II3A>
 la muchacha
der **Magen** II6B el estómago
Mai I5B mayo *(m.)*
zum letzten **Mal** I7B por última vez
der **Maler**/die **Malerin** II3A
 el pintor/la pintora
die **Malerei** II8PP la pintura
man II4A uno/una
 man muss … I5PP hay que…
der **Manager**/die **Managerin** II6PP
 el gerente/la gerente de empresa
manchmal I2B a veces
das **Mandarin** *(Hochchinesisch)* II8A el chino mandarín
die **Mandarine** II4B la mandarina
der **Mann** II1B el hombre
das **Marketing** II2PP el marketing
der **Markt** II1C el mercado
März I5B marzo *(m.)*
die **Maske** II7PP la máscara
der **Massentourismus** II4B
 el turismo de masas
der **Matetee** I9A el mate
Mathematik *(Fach)* <I3A>
 las Matemáticas
Maya … *(zur Kultur der Maya gehörig)* II5A maya
die **Mayonnaise** I9B la mayonesa
der **Mäzen**/die **Mäzenin** *(Förderer der Literatur und Künste)* II3C
 el/la mecena
die **Medaille** II3C la medalla
das **Medikament** II6B el medicamento
das **Meer** II3A el mar
das **Meerschweinchen** II1A el conejo de Indias
mehr I6A más
 immer **mehr** II6C cada vez
mehrere II2C varios,-as *(pl.)*
die **Mehrheit** I4A la mayoría
mein/meine I1C mi
etw. **meinen** I2C creer algo II5B opinar
 meinen, dass … II4PP pensar (-ie-) que…
mit jdm einer **Meinung** sein II2B
 estar de acuerdo con algo/alguien
 II8A coincidir en algo
die **meisten** I4A la mayoría
Menschen- II1A humano,-a
der **Mentor**/die **Mentorin** II7A
 el mentor/la mentora
das **Menü** I8B el menú
etw. **merken** II8C notar
 etw. (be)**merken** II7A darse *(irr.)* cuenta de algo
die **Messe**(ausstellung) II7PP la feria
der **Mestize**/die **Mestizin** *(Mischling zwischen Weißen und Indios)* II7B el mestizo/la mestiza
der **Meter** I4PP el metro
mexikanisch II8A mexicano,-a
die **Miete** I4PP el alquiler
mieten I6A alquilar
(eine) **Million** I9PP un millón

das **Mineralwasser** I9B el agua mineral (f.)
minus I6A menos
die **Minute** I4PP el minuto
Mir auch. I2A A mí también.
  Mir auch nicht. I2A A mí tampoco.
  Mir nicht. I2A A mí no.
  Mir schon. I2A A mí sí.
mit I1C con
  mit Bezug zu …/was **mit** … zu tun hat II6A relacionado,-a (con)
  mit dir I9A contigo
  mit etw. fortfahren I7B seguir (-i-/-i-; gu-g) con algo
  mit etw./jdm einverstanden sein II2B estar de acuerdo con algo/alguien
  mit jdm einer Meinung sein II2B estar de acuerdo con algo/alguien
  mit jdm mitkommen I5B acompañar a alguien
  mit jdm zusammenarbeiten II4C colaborar en algo/con alguien
  mit mir I9A conmigo
  Mit wem …? I3B ¿Con quién…?
bei etw. **mitarbeiten** II4C colaborar en algo/con alguien
etw. **mitbekommen** II3B enterarse de algo
der **Mitbewohner**/die **Mitbewohnerin** I4C el compañero/la compañera (de piso)
etw. **mitbringen** I6B llevar algo
  II3B traer algo
mit jdm **mitkommen** I5B acompañar a alguien
etw. **mitnehmen** I6B llevar algo I8A llevarse algo
der **Mittag** II2A el mediodía
  etw. zu **Mittag** essen II2PP almorzar (-ue-/z-c) algo
vier Schuljahre, etwa wie die **Mittelstufe** <I7B> la educación secundaria
der **Mittwoch** I3A el miércoles
möbliert I4A amueblado,-a
die **Mode** II4B la moda
  in **Mode** sein II8A estar de moda
das **Modell** II5B el modelo
der **Moderator**/die **Moderatorin** II2PP el presentador/la presentadora
modern I4A moderno,-a
etw. lieber **mögen** I4A preferir (-ie-/-i-) (hacer) algo
  Du **magst** etw. (tun). I2PP Te gusta algo/hacer algo.
  Ich **möchte** … I7PP Me gustaría… I8A Quería…
  Du **möchtest** … I7A Te gustaría…
möglich II7C posible
möglicherweise II3A posiblemente
der **Moment** I8B el momento
der **Monat** I4A el mes
monoton II6B monótono,-a
der **Montag** I3A el lunes
montags/dienstags, … I3A los (+ Wochentage)
morgen I4A mañana

am **Morgen** I3B por la mañana
Guten **Morgen**! I0 ¡Buenos días!
morgens I3A de la mañana I3B por la mañana
das **Motorrad** I6A la moto
die (Stech)**Mücke** II5A el mosquito
müde II3A cansado,-a (de)
der **Mulatte**/die **Mulattin** (Mischling zwischen Weißen und Schwarzen) II7B el mulato/la mulata
der **Müll** I5A la basura
  den **Müll** wegbringen/hinausbringen I5A sacar (c-qu) la basura
die **Mumie** II1C la momia
das **Museum** I2PP el museo
die **Musik** I2PP la música
  die raubkopierte **Musik** II8A la música pirateada
der **Musiker**/die **Musikerin** <II1PP> el músico/la música
etw. tun **müssen** I5A tener (irr.) que hacer algo
  man **muss** … I5PP hay que…
Nur **Mut**! I1A ¡Ánimo!
die **Mutter** I1B la madre
die **Muttersprache** I7C la lengua materna
die **Mythologie** II1A la mitología

N

nach I2B a II1B hacia
  nach … I8B después de (+ Nomen)
(nach)**folgend** II5A siguiente
nachdem I6C después de (+ inf.)
die **Nachfrage** II6C la demanda
die **Nachhilfestunde** II2C la clase particular
nachmittags I3A de la tarde
der **Nachname** I1B el apellido
die **Nachricht** II1A el mensaje
  die **Nachrichten** II2PP las noticias (pl.)
der **Nachrichtensprecher**/die **Nachrichtensprecherin** II2PP el presentador/la presentadora
nächste,-r,-s I3C …que viene II4B próximo,-a
die **Nacht** I2C la noche
  die ganze **Nacht** I2C toda la noche
  Gute **Nacht**! I1A ¡Buenas noches!
  heute **Nacht** I2C esta noche
nachts I3A de la noche
in der **Nähe** von II4A cerca de
naiv II3B ingenuo,-a
der **Name** I1C el nombre
Es ist (**nämlich**) so, dass … I5A Es que…
national II7B nacional
die **Natur** I6PP la naturaleza
natürlich II7PP natural
  (Ja), **Natürlich**! I2C ¡Claro!
der **Nebel** I6A la niebla
Es ist **neblig**. I6A Hay niebla.
etw. **nehmen** I4B tomar algo I5C coger (g-j) algo
  Nimm. I1C Toma.
nein I1PP no

nervös II7A nervioso,-a
nett I8B amable
neu I6A nuevo,-a
die **Neuerung** II6B la innovación
die **Neuigkeit** II3B la novedad
NGO (non-governmental organisation; Nichtregierungsorganisation) II4A ONG (organización no gubernamental)
nicht I1B no
nichts I8C no… nada
nie I4C nunca
niemand I8C no… nadie
(immer) **noch** II1A todavía II8B aún
  weder … **noch** II2B ni… ni
  noch eine,-r,-s I3A otro,-a
  noch einmal I3B otra vez
der **Norden** I6PP el norte
normal I7A normal
normalerweise I2B normalmente
etw. **notieren** I8C apuntar algo
notwendig II5B necesario,-a
die **Notwendigkeit** II6B la necesidad
November I5B noviembre (m.)
die **Nüsse** II4B las frutos secos (pl.)
die **Nummer** I1C el número
nun I1A pues
  Nun (gut). I1C Bueno.
nur I3A solo
etw./jdm **nutzen** II5B beneficiar algo/a alguien

O

ob I7A si
die (**Ober**)**Fläche** II7PP la superficie
entspricht in etwa der **Oberstufe** II6C el bachillerato
das **Obst** I9B la fruta
obwohl II2C aunque
oder I2B o
  … **oder**? I1C ¿no?
offen I9B abierto,-a I7PP comunicativo,-a
offiziell I9PP oficial
etw. **öffnen** I2C abrir algo
die **Öffnungszeiten** II6A el horario
ohne I9A sin
O.k. I1A Vale.
die **Ökologie** II6C la ecología
ökologisch I6A ecológico,-a
Oktober I5B octubre (m.)
das **Öl** I5C el aceite
die **Olive** I5C la aceituna
das **Olivenöl** II2A el aceite de oliva
die **Option** II6B la opción
die **Orange** I5PP la naranja
orange I8PP naranja
der **Orangensaft** I5PP el zumo de naranja
ordentlich I7PP organizado,-a
In **Ordnung**. I1A Vale.
die **Organisation**; das **Organisationstalent** II6C la organización
etw. **organisieren** I5A organizar algo
organisiert I7PP organizado,-a
der **Osten** I6A el este

P Diccionario

P

ein **paar** I9A alguno,-a
die **Packung** I5C el paquete
die **Palme** II5A la palmera
das **Papier** I8C el papel
die **Paprika** II4PP el pimiento
der **Park** I2PP el parque
der **Parkplatz** I6B el aparcamiento
die **Party** I2PP la fiesta
  Party machen I2PP salir (irr.) de fiesta
zu etw. **passen** I8A ir (bien) con algo
passieren I6C pasar
  jdm **passieren** II5PP sucederle a alguien
die **Patatas** Bravas (wilde Kartoffeln) I9B las patatas bravas
der **Patient**/die **Patientin** II6B el/la paciente
die **Pause** I3A el recreo
etw. **pellen** I5C pelar algo
perfekt I7A perfecto,-a
  Perfekt! I1C Perfecto.
der **Personalchef**/die **Personalchefin** I8B el jefe/la jefa de personal
die **Personalien** I7C los datos personales
das **Personalwesen** II6C los recursos humanos (pl.)
persönlich II2B personal
der **Peruaner**/die **Peruanerin** II1C el peruano/la peruana
der **Peso** (Währung in einigen lat.am. Ländern) I9PP el peso
das **Pestizid** II4PP el pesticida
die **Pfanne** I5C la sartén
das **Pferd** II1A el caballo
die **Pflanze** II1C la planta
das **Phänomen** II8A el fenómeno
Physik (Fach) <I3A> la Física
der **Physiotherapeut**/die **Physiotherapeutin** II6PP el/la fisioterapeuta
die **Physiotherapie** II6B la fisioterapia
der **Pilgertourismus** II5PP el turismo religioso
der **Pionier**/die **Pionierin** II8A el pionero/la pionera
die **Piste** II3PP la pista
die **Pizza** I3C la pizza
der **Plan** I9A el plan
das **Plastik** II4PP el plástico
der **Platz** I4C el lugar I4PP la plaza
plötzlich II1B de repente
die **Politik** II1C la política
der **Politiker**/die **Politikerin** II5B el político/la política
die **Polizei** II4A la policía
der **Polizist**/die **Polizistin** II4A el/la policía II7B el/la guardia
die **Portion** I9B la ración
die **Postkarte** <I6C> la postal
ein **Praktikum** machen I7A hacer (irr.) unas prácticas
praktisch I6A práctico,-a
präsent II8A presente
der **Preis** <I4PP>, II4A el precio

preiswert I4A barato,-a
prima II5A estupendo,-a
der **Primärsektor** II4B el sector primario
privat II6PP privado,-a
der **Privatunterricht** II2C la clase particular
etw. **probieren** I5C probar (-ue-) algo
das **Problem** I5A el problema
  Kein **Problem**. I4C No pasa nada.
das **Produkt** II4PP el producto
die **Produktion** I9PP la producción
der **Produzent**/die **Produzentin** II4B el productor/la productora
etw. **produzieren** II1C producir (irr.) algo
das **Profil** <II6B> el perfil
das **Programm**(heft) I2C el programa
das **Projekt** II3C el proyecto
der **Protest** II8B la protesta
die **Provinz** I6PP la provincia
... **Prozent** II4B el... por ciento
die **Psychologie** II6B la psicología
der **Pullover** I8PP el jersey
der **Puma** II1A el puma
der **Punkt** I1C el punto
pünktlich II8B puntualmente
  II8C puntual
etw. **putzen** I5PP limpiar algo
  sich die Zähne **putzen** I3B lavarse los dientes
das **Puzzle** <II7C> el puzle
die **Pyramide** II5A la pirámide

Q

der **Quadratmeter** I4PP el metro cuadrado
die **Qualle** <I6C> la medusa
das **Quechua** II1A el quechua

R

das **Rad** II1A la rueda
die **(Radio)Sendung** II2C el programa
der **Rasen** II5B el césped
der **Rat** <I9T>, II1C el consejo
das **Rathaus** II3A el ayuntamiento
die **raubkopierte** Musik II8A la música pirateada
die **Rechnung** I9B la cuenta
das **Recht** II4C el derecho
  recht haben II5A tener (irr.) razón
rechtmäßig II8A legal
rechts (von) I4B a la derecha (de)
reden I2B hablar
etw. **reduzieren** II5B reducir algo
das **Regal** I4C la estantería
der **(Regen)Wald** II7A la selva
die **Region** I9PP la región
  die autonome **Region** (entspricht etwa: Bundesland) II5B la comunidad (autónoma)
der **Regisseur**/die **Regisseurin** I7B el director/la directora de cine
regnen I6A llover (-ue-)

die **Rehabilitation** II6B la rehabilitación
das **Reich** II1A el imperio
reich I9B rico,-a
jdm (aus)**reichen** II7B alcanzarle con algo
reif II7B maduro,-a
rein II8A puro,-a
etw. **reinigen** I5PP limpiar algo
der **Reis** II7B el arroz
die **Reise** I3C el viaje
der **Reisebericht** <I6C> el diario de viaje
reisen I7PP viajar (a)
die **Religion** <I3A>, II1A la religión
rennen II1A correr
etw. **repräsentieren** II7PP representar algo
etw. **reservieren** II1C reservar algo
die **Reservierung** I8B la reserva
der **Respekt** II3C el respeto
etw./jdn **respektieren** II4C respetar algo/a alguien
der **Rest** II2A el resto
das **Restaurant** I3A el restaurante
  ein **Restaurant** am Strand <I6C> el chiringuito
jdn **retten** II8C salvar a alguien
die **Rezeption** I6B la recepción
der **Rezeptionist**/die **Rezeptionistin** I7PP el/la recepcionista
der **Rhythmus** II8A el ritmo
sich an jdn **richten** II8A dirigirse (g-j) a alguien
in **Richtung** auf II1B hacia
der **Ritter** II3B el caballero
der **Rock** I8PP la falda
die **Rock**(musik) I2C el Rock
die **Rolle** II8A el papel
romantisch II3A romántico,-a
römisch I6PP romano,-a
rosa I8PP rosa
die **Rose** II3B la rosa
rot I8PP rojo,-a
rothaarig <I8C> pelirrojo,-a
der **Rücken** II6B la espalda
die **Rückfahrt** I6A la vuelta
die **Ruhe** II2A la tranquilidad
  Ruhe! I3C ¡Silencio!
ruhig I4A tranquilo,-a
die **Ruine** <II1C>, II3PP la ruina

S

die **Sache** I4C la cosa
der **Saft** I5PP el zumo <I9B> el jugo (lat.am.)
jdm etw. **sagen** I8B decir (irr.) algo a alguien
  Was soll ich dir **sagen?** I9C ¿Qué quieres que te cuente?
  man **sagt** ... I1A se dice...
der **Salat** I5PP la ensalada
Salsa (lat. am. Tanz) I2A la salsa
das **Salz** I5C la sal
salzig I9B salado,-a
der **Samstag** I3A el sábado

218 doscientos dieciocho

Diccionario | S

das **Sandwich** I9B el sándwich
  Sandwich gefüllt mit Tomaten, Eiern, gekochtem Schinken oder Hähnchen I9B el sándwich vegetal
der **Sänger**/die **Sängerin** II7PP
  el/la cantante
sauber I6B limpio,-a
Staub **saugen** I5A pasar la aspiradora
die **Sauna** I8B la sauna
Schade! I5B ¡Qué pena!
  Das ist **schade.** II5A Es una lástima.
etw./jdm **schaden** II5B perjudicar (*c-qu*) algo/a alguien
etw. (er)**schaffen** II3C crear algo
etw. **schälen** I5C pelar algo
der **Schallplattenmarkt** II8A
  el mercado discográfico
die **Schande** II5B la vergüenza
scharf I9B picante
der **Schatten** II4B la sombra
auf etw. **schauen** I3B mirar algo
  Schau (mal). I1B Mira.
Scheiße! II8C ¡Joder!
jdm etw. **schenken** II7C regalar algo a alguien
die (Arbeits)**Schicht** II4PP el turno (de trabajo)
jdm etw. **schicken** I7A enviar (*-ío*) algo a alguien
das **Schiff** II4PP el barco
der **Schinken** I5C el jamón
schlafen I3C dormir (*-ue-/-u-*)
das **Schlafzimmer** I4PP el dormitorio
etw. **schlagen** I5C batir algo
schlank I8C delgado,-a
schlecht I7A malo,-a
  eine **schlechte** Zeit durchleben I9C pasarlo mal
schlecht I1A mal
  sehr **schlecht** I1A fatal
schlicht II7C sencillo,-a
schließlich I7B finalmente
zum **Schluss** I2C al final
der **Schlüssel** II5C la llave
schmal II7C estrecho,-a
der **Schmerz** II6A el dolor
der **Schmetterling** II7PP la mariposa
der **Schnee** <II3A> la nieve
etw. **schneiden** I5C cortar algo
schneien I6A nevar (*-ie-*)
schnell I6A rápido,-a
der **Schnurrbart** I8C el bigote
schon I6A ya
schön I4A bonito,-a
  Bitte (**schön**). I4A De nada.
  Wie **schön!** I1B ¡Qué bien!
der **Schöpfer**/die **Schöpferin** II3A
  el creador/la creadora
der **Schrägstrich** I1C la barra
der **Schrank** I4C el armario
schrecklich II2A horrible
  Wie **schrecklich!** I5PP ¡Qué horror!
etw./jdm **schreiben** I3PP
  escribir algo/a alguien
  Schreibt man es mit …? I1C
  ¿Se escribe con …?

Wie **schreibt** man …? I1C
  ¿Cómo se escribe…?
der **Schuh** I8PP el zapato
jdm etw. **schulden** II5C deber algo a alguien
die **Schule** I9C el colegio
der **Schüler**/die **Schülerin** I3PP
  el alumno/la alumna
die **Schulter** II6B el hombro
der/die **Schutzheilige** II3B el patrón/la patrona
schwarz I8PP negro,-a
das **Schwein** I9B el cerdo
die **Schwester** I5A la hermana
schwierig I9C difícil
das **Schwimmbad** I8B la piscina
der **See** II1C el lago
etw. **sehen** I2PP ver (*irr.*) algo
  sehen, dass jemand … ist II3B notar a alguien (+ *adj.*)
  (Lass) mal **sehen** … I1C A ver…
die **Sehenswürdigkeit** I3C
  el monumento
sehr 2PP mucho I1A muy
sein I4B estar (*irr.*) I1B ser (*irr.*)
  Ich **bin** … I1PP Soy…
  Du **bist** mir (aber) eine/r! <I5B>
  Eres un caso.
  da **ist/sind** I3PP hay
  da **sein** I9C haber (*irr.*)
  … Jahre alt **sein** I3A tener (*irr.*) … años
seit I7C desde
  etw. schon **seit** (Zeitraum) tun II2C
  llevar (+ *gerundio*)
die **Seite** II7C el lado
der **Sekretär**/die **Sekretärin** I7PP
  el secretario/la secretaria
das **Sekretariat** I3A la secretaría
der **Sektor** II4B el sector
der **Sekundärsektor** II4B el sector secundario
die **Sekunde** I6C el segundo
seltsam II7C raro,-a
die (Radio)**Sendung** II2C el programa
September I5B septiembre (*m.*)
etw. **setzen** I4C poner (*irr.*) algo
  jdn unter Druck **setzen** II6A
  presionar a alguien
  sich **setzen** II2A sentarse (*-ie-*)
shoppen (gehen) I2PP ir (*irr.*) de compras
der **Shoppingtourismus** II5PP
  el turismo de compras
sicher (*Adv.*) II2B seguro (*adv.*)
die **Sicherheit** II7B la seguridad
sie I0 ella I0 ellos,-as
Sie I0 usted,-es (*Höflichkeitsform, sg./pl.*)
die **Siesta** (*Mittagsruhe*) II5PP la siesta
sinnlich II8A sensual
die **Situation** II3A la situación
der **Ski** II3PP el esquí
der **Smaragd** II7PP la esmeralda
so I3C así I6A tan
sobald II6A en cuanto
sodass II8A de manera que

das **Sofa** II2A el sofá
sofort I8C enseguida I9A ahora mismo
sogar I9PP incluso
der **Sohn** II1A el hijo
solidarisch II4C solidario,-a
der **Sommer** I9PP el verano
sondern II6B sino
die **Sonne** I6A el sol
  Die **Sonne** scheint. I6A Hace sol.
der **Sonntag** I3A el domingo
sich **Sorgen** machen I2C
  preocuparle a alguien
  Machen Sie sich keine **Sorgen.** I8C
  No se preocupe.
die **Soße** I9B la salsa
sozial II4C social
Fach: etwa **Sozialkunde** <I3A>
  la Educación ético-cívica
Spanisch I1C español
  Spanisch (*Schulfach, wie das Fach Deutsch in Deutschland*) <I3A>
  la Lengua y Literatura
der **Spaß** <I5B>, II6A la broma
  Viel **Spaß!** I6PP ¡Que lo pases bien!
spät; zu **spät** I3B tarde
  Wie **spät** ist es? I3A ¿Qué hora es?
später II4A luego
spazieren gehen I2B pasear (por)
der **Spaziergang** <II3A> el paseo
der **Speiseraum**/der **Speisesaal** I8B
  el comedor
speziell II1A especial
spielen (*Lied, Musikinstrument*) II6C
  tocar (*c-qu*) algo
die (Berg)**Spitze** II7C el pico
der **Sport** I2PP el deporte
sportlich <I3T> deportivo,-a
  II3PP deportista
der **Sportunterricht** <I3A>
  la Educación Física
das **Sportzentrum** II6B el centro deportivo
die **Sprache** I3A el idioma II1A
  la lengua
die **Sprachschule** <I1T> la escuela de idiomas
die **Sprechblase** II8C el bocadillo
sprechen I2B hablar
(Geschirr) **spülen** I5PP lavar los platos
stabil II1A estable
die **Stabilität** II6PP la estabilidad
das **Stadion** II3PP el estadio
die **Stadt** <I1T>, I2A la ciudad
das (Stadt)**Viertel** I4A el barrio
das (Stadt)**Zentrum** I2B el centro
die **Stadtverwaltung** II3A
  el ayuntamiento
der **Stand** II3B el puesto
der (Firmen)**Standort** II2B la sede
stark II8A fuerte
die **Station** I4A la parada
die **Statistik** <II4B> la estadística
der **Staub** II4A el polvo
  Staub saugen I5A pasar la aspiradora
jdn **stechen** <I6C> picar a alguien
die (Stech)**Mücke** II5A el mosquito

doscientos diecinueve | **219**

T Diccionario

für etw. **stehen** II7PP representar algo
jdm etw. **stehlen** II5A robar algo a alguien
der **Stein** II1A la piedra
etw. **stellen** I4C poner *(irr.)* algo
(Geld) zur Verfügung **stellen** I7B poner (dinero)
sterben II1B morir *(-ue-/-u-)*
die **Stiftung** <II5C> la fundación
der **Stil** II3C el estilo
Es **stimmt.** I1B Es verdad.
… **stimmt** doch, oder? I2C
… ¿verdad?
das **Stipendium** <I9T>, II7A la beca
das **Stockwerk** I8B la planta
der **Stoff** II4A la tela
der **Strand** I3C la playa
der **(Strand)Wächter**/die **(Strand)Wächterin** II5C el/la vigilante (de playa)
die **Straße** I1C la calle
die **Strategie** II8A la estrategia
mit jdm **streiten** II7C pelear con alguien
der **Stress** II2A el estrés
viel **Stress** II1A mucho estrés
der **Student**/die **Studentin** I7C el/la estudiante
das **Studentenwohnheim** II7B la residencia universitaria
studieren I7B estudiar
das **Studium** I7B los estudios II6A la carrera
der **Stuhl** I3PP la silla
die **Stunde** I3A la hora
der **Stundenplan** <I3A> el horario
etw. **suchen** I2C buscar *(c-qu)* algo
der **Süden** I6PP el sur
super I1A genial
Das wäre **super.** I9A Sería estupendo.
Super! I1B ¡Qué bien!
der **Supermarkt** I4B el supermercado
das **Surfbrett** II5C la tabla
das **Surfen** II5C el surf
sympathisch II2B simpático,-a
das **System** II1A el sistema

T

die **Tafel** I3PP la pizarra
der **Tag** I3B el día
Guten **Tag!** I0 ¡Buenos días! I1A ¡Buenas tardes!
jeden **Tag** I3C todos los días
täglich <II4PP> diario,-a
die **Taille** I6B la cintura
der **Tango** *(Tanz aus Argentinien)* I2A el tango
der **Tanz** II3B el baile
tanzen I5PP bailar
der **Tanzkurs** I2A el curso de baile
die **Tapas** *(Häppchen in Bars, Kneipen)* I2A las tapas
der **Tauchsport** II5A el submarinismo
das **Taxi** I8B el taxi
das **Team** II2B el equipo

der **Techniker**/die **Technikerin** I8B el técnico/la técnica
die **Technologie** II6C la tecnología
der **Tee** I9B el té
der **Teil** II1A la parte
das **Telefon** I1C el teléfono
telefonieren I7A hablar por teléfono
die **Telefonnummer** I1C el número de teléfono
*Formel beim Abnehmen des **Telefons** (wörtl.: Sagen Sie.)* II3B Diga.
die **Telekommunikation** II6PP la telecomunicación
die **Telenovela** II7C la telenovela
der **Teller** I5PP el plato
die **Terrasse** II3A la terraza
das **Territorium** <II1A>, II7PP el territorio
der **Tertiärsektor** II4B el sector terciario
teuer I4A caro,-a
der **Text** I3PP el texto
der **(Lied)Text** II8A la letra
textil II2B textil
das **Theater** I2C el teatro
das **Thema** I3PP el tema
die **Theorie** II1C la teoría
der **Therapeut**/die **Therapeutin** II6C el/la terapeuta
das **Tier** I6B el animal
die **(Tier)Art** II5B la especie (animal)
der **Tintenfisch** I9B el calamar
der **Tipp** II1C el consejo
der **Tisch** I3PP la mesa
den **Tisch** decken I5A poner *(irr.)* la mesa
die **Tochter** II1A la hija
toll II5A estupendo,-a
die **Tomate** I5C el tomate
die **Torte** II2A la tarta
die **Tortilla** *(Omelett aus Kartoffeln und Eiern)* I5C la tortilla
jdn **töten** II4A matar a alguien
der **Tourismus** I9PP el turismo
der Gastro-**Tourismus** *(Tourismus, der dazu dient, die lokale Küche kennenzulernen)* II5PP el turismo gastronómico
der ländliche **Tourismus** II5PP el turismo rural
der **Tourist**/die **Touristin** II1C el/la turista
touristisch I7C turístico,-a
die **Tournee** II8A la gira
die **Tradition** II3B la tradición
traditionell II3PP tradicional
etw. **tragen** I8PP llevar algo
die **Tragödie** II5B la tragedia
der **Trainer**/die **Trainerin** II6PP el entrenador/la entrenadora
der **Traum** I9C el sueño
von etw. **träumen** II1B soñar *(-ue-)* con algo
traurig II3A triste
die **Traurigkeit** II8B la tristeza

sich mit jdm **treffen** II1B encontrarse *(-ue-)* con alguien
das **Treffen** II2B la reunión
etw. **trinken** I5PP beber algo
etw. **trinken** (gehen) I2PP tomar algo
das **Trinkgeld** I9B la propina
das **(Trink)Glas** I5A el vaso
die **Trockenheit** II5B la sequía
das **tropische** Klima II7PP el clima tropical
die **Truhe** II8C el baúl
Tschüs. I1A Adiós. II3B Te dejo.
das **T-Shirt** I8PP la camiseta
etw. lieber **tun** I4A preferir *(-ie-/-i-)* (hacer) algo
Es **tut** mir leid. I1B Lo siento.
gerade etw. **getan** haben I8B acabar de hacer algo
mit etw. zu **tun** haben II6C tener *(irr.)* que ver con algo
was mit … zu **tun** hat II6A relacionado,-a (con)
weiterhin etw. **tun** II8B seguir *(+ gerundio)*
die **Tür** II7C la puerta
der **Turm** II3PP la torre
die **Turnhalle** II5C el gimnasio
typisch I6PP típico,-a

U

die **U Bahn** I4A el metro
über I3PP sobre
über … hinaus II8A más allá de
einer Sache **überdrüssig** werden II5PP cansarse de algo
überhaupt nicht I2PP nada I8C no… nada
etw. **überprüfen** II4A revisar algo
jdn **überraschen** II7B sorprenderle a alguien
überrascht II7C sorprendido,-a
etw. **übersetzen** II2B traducir *(irr.)* algo
etw. **überstehen** II2A superar algo
übrigens <I5B> a propósito
die **Uhr** I3B el reloj
Um wie viel **Uhr** …? I3A ¿A qué hora…?
um … I3A a las…
um … zu I9A para *(+ inf.)*
umarmt II7B abrazado,-a
die **Umarmung** I5B el abrazo
etw. **umfassen** II1A ocupar algo
das **Umfeld** I6PP el ambiente
der **Umlaut** I1C dos puntos
der **Umstand** <II1B> la circunstancia
umweltbewusst II2C ecologista
umweltfreundlich I6A ecológico,-a
der **Umwelttechniker**/die **Umwelttechnikerin** II6PP el técnico ecológico/la técnica ecológica
unabhängig II2C independiente
die **Unannehmlichkeit** II7B la molestia
der/die **Unbekannte** II5PP el desconocido/la desconocida
und I0 y

Diccionario | W

undankbar II8C desagradecido, -a
der **Unfall** I9A el accidente
ungefähr I4A unos, -as II8C ahí andarán
ungerecht II2B injusto, -a
ungesalzen I9B soso, -a
unglaublich II6B increíble
die **Uniform** II8C el uniforme
die **Universität** I7B la universidad
das **(Universitäts)Diplom** II6C el título (universitario)
unsicher II7A inseguro, -a
unter II6A debajo de
der **Untergrundkampf** II7A la guerrilla
das **Unternehmen** I7A la empresa
die **(Unternehmens)Führung** II6B la gestión
der **Unterricht** I3PP la clase
das **Unterrichtsfach** I3A la asignatura
der **Unterschied** II4B la diferencia
unterschiedlich I6PP diferente
der **Unterstrich** I1C el guion bajo
etw./jdn **unterstützen** II4C apoyar algo/a alguien
unverantwortlich II5B irresponsable
unvollendet II5PP inacabado, -a
unwahrscheinlich II8B improbable
der **Ureinwohner**/die **Ureinwohnerin** II7B el/la indígena
der **Urlaub** I6PP las vacaciones
der **Ursprung** II8A el orígen
US-amerikanisch II8A estadounidense
utopisch II3C fantasioso, -a

V

der **Vater** I1B el padre
vegetarisch I9B vegetariano, -a
sich **verabreden** I2B quedar
sich von jdm **verabschieden** II7B despedirse (-i-/-i-) de alguien
die **Verantwortung** II6C la responsabilidad
verantwortungsbewusst I7PP responsable
etw./jdn mit etw. **verbinden** II1PP relacionar algo/alguien con algo
etw. **verbrauchen** II4C consumir algo
der **Verbraucher**/die **Verbraucherin** II4C el consumidor/la consumidora
verbringen I2B pasar
etw. **verdienen** I7A ganar algo
der **Verein** II2C el club
die **Vereinbarkeit** II6PP la conciliación
die **Vereinigung** <II5B> la asociación
vergangen I9A pasado, -a
die **Vergangenheit** II1C el pasado
etw. **vergessen** II5C olvidarse de algo
das **Verhalten** II4C el comportamiento
der **Verkauf** II6B la venta
etw. **verkaufen** II1C vender algo
der **Verkäufer**/die **Verkäuferin** II2PP el dependiente/la dependienta
der **Verkehr** II2A el tráfico
die **(Verkehrs)Ampel** II7B el semáforo
das **Verkehrsmittel** I6A el medio de transporte

etw. **verlangen** I7C pedir (-i-/-i-) algo a alguien
verliebt II3A enamorado, -a (de)
etw./jdn **verlieren** II5PP perder (-ie-) algo/a alguien
etw./jdn **vermissen** II3A echar de menos algo/a alguien
verrückt I9A loco, -a
verschieden II6A distinto, -a
etw. **verschmelzen** II8A fusionar algo
verschneit II7C nevado, -a
verschwinden II5B desaparecer (-zco)
jdm etw. **versichern** II8A asegurar algo a alguien
die **Version** I7B la versión
die **Versöhnung** II6PP la conciliación
sich **verständigen** II1A comunicarse (c-qu) con alguien
etw./jdn **verstehen** I6A entender (-ie-) algo/a alguien
jdn **vertreten** II5C sustituir (-y-) a alguien
sich **vertun** II2B equivocarse (c-qu)
sich **verwandeln** II3C convertirse (-ie-/-i-) en
verzweifelt (Adv.) II8B desesperadamente
verzweifelt (Adj.) <II8B> desesperado, -a
die **Viehzucht** I9PP la ganadería
viel (Adv.) I2PP mucho
 so **viel** II2A tanto, -a
viel (Adj.) I5A mucho, -a
 viel Stress I1A mucho estrés
 Viel Spaß! I6PP ¡Que lo pases bien!
die **Vielfalt** II7A la variedad
vielleicht I9A a lo mejor II3A posiblemente II8B tal vez
vierte, -r, -s I4B cuarto, -a
das **(Stadt)Viertel** I4A el barrio
ein **Viertel** I3A un cuarto
der **Vizepräsident**/die **Vizepräsidentin** II8A el/la vicepresidente
der **Vogel** II7PP el ave (f.)
voll I9C lleno, -a
von I0 de
 von … bis I3A de… a
 von I6C desde
vor (örtl.) I4B delante de
 vor … Jahren I7B hace… años
 vor allem I3A sobre todo
die **Voraussetzung** I7C el requisito
vorbeigehen I8B pasar
etw. **vorbereiten** I5A preparar algo
vorbereitet I6C preparado, -a
vorhanden II8A presente
etw. **vorschlagen** I2C proponer (irr.) algo
etw. **vorstellen** II5B presentar algo
 etw./jdn jdm **vorstellen** I8B presentar algo/alguien a alguien
 sich etw. **vorstellen** II8A imaginar algo
die **Vorstellung** I2A la sesión
das **Vorstellungsgespräch** <I7C> la entrevista (de trabajo)

W

der **Wachmann**/die **Wachfrau** II7B el/la guardia
wachsen II4B crecer (-zco)
das **Wachstum** II4A el crecimiento
der **(Strand)Wächter**/die **(Strand)Wächterin** II5C el/la vigilante (de playa)
die **Waffe** II7B el arma (f.)
etw. zu tun **wagen** II8A arriesgarse (g-gu) a hacer algo
die **Wahl** II6B la opción
etw. (aus)**wählen** II7B elegir (-i-/-i-; g-j) algo
… nicht **wahr**? I1C ¿no? I2C ¿verdad?
während (+ Subst.) II2A durante (+ Subst.)
während II1B mientras
der **(Regen)Wald** II7A la selva
das **Wandern** I3C el senderismo
die **Wange** II7B la mejilla
Wann …? I3A ¿Cuándo…?
 Von wann bis **wann** …? I3A ¿De qué hora a qué hora…?
warm I9B caliente
 Es ist **warm**. I6A Hace calor.
die **Wärme** I6A el calor
auf etw./jdn **warten** I5C esperar algo/a alguien
Warum nicht …? I2C ¿Por qué no…?
Was …? I1C ¿Qué…?
 Was bedeutet …?/**Was** heißt …? I1C ¿Qué significa…?
 Was für …? I8A ¿Cuál…?/¿Cuáles…?
 Was für …! I1B ¡Qué…!
 Was ist los? II2B ¿Qué pasa?
 Was soll ich dir sagen? I9C ¿Qué quieres que te cuente?
was/das, **was** II1C lo que
etw. **waschen** I5PP lavar algo
 sich **waschen** I3B lavarse
die **Waschmaschine** II5C la lavadora
das **Wasser** I3B el agua (f.)
der **Wasserfall** I9PP la catarata
etw. **wässern** II5B regar (g-gu) algo
der **Webdesigner**/die **Webdesignerin** I7PP el diseñador/la diseñadora de páginas web
die **Webseite** I7PP la página web
weder … noch II2B ni… ni
der **Weg** II1B el camino
der **Wegbereiter**/die **Wegbereiterin** II8A el pionero/la pionera
den Müll **wegbringen** I5A sacar (c-qu) la basura
wegen I4A por II5B debido a II5B a causa de
jdm etw. **wegnehmen** II4A quitar algo a alguien
weil … I5A porque…
der **Wein** I9PP el vino
auf diese **Weise** I3C así
weit weg II7C lejos (de)
weiß I6PP blanco, -a
weiterhin etw. tun II8B seguir

Z Diccionario

(+ gerundio)
Welche, -r, -s …? I1C ¿Cuál…?
  Welche …? I8A ¿Cuál…?/¿Cuáles…?
der **Wellnesstourismus** I15PP
  el turismo de salud
die **Welt** I9PP el mundo
Mit **wem** …? I3B ¿Con quién…?
wenden (umdrehen) I5C dar (irr.)
  la vuelta a algo
wenig; zu **wenig** I5A poco, -a
  ein **wenig** von etw. I7A un poco de algo
weniger I6A menos
wenn I3C si I8C cuando
Wer …? I1B ¿Quién…?/¿Quiénes…?
werden I13C convertirse (-ie-/-i-) en
  I18B hacerse (irr.) I18B ponerse (irr.) I18B volverse (-ue-)
Ich **würde** gerne … I7PP
  Me gustaría…
  Du **würdest** gerne … I7A
  Te gustaría…
das (Kunst)**Werk** I13A la obra
der **Westen** I6PP el oeste
das **Wetter** I6A el tiempo
wichtig I7A importante
die **Wichtigkeit** I18A la importancia
wie (bei Vergleichen) I1A como
  genauso viel **wie** I14B tanto como
  wie immer I1A como siempre
Wie …? I1PP ¿Cómo…?
  Wie alt bist du? I3A ¿Cuántos años tienes?
  Wie geht es dir? I1A ¿Cómo estás?
  Wie geht es euch? I1A ¿Cómo estáis?
  Wie geht es Ihnen? I1A ¿Cómo está usted? I1A ¿Cómo están ustedes?
  Wie geht's? I1PP ¿Qué tal?
  Wie heißt du? I1PP ¿Cómo te llamas?
  Wie ist deine E-Mail-Adresse? I1C ¿Cuál es tu dirección de correo electrónico?
  Wie schreibt man deinen Namen? <I1C> ¿Cómo se escribe tu nombre?
  Wie spät ist es? I3A ¿Qué hora es?
  Wie viel …?/**Wie** viele …? I4A ¿Cuánto, -os…?/¿Cuánta, -as…?
  Um **wie** viel Uhr …? I3A ¿A qué hora…?
Wie …! I1B ¡Qué…!
wieder I3B otra vez
Auf **Wiedersehen**. I1A Adiós.
willkommen I12C bienvenido, -a
der **Wind** I6A el viento
Es ist **windig**. I6A Hace viento.
wir I0 nosotros, -as
  wir drei I2C los tres
wirklich I12B de verdad
die (Aus)**Wirkung** I18A el efecto
die **Wirtschaft** I9PP la economía
etw. **wissen** I7A saber (irr.) algo
der **Witz** <I5B>, I16A la broma
witzig I6C gracioso, -a
wo (Rel.pronomen) I7B donde
Wo …? I1PP ¿Dónde…?

Wo habe ich nur meinen Kopf! I3B ¡Qué cabeza!
die **Woche** I3C la semana
das **Wochenende**/am **Wochenende** I2B el fin de semana
Woher kommst du? I1PP ¿De dónde eres?
Wohin …? I2B ¿Adónde…?
wohnen I4A vivir
die **Wohngemeinschaft** I4PP el piso compartido
die **Wohnung** I4PP el piso
das **Wohnzimmer** I4PP el salón
etw. **wollen** I4A querer (-ie-/-i-) algo
das **Wort** <I9PP>, I17B la palabra
das **Wunder** I11PP la maravilla
Das ist (ja) **wunderbar**! I15A ¡Es una maravilla!
der **Würfel** <I17A> el dado
die **Wüste** I15B el desierto

Z

die **Zahlen** I1C los números
etw. (be)**zahlen** I9B pagar algo
etw. **zählen** I18C contar algo
der **Zahn** I3B el diente
  sich die **Zähne** putzen I3B lavarse los dientes
etw. **zeichnen** I13C diseñar algo
etw. **zeigen** I8B mostrar (-ue-) algo
die **Zeile** I11PP la línea
die **Zeit** I7B el tiempo
  die (Jahres)**Zeit** I15B la época (del año)
  eine schlechte **Zeit** durchleben I9C pasarlo mal
die **Zeitschrift** I2C la revista
das (Stadt)**Zentrum** I2B el centro
zerstört I18C destrozado, -a
das **Ziel** <I12C> el destino
ziemlich I2PP bastante
das **Zimmer** I4PP la habitación
das **Zimmermädchen** I8PP
  la camarera de piso
die **Zone** I4C la zona
(hin) **zu** I2B a
  um … **zu** I9A para (+ inf.)
  zu spät I3B tarde
  zu (+ Adj.) I9B demasiado, -a
  zu Hause I3B en casa
  zu dritt I2C los tres
  zu Fuß I6B a pie
etw. **zubereiten** I5A preparar algo
das **Zuckerrohr** I17B la caña de azúcar
zuerst I2C primero I12C en primer lugar
der **Zufall** I16B la casualidad
zufrieden I13A contento, -a
der **Zug** I6A el tren
der **Zugang** I8B el acceso
etw. **zugeben** I13C reconocer (-zco) algo
jdm **zuhören** I8B escuchar a alguien
die **Zukunft** I13C el futuro
sich **zurechtmachen** I12A arreglarse
etw. **zurückgeben** I15C devolver (-ue-)

algo
zurückkehren/**zurückkommen** 6C volver (-ue-) I15PP regresar
zusammen I17B juntos, -as (pl.)
  zusammen mit I13C junto con
mit jdm **zusammenarbeiten** I14C colaborar con alguien
zuviel I9B demasiado, -a
zuvorkommend I13B atento, -a
zwecklos I15B inútil
zweite, -r, -s I4B segundo, -a
zweitens I16C en segundo lugar
die **Zwiebel** I5C la cebolla
jdn zu etw. **zwingen** I16A obligar (g-gu) a alguien a (hacer) algo
zwischen I9B entre
kleine **Zwischenmahlzeit** am Nachmittag I12A la merienda

222 doscientos veintidós

Soluciones

Repaso 1

1 Comprensión de lectura
1.- b)   2.- c)   3.- c)   4.- a)
5.- c)   6.- b)

2 Expresión e interacción escritas
Individuelle Lösungen

3 Comprensión auditiva
Tarea 1

1.
Joaquín: ¿Y qué tal el viaje por Perú?
Javier: ¡Muy bien! Estuvimos en muchos lugares.
Joaquín: ¿Y qué fue lo mejor?
Javier: Para mí lo mejor fue Machu Picchu. Cuando llegamos a Machu Picchu llovía todo el tiempo. No podíamos ver casi nada, pero de repente salió el sol y tuvimos un día genial.
Joaquín: ¡Qué bueno!

2.
Jordi: Yo estuve de vacaciones en Málaga.
María: ¡Qué bien! Allí siempre hace sol, ¿no?
Jordi: Sí, tuvimos sol todos los días.
María: Así que las vacaciones fueron muy bien.
Jordi: Sí, sí, todo fue muy bien… pero cuando llegué al aeropuerto para volver a casa, no encontraba mi billete de avión…
María: ¿Y qué hiciste?
Jordi: Pues tuve que pagar otro…
María: Vaya…

3.
Javier: En Lima fuimos a pasear a la Plaza de Armas.
Joaquín: Dicen que es muy bonita, ¿no?
Javier: Sí, sí, es muy bonita. ¿Y sabes qué me pasó?
Joaquín: No, ¿qué?
Javier: Pues mientras paseábamos por la plaza me encontré unas gafas.
Joaquín: ¿Y qué hiciste?
Javier: Primero no sabía qué hacer, pero entonces vi a una mujer que preguntaba cosas a la gente. Así que fui a preguntarle qué buscaba y me dijo que no encontraba sus gafas. Entonces se las di.
Joaquín: ¡Qué buena que eres!

4.
Jordi: En Málaga fuimos a comer a un restaurante en un barrio que está en la playa y que se llama El Palo.
María: ¿Comiste pescado?
Jordi: Sí, sí, claro. Mientras estábamos en el restaurante vino un equipo de la televisión española y nos hicieron una entrevista.
María: ¿Y qué os preguntaron?
Jordi: Nos preguntaron sobre nuestras vacaciones y sobre Málaga. Fue muy divertido.
María: ¡Qué bien!

5.
Joaquín: ¿Y en Perú estuviste en Nazca para ver las líneas?
Javier: Queríamos ir a Nazca pero solo teníamos diez días y no teníamos tiempo de visitar todo el país… Por eso, finalmente decidimos ir solo a Lima, a Cusco y a Machu Piccu.
Joaquín: ¡Qué pena!
Javier: Sí, sí, una pena pero todo lo que vimos nos gustó mucho.

6.
María: ¿Y en Málaga conociste a alguien?
Jordi: Pues sí. Un día fuimos al Museo Picasso y cuando salíamos del museo vino una chica para preguntarme si hablaba alemán. Ella era alemana y no hablaba español. Quería saber cómo llegar a la calle Larios.
María: ¿Y qué pasó?
Jordi: Pues nosotros también íbamos a la calle Larios y finalmente vino con nosotros. Después también vino con nosotros a comer y pasó casi todas sus vacaciones con nosotros.
María: ¿Y cómo se llama?
Jordi: Pues se llama Lena y vive muy cerca de mi casa…
María: Ajá… ¿Y qué más?

7.
Joaquín: ¿Y te gustó la comida de Perú? Dicen que es muy buena…
Javier: La comida es buenísima. Un día estábamos en un restaurante típico peruano y nos pusieron carne de cuy.
Joaquín: ¿Y eso qué es?
Javier: Pues es como un conejo.
Joaquín: ¿Y tú lo comiste?
Javier: Al principio no quería probarlo pero todos decían que era muy bueno… Así que finalmente lo probé y me lo comí todo porque estaba muy bueno.

1.- C   2.- F   3.- E   4.- G
5.- D   6.- J   7.- B

Tarea 2
Juana: Hola, Rocío. ¿Qué tal?
Rocío: Hola, señora Juana. Pues hoy he tenido un día genial. Me he levantado muy tarde porque es el primer día de vacaciones. Mis padres me han preparado el desayuno: un zumo y un poco de tarta. ¡Qué rico! Sí, he desayunado en la cama. Después me he duchado y he salido de casa con mis padres y mi hermana.
Juana: ¿Y qué habéis hecho?
Rocío: Hemos ido de compras. Siempre he querido tener un conejo pero mi madre no quería… ¿Y sabe qué? Hoy, finalmente, mi madre me ha dicho que sí y hemos ido a una tienda de animales. Primero he visto uno de color negro, después he visto uno blanco y negro… pero al final he visto uno blanco muy bonito y lo hemos comprado. Ya le he puesto un nombre. Se llama Miro.
Juana: ¿Miro?
Rocío: Sí. «Mi» porque mi hermana se llama Mirta y «ro» porque yo me llamo Rocío.
Juana: ¡Qué gracioso! ¿Y qué más habéis hecho?
Rocío: Después hemos comido en un restaurante italiano. Yo he pedido una pizza que estaba muy buena. Luego hemos vuelto a casa y cuando hemos entrado, el salón estaba lleno de gente. Estaban todos mis amigos y amigas. He recibido muchos regalos, pero todavía no los he abierto todos. No esperaba tener una fiesta así pero claro, hoy es mi cumpleaños.
Juana: ¡Rocío! ¡Feliz cumpleaños!
Rocío: ¡Gracias!

doscientos veintitrés | **223**

Soluciones

1.– b) 2.– a) 3.– c) 4.– b)
5.– c) 6.– b)

4 Expresión e interacción orales
Individuelle Lösungen

Repaso 2

1 Comprensión de lectura
1.– b) 2.– c) 3.– c) 4.– b)
5.– b) 6.– c)

2 Expresión e interacción escritas
Individuelle Lösungen

3 Comprensión auditiva
Tarea 1
1.
Locutor: Hola, buenos días, ¿qué opina sobre el turismo en Mallorca?
Persona 1: Creo que tenemos mucha suerte de tener tantos turistas en la isla. Me alegro mucho de que Mallorca guste tanto a todo el mundo. La gente tiene trabajo y eso es bueno, ¿no?
Locutor: Muchas gracias.

2.
Locutor: Hola, buenos días. ¿Es usted de aquí?
Persona 2: No, soy de Alicante, pero vivo aquí.
Locutor: ¿Qué opinión tiene sobre el turismo en Mallorca?
Persona 1: Bueno, es una lástima que haya tanta gente siempre especialmente en verano… No se puede ir a las playas, siempre están llenas… Me preocupa que en el futuro mis hijos ya no puedan ir a la playa.

3.
Locutor: Hola, ¿es usted de Mallorca?
Persona 3: Sí, sí, soy de Palma.
Locutor: ¿Qué piensa del turismo en Mallorca?
Persona 3: Me parece muy bien. Es normal que vengan turistas a Mallorca. Es tan bonita… Si usted va ahora mismo a cualquier lugar de la isla verá lugares que no existen en otro lugar del mundo. Estoy a favor del turismo. Claro que sí. Yo tengo un restaurante y gracias al turismo puedo vivir.

4.
Locutor: Hola, buenos días. ¿Puede decirme cuál es su opinión sobre el turismo en Mallorca?
Persona 4: Es una lástima que vengan tantos turistas. Antes Mallorca era diferente, más tranquila, más bonita… Ahora solo hay hoteles y gente en todos los sitios. Antes la gente vivía de la agricultura. Ahora ya nadie vive así. Es una pena que la vida aquí ya no sea como antes…

5.
Locutor: Hola, ¿es usted de aquí?
Persona 5: Bueno, sí, soy de Sóller, del norte de la isla.
Locutor: ¿Qué opina del turismo en Mallorca?
Persona 5: Bueno, la gente aquí vive del turismo pero creo que tenemos que pensar en si podremos vivir así siempre. Me preocupa el tipo de turismo. Hay turistas que cuidan la isla pero otros no, sobre todo los que vienen solo para divertirse. Los que solo quieren beber y salir de fiesta. A estos no les interesa nada la gente ni la gastronomía. Tenemos una cultura muy rica y no soporto que no les interese…
Locutor: ¡Muchas gracias!

6.
Locutor: Hola, ¿puede decirme qué opina sobre los turistas que vienen a Mallorca?
Persona 6: Bueno, pues a mí me molesta que muchas veces cuando voy a un restaurante me hablen en alemán. Yo soy de Mallorca y espero que me hablen en mi idioma. Pero, claro, los responsables de esto son las personas que trabajan aquí y no los turistas.
Locutor: Gracias.

7.
Locutor: Hola, buenos días. ¿Qué opinión tiene sobre el turismo en la isla?
Persona 7: Bueno, el problema del turismo es que todo es mucho más caro. Los que vivimos aquí no podemos pagar los precios que pagan los turistas en los restaurantes y en los bares. Los pisos también son mucho más caros que en otros lugares. Estoy en contra de que la gente de Mallorca tenga que pagar el mismo precio que pagan los turistas. Nosotros tenemos que pagar menos.
Locutor: Muy bien. Muchas gracias.

1.– C 2.– A 3.– G 4.– I 5.– J
6.– E 7.– F

Tarea 2
Juan: Adriana, ¿cuándo llegaste a España?
Adriana: Hace cinco años.
Juan: ¿Viniste sola?
Adriana: No, no. Es una historia larga. Mi mamá salió de Ecuador primero, hace diez años. En Ecuador mis padres no tenían trabajo y éramos muchos en mi casa.
Juan: ¿Tienes hermanos?
Adriana: Sí, dos hermanos y una hermana, la pequeña. Además, con nosotros también vivía mi abuelita.
Juan: Entonces primero llegó tu madre…
Adriana: Bueno, no, primero llegó una hermana de mi padre, mi tía Palmira. Encontró trabajo en casa de una familia española para limpiar y cuidar de los niños. Después encontró trabajo en una casa para mi madre y se fue cuando mi mamá decidió venirse también.
Juan: ¿Y vino sola?
Adriana: Sí, vino sola. Mi papá llegó a España dos años después y empezó a trabajar en la construcción. Mis hermanos y yo nos quedamos con la abuelita. Estuvimos cinco años sin ver a mi madre y tres sin ver a mi padre…
Juan: Supongo que fue muy difícil.
Adriana: Sí, hablábamos por teléfono una vez a la semana, pero yo siempre estaba muy triste. Pero, después de un tiempo, finalmente a mis padres les dieron los papeles y dejaron de ser ilegales. Cuando tuvieron suficiente dinero para traernos a mis hermanos y a mí, lo hicieron.

Soluciones

Juan: ¿Y crees que algún día volveréis a Ecuador?

Adriana: Mis padres seguro que volverán. Están construyendo una casa allá… pero yo no creo que vuelva. Ya me siento casi española.

1.- a) 2.- b) 3.- b) 4.- b)
5.- a) 6.- c)

4 Expresión e interacción orales
Individuelle Lösungen

Repaso 3

1 Comprensión de lectura
1.- b) 2.- b) 3.- b) 4.- a)
5.- c) 6.- c)

2 Expresión e interacción escritas
Individuelle Lösungen

3 Comprensión auditiva
Tarea 1
1.
Hombre: Me voy de vacaciones a Colombia. ¿Qué lugares crees que tengo que visitar?
Mujer:
a) Te aconsejo que vayas al Carnaval de Barranquilla.
b) Me gustaría ir a Medellín.
c) El Carnaval de Tenerife es mejor.

2.
Hombre: Me encanta la playa. ¿Conoces algún lugar interesante cerca del mar?
Mujer:
a) Hay algunos restaurantes buenísimos en Bogotá.
b) Cartagena es una ciudad colonial.
c) Si fueras a la zona del Caribe, podrías ir a Cartagena de Indias.

3.
Hombre: ¿Qué ciudad tiene más habitantes: Medellín o Cartagena de Indias?
Mujer:
a) ¡En Medellín no hay mar y en Cartagena sí!
b) Medellín tiene más habitantes que Cartagena.
c) Medellín no es tan bonita como Cartagena.

4.
Hombre: ¿Quieres que lleve algo a alguien de tu familia?
Mujer:
a) Estaría bien que fueras a la Amazonía.
b) Si fueras a Cali, te pediría que llevaras una cosa a mi hermana.
c) En Colombia la gente es más amable que aquí.

5.
Hombre: ¿Te gustaría venir conmigo a Colombia?
Mujer:
a) Me gustaría que conocieras a mis amigos.
b) No te olvides de probar la fruta de allá.
c) Me encantaría, pero no puedo.

6.
Hombre: ¿Crees que Colombia es un país peligroso?
Mujer:
a) No creo que sea más peligroso que otros países.
b) Me parecería bien que fueras a Cali.
c) Podrías hacer submarinismo en el Pacífico.

1.- a) 2.- c) 3.- b) 4.- b)
5.- c) 6.- a)

Tarea 2
Rosa: Sergio, son las ocho y media y todavía no ha llegado Julio.
Sergio: ¿A qué hora le dijiste que nos encontraríamos?
Rosa: Yo le dije que yo llegaría a las ocho y tú a las ocho y cuarto.
Sergio: Ya… pero ya son las ocho y media y el concierto empieza a las nueve.
Rosa: Lo he llamado por teléfono hace diez minutos y me ha pedido que lo esperemos. Me ha dicho que tenía acabar una cosa, pero que solo le faltaban cinco minutos.
Sergio: El otro día me pasó lo mismo con Julio. Quedamos para ir al cine. Estuve esperándolo media hora y no apareció. Tuve que ir al cine solo.
Rosa: Bueno, no te preocupes. Ya sabes cómo es Julio. Seguro que llega ahora mismo…
Sergio: Tú eres demasiado buena y yo no quiero perderme el concierto.
Rosa: ¡Mira! ¡Ahí llega!
Julio: ¡Hola!
Rosa: ¡Hola!
Julio: Perdón por llegar tarde. ¿Vamos? El concierto ya ha empezado.
Sergio: Es la última vez que te espero. El otro día tuve que ir al cine solo.
Julio: ¿Cuándo? Yo también tuve que ir solo. Te estuve esperando y nunca llegaste.
Sergio: ¿El viernes?
Julio: No, el sábado. Quedamos para ir al cine el sábado. ¿No te acuerdas? Me llamaste por teléfono el jueves y me preguntaste si quería ir al cine contigo el viernes… pero yo te dije que el viernes no podía, pero que el sábado sí.
Sergio: Es verdad. Tienes razón. Ahora me acuerdo. Quedamos para ir al cine el sábado… Pues yo te estuve esperando en la puerta del cine el viernes…
Julio: Y yo el sábado.
Rosa: ¡Los dos tenéis razón! ¿Vamos al concierto? Llegamos tarde.
Sergio: ¡Vamos!

1.- b) 2.- a) 3.- b) 4. b)

4 Expresión e interacción orales
Individuelle Lösungen

Expresiones útiles

Buscad en el texto las expresiones que se dicen en las siguientes situaciones.	Suchen Sie die Ausdrücke aus dem Text heraus, die man in folgenden Situationen sagt.
Buscad las formas del verbo en el texto y relacionadlas con los pronombres (yo, tú, él / ella…).	Suchen Sie die Verbformen aus dem Text und ordnen Sie sie den Pronomen (ich, du, er / sie …) zu.
Comentad vuestros resultados con un compañero.	Besprechen Sie Ihre Ergebnisse mit einem Mitschüler.
Comentad en clase / en parejas…	Tauschen Sie sich darüber in der Klasse / zu zweit… aus.
Completad con las formas correctas del verbo y la preposición *a*.	Ergänzen Sie mit den richtigen Verbformen und der Präposition a.
Completad el cuadro con las preguntas adecuadas.	Ergänzen Sie den Kasten mit passenden Fragen.
Completad la tabla con las formas del verbo.	Ergänzen Sie die Tabelle mit den Formen des Verbes.
Completad las frases con las formas correctas de los verbos.	Vervollständigen Sie die Sätze mit den richtigen Verbformen.
Completad las frases de abajo.	Vervollständigen Sie die unteren Sätze.
Completad los diálogos. Luego, leedlos en voz alta.	Vervollständigen Sie die Dialoge. Lesen Sie sie danach laut vor.
Comprobad con el cedé si vuestras suposiciones son correctas.	Überprüfen Sie mit der CD, ob Ihre Vermutungen richtig sind.
Comprobad vuestros resultados con el cedé.	Überprüfen Sie Ihre Ergebnisse mithilfe der CD.
Con ayuda de…	Mithilfe von …
Contad…	Erzählen Sie …
Contestad las (siguientes) preguntas.	Beantworten Sie die (folgenden) Fragen.
Contestad.	Antworten Sie.
Describid…	Beschreiben Sie …
Discutid…	Diskutieren Sie…
Distribuid…	Teilen Sie … aus.
Él / ella contesta.	Er / Sie antwortet.
Elegid…	Wählen Sie … aus.
En cadena.	In (einer) Kettenübung.
Escribid en alemán…	Schreiben Sie auf Deutsch …
Escribid un par de frases.	Schreiben Sie ein paar Sätze.
Escuchad (los diálogos).	Hören Sie (die Dialoge).
Escuchad otras veces.	Hören Sie weitere Male.
Explicad (en pocas frases) …	Erklären Sie (in wenigen Worten) …
Fijaos en la pronunciación / en la entonación de la frase.	Achten Sie auf die Aussprache / Satzmelodie.
Formad grupos.	Bilden Sie Gruppen.
Haced cinco frases como mínimo.	Bilden Sie mindestens fünf Sätze.
Haced frases.	Bilden Sie Sätze.
Haced la pregunta a un / vuestro compañero.	Stellen Sie die Frage einem / Ihrem Mitschüler.
Haced otras dos preguntas más.	Bilden Sie zwei weitere Fragen.

Expresiones útiles

Haced suposiciones.	Stellen Sie Vermutungen an.
Haced una lista con las actividades de cada persona.	Listen Sie die Aktivitäten einer jeden Person auf.
Haced una red de vocabulario sobre el tema…	Erstellen Sie ein Wörternetz zum Thema …
Intercambiad…	Tauschen Sie … aus.
Justificad vuestras respuestas con…	Belegen Sie Ihre Antwort mit …
Leed las frases.	Lesen Sie die Sätze.
Leed las frases. ¿Son verdaderas o falsas?	Lesen Sie die Sätze. Sind sie wahr oder falsch?
Leed las palabras en voz alta.	Lesen Sie die Wörter laut vor.
Leed / Escuchad la conversación entre…	Lesen / Hören Sie das Gespräch zwischen …
Leed el siguiente trabalenguas.	Lesen Sie den folgenden Zungenbrecher.
Mencionad por lo menos cinco aspectos.	Erwähnen Sie mindestens fünf Gesichtspunkte.
Mezclad…	Mischen Sie …
Mirad las fotos / los dibujos.	Schauen Sie sich die Fotos / Abbildungen an.
Ordenad los dibujos según el texto que escucháis.	Ordnen Sie die Bilder nach dem Hörtext.
Practicad.	Üben Sie.
Preguntad a un / vuestro compañero…	Fragen Sie einen / Ihren Mitschüler …
Preguntaos en parejas…	Fragen Sie sich gegenseitig …
Preparad un diálogo.	Bereiten Sie einen Dialog vor.
Reacciona.	Reagieren Sie.
Relacionad las actividades con las personas.	Verbinden Sie die Aktivitäten mit den Personen, die sie ausüben.
Relacionad las fotos con los diálogos.	Verbinden Sie Foto und Dialoge.
Repetid las palabras.	Wiederholen Sie die Wörter.
Resumid la información.	Fassen Sie die Informationen zusammen.
Seguid como en el ejemplo.	Fahren Sie wie im Beispiel fort.
Seleccionad tres de las cinco opciones.	Wählen Sie drei der fünf Optionen.
Tomad notas.	Notieren Sie.
Utilizad las expresiones de la casilla.	Verwenden Sie die Ausdrücke aus dem Kasten.

el adjetivo	das Adjektiv
el adverbio	das Adverb
el estilo indirecto	die indirekte Rede
el gerundio	das Gerundium
el imperativo	der Imperativ
la preposición	die Präposition
el pronombre	das Pronomen
el verbo	das Verb
la vocal	der Vokal

doscientos veintisiete | **227**

Países / Lenguas / Gente

Europa

país	adjetivo	habitantes	lengua	capital	
Alemania	alemán, alemana	un alemán, una alemana	el alemán	Berlín	Deutschland
Austria	austríaco,-a	un austríaco, una austríaca	el alemán	Viena	Österreich
Bélgica	belga (m./f.)	un belga, una belga	el francés, el alemán, el neerlandés	Bruselas	Belgien
Bulgaria	búlgaro,-a	un búlgaro, una búlgara	el búlgaro	Sofía	Bulgarien
Dinamarca	danés, danesa	un danés, una danesa	el danés	Copenhague	Dänemark
Eslovaquia	eslovaco,-a	un eslovaco, una eslovaca	el eslovaco	Bratislava	Slowakei
Eslovenia	esloveno,-a	un esloveno, una eslovena	el esloveno	Liubliana	Slowenien
España	español,-a	un español, una española	el español	Madrid	Spanien
Finlandia	finlandés, finlandesa	un finlandés, una finlandesa	el finlandés, el sueco	Helsinki	Finnland
Francia	francés, francesa	un francés, una francesa	el francés	París	Frankreich
Gran Bretaña	británico,-a	un británico, una británica	el inglés	Londres	Großbritannien
Grecia	griego,-a	un griego, una griega	el griego	Atenas	Griechenland
Hungría	húngaro,-a	un húngaro, una húngara	el húngaro	Budapest	Ungarn
Irlanda	irlandés, irlandesa	un irlandés, una irlandesa	el irlandés, el inglés	Dublín	Irland
Islandia	islandés, islandesa	un islandés, una islandesa	el islandés	Reikiavik	Island
Italia	italiano,-a	un italiano, una italiana	el italiano	Roma	Italien
Noruega	noruego,-a	un noruego, una noruega	el noruego	Oslo	Norwegen
Países Bajos (Holanda)	holandés, holandesa	un holandés, una holandesa	el holandés	Ámsterdam	Niederlande (Holland)
Portugal	portugués, portuguesa	un portugués, una portuguesa	el portugués	Lisboa	Portugal
República Checa	checo,-a	un checo, una checa	el checo	Praga	Tschechische Republik
Rumanía	rumano,-a	un rumano, una rumana	el rumano	Bucarest	Rumänien
Rusia	ruso,-a	un ruso, una rusa	el ruso	Moscú	Russland
Suecia	sueco,-a	un sueco, una sueca	el sueco	Estocolmo	Schweden
Suiza	suizo,-a	un suizo, una suiza	el alemán, el francés, el italiano, el romanche	Berna	Schweiz
Turquía	turco,-a	un turco, una turca	el turco	Ankara	Türkei
Ucrania	ucraniano,-a	un ucraniano, una ucraniana	el ucraniano	Kiev	Ukraine

Países / Lenguas / Gente

América

país	adjetivo	habitantes	lengua	capital	
Argentina	argentino, -a	un argentino, una argentina	español	Buenos Aires	Argentinien
Bolivia	boliviano, -a	un boliviano, una boliviana	español	La Paz	Bolivien
Brasil	brasileño, -a	un brasileño, una brasileña	portugués	Brasilia	Brasilien
Canadá	canadiense (m./f.)	un canadiense, una canadiense	inglés / francés	Ottawa	Kanada
Chile	chileno, -a	un chileno, una chilena	español	Santiago de Chile	Chile
Colombia	colombiano, -a	un colombiano, una colombiana	español	Bogotá	Kolumbien
Costa Rica	costarricense (m./f.)	un costarricense, una costarricense	español	San José	Costa Rica
Cuba	cubano, -a	un cubano, una cubana	español	La Habana	Kuba
Ecuador	ecuatoriano, -a	un ecuatoriano, una ecuatoriana	español	Quito	Ecuador
El Salvador	salvadoreño, -a	un salvadoreño, una salvadoreña	español	San Salvador	El Salvador
Estados Unidos	estadounidense (m./f.)	un estadounidense, una estadounidense	inglés	Washington D. C.	Die Vereinigten Staaten
Honduras	hondureño, -a	un hondureño, una hondureña	español	Tegucigalpa	Honduras
Guatemala	guatemalteco, -a	un guatemalteco, una guatemalteca	español	Ciudad de Guatemala	Guatemala
México	mexicano, -a	un mexicano, una mexicana	español	Ciudad de México	Mexiko
Nicaragua	nicaragüense (m./f.)	un nicaragüense, una nicaragüense	español	Managua	Nicaragua
Panamá	panameño, -a	un panameño, una panameña	español	Ciudad de Panamá	Panama
Paraguay	paraguayo, -a	un paraguayo, una paraguaya	español	Asunción	Paraguay
Perú	peruano, -a	un peruano, una peruana	español	Lima	Peru
Puerto Rico	puertorriqueño, -a	un puertorriqueño, una puertorriqueña	español / inglés	San Juan	Puerto Rico
República Dominicana	dominicano, -a	un dominicano, una dominicana	español	Santo Domingo	Dominikanische Republik
Uruguay	uruguayo, -a	un uruguayo, una uruguaya	español	Montevideo	Uruguay
Venezuela	venezolano, -a	un venezolano, una venezolana	español	Caracas	Venezuela

Países / Lenguas / Gente

Asia, África y Oceanía

país	adjetivo	habitantes	lengua	capital	
Australia	australiano, -a	un australiano, una australiana	inglés	Canberra	Australien
Argelia	argelino, -a	un argelino, una argelina	árabe	Argel	Algerien
China	chino, -a	un chino, una china	chino	Peking	China
India	hindú (m./f.) hindúes (pl.)	un hindú, una hindú	hindi / inglés etc.	Nueva Delhi	Indien
Japón	japonés, -esa	un japonés, una japonesa	japonés	Tokio	Japan
Marruecos	marroquí (m./f.) marroquíes (pl.)	un marroquí, una marroquí	árabe	Rabat	Marokko

Nombres y apellidos

Nombres de chico

Alberto	Jorge		
Alejandro	José		
Ángel	Juan		
Antonio	Julio		
Bruno	Luis		
Carlos	Manuel		
Daniel	Miguel		
Eduardo	Raúl		
Fernando	Roberto		
Gonzalo	Rodrigo		
Ismael	Rubén		
Iván	Sergio		

Nombres de chica

Ana	Lucía
Andrea	Maite
Beatriz	Marisa
Carlota	Marta
Carmen	Mónica
Celia	Noemí
Claudia	Paula
Elena	Pilar
Eva	Raquel
Gabriela	Susana
Irene	Victoria
Julia	Yolanda

Apellidos

Álvarez	Duarte	Hidalgo	Ramos
Arenas	Echenique	López	Rodríguez
Arroyo	Enríquez	Martínez	Ruiz
Ballester	Espinosa	Moedano	Saavedra
Blanco	Esteban	Muñoz	Suárez
Cadillo	Fernández	Navarro	Téllez
Campos	Flores	Olmedo	Valcárcel
Cerna	Fuentes	Ortega	Vargas
Castro	García	Pacheco	Vázquez
Cruz	Gómez	Paredes	Vigo
Cruzado	González	Pérez	Zapatero
Díaz	Hernández	Ramírez	Zuloaga

230 | doscientos treinta

Perú

Mapas

Colombia

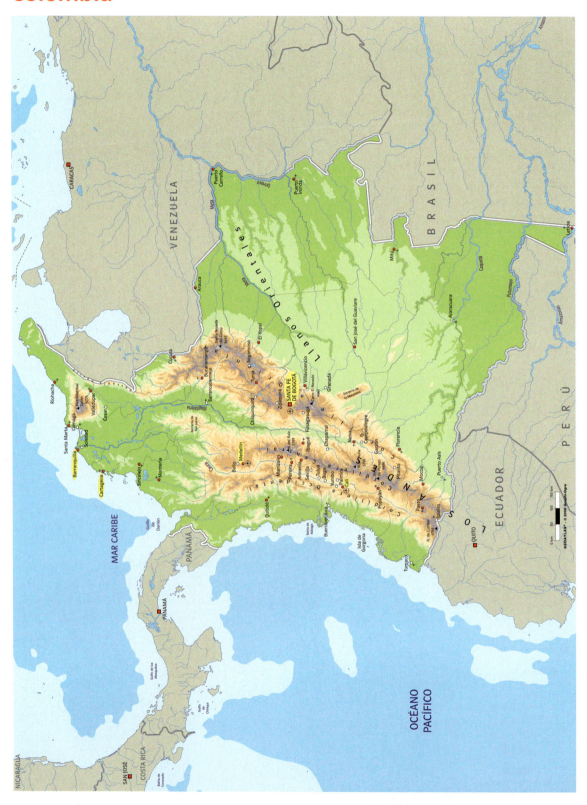

Mapas

Barcelona

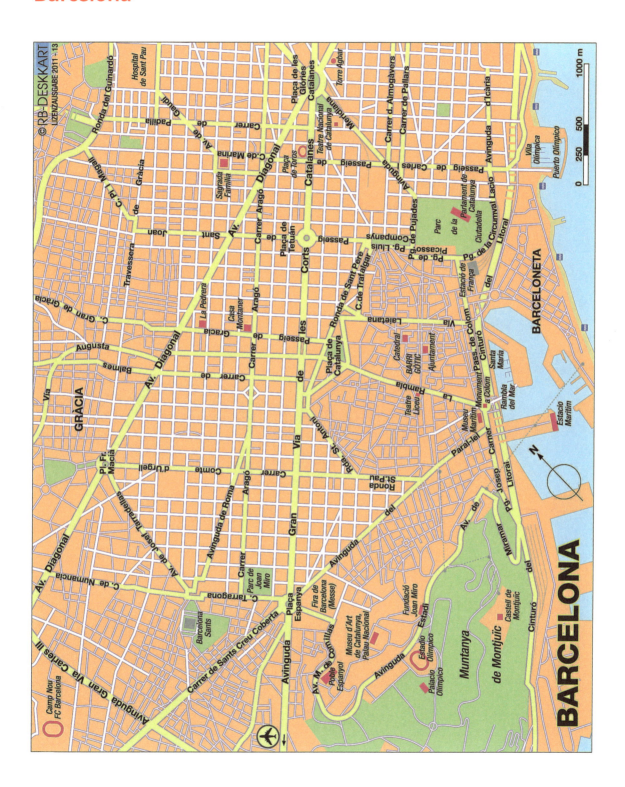

Mapas

América del Sur

Mapas

México y Centroamérica

Bildquellennachweis

AKG (North Wind Picture Archives), Berlin: **18.1**; Alamy Images, Abingdon, Oxon: (Dennis MacDonald) **32.1**, (Picture Contact BV/Ton Koene) **133.1**, (Robert Harding Picture Library Ltd) **12.3**, (Travel Division Images) **41.3**; Avenue Images GmbH (Graphi-Ogre/GEOATLAS), Hamburg: **231.1**; BPK (CNAC-MNAM, (c) Successió Miró/VG Bild-Kunst, Bonn 2011), Berlin: **104.4**; Corbis, Düsseldorf: (Bob Krist) **105.1**, (Caspar Benson/fstop) **53.2**, (JB Russel/Sygma) **57.2**, (Reuters) **102.1**; Corel Corporation Deutschland, Unterschleissheim: **40.1**; culture-images (GP/(c) Salvador Dali, Fundacio Gala-Salvador Dali/VG Bild-Kunst, Bonn 2011), Köln: **44.2**; ddp images GmbH, Hamburg: (AP/Richard Drew) **49.1**, (dapd/Lennart Preiss) **40.3**, (Johnson/jpistudios.com) **74.2**, (Target Press) **114.2**; DE UNA Colombia Tours: **99.1**; Dreamstime LLC (Mangostock), Brentwood, TN: **81.3**; Ediciones Glénat España, S.L. (© 2011 Ediciones Glénat España, S.L. © ° CRTVE SAU/TVE/GLOBOMEDIA, S.A.), Barcelona: **112.1**, **113.1**; El País S.L. (Santiago Carreguí, 2008), Madrid: **90.1**; Fotex GmbH (Zorin), Hamburg: **29.1**; Fotolia LLC, New York: (backyardpix) **21.4**, (Carlito) **129.1**, (Franz Pfluegl) **101.2**, (Gerhard Reus) **U4.2**, (Gina Sanders) **80.1**, (Jens Hilberger) **42.1**, (Marlee) **76.2**, (matthi) **41.4**, (Rebel) **26.2**, (Rido) **117.1**, (Yuri Arcurs) **45.5**; Geoatlas, Hendaye: **232.1**, **Nachsatz.2**, **Nachsatz.3**, **Vorsatz.1**; Getty Images, München: (Bob Fila/Chicago Tribune/MCT) **101.1**, (Edu Andrade/LatinContent) **13.4**, (Eduardo Parra/WireImage) **50.1**, (Jamie Squire – FIFA) **105.4**, (Javier Soriano/AFP) **114.1**, (Rick Rowell/Disney Channel) **85.1**, (Robert Marquardt) **104.3**, (The Image Bank) **U1.1**, (WireImage) **135.1**; Imago, Berlin: **72.3**, **76.1**; Instituto de Turismo de España (TURESPAÑA), Madrid: **64.1**, **64.2**, **64.3**, **65.1**, **65.2**, **65.3**, **65.4**; Interfoto (PHOTOAISA), München: **48.4**; iStockphoto, Calgary, Alberta: (Alberto Pomares) **103.1**, (Aldo Murillo) **11.4**, (Andres Balcazar) **129.3**, (Bartosz Hadyniak) **12.1**, (Blend_Images) **11.3**, (CandyBoxPhotoCandyBoxPhoto) **45.4**, (Darren Wise) **81.1**, (fotoVoyager) **10.3**, (Jacob Wackerhausen) **11.1**, (Jose Ignacio Soto) **33.1**, (Lise Gagne) **10.4**, (Mathies) **21.2**, (Mlenny Photography) **87.1**, (Mustafa Arican) **80.3**, (Sam Burt Photography) **48.3**, (Sean Locke) **45.2**; Keystone (Volkmar Schulz), Hamburg: **52.1**; Klett-Archiv, Stuttgart: **77.1**, **79.1**, **104.2**, (Antje Dürrbeck) **54.1**, (Oliver Storz) **73.1**, **73.2**, **73.3**, **73.4**; laif, Köln: **40.4**, (Alejandro Balaguer/Redux) **22.1**, (BENAINOUS/BENHAMOU/GAMMA) **105.5**, (Dorothea Schmid) **41.2**, (Karl-Heinz Raach/laif) **13.1**, (Mario Fourmy/REA) **51.1**, **59.1**, (Michael Lange) **11.5**, (Naftali Hilger) **25.4**, (Polaris) **130.1**, (Thorsten Futh) **57.1**; Logo, Stuttgart: **60.1**, **76.4**, **102.3**; Mauritius Images, Mittenwald: **63.1**, (Alamy) **21.3**, **21.5**, **72.6**, **74.1**, (imagebroker) **25.3**; Photoshot (Jerry Frank | Lightroom Photos | UN), Berlin: **102.2**; Picture-Alliance, Frankfurt: **24.3**, **44.1**, (dpa) **53.1**, (KEYSTONE) **53.3**; Proexport Colombia (www.colombia.travel/de), Bogotá: **98.1**; RB-Deskkart Ralf Brennemann, Hamburg: **Nachsatz.1**; Santillana Educación, S.L. (Diseño de cubierta: Rudesindo de la Fuente), Madrid: **34.1**; Picasso, Pablo (1881–1973), Mediterranean Landscape, 1952. Paris, P. Picasso Exhibition. © 2011. Photo Scala, Florence: **119.1**; shutterstock, New York, NY: (Alexander Raths) **83.1**, (Andrey Pavlov) **52.4**, (Bill Perry) **36.1**, (Botond Horváth) **U1.2**, (Dmitriy Shironosov) **81.4**, (Florian Ispas) **25.2**, (Golden Pixels LLC) **72.4**, (Goodluz) **80.2**, (guillermo77) **129.2**, (Gustavo Miguel Fernandes) **106.2**, (holbox) **U4.1**, (Ian D Walker) **36.2**, (ID1974) **104.5**, (ilFede) **52.3**, (iofoto) **45.3**, (Jarno Gonzalez Zarraonandia) **12.4**, (Jenny Leonard) **95.2**, (Jesus Cervantes) **36.4**, (Joel Shawn) **23.1**, (Maridav) **123.1**, (Miguel Campos) **106.1**, (Monkey Business Images) **37.1**, (nito) **40.2**, (Petrenko Andriy) **88.1**, (Philip Lange) **43.1**, (Pichugin Dmitry) **U4.4**, (Thomas Barrat) **104.1**, (wavebreakmedia ltd) **80.4**, (york777) **72.2**; Thinkstock, München: (iStockphoto) **20.4**, (Bananastock) **20.3**, (Brand X Pictures) **10.1**, **11.2**, **20.1**, (Comstock) **95.1**, (Digital Vision) **24.2**, **24.4**, **25.1**, **36.3**, **123.2**, (Hemera) **13.3**, **20.2**, **82.1**, **82.2**, (iStockphoto) **U1.3**, **U1.4**, **21.1**, **26.1**, **26.3**, **47.1**, **94.1**, **118.1**, **128.1**, **U4.3**, (Photodisc) **10.2**, **48.2**, **72.1**, **122.1**, (Photos.com) **13.2**, **56.1**, **105.2**, (Pixland) **39.1**, **45.1**, **72.5**, (Stockbyte) **52.2**, **81.2**, (Valueline) **123.3**; Ullstein Bild GmbH, Berlin: **76.3**, (AISA) **12.2**, (ddp) **120.1**, (Granger Collection) **22.2**, (heritage) **41.1**, (Imagebroker.net) **24.1**, (Lineair) **74.4**, (Reuters) **105.3**, (United Archives) **74.3**; Ullstein Buchverlage (AP), Berlin: **49.2**; Wikimedia Foundation Inc. (PD), St. Petersburg FL: **15.1**; Yahoo! Deutschland GmbH, München: (cc-by-sa-3.0/Ralf Roeber) **47.2**, (PD) **48.1**; ZINHEZBA, Vitoria-Gasteiz (Álava): **62.1**, **62.2**, **62.3**

Sollte es in einem Einzelfall nicht gelungen sein, den korrekten Rechteinhaber ausfindig zu machen, so werden berechtigte Ansprüche selbstverständlich im Rahmen der üblichen Regelungen abgegolten.